Hombres y mujeres de América:
Diccionario biográfico-genealógico
de nuestros progenitors,
siglos XVI-XIX

Hombres y mujeres de América: Diccionario biográfico-genealógico de nuestros progenitors, siglos XVI-XIX

Carlos B. Vega, Ph.D

Janaway Publishing
Santa Maria, California
2012

Originally published:
Universidad de León, Spain
2007

Reprinted by:
Janaway Publishing, Inc.
732 Kelsey Ct.
Santa Maria, California 93454
(805) 925-1038
www.JanawayPublishing.com

2012

Library of Congress Control Number: 2012939993

ISBN: 978-1-59641-273-6

Cover design by Janaway Publishing, Inc.

Made in the United States of America

ÍNDICE

A la mujer de América:

Sin ellas, nada, un inmenso páramo de espectros varoniles asiéndose
a una quimera más. No calor hogareño; no voces infantiles acariciando sueños
de un nuevo amanecer; no arrullos que endulzan el alma y sosiegan
el espíritu; no murallas de sostén ni remansos de comprensión y amor.
Sí, América se hubiera descubierto y apuntarían en el horizonte altas torres
de grandezas imperiales de una civilización u otra, pero, lo que es, nunca
hubiera sido, y lo que fue, seguiría igual.

Introducción

En el presente diccionario van reunidos más de 10.000 nombres de hombres y mujeres que vivieron en América desde poco después del Descubrimiento hasta la Independencia, es decir, desde principios del siglo XVI hasta el XIX. En su mayor parte pertenecieron a distinguidas familias de la época y son, por lo general, casi todos españoles, aunque muchos se unieron e hicieron familia con indígenas.

Esta no es ni por mucho una relación completa, exhaustiva, de todos nuestros progenitores, labor casi imposible de lograr por la escasez de fuentes históricas. Ahora bien, sí podemos afirmar con toda seguridad que es una relación bastante completa dada la información disponible en multitud de libros y documentos que se han consultado a lo largo de muchos años.

Tristemente han quedado fuera muchos nombres indígenas y sobre todo africanos, lo cual no ha de extrañar pues la historia, siempre caprichosa y por lo general injusta, volcó su interés en el famoso o poderoso que en aquellos tiempos fue siempre el español, el conquistador, el político, el hombre de estado, el noble. Así y todo, llama la atención que tanta gente distinguida, perteneciente a las mejores familias de España, hayan decidido pasar a América y echar aquí sus raíces, formando honorables familias que sentaron las bases de nuestra raza y cultura. Y si es verdad que no fue así en un principio, digamos durante la primera mitad del siglo XVI, poco después y continuando a lo largo de varias centurias, la flor y nata de la sociedad española vio en América su nuevo hogar y allí marchó dispuesta a darle nuevos bríos y extenderlas indefinidamente. Compárese esto, por ejemplo, con la cultura anglosajona norteamericana en sus primeros tiempos y se verá la enorme diferencia entre una y otra.

Lo dicho pone de manifiesto y desmiente la opinión generalizada de que nunca existió en América en aquellos tiempos la unión familiar y que, por lo tanto, nuestra raza hispánica descansa sobre unos cimientos de deshonra e ilegitimidad, en el encuentro deshumanizado del hombre y la mujer, en el abuso, el estupro, la violencia. Y si es cierto que tal ocurrió, como ocurre siempre al chocar culturas tan diferentes y en tiempos tan revueltos y azarosos, no da ello pie a generalizar tal conducta como se ha hecho hasta nuestros días, principalmente por parte de nuestros eternos enemigos que se empeñan en sacar al aire los trapos sucios comunes en todo quehacer humano. Nos viene a la mente aquel caso del español náufrago Gonzalo Guerrero a principios del siglo XVI, que prefirió permanecer con su mujer indígena e hijos (catorce según el cronista Francisco Cervantes de Salazar) que marchar de vuelta a México con sus compañeros españoles que tanto se lo rogaron. O aquel otro de la monja española que se ahorcó por el amor del mestizo Arrutia al que nunca se le pudo entregar. E igual podría decirse del amor de Francisco Pizarro por su "Pizpita", el de Pedro de Alvarado por Luisa Xicoténcalt, el de Hernando de Guevara por la hija de la cacica Anacaona, el de las cuatro españolas que rehusaron abandonar a sus maridos e hijos cuando se las quiso llevar consigo Tristán de Luna, el de Pedro de Valdivia por Inés Suárez, el de Isabel de Bobadilla por Hernando de Soto, el de Francisco de Coronado por su Marina, o el amor de padre que sentía Hernán Cortés por su hijo bastardo Martín y no digamos por México. Ciertamente, las páginas de la verdadera historia americana están repletas de muestras del más profundo amor y cariño, y ahí están, vivitas y coleando, para el que quiera reposar en ellas sin mucho rebuscar. Terminados con estas sentidas palabras de Gonzalo Guerrero al importunarle Jerónimo de Aguilar que lo dejara todo y marchara con su propia gente, según nos lo cuenta Bernal Díaz del Castillo: "…Yo soy casado y tengo tres hijos y tiénenme por cacique y capitán cuando hay guerras…y ya veis mis hijitos cuán bonicos son…" Y estas otras de su mujer india llena de ira ante la insistencia por parte de Jerónimo de Aguilar: "¡Mira con qué viene este esclavo a llamar a mi marido; idos vos y no curéis de más pláticas"!

Muchas de estas familias estaban vinculadas con una generación u otra, por lo que se verá gran abundancia de nombres y apellidos homónimos que no necesariamente corresponden a las mismas personas. Por ejemplo, tenemos los casos de las mujeres Francisca Prado y Lorca, de igual nombre y apellidos pero casadas con distintos hombres, una con Tomás de Toro, y la otra con Juan Bautista Ureta y Ayala, o el de la madre e hija Luisa de Salas que aparecen bajo Pedro García Marcilla y Tavira. Quiere decirse con esto que aunque a primera vista lo parecen, no son nombres repetidos de las mismas personas sino distintas.

El diccionario se ha estructurado conforme a las fuentes consultadas, es decir, presentándose primero al hombre seguido de su mujer o compañera, y bajo ella todos sus descendientes y demás familiares. No obstante, al final se incluye un apéndice en el que aparecen las mujeres por sí solas, seguidas de los hombres con los que convivieron. De tal forma, se les puede encontrar directamente prescindiendo del varón. Véase en el apéndice el Índice Onomástico A y el Índice Onomástico B. En el primero aparecen las mujeres cabezas de familia, y en el segundo todas las restantes. Se incluye también un glosario básico de vocablos comunes de la época que resultará útil para una mejor comprensión de los mismos. Y por último una bibliografía selecta de la mayoría de las obras consultadas.

No debe extrañar la consabida ambivalencia en la escritura de nombres propios, pues fueron recogidos de oídas por los cronistas priminitivos que los escribieron conforme a la grafía castellana de la época. Así, aparecen "Carbajal" o "Carvajal", "Mexía", Mexxía" o Mejía, "Escobar" o "Escovar", e igual ha de decirse de los nombres geográficos cuya escritura ha evolucionado con el transcurrir del tiempo. En cuanto a los nombres indígenas, se dan por lo general los que recibieron al ser bautizados, es decir, nombres cristianos.

Vamos con los agradecimientos de rigor. Ante todo a los padres del autor, Carlos y Emilia, ejemplos palpitantes del más desbordante humanismo; a su hermana María, afectuosamente llamada "Coqui", flor truncada en el temprano estío; a la tía Consuelo, que bien supo durante la hecatombe española del 36 sostener con esfuerzo heroico la paz y unidad hogareña; a su esposa Dagmar, su extrañable compañera de casi toda una vida; a sus hijos Carlos e Isabel, remansos de felicidad y apoyo casi desde la infancia; y a sus nietos, Nicolás y Gianna que son ahora los que alumbran el camino. Por último, al Sr. Edward Helmrich, de la biblioteca de la universidad de Iona, Nueva York, donde enseña el autor, por su valiosa colaboración de investigación y, desde luego, a la Universidad de León y a su representante Don Jesús Paniagua.

DICCIONARIO

A

Acedo, Juan: Natural de Sevilla y conquistador de Nueva Galicia, hijo de Antonio de Calvo e Inés de Aceda.

Mujer: Casó con la hija de Pedro Martín Aguado, desconociéndose su nombre y otros datos.

Acuña, Francisco: Militó en varias batallas como soldado del emperador Carlos V. Marchó después a Tierra Firme y posteriormente al Perú.

Mujer: Se le conocía por dos nombres, uno Mencia Díaz y el otro Mencia Valtodano. Esta mujer no jugó limpio por no haber declarado anticipadamente su casamiento con otros tres hombres: Juan Vizcaíno, Álvaro Martín, y el conquistador del Perú Alonso de Orihuela. El asunto se llevó al Consejo de Indias y aún quedaba sin resolución en Lima por el año 1565. No se sabe la causa de tan descabellado proceder.

Acuña, Lope de: Natural de Illescas (Toledo), aunque él mismo decía haber nacido en México. Uno de los supervivientes de la expedición de Hernando de Soto. Hijo de Antón Luis de Contreras y Leonor de Acuña; después se trasladó a México.

Mujer: Elvira de Hermosillo, su legítima esposa, una de las primeras ocho mujeres que arribaron a México; era viuda de Juan Díaz. Se desconoce si hubo descendencia.

Agüero, Diego de: Nacido en Deleitosa, Extremadura, hijo de García González de Agüero y de María de Sandoval. Marchó a América con Francisco Pizarro en 1530 y se halló en Cajamarca en la captura de Atahualpa. Le tocó con Pedro Martín de Moguer explorar el Callao y descubrir el Lago Titicaca. Luego pasó a Quito para verse con Diego de Almagro y participó en varias batallas. Escribió a Pizarro una relación de sus viajes, en especial el de Quito. Se halló después en la fundación de Lima. Se mantuvo siempre fiel a Francisco Pizarro. En 1538 se le nombró regidor del Cabildo de Lima. Posteriormente se plegó a Vaca de Castro y asistió con él a la batalla de Chupas; falleció en 1544, enterrándose su cuerpo en la Iglesia de Santo Domingo.

Mujer: **Luisa de Garay y Monís de Perestrello,** su legítima esposa, con quien casó en Lima en 1536. Era hermana del conquistador Antonio de Garay, ambos hijos de Francisco de Garay, adelantado de Pánuco. Tuvieron un sólo hijo, Diego de Agüero el Mozo que contrajo matrimonio con Beatriz Bravo de Lagunas, hija de Sancho Bravo y una de las principales doncellas nobles que pasó al Perú. Familia toda ella muy noble, orgullo de la Lima colonial. Agüero trazó el plano de Lima por orden de Francisco Pizarro, y en 1535 el convento de Santo Domingo se edificó en un solar que le pertenecía. Tuvo también una amante, una india noble nieta de Huayna Cápac (variante "Huaina"), cuyo nombre se desconoce. Tuvieron dos hijos naturales, sin saberse los nombres.

Aguilar, Alonso: Conquistador de México; era primo de Juan Jaramillo.

Mujer: **Isabel de Lara**, su legítima esposa, hija de Leonel Cervantes.

Aguilar, Alonso: Conquistador de Nueva Granada y Popayán, pasando después a Quito bajo las órdenes de Rodrigo Núñez de Bonilla. Fue encomendero de Tulcanes.

Mujer: **María de Salazar**, su legítima esposa, hija bastarda de Rodrigo de Salazar, el Corcobado, y de Ana Palla, india noble, tía de Francisco e Isabel Atahualpa, primo y hermana respectivamente del emperador Atahualpa.

Aguilar, Carlos: Soldado del ejército de Vasco Núñez de Balboa; sucedió a Juan de Zorita capitaneando el pueblo de Santa Cruz en el Darién.

Mujer: **María de Aguilar**, su legítima esposa; fue capturada por el cacique Pocorosa que la hizo su concubina; por celos la ahogó en un río la mujer del cacique que se llamaba Yana.

Aguilar, Fernando de: Avecindado en Lima a principios del siglo XVII.

Mujer: **Juana Bautista**, su legítima esposa, que intentó anular el matrimonio por haber tenido un amante estando casada con su primer marido; finalmente se disolvió el enlace.

Aguilar, Gerónimo de: Participó en la conquista de México como soldado y a la vez como intérprete de Cortés, siendo posteriormente nombrado regidor de México. Conocía bien el maya y colaboró con doña Marina que hablaba maya y nahua. Nacido hacia 1489 en Ecija y fallecido en México en 1531.

Mujer: **Elvira Toznenitzin** - Hija del cacique Topoyanco con la que Aguilar tuvo dos hijas. Una de ellas, Cristina, casó con Cristóbal d'Oria y tuvieron una hija, Gerónima, que casó con Andrés de Rozas.

Aguilar, Gonzalo de: Nacido en Segovia hacia 1491. Marchó a América y se halló con Diego de Almagro en Cajamarca y después con Francisco Pizarro asistió a la fundación de esta ciudad. En Lima el Cabildo le nombró ejecutor de ordenanzas y aranceles en 1536. En 1540 estaba presente en la fundación de Arequipa, donde radicó defititivamente. Fue hermano del fundador de Arequipa, Alonso de Aguilar.

Mujer: **Luisa Rodríguez**, su legítima esposa, padres de Gonzalo y María de Aguilar.

Aguirre, Francisco: Primo del que sigue. Hidalgo, nacido en Talavera de la Reina hacia 1508, hijo del contador Hernando de la Rúa y de Constanza de Meneses, y nieto por la línea paterna de García de la Rúa y de Leonor Ramírez, vecinos de la villa de Valverde, y por la materna de Perucho de Aguirre, alcalde de los Alcázares de Talavera, y de Isabel de Meneses Cornejo. Marchó a América en 1536, parando en Panamá y de ahí al Perú. Asistió desde Lima al socorro de Gonzalo Pizarro cercado por los indios en Cochabamba. Posteriormente se unió a Pedro de Valdivia que iba a la conquista de Chile y fue luego nombrado gobernador del Tucumán y País de los Juríes; falleció en 1581.

Mujer: **María de Torres Meneses**, su legítima esposa y prima, padres de cinco hijos y cuyos nombres fueron Marco Antonio, Valeriano, Florián, Nicolás y Petrona. Durante su larga vida, Francisco engendró también más de cincuenta hijos mestizos con diversas mujeres.

Aguirre, Francisco: Nacido en Talavera de la Reina hacia 1498, tío del conquistador Perucho Aguirre y primo del gobernador Francisco de Aguirre. Marchó al Perú hacia 1537 hallándose en la guerra contra Manco Inca en 1539. Después le nombró Vaca de Castro alguacil mayor de Lima a quien acompañó a la batalla de Chupas, y posteriormente con Lorenzo de Aldana a la de Jaquijahuana.

Mujer: Es probable, no seguro, que su legítima esposa haya sido María de Ruecas. Se desconocen otros detalles.

Ahumada, Hernando: Hermano de Santa Teresa de Jesús y de los conquistadores Antonio de Ahumada, Lorenzo de Cepeda, Agustín de Ahumada y Jerónimo de Cepeda, así como primo del capitán Hernando de Cepeda. También se nombraba Hernando de Cepeda, y el cronista Gutiérrez de Santa Clara le llamaba Juan de Ahumada. Se halló en diversas jornadas en la región de Puerto Viejo y Guayaquil, así como conquistador de Pasto y Quillacinga. Acompañó luego al virrey Núñez de Vela a la toma de San Miguel y la batalla de Iñaquito. Después de residir varios años en Popayán regresó a Quito en 1562.

Mujer: **Beatriz**, su amante india, con quien tuvo un hijo bastardo llamado Alonso de Ahumada.

Alarcón, Lope de: Marchó a Santo Domingo y fue después conquistador del Perú y fundador de Arequipa, de la que se le nombró corregidor en 1542, 1546 y 1547. Murió asesinado por orden de los gonzalistas.

Mujer: **Ginesa Guillén**, su legítima esposa. Se desconoce si hubo sucesión.

Albornoz, Rodrigo de: Contador de México en tiempos de la conquista.

Mujer: **Catalina Loaisa (o Loayza)**, su legítima esposa que trajo de Castilla.

Alcántara, Martín de: Uno de los primeros conquistadores del Perú; murió asesinado junto a Francisco Pizarro por los soldados de Diego de Almagro.

Mujer: **Inés Muñoz**, su legítima esposa, cuñada de Francisco Pizarro; llegó al Perú con Diego de Almagro y se estableció en San Miguel de Piura. Se cree que haya sido la primer mujer europea en llegar al Perú. Acompañó a su cuñado en la conquista del Perú; se cree también que fue la primera mujer que introdujo el trigo a América, disputándole tal distinción otra mujer llamada María de Escobar, esposa del capitán Martín de Arrete. De todas formas, de lo que no hay duda es de que fue esta última la que lo propagó en 1540, y de que Inés Muñoz introdujo además infinidad de otras plantas, árboles y animales domésticos. Inés casó en segundas nupcias con Antonio de Ribera, conocido hidalgo de Lima. Se le considera una de las mujeres de mayor influencia de la sociedad de aquel tiempo.

A

Alcázar, Dr. Juan de: Avecindado en México en tiempos de la conquista, hijo de Martín de Alcázar e Inés Gutiérrez, de familia hidalga, naturales de Peñaranda.

Mujer: **Isabel Navarro**, su legítima esposa; tuvieron dos hijos y siete hijas.

Alcocer, Antonio de: Pasó a América con Juan de la Cruz y se halló en la conquista de México. Fueron sus padres Juan de Alcocer, natural de Madrid, y Mayor de Vargas, natural de Toledo.

Mujer: **Beatriz de Palacios**, su legítima esposa, viuda de Pedro de Escobar, conquistador de México, donde pasó primero con Juan de Grijalva; tuvieron siete hijos.

Aldecoa, Pedro de: Conquistador del Perú y uno de los "Trece de la Fama"; se halló en Cajamarca y tuvo amoríos con una cacica inca de quien se desconoce su nombre.

Alderete, Julián de: Natural de Tordesillas (Valladolid) y tesorero de Cortés en México; tuvo cinco hijas que casó muy bien, desconociéndose el nombre de todas ellas.

Aliaga, Jerónimo de: Nacido en Segovia en 1508, hijo de Juan de Aliaga y de Francisca Ramírez, ambos hidalgos. Marchó a América a los dieciséis años de edad, radicándose en Castilla del Oro. Luego se juntó a Francisco Pizarro en Coaque hasta desembacar en Túmbez y fundar la ciudad de San Miguel, hallándose también en la captura de Atahualpa en Cajamarca. Pasó después a Jauja y al Cuzco de la que fue veedor. Fue fundador de Jauja, el Cuzco y Lima, radicándose en esta última. Militó como alferez general contra la guerra de Manco Inca, y poco después fue nombrado escribano mayor del Perú, desempeñando este cargo cuando el asesinato de Francisco Pizarro. Se halló posteriormente en la batalla de Jaquijahuana y fue luego nombrado procurador general del Perú. Pasó después a Tierra Firme con el presidente Gasca a guardar y transportar el oro que habría de ir a España. De regreso a España junto a fray Tomás de San Martín, se dirigieron a encontrarse con el emperador Carlos V en Augsburgo. Entre las muchas peticiones que le hicieron, lograron estando en Valladolid en 1551 obtener licencia para fundar una universidad en Lima al estilo de la de Salamanca; falleció en Villapalacios en 1569.

Mujer: En esto de sus mujeres o esposas existe cierta discrepancia. Algunos historiadores citan a una tal Leonor de Figueroa, como esposa legítima y con la que marchó a América, hija de Gonzalo Ramírez de Figueroa y María de Figueroa Tinoco, y con la que tuvo un hijo llamado Juan, mientras que otros citan a otras dos mujeres con las que había casado también: la primera vez con Beatriz Vásquez de Medrano, de la que descienden los Aliaga de Lima, y la segunda Juana Manrique de Lara, hija del conde de Paredes. Se dice también que este hijo Juan fue legitimado y que entabló un pleito con un su medio hermano legítimo sobre la propiedad de una encomienda heredada del padre, que terminó ganando este último.

Aliaga, Lorenzo de: Hermano del anterior. Nacido en Segovia e hijo de los mismos padres. Marchó al Perú donde sirvió como soldado en el cerco de Lima en 1536. En 1554 se unió al ejército de Francisco Hernández Girón, y posteriormente desempeñó varios cargos notables, como corregidor de Lima en 1563, así como de Huaylas y Guayaquil; falleció en 1585.

Mujer: **María de Ceballos,** su legítima esposa, con quien pasó al Perú en 1563 junto con sus hijos Jerónimo, Mariana, Beatriz y Juan de Aliaga Ceballos.

Almagro, Diego de: El Viejo. Fue, junto con Francisco Pizarro, uno de los más destacados conquistadores del Perú. Nacido hacia 1478 en la villa de Almagro, en la Mancha, y fallecido en el Cuzco en 1538. Su niñez y juventud es incierta, creyéndose que era hijo ilegítimo de Juan de Montenegro, copero del maestre de Calatrava, y de Elvira Gutiérrez, quien le llevó a criar a Aldea del Rey, en Almodóvar, y allí entregándoselo a Sancha López del Peral que lo cuidó como su hijo. Al fallecer su padre, y contando sólo con cuatro años de edad, quedó bajo su tutela su tío, Hernando Gutiérrez quien se dice lo maltrató, escapándose luego y volviendo con su madre. Marchó a América con Pedrarias Dávila en 1514 y se hizo soldado en Castilla del Oro. Después se asoció a Francisco Pizarro y Hernando de Luque y zarparon de Panamá hacia la conquista del Perú. Fue el mayor instigador de la muerte del emperador Atahualpa, lo cual éste sopechaba y así trataba con recelo. Se halló en Jauja con Francisco Pizarro, y después socorrió a Hernando de Soto que se hallaba cercado por los indios en Vilcaconga, llegando finalmente al Cuzco donde se apropió del palacio de los incas. Su expedición más notable fue la que hizo a Chile llevando como acompañante al sacerdote Paullo Topa, hermano de Manco Capac. Fue, sino desde un principio, luego, enemigo acérrimo de los Pizarros, especialmente de Hernando Pizarro bajo el cual fue derrotado en la batalla de las Salinas. Llevado al Cuzco, se le encerró en una celda de piedra donde se sumió en la tristeza, ejecutándosele en julio de 1538.

Mujer: **Ana Martínez**, su sirvienta, india panameña con la que tuvo a Diego de Almagro el Mozo, nacido en 1518 en Panamá y fallecido en el Cuzco en 1542. Tuvo también Almagro una hija llamada Isabel, habida con otra india de nombre Mencia. A pesar de haberle amparado Francisco Pizarro en un principio después de ejecutado su padre, luego ambos disintieron; fue en su casa donde Diego albergó a los enemigos de Pizarro y donde fue proclamado gobernador. Posteriormente fue derrotado por el nuevo gobernador Cristóbal Vaca de Castro, puesto en prisión y decapitado. Se enterró su cuerpo junto al de su padre en el con-

vento de la Merced. Fue Almagro el Mozo, aunque rebelde, el primer gobernador mestizo del Perú. También tenía Almagro el Viejo una esclava negra llamada Margarita, la cual le acompañó en la conquista y se mantuvo fielmente a su lado al ser encarcelado.

Almaguer, Antonio de: Natural de Corral de Almaguer, Toledo, hijo de Francisco López de Almaguer y Juana Briceño (o Briseño), ambos de familia hidalga.

Mujer: **Juana de Loayza**, su legítima esposa, viuda de Hernando de Torres, conquistador de México, con el que tuvo una hija.

Almao, Alonso: Se halló con Francisco Pizarro en el tercer viaje del descubrimiento del Perú, uniéndose luego a la armada de Pedro de Alvarado. Por estar muy enfermo de verrugas, adquiridas en la costa equinoccial, se vio muy limitado en su carrera militar, aunque llegó a ser teniente gobernador de Puerto Viejo.

Mujer: **Isabel de Ribera**, su legítima esposa, que era viuda. Se desconoce si hubo sucesión.

Almarás, Alonso de: Contador y factor de las cajas reales del Perú.

Mujer: **Leonor de Portocarrero**, su legítima esposa, hija de Diego López Portocarrero y María Monroy. Tuvieron una hija llamada Mencia de Sosa, casada con Francisco Hernández Girón, el jefe de la revolución de 1554. Tuvieron, además, otros cuatro hijos, tres frailes y una monja. Uno de ellos, Juan de Almarás, falleció al ser nombrado obispo del Paraguay. Mencia estaba con Girón cuando fue vencido en Pucará y sufrió mucho cuando su marido fue degollado en 1554. Después fundó con su madre un beaterío y ambas tomaron el hábito de la Encarnación, y pasa-

A

ron luego al monasterio de Nuestra Señora de los Remedios con la ayuda del virrey marqués de Cañete. A Mencia la sucedió en el prelado Luisa, hija del oidor Altamirano y hermana del obispo de Cartagena Diego de Torres Altamirano.

Almendras, Martín de: Hermano de Diego de Almendras, sobrino de Francisco de Almendras y tío de Gaspar de Almendras, todos conocidos conquistadores del Perú. Nacido hacia 1505 probablemente en Plasencia. Marchó al Perú en 1535 junto a Hernando Pizarro con el que se halló en el cerco del Cuzco y luego en la batalla de Jaquijahuana. Posteriormente fue nombrado por el mariscal Alonso de Alvarado teniente y justicia mayor de la Plata, así como alcalde en 1561.

Mujer: **Constanza Holguín**, su legítima esposa, hermana de María de Aldana, casada con el conquistador Martín Monje, ambas hijas del capitán Perálvarez Holguín que las tuvo con una india perulera.

Alonso Carrasco, Pero: Nacido hacia 1509 en Zorita, Extremadura, hijo de Peralonso Carrasco, el Mozo, y de Francisca González; nieto por línea paterna de Juan Gil González y de Juana González, y por la línea materna de Bartolomé González, así como biznieto paterno de Pascual Gil Carrasco, padre a su vez de Peralonso Carrasco. Marchó a América en 1530 con Francisco Pizarro al que acompañó a Cajamarca, y luego a Jauja y en la toma del Cuzco. Fue alcalde ordinario del Cuzco.

Mujer: **Leonor de Castillejo**, su legítima esposa, hija del bachiller Francisco Arias y de Francisca Roxa, naturales de Huelva. Tuvieron un hijo llamado Peralonso Carrasco Castillejo y Arias, Caballero de la Orden de Santiago, regidor y alférez real del Cuzco, cuya hija, Leonor Arias Carrasco, casó con Melchor Carlos Inca.

Alonso de Badajoz, Juan: Nacido hacia 1500 y fue soldado de Francisco y Hernando Pizarro. Fue uno de los fundadores de Jauja la Vieja y de Lima en 1536, y luego nombrado alcalde de Huamanga.

Petronila de Cianca, su legítima esposa quien, al enviudar, volvió a casar con el conquistador Bernardo Ruiz.

Alonso de Hinojosa, Pedro: Nacido en Trujillo, Extremadura, hacia 1513. Estaba emparentado con los Pizarro aunque tal afinidad se mantenía en encubierto. Marchó al Perú con Hernando Pizarro en 1535, hallándose al año siguiente en la defensa de Lima. Fue vecino y fundador de la ciudad de la Plata y su regidor en 1540. Después se intimó con Gonzalo Pizarro y junto con Diego Centeno fue nombrado procurador de la Plata. En Buenaventura apresó a Vela Núñez, hermano del virrey, y rescató a Hernando Pizarro, hijo mestizo y bastardo de su hermano Gonzalo. Asistió a la batalla de Jaquijahuana y posteriormente hizo preso a Pedro de Valdivia, cuando se dirigía a Chile, por orden del presidente Gasca. Fue encomendero de Potosí. Murió asesinado por conjura de Egas de Guzmán y Sebastián de Castilla.

Mujer: Se desconoce su nombre, pero con ella tuvo, bien legítimos o bastardos, que no se sabe, un hijo y dos hijas, que fueron Gonzalo de Hinojosa, muerto en una travesía a España; Isabel de Hinojosa, también llamada Isabel de Alvarado, casada con Martín de la Rochal, padres a su vez de Isabel Osorio de Hinojosa, casada con Juan Hurtado de Cartagena, alcalde de Oropesa en el Perú, padres del vástago Juan Hurtado de Cartagena; y Juana de

Hinojosa, casada con el conquistador Francisco de Saavedra, padres a su vez de Catalina de Hinojosa, casada con Juan Gutiérrez Bernal, y de Curi Coca, de casta inca.

Alonso de la Bandera, Juan: Natural de Torrijos y soldado del gobernador Pedro de Ursúa en la jornada de Omagua y el Dorado. Fue uno de los enamorados de Inés de Atienza, y por sus celos mató a Pedro Hernández y a Baltasar de Miranda. Antes había asesinado al gobernador Pedro de Ursúa.

Alonso de Sosa, Juan: Uno de los primeros pobladores de Nueva Galicia; fue funcionario en la ciudad de Mérida en 1543 y también tesorero en México en 1553.

Mujer: **Ana de Estrada de la Caballería,** su legítima esposa, hija de Alonso de Estrada, duque de Aragón. Se desconoce si hubo sucesión.

Alonso, Hernando: Herrero de profesión en México en tiempos de la conquista.

Mujer: **Beatriz de Ordaz,** su primera esposa, hermana de Diego de Ordaz, capitán de Cortés. Al quedar viudo, volvió a casar con Isabel de Aguilar con la que tuvo un hijo.

Alonso Holguín, Hernando: Hidalgo nacido en Montánchez. Bajo las órdenes del capitán Bartolomé Pérez fue conquistador del Río de San Juan y se halló también con él en el cerco de Guayaquil. Fue luego factor y contador de Puerto Viejo.

Mujer: **María de Agüero,** su legítima esposa, hija del conquistador Francisco Gutiérrez de Haro. Fueron los padres de Hernando Alonso Holguín, el Mozo, que se halló en la lucha contra los corsarios ingleses en 1590, así como en la conquista de las Esmeraldas.

Alonso Palomino, Juan: Hidalgo nacido hacia 1510. Marchó a América en 1530 hallándose con el capitán Pedro de Heredia en el Cenú y Urabá. En 1535 pasó al Perú y se halló en la defensa del Cuzco y posteriormente en la batalla de Jaquijahuana. En 1549 se le nombró regidor del Cabildo del Cuzco.

Mujer: **Francisca de Riberos,** su legítima esposa, hija del conquistador Pedro de Ribero o Riberos. Tuvieron tres hijos llamados Luis, Leonor y Mayor, casada con Julio de Tordoya, hijo del conquistador Juan Julio de Ojeda. También se dijo que en alguna ocasión había casado también con Isabel Dávalos y Solier, cuñada de Nicolás de Ribera.

Altamirano, Antonio: Natural de Extremadura; pasó al Perú en 1534 con la expedición de Pedro de Alvarado y se encontraba en el Cuzco cuando llegó Diego de Almagro en 1535 y se declaró gobernador. Fue alcalde del Cuzco en 1544 y degollado por Gonzalo Pizarro.

Mujer: Estaba casado con una india, cuyo nombre se desconoce, y tuvieron un hijo llamado Pedro. De él decía el Inca Garcilaso de la Vega que era su codiscípulo y que era muy inteligente.

Alvarado, Alonso: Puede haber nacido en Burgos, pero lo más probable es que fuese en Secadura de de Trasmiera hacia 1508. Era sobrino del conquistador de Guatemala Pedro de Alvarado. Fueron sus padres Garci López de Alvarado, comendador mayor del Hospital del Rey, cerca de Burgos, y de María o Elvira de Miranda o María o Elvira de Montoya, como ella también se hacía llamar. Fueron sus abuelos paternos Garci López de Alvarado y Catalina Gonzáles de Cevallos, y los maternos Francisco de Montoya, avecindado en Miranda del Ebro, y María de

A

Álava, natural de Vizcaya y del linaje de los Cigoite. Se le llamaba "el bastardo" porque presenció el casamiento de sus padres ya siendo un muchacho, y también por haberse criado con su parienta Teresa de Alvarado. Marchó a Guatemala con su tío Pedro de Alvarado y luego al Perú en 1534 donde Francisco Pizarro le nombró capitán para la jornada del descubrimiento del país de los chachapoyas. Después de haberse hallado en muchas jornadas y batallas, se encontró con Francisco Pizarro en el Cuzco y le entregó a Diego de Almagro el Mozo que había apresado. Fue Caballero de la Orden de Santiago, a la que ingresó en 1544, y la Corona le invistió con el título de Mariscal del Perú; falleció hacia 1555.

Mujer: **Ana de Velasco,** su legítima esposa, de la Casa de los Condestables de Castilla, con la que vivía en Burgos cuando regresó a España. Fueron los padres de Alonso de Velasco, fallecido en 1559; García de Alvarado, casado con su parienta María de Velasco. Tuvo el mariscal varios hijos bastardos, entre ellos Vítores de Alvarado, Isabel de Alvarado e Inés de Alvarado, estas dos últimas monjas en el Covento de la Encarnación de Lima, a pesar de su condición de mestizas.

Vítores de Alvarado nació hacia 1535, siendo su madre una india criada de Alonso Alvarado llamada Elvira. Se crió en la casa de su padre en Trujillo y se halló con su tío, Gómez de Alvarado, en la conquista de Chachapoyas, y antes con su padre en el Cuzco en el castigo de Miranda y Melgarejo. Hermano de Ana de Velasco fue Miguel de Avendaño y Velasco.

Alvarado, Jorge de: Hermano natural de Pedro de Alvarado, hijo ilegítimo de Gómez de Alvarado, y de Leonor de Con-treras, noble dama extremeña. Formó parte del sitio de México con su hermano Pedro, con el que fue también a la conquista de la América Central. Durante la ausencia de Pedro de Alvarado se hizo cargo de la gobernación de Guatemala.

Mujer: **Luisa de Estrada,** su legítima esposa, hija del tesorero de México Alonso de Estrada y hermana de Beatriz, la mujer de Francisco Vázquez de Coronado, con la que tuvo un hijo y dos hijas. Jorge había casado antes con una india noble de Tlaxcala con la que tuvo tres hijos, entre ellos Leonor de Alvarado que casó con Gil González de Ávila hacia 1526. Esta Leonor era, pues, sobrina de Pedro de Alvarado.

Alvarado, Jorge de: (Distinto del hermano del conquistador de Guatemala.) Hidalgo nacido en Villalpando, señorío de los Condestables de Castilla, hacia 1513, hijo del caballero contino Pedro del Hoyo y Alvarado, pariente del secretario de Felipe II en 1562, Pedro del Hoyo. Marchó a Nicaragua con el cargo de capitán y posteriormente se puso a las órdenes del capitán Juan de Cabrera en Quito, hallándose en la batalla de Iñaquito. En 1552 la Audiencia de Lima le nombró corregidor de Guayaquil, y luego ocupó este mismo cargo en Huánuco; falleció en Lima.

Mujer: **Leonor de Saldaña,** su legítima esposa, padres de dos hijos y tres hijas, llamándose el mayor Pedro de Alvarado.

Alvarado, Pedro de: Uno de los capitanes principales de Cortés y conquistador de Guatemala y el actual Salvador. Nació en Badajoz en 1485 y murió en Guadalajara, México, en 1541; participó también en la conquista de Cuba (1511).

Mujer: **Francisca de la Cueva**, su primera legítima esposa, sobrina del duque de Alburquerque, con la que casó en 1527. Volvió a casar en 1538 con su cuñada, Beatriz de la Cueva la cual, a su muerte, gobernó efímeramente en Guatemala. De ninguna de las dos hubo sucesión. Al principio le había prometido a Cortés casarse con su prima Cecilia Vázqauez lo cual no cumplió. Tuvo en total siete hijos conocidos, todos naturales, siendo la más conocida Leonor de Alvarado Jicotenga Tecubalsi, tenida con Luisa de Xicoténcalt, cacica de Tlaxcala. Fue una de las mujeres que se le entregaron a Cortés al celebrarse la paz con los caciques de este pueblo, Maseecassi y Xicotenga, y cuyo nombre era entonces Tecuiloatzin que se cambió al bautizarse. Se cree que haya sido antes amante de Cortés. Sus otros hijos naturales fueron Pedro; Diego (al que llamaban el "Mestizo"); Inés; Anita; y Gome tenido con una moza española en la isla portuguesa Tercera. Luisa Xicoténcalt fue la compañera inseparable de Alvarado y hasta le acompañó al Perú. Aunque se desconoce su fecha de nacimiento, se sabe que falleció en Guatemala poco después de regresar del Perú en 1538. También se dice que Alvarado estuvo medio enamorado de una india, mujer del cacique Sinacam, en la región de Patinamet, Guatemala.

Álvarez Cabral, Pedro: Aunque portugués, se incluye por el parentesco de su esposa con un rey español. Descubridor del Brasil, nacido en 1467 ó 1468 y fallecido en 1518 ó 1520.

Mujer: **Isabel de Castro**, su legítima esposa, descendiente de los reyes Fernando I de Portugal y Enrique II de Castilla. Tuvieron en total seis hijos que fueron: Antonio, que murió en 1551;

Fernando; Constanza; Guiomar; Isabel; y Leonor. Estas dos últimas se hicieron monjas.

Álvarez Chico, Hernán de: Hidalgo, conquistador de Puerto Rico; su padre había servido en la guerra de Granada y sus dos hermanos, Rodrigo Álvarez Chico y Francisco Álvarez, formaron parte de la conquista de México.

Mujer: **Leonor Galvana**, su legítima esposa, también de familia hidalga. Fueron los padres de Garci Álvarez Chico, nacido en Villanueva del Fresno quien, siendo niño, marchó a México y acompañó a Hernán Cortés a las Higueras. Fue después con Pedro de Alvarado a Guatemala y con Luis de Moscoso a San Miguel; murió soltero.

Álvarez, Juan: Avecindado en Lima en el siglo XVII.

Mujer: **María de Sierra**, su legítima esposa. Antes del matrimonio Juan la violó y se casó con él para evitar un escándalo. Con el tiempo se disolvió el matrimonio y Juan paró en la cárcel por haber cometido un asesinato.

Álvarez Maldonado, Juan: Hidalgo nacido en Salamanca hacia 1525, descendiente de los Anaya Maldonado. Marchó a Veragua en 1542 y se halló con el presidente Gasca en la batalla de Jaquijahuana, radicándose después en el Cuzco. Se plegó luego al mariscal Alonso de Alvarado asistiendo a la batalla de Chuquinga. Vuelto al Cuzco, fue rector del Hospital de Naturales. En 1572 se halló también como maestre de campo general en la guerra contra los incas de Vilcabamba; falleció en el Cuzco en 1612.

Mujer: **Ana Cornejo**, su legítima esposa, hija del conquistador Miguel Cornejo, el Bueno, y de Leonor Méndez y Muñiz,

A

progenitores de una descendencia ilustre que emparentó con los marqueses de Valle Umbroso y los condes de la Laguna de Canchacaye.

Álvarez Meléndez, Antonio: Hidalgo nacido en Astorga hacia 1510. Marchó con Pedrarias Dávila a Castilla del Oro y Nicaragua, y después pasó al Perú hallándose en el sitio de Lima. Luego se unió a Francisco Pizarro y combatió en la batalla de las Salinas. Fue fundador de la Plata de donde se le nombró alguacil mayor y luego alcalde ordinario. Con el Presidente Gasca se halló también en la batalla de Jaquijahuana.

Mujer: **Mayor Verdugo de Angulo**, su legítima esposa, de familia hidalga, padres de Leonor Álvarez que casó con Gabriel Paniagua e Loaisa.

Amara Yturigoyen, Bernardo de: Maestre de campo en Santiago de Chile en el siglo XVII.

Mujer: **Lucía de Pastene**, su legítima esposa, de familia prominente y rica; al casarse le pasó al marido en dote gran parte de sus dineros y propiedades, entre ellas la hacienda de La Quillota.

Amat y Junyet, Manuel de: Nacido en 1707 en Vacarisas (Barcelona) y fallecido en 1782 en Barcelona. De noble familia catalana, participó en las guerras de África e Italia. Se le nombró presidente de la Capitanía general de Chile y en 1755 Carlos III le nombró virrey del Perú donde llevó a cabo grandes obras de embellecimiento de la ciudad y varios hospitales. Se casó a los setenta y dos años con una mujer más joven que él mayormente para reparar un desdén de un sobrino suyo.

Mujer: **Micaela Villegas**: Llamada la *Perricholi*. Mestiza nacida en 1739 en Huánuco y radicada en Lima. Hermosa mujer de mucha gracia e ingenio. Acostumbraba a recitar algunas de las obras cómicas de Alarcón y romances caballerescos de Lope de Vega y tañía el arpa con gran habilidad. Al conocerla durante las fiestas que tuvieron lugar al tomar posesión de su cargo, Amat se prendió de ella y la hizo su amante inseparable, colmándola de atenciones y mimos. Tal fue su amor que le construyó en su nombre el Paseo de Aguas y el palacete del Rincón. Tuvieron un hijo bastardo llamado Manuelito. En su testamento fechado el 20 de marzo de 1819, declaró Micaela que estaba casada y que tuvo antes de su matrimonio a un hijo natural llamado don Manuel de Amat, sin mencionar al padre.

Ampuero, Francisco de: Hidalgo nacido en Santo Domingo de la Calzada. Marchó al Perú en 1535 con Hernando Pizarro y fue paje de Francisco Pizarro, acompañándolo al cerco de Lima por Titu Yupanqui. Fue regidor del Cabildo de Lima en 1539. Después de la muerte del gobernador Pizarro, se refugió en Trujillo junto a Vaca de Castro, con el que concurrió a la batalla de Chupas. Fue el que, por orden de Gonzalo Pizarro, exhumó los restos de Francisco Pizarro para trasladarlos a una sepultura más apropiada. En 1551 viajó a España con su esposa para visitar a Hernando Pizarro que se hallaba preso en el castillo de la Mota, llevando consigo a su sobrina Francisca Pizarro Yupanqui, hija de Francisco Pizarro y de Inés de Huaylas Ñusta para desposarla. Logrado tal casamiento, regresó a Lima en 1554 con varios cargos importantes, siendo después nombrado alcalde ordinario, procurador, diputado, entre otros; falleció en Lima en 1578.

Mujer: **Inés Huaylas Ñusta**, su legítima esposa, natural de Tocas, en Huaylas, hija del inca Huayna Cápac y de Cuntur Huacho, cacina de Canta. Ella antes había sido amante de Francisco Pizarro, quien condescendió que ambos se casaran. (Véase también a Francisco Pizarro).

Anastasio de Carvajal y Vargas, Diego: Conde de Castillejo, natural de Lima y avecindado en esta ciudad. Era Caballero de la Orden de Calatrava, título conferido por Carlos II en 1683, Sexto Correo Mayor de las Indias y encomendero del repartimiento de Ichiguari. Fue su padre Francisco de Carvajal, Caballero de la Orden de Alcántara. Por no tener sucesión, pasó el título a su sobrino el capitán Diego de Carvajal, Caballero de la Orden de Santiago, casado con Constanza de la Cueva marquesa de Santa Lucía de Conchán, recayendo después en Catalina de Carvajal esposa de Joaquín Brun, y luego en su hija de un segundo matrimonio Joaquina Brun, casada con su primo Fermín de Carvajal.

Mujer: **Francisca Luna**, su legítima esposa, sin sucesión.

Angulo, Hernando de: Marchó al Perú en 1538 militando en contra de Gonzalo Pizarro y Francisco Hernández Girón. Pasó después a México donde se le dieron varias encomiendas.

Mujer: **María de Rivera**, su legítima esposa, a quien enterró en la Iglesia de San Agustín en México en 1573, padres de Beatriz Flores, casada en el Perú con Pedro de Vera, vecino de Arequipa. Es probable que María se conociese también por el nombre de Isabel Flores, pues así testó delante del escribano Baltasar Díaz; era hija de Francisco Gutiérrez y de María Salgado.

Antesana, Gerónimo de: Clérico secular del Perú.

Mujer: **Juana Delgado**, su legítima esposa. Se desconoce si hubo sucesión.

Anza, Juan Bautista de: Nacido en Fronteras, Sonora (México) en 1736 y fallecido en 1788. Fue capitán del presidio de Tubac en la actual Arizona y llevó a cabo varias expediciones para hallar un camino entre Sonora, San Diego y Monterrey. Atravesó los ríos Colorado y Gila y logró llegar a la misión de San Gabriel en California. Regresó en 1775 en una segunda expedición con los padres Garcés y Font para crear una colonia, y al año siguiente llegó a Monterrey. Según se cree, algunos colonos fundaron la ciudad de San Francisco. Fue nombrado teniente coronel y gobernador de Nuevo México en 1777. En 1780 a petición de Teodoro de Croix, nuevo Comandante de las Provincias Internas, efectuó una nueva expedición para encontrar un camino hacia Sonora.

Mujer: **Ana María Pérez Serrano**, su legítima esposa, con la que casó en 1761, hija del minero Pérez de Serrano; sin sucesión.

Añasco, Juan de: Natural de Sevilla; uno de los supervivientes de la expedición de Hernando de Soto a la Florida.

Mujer: **Isabel de Añasco**, su legítima esposa; ambos se trasladaron después al Perú. Se desconoce si hubo sucesión.

Añasco, Juan de: Natural de Sevilla, hijo de Pedro de Añasco e Isabel de Roelas; fue soldado en las galeras de Nápoles y combatió más tarde contra los franceses en las costas de España. Pasó después a Viena con un hermano suyo y combatieron en la guerra contra los turcos. Se trasladó después a la Florida donde hizo construir siete bergantines en los que se dirigió a

A

México. También estuvo en La Habana y fue alcalde mayor de Veracruz.

Mujer: **Juana de Ayala**, su legítima esposa, con la que tuvo varios hijos.

Añasco, Pedro de: Nacido en Sevilla hacia 1519, hijo de Alonso de Añasco, alcaide del duque de Medina Sidonia en su fortaleza de Sanlúcar de Barrameda, y de Catalina de Fuentes, ambos hidalgos oriundos de Trujillo, Extremadura. Pedro de Añasco marchó a América en hacia 1533, siendo uno de los fundadores de San Miguel de Guatemala. Em 1536 pasó al Perú, asistiendo al socorro de Timaná y a la búsqueda de El Dorado. Posteriormente, juntado al presidente Casca, se halló en la batalla de Jaquijahuana. Consta que tenía un hermano llamado Alonso de Añasco y una hermana llamada Francisca de la Cueva, casada con Rafael Spinola, vecino de Sanlúcar; falleció hacia 1570.

Mujer: **La Gaitana**, su amante; era cacica en 1538 de los pueblos circundantes a Timaná en la provincia de Huila, donde era casada con el cacique Maquillán y parienta de los señores principales de los paeces y yalcones. Mujer hermosa y decidida que se propuso seducir a Pedro de Añasco y lograr que se enamorase de ella. Por razones aún inexplicables, Pedro mandó quemar a su hijo Timanco en presencia de ella; enloquecida de furia La Gaitana se rebeló contra los españoles, atraparon a Pedro, lo mataron y descaron su cadáver arrastrándolo por las calles. La Gaitana fue su mujer más conocida por los hechos referidos. Ahora bien, Pedro había casado legalmente con María de Contreras, según él mismo confesó, y en segundas nupcias con una parienta de la anterior de nombre homónimo. Esta fue su viuda, y quedó de tutora de Catalina de Fuentes, María de Peñalosa, Francisca de la Cueva y Ana de Contreras, todas hijas del primer matrimonio. Pedro de Añasco tuvo también tres hijos bastardos, a los que ayudó su hija primogénita Catalina de Fuentes, y cuyos nombres fueron Pedro, Jerónimo y Catalina de Añasco.

Añasgo, Francisco de: Esclavo libre avecindado en Lima a principios del siglo XVIII.

Mujer: **Antonia Solórzano**, su legítima esposa, esclava también que nunca logró su libertad aún después de casada. Debido al maltrato que recibió de ella, Francisco logró divorciarse.

Añez, Pedro: Conquistador de Colombia.

Mujer: **Constanza Rodríguez**, posiblemente su amante, con la que tuvo varios hijos naturales.

Aranda, Juan de: Pasó a México con Cristóbal de Tapia.

Mujer: **Francisca Díaz**, su legítima esposa, padres de Martín de Aranda, natural de Huirera, soldado de Pedro de Alvarado en las conquistas de Tututepec y Michoacán y padre de dos hijos.

Arango, Pedro de: Natural de Navarra y avecindado en Cuba en el siglo XVII. En La Habana fue contador del Tribunal de Cuentas. Tuvo un hermano llamado Andrés y Núñez del Castillo que casó en Jaen, España, con Dolores de Quesada Vial, hija de los condes de Donadío.

Mujer: **Isabel de Monroy**, su legítima esposa. Se desconoce si hubo sucesión.

Aranibar, José: Coronel del ejército en Argentina. Era hermano del coronel Juan Adrián Fernández de Cornejo, nacido en Lucumba.

Mujer: **Cipriana Fernández de Cornejo**, su legítima esposa, padres de un tal Nicolás.

Araya, Rodrigo de: Se halló en la famosa entrada del Tucumán; fue desterrado a Chile por habérsele culpado de traidor. Fue alcalde de Santiago y falleció en 1561.

Mujer: **Magdalena Fernández**, su legítima esposa. Rodrigo dejó una hija legítima y un mestizo.

Arcos, Francisco de: Nacido hacia 1520, hermano del conquistador Diego de Arcos, con quien probablemente marchó al Perú. Militó an varias jornadas, tales como las de Quista y Macas. Se hallaba en Quito cuando el asesinato de Pedro de Puelles.

Mujer: **Isabel Ribera**, su legítima esposa, con quien casó hacia 1564, hija del conquistador y vecino de Quito Antonio de Ribera, con sucesión.

Arellano, Tristán de: Tomó parte en la expedición de Francisco Váquez de Coronado a la América del Norte y se halló en la conquista de Guajaca.

Mujer: **Isabel de Rojas**, su legítima esposa, viuda de Juan Velázquez conquistador y regidor de México, que la trajo de España. Había también casado antes con Francisco Maldonado, capitán y conquistador de México y encomedero de trece pueblos en la provincia de Mistla, del que había enviudado. Se desconoce si hubo sucesión de cualesquiera de los tres maridos.

Arévalo, Alonso: Hijo de Pedro de Arévalo y María Termiño. Pasó a Cuba cuando era gobernador Diego Velázquez y del que recibió un repartmiento de indios, marchando luego con Juan de Grijalva al descubrimiento de Yucatán; de ahí pasó a Cuba y regresó a México con Cortés. Tomó parte en las conquistas de México, Pánuco, Jalisco y Michoacán.

Mujer: **Beatriz López**, posiblemente su esposa, aunque no lo declara así en su memoria, en la que dice que el marido tuvo dos hijos varones y con ella una hija, sin dar su nombre.

Arévalo (o Arébalo), Andrés de: Mestizo avecindado en Lima a mediados del siglo XVII.

Mujer: **Ana Rodríguez**, su legítima esposa. El matrimonio se anuló por descubrirse que él era hijo bastardo de un español y una india y por tanto pagano.

Argote, Juan de: Capitán y conquistador de Cuba; nacido en Andalucía hacia 1472 y fallecido hacia 1562. Se cree haber nacido en Bayamo, Cuba, y ser hijo de un conquistador y de una india.

A

Mujer: **María Porcallo de Figueroa**, hija de Vasco Porcallo de Figueroa, nacida probablemente en Puerto Príncipe, Cuba, con la que tuvo una hija llamada Juana Manuel de Figueroa y Argote.

Argüello, Juan Darío de: Uno de los últimos gobernadores españoles de California, 1814 a 1815.

Mujer: Se desconoce su nombre, pero con ella tuvo una hija llamada Concepción que casó con Nicolás Rezanov, un noble ruso.

Arias Dávila, Gómez: Nacido en Segovia hacia 1514. Siendo joven fue cautivo de los moros en el Norte de África donde aprendió árabe. Marchó a América en 1518 con Hernando de Soto a quien acompañó a la Florida, pasando después a México, Guatemala y Nicaragua, radicándose por un tiempo en León. Se trasladó luego al Perú participando en las batallas de Jauja y Jaquijahuana. Fue el descubridor de las tierras Rupa-Rupa y los Motilones, sí comodel río Cocama, hoy llamado Ucayali; falleció en 1562.

Mujer: **María Castellón de Lara**, su legítima esposa, nacida en Santo Domingo, padres de Juan Arias Dávila, alcalde y regidor de Huánuco en 1581, y de Eufrasia de Lara y Arias Dávila.

Arias de Cañedo, Pedro: Hidalgo. Marchó a América con Hernando de Soto y se halló con él en la expedición a la Florida, pasando después a México y luego al Perú. Con Ruy Barba Cabeza de Vaca estuvo en el castigo de los negros cimarrones, radicándose posteriormente en Huánuco.

Mujer: **Isabel de Garay**, su legítima esposa, hermana del conquistador Antonio de Garay, padres de una hija casada con Pablo de Argama.

Arias de Monroy, Cristóbal: Conquistador de Colombia.

Mujer: **Juana**, mestiza, posiblemente su legítima esposa, con la que casó cuando tenía ella sólo trece años de edad; era hija del sastre Diego Marlín. Tuvieron un hijo natural llamado Juan Monroy.

Aristizábal y Espinosa, Gabriel: Marino, Caballero de la Orden de Alcántara, nacido en Madrid en 1743 y fallecido en la isla de León en 1805. En 1793 se le envió a Cuba como jefe de escuadra y estuvo también antes o después en Santo Domingo. Entre 1795 y 1796 llevó a Cuba a más de 5.000 familias que se establecieron en la isla. Fue él quien, por propia iniciativa, trasladó los restos de Cristóbal Colón de Santo Domingo a La Habana. En 1802 se le nombró General de Marina de Cádiz.

Mujer: **Inés de Zequeira**, su legítima esposa, con la que casó en 1779. Se desconoce si hubo sucesión.

Armas, Francisco: Nacido en las Islas Canarias; comerciante avecindado en Puerto Píncipe, Cuba, a finales del siglo XVIII. Después se le nombró Subdelegado del Estanco de Tabacos.

Mujer: **Josefa Carmona**, su legítima esposa, con la que tuvo varios hijos.

Armenta, Baltasar de: Nacido en Sevilla, hijo de Isabel Baena. Fue uno de los fundadores de Arequipa en el Perú.

Mujer: **Magdalena**, india nicaragüense; tuvieron una de hija llamada Beatriz.

Armero y Fernández de Peñaranda, Antonio: Perteneciente a la ilustre familia Fernández de Peñaranda de la ciudad de Soria. Fue Ministro del Tribunal Supremo de Justicia y Gran Cruz de Isabel la Católica.

Mujer: **María Teresa de Peñalver y Cárdenas**, su legítima esposa, de la casa de los marqueses de Arcos y de Casa-Calvo, dama de la reina, con la que casó en La Habana. Fueron los padres de José María Armero y Peñalver, Gobernador Civil de León (España), fallecido en Madrid; María de la Concepción Armero y Peñalver, nacida en Madrid y fallecida en Francia siendo joven; y María de los Dolores Armero y Peñalver, nacida en La Habana, que casó con Agustín Girón y Aragón, nacido en Madrid en 1843, duque de Ahumada, marqués de las Amarillas y Grande de España.

Aróstegui y Larrea, Martín de: Procedente de la rama navarra de Aróstegui, avecindada en el pueblo de Aranaz. Marchó a La Habana donde ocupó el cargo de presidente de la Real Compañía; Caballero de la Orden de Santiago.

Mujer: **Teresa Bosave**, su legítima esposa, con quien casó en La Habana de donde era natural. Fueron los padres de el coronel Martín de Aróstegui y Bosave, nacido en La Habana, casado con Antonia María de Herrera, natural de Santa Clara, Cuba, padres a su vez de José de Aróstegui y Herrera, natural de La Habana, Caballero de la Orden de Calatrava y teniente coronel del ejército, y de Martín Aróstegui y Herrera, asimismo natural de La Habana, Caballero de la Orden de Carlos III en 1795.

Arráez, Martín de: Procedente de la rama de Arráiz, avecindada en Pamplona. Pasó a la Argentina y se radicó en Buenos Aires.

Mujer: **Tomasa de Larrazábal**, su legítima esposa, natural de Buenos Aires donde casaron en 1728, padres de María Josefa de Arráez, nacida en Buenos Aires, donde casó en 1748 con Manuel Antonio Gervasio Warnes que ocupó altos cargos en dicha ciudad.

Arredondo y Perelli, Antonio de: Hijo primogénito de Pedro de Arredondo y Suárez Redondo, natural de Milán, de donde fue capitán de los ejércitos del rey, y de María Antonia Perelli y Ansaldo, natural de Génova. Fue nombrado por Fernando VI coronel ingeniero de los ejércitos; después pasó a La Habana.

Mujer: **Josefa Gabriela de Ambulodi y Arriola**, su legítima esposa, natural de La Habana donde se casó, padres de José Antonio de Arredondo y Ambudoli y Arriola, natural de La Habana, padres a su vez de José Antonio de Arredondo y Ambulodi Perelli y Arriola, y de María de Loreto de Arredondo Ambulodi Perelli y

Arriola, casada con José Ricardo O'Farrill y Herrera, ilustre cubano, padres de María Teresa O'Farrill y Arredondo que casó con Antonio de Arredondo y Cabello, su primo hermano, segundo conde de Vallellano. José Antonio de Arredondo y Ambulodi Perelly y Arriola, ya mencionado arriba, era natural de La Habana y primer conde de Vallellano, título que le confirió Carlos III en 1774, y también Caballero de la Orden de Carlos III, de la de San Hermenegildo y de la Flor de Lis. Casó con María Ignacia de los Dolores Cabello Robarato, hija del coronel Manuel Cabello Robles, sargento mayor de La Habana, y de Josefa de Robarato. José Antonio y María Ignacia fueron los padres de Antonio Arredondo Cabello Ambulodi y Robarato; Manuel; María de los Dolores; José; y María de Belén, todos con los mismos apellidos. Manuel Arredondo Cabello Ambulodi y Robarato, capitán de la Guardia Real de Caballería y tercer conde de Vallellano, tuvo tres hijos que fueron Manuel Arredondo, casado con Dolores Herrera de Guanajay, y dos hijas. Pasó el título después a María de la Concepción y O'Farrill, cuarta condesa de Vallellano, casada con Fernando Suárez de Tangil y de Angulo, marqués de Covarrubias de Leyva. Otros parientes de esta familia fueron Nicolás de Arredondo Aedo Pelegrín, virrey, capitán general y gobernador de las provincias del Plata y Buenos Aires y Caballero de la Orden de Calatrava, casado con Josefa Rosa de Mioño de Bustamante, natural de Santander, de donde provienen los marqueses de Ciruelo y condes de Moriana del Río, padres de Manuel Arredondo y Mioño, Caballero de la Orden de Calatrava; Joaquín Arredondo y Mioño, Caballero de la Orden de Calatrava; José Arredondo y Mioño, de la misma Orden; y Agustín

A

Arredondo y Mioño, también de la misma Orden. A otra línea de esta familia perteneció Fernando Ventura Antonio de Arredondo y Rioseco, coronel de Milicias en Guadalajara, México, y Caballero de la Orden de Santiago. Se desconoce el nombre de su esposa y si dejaron sucesión.

Arriaga, Antonio: Natural de Berlanga. Pasó a México con Pánfilo de Narváez y después fue con Hernán Cortés a la conquista de México; se encontró también en las conquistas de Cuba, Pánuco, Michoacán y Colima, por lo que recibió varias encomiendas.

Mujer: **Ana Quintero (o Quintera)**, su legítima esposa, con la que tuvo cuatro hijas, una de las cuales casó con Juan Antonio Brambila.

Arriaga, Diego de: Natural de Almazán (Soria) y conquistador de Santo Domingo.

Mujer: **Juana Méndez de Vargas**, su legítima esposa, padres de Juan Ortiz de Arriaga nacido en Santo Domingo, que casó con la hija de Pedro de Vargas con la que tuvo un hijo.

Arriaga, Diego de: Hidalgo nacido en Talavera de la Reina, hermano del capitán Diego de Arriaga que militó en Italia, y de Alonso de Arriaga, factor del rey en Nicaragua. Marchó al Perú y fue soldado del capitán Pablo de Meneses en Lima cuando se hizo preso al virrey Núñez de Vela, y después pasó a Charcas donde se halló con los leales en el desbarate de Paria.

Mujer: **Isabel Vázquez Parra**, su legítima esposa, hija bastarda del conquistador Juan Vázquez Parra, con quien tuvo varios hijos.

Arriaga, Pedro de: Conquistador de Santo Domingo, marchando después a México.

Mujer: **Francisca de Neiva**, su legítima esposa, padres de Pedro de Mojica, escribano y natural de Medina del Campo que tuvo tres hijos.

Arroyo, Simón de: Este apellido es originario de Asturias con distintas líneas o ramas extendidas por toda España, como la de Valencia y Burgos, esta última a la que pertenció Simón de Arroyo y de donde era natural. Era hijo de Juan de Arroyo, nacido en Madrid, y de Juliana de la Riva, natural de Medina de Pomar. Se avecindó después en México.

Mujer: **Juana Gutiérrez de Amaya**, su legítima esposa, nacida en Guanajuato, México, con quien casó en esta ciudad. Fueron los padres de Simón Francisco de Arroyo, nacido en Guanajuato y casado con Clara Joaquina de Sardaneta, nacida en San Sebastián de León, México, padres a su vez de Simón de Arroyo y Sardaneta, natural asimismo de Guanajuato y Caballero de la Orden de Santiago.

Arteaga, Luis de: Esta familia era originaria de la Vizcaya, extendida por toda España. Luis era hijo de Juan Pedro de Artega Ochoa, nacido en Cádiz y de Juana Márquez. Pasó a Antioquia Colombia a finales del siglo XVII donde se radicó.

Mujer: **Alfonsa Álvarez del Pino**, su legítima, con quien casó en Medellín en 1695, padres de José de Artega; Pedro Mateo de Arteaga que casó con Bárbara Cuartas, padres a su vez de Josefa, casada con Antonio Burgos, y Quiteria, casada primero con Joaquín Salazar, y después con Nicolás Gutiérrez; Juana, casada con Anastasio Vázquez; Candelaria, casada con Francisco Upegui; y José María, casado con Ignacia Ribera. Otros hijos de Luis de Arteaga y Alfonsa Álvarez del Pino fueron Rosa de Arteaga, casada primero con Francisco Javier Gómez, y después con José López Arellano; Micaela de Arteaga, casada con Felipe Santiago Penagos; Ignacia, casada con Felipe Franco; Manuel Ignacio de Arteaga que nunca casó; y Gertrudis de Arteaga, casada con Manuel Enrique Duque. El primogénito, José de Areaga, casó con Gertrudis Gervasia Sánchez, padres de Lorenzo Manuel de Arteaga; Ignacio Martín de Arteaga; Jacinto de Arteaga, y Miguel de Arteaga, casado con Trinidad Yarza, padres a su vez de Jerónimo de Arteaga, casado con Josefa Morales; José de Arteaga, casado con Lorenza Salazar; Francisco de Arteaga, casado primero con Mariana Arango, y después con Juana Franco; Vicente de Arteaga, casado con Josefa Monsalve; y Josefa de Arteaga, casada con Nicolás Monsalve. De esta familia pasaron a Chile y México varios descendientes, entre ellos Lucas de Arteaga, casado con Lucía Océriz, padres de Luis de Arteaga y Océriz, que se avecindó en México, donde casó con María Mexía de la Vera, padres a su vez de Juana de Arteaga y Mexía de Vera. La familia Arteaga emparentó en Chile con la de Alemparte y otras.

Artesana, Gerónimo de: Clérico avecindado en Lima en el siglo XVII.

Mujer: **Juana Delgado**, su concubina, relación que lo llevó a él a la cárcel y a ella a ser encerrada en un convento.

Arteta, Lorenzo de: Familia originaria de Vizcaya. Nacido en Larrabezúa, Bilbao. Pasó a Guayaquil, Ecuador a medidaos o finales del siglo XVIII.

Mujer: **Juana Larrabeytia**, su legítima esposa, nacida en Guayaquil donde casaron, padres de Pedro José de Arteta y Larrabeytia, natural de Guayaquil, Caballero de la Orden de Alcántara y capitán de Dragones de la Milicia.

Astete, Bartolomé de: Natural de Burgos, de la villa de Miraveche. Pasó al Perú desconociéndose la fecha y cargo o cargos que desempeñó.

Mujer: **Inés de Zárate**, su legítima esposa, con quien casó en Puerto de Pisco, Perú, padres de Melchor de Astete, nacido en Lima donde casó con María de Zárate, natural de esta ciudad, padres a su vez de Andrés de Astete y Zárate de la misma ciudad y Caballero de la Orden de Santiago.

Astorga, Bartolomé: Conquistador de México.

Mujer: Posiblemente una india con la que nunca casó y a la que se le negó el derecho a quedarse con las propiedades de él cuando murió en 1540.

Astorga, Juan de: Familia procedente de la ciudad de Astorga cuyo nombre adquirieron. Juan era natural de Medina de Rioseco y pasó a América radicándose en Santiago de Chile, donde fue encomendero.

Mujer: **Beatriz Navarro**, su legítima esposa, con la que casó en Santiago de Chile en 1602, padres de Juan de Astorga; el capitán Bartolomé de Astorga, casado en 1634 con Margarita de Ureta, dejando sucesión; Francisco de Astorga; el capitán Pedro de Astorga, casado con Inés de Molina que dejaron extensa sucesión; Lorenzo de Astorga, soltero; Alonso de Astorga, también soltero; Santiago de Astorga, lo mismo; Mariana de Astorga, casada con Pedro Cajal, con sucesión; Beatriz de Astorga, monja; y María de Astorga, monja también.

A

Astudillo Montenegro, Juan de: Nacido hacia 1513 posiblemente en Burgos, militando después en Francia y Flandes antes de marchar al Perú hacia 1550. En 1557 el virrey marqués de Cañete le hizo gentilhombre Lanza de su guardia personal y llegó a ocupar cargos importantes, entre ellos el de regidor, tenedor de bienes de difuntos y tenedor de la Caja de Negros; falleció hacia 1559.

Mujer: **Ana Méndez de Silva**, su legítima essposa, viuda de Pedro del Río, conquistador de México. Se desconoce si hubo sucesión.

Atehortúa, Antonio de: Familia originaria de Vizcaya. Antonio era natural de la villa de Elorrio y pasó a Antioquia, Colombia, radicándose en Bogotá donde fue contador de la Real Hacienda.

Mujer: **Francisca Zapata Gómez**, su legítima esposa, con quien casó en Bogotá, hija del maestre de campo Antonio Zapata y de Ana María de Toro, padres de Gertrudis que casó primero con Ignacio de Castañeda y luego con Pedro del Mazo; Margarita, casada con Toribio del Mazo; Nicolás, casado con Gregoria Jaramillo; María, religiosa; Domingo, soltero; Francisca; Rosa; Antonio; Isabel; y Andrés.

Atienza, Blas de: Nacido hacia 1489, probablemente en Segovia. Se halló con Vasco Núñez de Balboa en el descubrimiento del Pacífico en 1513, siendo el segundo nombre en navegar este océano. Estuvo presente en la fundación de Panamá donde fue teniente de alguacil mayor en 1519. Acompañó a Francisco Pizarro en el primer y tercer viaje del descubrimiento del Perú y luego se halló en la fundación de San Miguel de la que fue alcalde ordinario en 1532. Pasó después a Quito con Diego de Almagro y posterior-mente se trasladó a Trujillo a cuidar de su vista pues estaba casi ciego de cataratas, ciudad de la que fue alcalde ordinario y regidor.

Mujer: Se desconoce su nombre, pero con ella tuvo a Luis de Atienza, que le sucedió en los indios de Collique, y una hija bastarda, Inés de Atienza, tenida con una india que llegó a ser la manceba del gobernador Pedro de Ursúa. (Véase también a éste).

Ávalos de Ayala, Luis de: Conquistador del Perú y uno de los capitanes en las Guerras Civiles del Perú.

Mujer: Una amante india con la que tuvo un hijo natural llamado Martín de Ayala quien fue adoptado por el inca Huamán Mallqui y su mujer, Cusi Ocllo Coya, hija de Tupac Inca Yupanqui, padres del famoso cronista incaico Felipe Huamán Poma de Ayala autor de la célebre obra "Nueva Crónica y Buen Gobierno", publicada en París en 1936.

Avendaño, Pedro de: Nacido hacia 1508. Marchó al Perú en 1538 donde Francisco Pizarro le nombró contador de la Real Hacienda. Fue escribano mayor de la Gobernación de Nueva Toledo y luego escribano de cámara de la Real Audiencia de Lima. En 1559 figura como secretario mayor de la Audiencia desde 1553. Fue posteriormente desterrado a España al habérsele hecho un juicio de residencia en el que salió muy mal, y también por creerse que había asesinado a puñaladas a su yerno Pedro de Isásaga. Regresó después a Lima falleciendo en 1598.

Mujer: **Ana de Argame**, su legítima esposa, padres de Teresa de Avendaño.

Ávila, Alonso de: Avecindado en Lima a principios del siglo XVII.

Mujer: **Catalina Daza**, su legítima esposa, divorciada después por los atropellos del marido.

Ávila, Alonso de: Capitán de Cortés en la conquista de México; nació hacia 1486 en Ciudad Real y murió en Nueva Galicia en 1542.

Mujer: Lograda la paz en Tlaxcala, recibió de Cortés una de las cinco doncellas obsequiadas por los caciques de este pueblo, desconociéndose su nombre.

Ávila, Antón de: Avecindado en México en tiempos de la conquista.

Mujer: **María Juárez**, su legítima esposa, padres de Gaspar Juárez de Ávila, conquistador de Yucatán y Honduras, poblador de Gracias a Dios y Comayagua y posteriormente de Nueva Galicia.

Ávila, Francisco de: Natural de Sevilla y corregidor de Cuba en tiempos de la conquista, donde recibió varios repartimientos de indios; pasó luego a México como teniente gobernador y participó en la conquista de Coatlán.

Mujer: **Beatriz de Llanos**, su legítima esposa, natural también de Sevilla, padres de Hernando de Ávila que se halló en la conquista de Jalisco, casado con la hija del licenciado Sandoval con la que tuvo dos hijos.

Ávila, Juan de: Sólo se sabe que era soldado de Alonso de Almao y Fernando de Olmos en el Perú.

Mujer: **Isabel de Ribera**, su legítima esposa, que era viuda.

Ávila Quiñones, Juan de: Conquistador de México. Casó con una hija del conquistador Juan de Cuéllar y fueron los padres de Juan de Cuéllar Verdugo,

casado con María de Garao, padres a su vez de Pablo Vargas.

Ayala, Lope de: Teniente de Gonzalo Pizarro en Puerto Viejo. Se halló con el presidente Gasca en la batalla de Jaquijahuana y después se radicó en Trujillo; falleció hacia 1565.

Mujer: **Elena de Paz**, su legítima esposa, hija del conquistador Rodrigo de Paz y de Beatriz de Soria. Se desconoce si hubo sucesión.

Ayo, Diego de: Se desconocen datos de este señor.

Mujer: **Ana de Losa**, su legítima esposa, con la que tuvo varios hijos; era hija de Juan de Losa conquistador de México y encomendero.

A

Azaña Palacio y Maldonado, Pedro: Conde de Montesclaros y Zapán, título conferido por Carlos II en 1765; nacido en Lima e hijo de Miguel de Azaña y Manuela Maldonado.

Mujer: **Ángela Bravo del Rivero**, su legítima esposa, hija de Pedro Bravo del Rivero oidor de Lima y natural de esta ciudad. Pedro Azaña Palacio y Maldonado se trasladó luego a Madrid y sirvió en la corte del rey, donde casó en segunda nupcias con Ángela Muñoz de Loayza y Salcedo. Falleció en España dejando allí a un hijo que heredó el título.

Azoca, Santiago de: Nacido hacia 1513 en Azcoitia, hijo del hidalgo Juan López de Azcoa y de Domenza de Zumeta. Marchó al Perú y se halló con Francisco Pizarro en el cerco de Lima y Huamanga. En 1563 fue nombrado alcalde de Santiago del Nuevo Extremo; falleció en 1589.

Mujer: **Juana Rodríguez** (u Ortiz de Cervantes), natural de Castuera, padres de cinco hijos y él de cuatro hijos mestizos.

B

Baca (o Vaca), Antonio: Descendiente de Álvar Núñez Cabeza de Vaca; llegó a ser capitán y se avecindó en Santa Fe, Nuevo México, a principios del siglo XVII.

Mujer: **Yumar Pérez de Bustillo,** su legítima esposa. Se desconoce si hubo sucesión.

Baca (o Vaca), Cristóbal de: Descendiente también de Álvar Núñez Cabeza de Vaca que tomó parte en la expedición de Juan de Oñate.

Mujer: **Ana Ortiz,** su legítima esposa, hija de Francisco Pacheco con la que tuvo tres hijas y un hijo que le acompañaron en la expedición.

Baca de Ávila, Juan de: Avecindado en Lima a mediados del siglo XVII.

Mujer: **Petronila López,** su legítima esposa, dama de la alta sociedad limeña con la que se casó por poderes en 1633. Luego se retractó Juan pero era ya muy tarde para anular el matrimonio.

Bacaes, Pedro: Hidalgo nacido hacia 1517. Se halló en Túmbez con el virrey Blasco Núñez con el que pasó luego a Quito, participando en la toma de San Miguel de Piura y en la batalla de Iñaquito. Posteriormente se dirigió a Panamá y de ahí al Perú donde se halló en la batalla de Jaquijahuana y en la de Pucará.

Mujer: **Isabel de Padilla,** su legítima esposa, quien parece ser mató a su marido por lo que se le enjuició. Se desconoce si hubo sucesión.

Bacaos, Pedro: Natural de Vizcaya, avecindado en Arequipa.

Mujer: **Isabel Rivera de Padilla,** su legítima esposa, hija de Fernando de Rivera y Lucía de Padilla; al morir su marido se hizo monja y con la fortuna que heredó fundó con su madre Lucía el monasterio dominico de Nuestra Señora de los Remedios.

Bachicao, Hernando de: Nacido en Sanlúcar de Barrameda hacia 1500, hijo de Cristóbal de Bachicao y de Leonor López Dávila, hidalgos. Marchó a América con el capitán Gil González Dávila hallándose con él en la expedición al cabo de Honduras. Luego se unió a Pedrarias Dávila en Nicaragua. Se dedicaba mayormente a la cría de ganado y caballos. Pasó después con Pedro de Alvarado al Perú y en Lima se unió a Francisco Pizarro quien le nombró guardia personal. Fue regidor del Cuzco. En Lima fue hombre de confianza de Gonzalo Pizarro quien le nombró capitán general del Mar del Sur o Pacífico.

Mujer: **Leonor Marrufa** (o Marruza), su legítima esposa, con quien casó antes de partir a América. Se desconoce si tuvieron hijos, pero él dejo a un hijo mestizo cuyo padrino de bautizo fue Francisco de Carbajal.

Baez de Francia, Juan: Uno de los primeros pobladores de Santa María de Nieva. Se avecindó en Ávila, los Quijos, en 1579.

Mujer: **María Díaz**, su legítima esposa. Murió de los golpes que le perpetraron los indios mientras rezaba en en su casa. Igual suerte siguió el marido.

Báez, Juan: Nacido hacia 1519. Se encontró en la fundación de Guayaquil con Francisco de Orellana y asistió al socorro de Francisco Pizarro en la confrontación habida con Diego de Almagro el Viejo. Pasó después con el virrey Núñez Vela a Túmbez durante la retirada de Piura. Viajó en 1552 a España donde fue mercader, regresando luego a Quito hacia 1584 dedicándose al mismo oficio.

Mujer: **Isabel Martínez**, su legítima esposa, padres de cinco hijos, entre ellos Gaspar Báez, casado con María de Salinas, con sucesión. Los demás hijos fueron frailes o monjas.

Baeza, Rodrigo de: Natural de Burgos; contador y tesorero de Diego Velázquez en Cuba. Pasó después con Pánfilo de Narváez a México donde fue Factor y Alguacil Mayor. Se halló con el capitán Matienzo en la conquista de Pánuco y después con Cortés en Honduras, donde fue encomendero en Tezuntepec. Estuvo también algún tiempo en Santo Domingo.

Mujer: **Mari López de Obregón**, su legítima esposa, natural también de Burgos, padres de Baltasar de Obregón nacido en Palos de Moguer y heredero de dicha encomienda; Gaspar Carrillo, nacido en Cuba; Bartolomé de Obregón; Luis de Obregón; y Ana Osorio, estos tres últimos nacidos en México. Casó después por segunda vez con la hija de Gonzalo Gómez de Betanzos con la que tuvo otras tres hijas y un hijo.

Balboa, Bernardino de: Hidalgo nacido hacia 1517. Marchó al Perú con Diego de Almagro y después se dirigió con Francisco Pizarro desde Cajamarca a Jauja. En 1536 se encontró en la defensa del Cuzco.

Mujer: **Mari López**, su legítima esposa, con la que casó en la Plata; antes había sido su amante en la expedición del Tucumán. Fue Mari mujer de inusitada valentía, lo cual demostró con espada en mano y rodela al pecho cuando los indios atacaron el fuerte de Chinchagones. Se encontraba entonces con su amiga Leonor de Guzmán, esposa de Hernando de Carmona. Volvió a portarse heroicamente al guardar a unos caciques que se hallaban presos.

Balboa, Vasco Núñez de: Descubridor del Océano Pacífico, nacido hacia hacia 1475 en Jerez de los Caballeros (o en Badajoz, conforme a algunas fuentes), y fallecido en 1519 en Acla, Panamá. Fue uno de los fundadores de Santa María de la Antigua en el Darién y el primero en divisar los Andes colombianos en 1512. Diego Colón le nombró gobernador interino del Darién. Murió ejecutado por Pedrarias Dávila en 1519 mayormente debido a la mucha envidia que le tenía por la fama que había adquirido.

Mujer: Estuvo a punto de casarse con María de Peñalosa, hija de Pedrarias Dávila e Isabel de Bobadilla, pero el matrimonio nunca se llevó a cabo. Estando en el Darién, en el país de Coyba, tuvo un lance amoroso con Anayansi, hija del cacique Cáreta (a quien él llamaba Ana), que marchó con él en su campaña contra el cacique Ponca, enemigo de Cáreta, Se dice también que tuvo alguna relación amorosa con una sirvienta de Anayansi llamada Fluvia.

Balsa, Francisco: Marchó con Diego de Almagro al descubrimiento de Chile. Se radicó después en el Perú.

Mujer: **Beatriz de Spíndola**, su legítima esposa. Se desconoce si hubo sucesión.

Balsa, Juan: Marchó con Diego de Almagro al descubrimiento de Chile y después se halló también con él en la batalla de las Salinas. Se plegó después a Almagro el Mozo en el Perú y fue uno de los tres hombres claves que asesinaron a Francisco Pizarro. Se halló después en la batalla de Chupas.

Mujer: la Ñusta doña Leonor, su legítima esposa, hija de Huayna Cápac, que al quedar viuda volvió a casar con Francisco de Villacastín. Fueron los padres de Juan Balsa, el Mozo, soldado en la guerra de Vilcabamba y posteriormente desterrado a Chile por el virrey Toledo. Juan Balsa tuvo también relaciones con Inés Tocto Ocllo Caitore (hija de Apo Huallpa Rimachi, cuyos padres fueron Pacha Chulla Inca y Mama Cori Ocllo, nieta del inca Huiracocha), de cuyo enlace nació Francisca Balsa que casó con Diego Rodríguez Zorrilla, padres a su vez de Juana Balsa, casada con Juan Bautista González, alférez del adelantado Álvaro de Mendaña, descubridor de las Islas Salomón.

Baquijano, Bautista: Conde de Vista Florida, Caballero de la Orden de Santiago, avecindado en Lima.

María Ignacia Carrillo y Garcés, su legítima esposa, con la que tuvo varios hijos, entre ellos a Juan Agustín Baquijano, Caballero de la Orden de Santiago y Alcalde Ordinario de Lima en 1775. A su muerte, pasó el título a su hermano José Baquijano y Carrillo, Caballero de la Orden de Carlos III y Oidor de Lima, y después a su sobrino Manuel Salazar y Baquijano, el último conde.

Barahona, Hernando de: Hidalgo nacido hacia 1528. Se halló en la expedición de los Paltos y la fundación de Loja con el capitán Alonso de Mercadillo. En 1565 fue nombrado tesorero de Zamora, ciudad en la que se radicó.

Mujer: **Catalina de Vargas**, su legítima esposa, hija de Gonzalo de Figueroa, padres de varias hijas.

Barba Cabeza de Vaca y Coronado, Cristóbal: Hidalgo nacido hacia 1517 en Sevilla, hijo de Garci Barba Cabeza de Vaca y de Leonor Arias Tinoco. Marchó a América hacia 1529 y se halló en la conquista de Cartagena. Después pasó al Perú donde fue uno de los fundadores de Trujillo, y luego a Chile con Diego de Almagro. Se halló también en la batalla de Jaquijahuana. Posteriormente fue nombrado alcalde de la Plata y después con el mariscal Alonso de Alvarado combatió la batalla de Chuquinga. Fue el fundador de San Francisco de Jujuy.

Mujer: **Inés de Arana**, su legítima esposa. Se desconoce si hubo sucesión. Cristóbal tuvo un hermano llamado Ruy Barba Cabeza de Vaca y Coronado que pasó al Perú donde se halló en el descubrimiento y conquista de Chachapoyas, así como en el socorro de Lima y el del Cuzco. Se encontraba en Lima cuando el asesinato de Francisco Pizarro en 1541, viendo su cadáver al que llevaban a dar sepultura. Se halló asimismo en la batalla de Chupas y en el castigo de los negros cimarrones de Huaura. Casó por primera vez con Francisca Jiménez, conocida también por Francisca Pinelo, viuda del conquistador Sebastián de Torres, y por segunda vez en España con Catalina de Ayala. Del primer matrimonio hubo cuatro hijos, Diego, García, Juan y Leonor, casada con el mes-

B

tizo Martín de Ampuero Yupanqui, de ascendencia inca.

Barbarán, Juan de: Nacido en Illescas, Toledo, hacia 1501, hijo del hidalgo Pedro de Barbarán y de María de San Pedro, posiblemente judía conversa. Marchó a América hacia 1520 con Pedrarias Dávila a Castilla del Oro y Nicaragua, y después se halló con Francisco Pizarro en la captura de Atahualpa en Cajamarca. Pasó después a Jauja donde fue uno de sus fundadores y de la que se le eligió alcalde ordinario, y luego al Cuzco con Hernando de Soto donde participó en la persecución de los Quisquis. Se halló asimismo en la defensa de Lima en 1536. En 1538 fue elegido alcalde de Lima y nuevamente en 1542.

Mujer: **María de Lezcano**, su legítima esposa, hija del hidalgo Pedro de Villacastín y Lezcano (también llamado Pedro de Villafranca) y de Juana de Melgar. Esta mujer fue víctima de un gran agravio por ciertas viejas rencillas con Ana Velasco, esposa del mariscal Alonso de Alvarado, consistiendo el mismo en cortarle el pelo y acuchillarla en la cara. Juan y María tuvieron cuatro hijos, entre ellos Pedro, regidor de Trujillo y alferez real; Gabriel, sacerdote dominico; y Juan, casado en Lima con Mencia de Somorrostro Vaya y Marañón.

Barco, Pedro de: Natural de Extremadura y conquistador del Perú; fue Regidor del Cabildo del Cuzco y encomendero. En él se personifica una de las muchas historias de amor entre español e india de América, la cual resumimos así: Al entrar en el templo de las Vírgenes del Sol en el Cuzco, resaltó por su hermosura una de las diez mil mujeres allí presentes la cual, con mucho agrado, le abrazó. Una noche, en la plaza mayor del Cuzco se hallaban unos españoles jugando a los dados disputándose un disco de oro que representaba al sol. Observada la escena por la india amiga de Barco, corrió en su busca para que rescatara el disco que consideraba sagrado y él, complaciente, se unió al juego y logró ganar el disco que le entregó a su amiga. Al enterarse Francisco Pizarro de lo ocurrido, ordenó a Barco que devolviese lo devolviese pero éste se negó y escapó con la india y el disco. Enfurecido, Pizarro dio orden de buscarle y siendo alcanzado cerca del lago Titicaca Barco lanzó el disco al lago donde se perdió para siempre. No se sabe el desenlace final de esta historia. Esta india se llamaba Juana, madre de tres hijos mestizos que fueron Catalina, casada con Bartolomé de Segura; Juan, muerto soltero; y Pedro al que se le desterró a Chile desconociéndose la causa.

Baron, Antonio: Avecindado en Lima a finales del siglo XVIII.

Mujer: **María Pascuala Álvarez de Atocha**, su legítima esposa. Se desconoce si hubo sucesión.

Barreda, Benito de la: Nacido en Balalcázar hacia 1519. Marchó a México y después a Guatemala donde se halló en la fundación de Gracias a Dios y Comayagua. En 1536 pasó al Perú hallándose en la pacificación de Atabillos, Huánuco y otros pueblos y dirigiéndose más tarde a Quito donde participó en la conquista de los Yumbos y otras entradas y con Gonzalo Pizarro en la expedición de los Quijos y el País de la Canela. Posteriormente fue nombrado alcalde de las Minas de Santa Bárbola. Fue también fundador de la ciudad de Baeza en 1559 y tesorero de la ciudad de Loja.

Mujer: **Beatriz de Carbajal**, su legítima esposa. Se desconoce si hubo sucesión.

Barrera, Cristóbal de la: Panadero de profesión en Lima a principios del siglo XVII.

Mujer: **Isabel de Zamudio,** su legítima esposa, matrimonio que fue disuelto debido a los constantes atropellos del marido.

Barrera Baena, o Barreda, Pedro: Natural de Madrid y conquistador del Perú, hijo de Alonso y Catalina González de Mendoza. Fue uno de los antiguos conquistadores que acompañó a Pizarro y que estuvo presente durante la prisión de Atahualpa. Vuelto a España estuvo en las guerras de Francia e Italia como Capitán de Caballos de Carlos V y después prestó cierta suma de dinero a Felipe II; murió a los 95 años de edad.

Mujer: **Margarita de Figueroa,** su legítima esposa, padres de trece hijos, e hija de Gómez Suárez de Figueroa y María de Toledo. Se dice que entre hijos, nietos y biznietos constaba la familia de más de 50 personas.

Barrientos, Francisco de: Se hahló con el presidente Gasca en la batalla de Jaquijahuana y después se radicó en el Cuzco donde se le nombró alférez.

Mujer: Se desconoce su nombre, pero al enviudar volvió a casar con Juan Álvarez Maldonado, poseedor de los indios de Larisupa, Huaro y otros.

Barrientos, Lope de: Conquistador del Perú.

Mujer: **María de Cárdenas,** su legítima esposa, viuda del conquistador Pero Ortiz radicado en Huamanga. Se desconoce si hubo sucesión.

Barrionuevo, Alonso de: Nacido en Soria hacia 1518. Marchó al Perú y se halló en la jornada de los Mojos y en la batalla de

Chupas. Se trasladó después a España para reclamar ciertos derechos, radicándose en Sevilla; falleció hacia 1564.

Mujer: **Mariana de Quintanilla,** su legítima esposa con quien casó en segundas nupcias, siendo la primera María Ponce de León, madre de Cristóbal Ramírez de Montalvo. Del segundo matrimonio tuvo a Alonso de Barrionuevo Quintanilla, nacido en Sevilla en 1597, radicado en Madrid, casado y con hijos.

Barrionuevo, Francisco de: Hidalgo nacido en Soria hacia 1594. Se halló en la conquista de Puerto Rico y luego en la guerra contra el cacique Enriquillo en Santo Domingo. En 1534 se le nombró gobernador y capitán general de Castilla del Oro, siendo su teniente gobernador Pascual de Andagoya. Pasó después a Túmbez para evitar una confrontación entre Francisco Pizarro y Pedro de Alvarado, retornando luego a Panamá. Se hallaba en Lima cuando el asesinato de Francisco Pizarro en 1541. Luego se plegó a Gonzalo Pizarro y posteriormente se trasladó a Quito; falleció hacia 1578.

Mujer: **Ana de Mena,** su legítima esposa, quien, al enviudar, volvió a acasar con Gastón de Torres. Era madre de Ana Mena, su hija menor.

Barrios, Juan de: Nacido hacia 1505. Conoció a Hernán Cortés en las Higueras y después pasó a Nicaragua, avecindándose en la ciudad de León. Marcho luego con Balalcázar al Perú y después a Panamá con el capitán Francisco de Godoy, y posteriormente a Cajamarca. Se halló también en Lima en 1535 cuando el cerco de esta ciudad por Tito Yupanqui.

Mujer: **Teresa de Salazar,** su legítima esposa, quien al enviudar volvió a casar con Pedro de Heredia, criado de Vaca de

B

Castro. Juan y Teresa tuvieron un hijo llamado Juan de Barrios, el Mozo.

Barron, Francisco: Conquistador de Nueva Galicia.

Mujer: Casó con la hija del licenciado de la Torre con la que tuvo cuatro hijos. Se desconocen otros detalles.

Bastidas, Alonso de: Nacido hacia 1515. Se halló en la conquista del Cenú con el adelantado Pedro Fernández de Lugo, y después se halló en las jornadas de Urabá y otras. Pasó luego a Quito donde conocióa Gonzalo Pizarro cuando se dirigía al descubrimiento del País de la Canela, y posteriormente a Lima. Se plegó más tarde al virrey Núñez Vela al que acompañó a la campaña de Piura, hallándose también con Gonzalo Pizarro en la batalla de Iñaquito, y con el presidente Gasca en la de Jaquijahuana. Fue nombrado posteriormente regidor perpetuo de Quito. En 1559 fue el primer alcalde y después gobernador del pueblo de Baeza, del que también fue uno de los fundadores. Para combatir el hambre, ordenó traer desde Quito vacas y cerdos y fue el primero en sembrar una viña en Baeza. Mandó edificar también en esta ciudad la iglesia mayor; falleció en Quito hacia 1571.

Mujer: **Isabel de la Cueva**, su legítima esposa, a quien se le conocía también por el nombre de Isabel Vázquez de Acuña. Llegó a Quito con su hermana María de la Cueva que casó con el capitán Rodrigo Núñez de Bonilla. Ambas eran hijas del conquistador de México Francisco Flores y de Francisca de la Cueva, avecindados en Antequera, México.

Bautista, Hernando de: Soldado de la expedición de Hernando de Soto a la Florida.

Mujer: **Francisca Hinestrosa**, su legítima esposa, única mujer española que formó parte de la expedición. Durante la ausencia del marido que había ido a luchar en la batalla de Chicaza contra los indígenas, Francisca pereció en un incendio.

Bautista, Juan: Llamado el Galán. Nacido posiblemente en Valladolid, hijo del armero de Carlos V. Marchó al Perú hacia 1538 y se halló en la batalla de Chupas. Fue alcalde del Cuzco.

Mujer: **Leonor Chimbo Coya**, su legítima esposa, casados por intercesión de Vaca Castro, hija del inca Huaina Cápac. Dicen que murió de pena al morir su marido.

Bautista Montes de Heredia, Juan: Se desconocen datos de este señor.

Mujer: **Isabel Porras y Marmolejo**, su legítima esposa; al enviudar se trasladó a Lima donde vivió por más de 40 años. Fue abadesa del Recogimiento de Divorciadas por 8 años y después prelada del colegio de Santa María de la Caridad donde se destacó por su muchas virtudes, eligiéndosele en 1615 fundadora del colegio de Santa Teresa para la enseñanza de niñas. La reemplazó como abadesa su hija María Antonia de Heredia.

Bayón de Campomanes, Juan: Hidalgo nacido hacia 1520. Fue soldado de Sebastián de Balalcázar cuando se castigó a los indios que habían matado a unos 40 españoles, entre ellos a Francisco de Tovar. Se halló después con el capitán Juan de Cabrera en el descubrimiento de el Dorado, y luego en la batalla de Añaquito. Posteriormente pasó a Bogotá y luego regresó al Perú donde se halló en la batalla de Jauja; falleció en Lima hacia 1578.

Mujer: **Mariana Ferrer**, su legítima esposa, dada en matrimonio por el virrey marqués de Cañete, padres de dos hijos y una hija.

Bayona y Chacón, José de: Primer conde de Casa-Bayona, nacido en La Habana y alcalde de esta ciudad en 1719 y 1724; falleció en 1754.

Mujer: **Tomasa Chacón y Torres**, su legítima esposa, sin sucesión.

Bazán, Alonso de: Conquistador de Jalisco, hijo de Andrés de Bazán y María de Herrera; tuvo las encomiendas de Cuestlavaca y Tentiguacán, dote que recibió la hija al casarse.

Mujer: **Francisca Verdugo**, su legítima esposa, hija de Francisco Verdugo, conquistador de México y Nueva Galicia, donde fue tesorero, y sobrina del gobernador de Cuba Diego Velázquez, del que fue su supuesta heredera; tuvieron dos hijos y tres hijas.

Bazán, Pedro de: Natural de Badajoz y conquistador de Jalisco, Colima, Chiapas y Cuazacualco; fue apresado por los franceses cuando se dirigía a España y después puesto en libertad.

Mujer: **Catalina de Albornoz**, su legítima mujer, sobrina del contador Albornoz y hermana de Bernardino de Albornoz, con la que tuvo un hijo. Él había dejado en Castilla otros dos hijos sin saberse el nombre de la madre.

Bazarrete, Juan: Mulato avecindado en Lima a mediados del siglo XVII.

Mujer: **Ana María**, negra, hija de la esclava María Conga con la que estuvo casado casi catorce años. Después solicitó que se anulase el matrimonio alegando que la mujer le había engañado dicién-

dole que era libre cuando en realidad era la esclava de la monja María de Arcos.

Becerra, Juan: Natural de Toro, Zamora; marchó a México con Luis Ponce de León y fue conquistador de Cipotecas y los Chontales. Era encomendero en Ayacastepec.

Mujer: **Inés Corneja**, su legítima esposa, hija de Pedro Asensio, conquistador de México y Guatemala y residente de San Ildefonso de Cipotecas. Se desconoce si hubo sucesión.

Bejarano y Bravo de Lagunas, Luis: Segundo conde de Villa-Señor, nacido en Lima en 1720, hijo del general Antonio de Bejarano Fernández de Córdoba, chileno y el primer conde, y de María Teresa Bravo de Lagunas y Castilla, limeña, hija de Pedro Bravo de Lagunas y Bedoya y de Mariana de Castilla. Se desconoce el nombre de su esposa y si hubo sucesión.

Benalcázar, Sebastián de: Conquistador y colonizador español, nacido hacia 1480 en Belalcázar, Córdoba, y fallecido en 1551 en Cartagena de Indias, Colombia. De familia humilde, posiblemente de labradores, y su apellido puede haber sido Moyano. Al quedar huérfano pasó a América en 1514 con Pedrarias Dávila y fue uno de los conquistadores de Nicaragua con Hernández de Córdoba; marchó después al Perú con Francisco Pizarro y se halló presente en Cajamarca y en la prisión de Atahualpa. A finales de 1533 marchó a la conquista de Quito donde al año siguiente fundó con Diego de Almagro la ciudad de Santiago de Quito, que luego cambió de lugar y se le puso el nombre de San Francisco de Quito, fundada en 1534. En 1535 fundó Santiago de Guayaquil que fue consolidada en 1537 por Francisco de Orellana. Marchó luego con

B

autorización de Pizarro a las tierras del *Dorado*, fundando allí la ciudad de Popayán (después llamada Asunción de Popayán). Recibió del rey el título de Adelantado y Gobernador de Popayán, zona que comprendía toda la región occidental de la presente Colombia. Se le considera el fundador del Ecuador.

Mujer: No se sabe el nombre de ninguna de ellas, aunque dejó a varios hijos naturales. Sólo se tiene cuenta de una inca noble de Popayán de quien se desconoce su nombre. Todos estos hijos naturales de Benalcázar heredaron encomiendas y altos cargos en Popayán. Uno de ellos, llamado Miguel, estando en Quito, confabuló con un grupo de mestizos el asesinato del licenciado Pedro Venegas de Cañaveral, presidente de la Audiencia, para así apoderarse de las tierras que según él le correspondían por haberlas descubierto su padre. Otro de sus hijos (probablemente legítimo) fue Francisco de Benalcázar (apellido escrito también "Belalcázar"), que se halló con su padre en el descubrimiento y conquista de Nueva Granada, encontrándose allí con Gonzalo Jiménez de Quesada y el alemán Nicolás Federman. Pasó después a España con su padre, retornando con él a la gobernacion de Popayán. Era casado con María de Herrera.

Benavente, Adrián de: Conquistador de México.

Mujer: **María de Zamora**, su legítima esposa, hija de Alonso Pérez de Zamora, conquistador de México, con la que tuvo varios hijos.

Benavides, Alonso: Pasó a México con la expedición de Francisco Hernández de Córdoba y después se unió a Cortés en la conquista de México. Regresó más tarde a España con Alonso de Dávila y en el tra-

yecto fue apresado por los franceses, retornando después a México donde se hizo cargo del pueblo de Maxcalcingo.

Mujer: **María de la Torre**, su legítima esposa, padres de Antonia de Benavides que casó con Antonio Ruiz de Castaneda. Al morir su marido, María volvió a casar con Andrés Dorantes de Carranza.

Bendezu, Miguel de: Nacido probablemente en Vizcaya. Se plegó con el capitán Alonso de Hinojosa contra Gonzalo Pizarro y después se fue a vivir al Cuzco.

Mujer: **Elvira García**, su legítima esposa, con quien casó en Huamanga, hija bastarda del conquistador Alonso García. Se desconoce si hubo sucesión.

Benítez, Pedro: Se cuenta entre los fundadores de la ciudad de Arequipa en 1540. Se le entragaron varias fanegas de trigo para sembrar.

Mujer: Casó con una mujer de dudosa vida, con la que tuvo un hijo y una hija bastardos, él llamado Melchor, y ella Inés González, casada en 1561 con Bernabé Díaz.

Beranga, Juan de: Posiblemente nacido hacia 1502 en Ballesteros, en la Junta de Castro, hijo de Juan Gutiérrez de los Corrales y de Juana Sánchez. Se halló con Francisco Pizarro en la captura de Atahualpa en Cajamarca y en la toma del Cuzco.

Mujer: **María Sáez de la Pila**, su legítima esposa, nacida en 1504, hija de María Sáez de Pila. Fueron los padres de Juan y Pedro de Beranga. En España se halló en litigios con Miguel de Estete por haberse apoderado de parte del oro y plata que le había enviado su marido.

Bernal, Juan: Marchó a México con Pánfilo de Narváez y después se unió al ejército de Cortés.

Mujer: **Catalina de la Torre**, su legítima esposa, con la que tuvo tres hijos, uno de ellos llamado Juan Bernal y otro que tomó los hábitos de sacerdote. Al quedar viuda volvió a casar con Diego de Colio.

Bernaldo de Quirós, Francisco: Se halló en varias conquistas en México y participó en el trazo final de la ciudad de México. Luego se halló en las conquistas del Cabo de Honduras y las Higueras, así como en la fundación de Guatemala y El Salvador. En el Perú fue soldado del presidente Gasca en la batalla de Jaquijahuana. Regresó a España pero volvió al Perú con el virrey conde de Nieva; falleció en 1563.

Mujer: **María de Paz**, su legítima esposa, padres de Mariana de Quirós, casada con Sancho de Paz, hijo del comendador Luis Ponce de León, corregidor de Badajoz, Jerez, Ávila y Burgos, y de Catalina de Cabrera.

Berrio, Juan de: Nacido hacia 1504. Marchó a América y se halló en la conquista de Santa Marta. De Santo Domingo pasó al Perú en 1536, donde se halló en el cerco de Lima por los indios. Francisco Pizarro le envió a Tierra Firme para reclutar soldados, regresando con más de 400 de ellos más pertrechos y armas. En Lima se dedicó por un tiempo a la compra y venta de caballos. Se halló también con Francisco Pizarro en la fundación de Huamanga de la que fue nombrado regidor y luego justicia mayor. Posteriormente se radicó en el Cuzco.

Mujer: **Isabel de Orozco**, su legítima esposa, padres de Juan de Berrio y Villavicencio, casado con María de Guevara, hija del conquistador Vasco de Guevara y de María Manrique, padres a su vez de Juan de Berrio y de Migeul de Berrio.

Bertao, Cristóbal: Avecindado en México y después soldado de la expedición de Francisco Vázquez de Coronado; era hijo de Luis Bertao y Malgarida Bertao y casado con la hija de Cristóbal López, conquistador de México, cuyo nombre se desconoce.

Betanzos, Juan José (conocido también con el nombre de Juan Díez de Betanzos: Conquistador del Perú, hombre letrado y conocedor de la lengua quechua, intérprete de Francisco Pizarro durante la conquista. Autor de la conocida obra "Suma y narración de los incas", llevada a cabo por los relatos de viva voz de los propios indios, y de la que excluye a Huáscar posiblemente por influencia de su mujer. Se desconoce su fecha de nacimiento pero falleció en el Cuzco en 1576.

Mujer: **La ñusta Cusi Rimay Ocllo (Angelina)**, hermana del Inca Atahualpa, manceba que fuera de Francisco Pizarro (véase a éste) con quien tuvo varios hijos e hijas. Al fallecer Angelina (conocida también por el nombre de Angelina Yupaqnui) volvió a casar con Catalina de Velasco. Le sucedió en sus encomiendas su hijo primogénito Ruy Díez de Betanzos.

Blaque, Tomás: Natural de Escocia, hijo de Guillén Blaque e Inés Moat; fue soldado en la expedición de Francisco Vázquez de Coronado.

Mujer: **Francisca de Rivera**, su legítima mujer, viuda de Cristóbal de Canyego. Se desconoce si hubo sucesión.

Blásquez, Juan: Doctorado en Leyes. Francisco Pizarro le nombró su teniente gobernador, y después se halló presente

B

cuando le asesinaron, huyendo con otros y amparándose en el Convento de Santo Domingo. Cayó luego prisionero de los indios quienes según se dice lo mataron y se lo comieron con ají.

Mujer: **María de Valverde**, su legítima esposa, que logró escapar con sus hijos cuando asaltaron su morada los asesinos de Francisco Pizarro. En España se llamaba María de Trillo y había casado entonces con Pedro Orgóñez, vecino de Lima en 1559, padres de un tal Juan Blásquez o Velázquez (indistinto del otro que sigue). María era hermana de fray Vicente de Valverde, primer obispo del Cuzco y del Perú, e hija del hidalgo Hernando o Francisco de Valverde, natural de Trujillo, en Extremadura, y de Teresa Álvarez de Vallejeda, posiblemente de ascendencia judía. Juan y María tuvieron un hijo de nombre homónimo del padre. María volvió a casar por tercera vez con Rodrigo Niño

Bobadilla, Pedro de: Natural de Extremadura y conquistador de Nueva Galicia; se halló presente con Francisco de Garay en las conquistas de Santo Domingo y Jamaica.

Mujer: **María Bobadilla**, su legítima esposa, padres de Francisco de Bobadilla y una hija, cuyo nombre se desconoce; residían en Guadalajara.

Bocanegra, Alejo: Avecindado en el Perú en tiempos de la conquista.

Mujer: **Catalina Rodríguez**, su legítima esposa, con la que tuvo varios hijos, entre ellos Marina Ruiz, Juan de Toro y Alonso de Toro.

Bolonia, Francisco de: Nacido en Azuja, Maestrazgo de Santiago, hacia 1503. Marchó primero a México donde se encontró al regresar Hernando de Soto de

la Florida. Se halló en la batalla de Chuquinga con el mariscal Alonso de Alvarado. Por culpársele de tramar una conspiración en el Cuzo se le encarceló en Lima y fue deportado a España en 1562.

Mujer: **Beatriz de Villegas**, su legítima esposa, padres de Francisca de Bolonia que casó con el conquistador Bartolomé Picón, avecindado en el Cuzco.

Bonet y Abascal, Joaquín: Nacido en 1749 en Jaca, Aragón., e hijo de Rosendo Bonet, Regidor Perpetuo y Justicia Mayor de Jaca, y de Teresa Martínez de Abascal, natural de Madrid. Estudió jurisprudencia y filosofía en el Colegio Real de Santa Orosía y en la Universidad de Huesca y en el Perú fue miembro de Tribunal Mayor y Contador de las Cajas Reales de Jauja.

Mujer: **María Bernarda Peláez del Junco**, su legítima esposa; tuvieron una hija llamada Gertrudis que casó en 1800 con Manuel de Mendiburu y Orellana.

Borda y Echevarría, José de: Contador Mayor del Tribunal de Cuentas hacia 1719 y Rector de la Universidad de San Marcos de Lima de 1730 a 1732.

Mujer: **María Ángela Orozco**, su legítima esposa, hija de Eustaquio Orozco y Zegarra y las Roelas y de María Josefa Peralta, quien casó por segunda vez con Carlos Ubalde, y por tercera con José Cayetano Hurtado, Caballero de la Orden de Santiago y alcalde de Lima en 1743. Hijo de José de Borda y Echevarría fue José Antonio Borda y Orozco, oriundo de Lima, Doctor en Derecho y miembro de la Academia de la Historia, coronel de Dragones de Caravayllo y alcalde ordinario de Lima en 1764, casado con Mariana Rallo, hija del marqués de Fuente Hermosa, padres de Josefa Borda que casó Juan José

Aliaga y Colmenares, hermano del conde de San Juan de Lurigancho.

Borges, Pedro: Natural de Portugal; pasó primero a Cuba en 1519 y después en compañía de Hernán Cortés a México y a la Baja California.

Mujer: **Catalina de Cáceres**, su legítima esposa, india con la que tuvo varios hijos.

Bosque, Gabriel: Conquistador de México, hijo de Juan Bosque y Catalina Bama.

Mujer: **Ana Benítez**, su legítima esposa, hija del conquistador Santos Hernández, padres de un sólo hijo llamado Juan.

Bosso, Francisco: Nacido en Milán, Italia, hacia 1494, hijo de Paolo Bosso y de Isabel Visconti. Marchó primero a México y luego al Perú. Se hallaba presente en el Cuzco cuando el asesinato de Francisco Pizarro. Se radicó en Arequipa. Se halló en las batallas de Huarina yh Jaquijahuana, y con el mariscal Alonso de Alvarado en la de Chuquinga. Fue encomendero de Chihuata y regidor de Arequipa en 1568.

Mujer: **Juana de Leyton**, su legítima esposa, hermana de Catalina de Leyton hermana de Francisco de Carbajal. Fueron los padres de Domingo, Polonia e Isabel. La descendencia de esta familia fue una de las más numerosas del Perú, y su rama más ilustre de la los marqueses de Casares. Nieta de Francisco y Juana fue Juana de Herrera casada con el poeta Diego Martínez de Rivera.

Boza y Solís, Gerónimo: Marqués de Casa Boza, natural de Canarias y Caballero de la Orden de Santiago. Fue gobernador de Guayaquil y alcalde de Lima en 1735 y 1736. En 1752 le sucedió en el título y cargo su hijo Pedro Boza, casado

con Josefa Eslaba y Cabero, hija de Rafael Eslaba presidente y capitán general de Santa Fe y cuyo hijo, Antonio José Boza y Eslaba, natural de Lima, fue coronel de milicias.

Mujer: **Juana Guerra de la Daga**, su legítima esposa. Se desconoce si hubo sucesión.

Bracamonte y Dávila, Pedro: Conde de Valdemar de Bracamonte, título conferido por Carlos III.

Mujer: Aunque se desconoce su nombre, tuvo con ella un hijo llamado Nicolás que casó con Encarnación Cacho y Lavalle.

Bravo, Antón: Espadero de profesión durante la conquista de México, hijo de Antón García Payo y Ana García Bravo.

Mujer: **Catalina López de Polanco**, su legítima esposa, viuda de Juan de Gálvez con la que tuvo un hijo llamado Antonio Bravo de La Laguna.

Bravo de Lagunas, Hernán: Hidalgo nacido hacia 1518 en Soria. Marchó primero a Santo Domingo y después al Perú a raíz del asesinato de Francisco Pizarro. Se halló después en la batalla de Chupas con el gobernador Vaca de Castro, y luego en la de Jaquijahuana con el presidente Gasca; falleció hacia 1563.

Mujer: **Catalina de Ugarte**, su legítima esposa. Hernán era primo de Inés Bravo de Lagunas y Peralta, casada con Nicolás de Ribera, el Mozo.

Bravo de Lagunas, Sebastián: Hidalgo avecindado en Lima.

Mujer: **Gerónima de Esquivel**, su legítima esposa, natural de Lima con quien casó en esta ciudad; era hija de Juan Briceño y de Teresa de Esquivel ambos naturales de Ávila. Al ausentarse Sebastián por espacio de varios años tomó los hábitos de

B

monja y al regresar él en 1611 profesó en el monasterio de las Descalzas con el nombre de Gerónima de San Francisco. Su marido tomó también los hábitos de sacerdote en el mismo convento donde permaneció por más de treinta años. Igual paso siguieron una hija y un hijo. Falleció Gerónima en 1643 y a las exequias asistieron no sólo el virrey sino toda la alta sociedad limeña. Se hicieron intentos para beatificarla por mandato del Arzobispo Villagómez.

Bravo del Rivero y Correa, Pedro: Nacido en Lima en 1701, hermano de Juan Bravo del Rivero y Correa, graduado de abogado de la Universidad de San Marcos de Lima y benefactor de muchas obras religiosas y caritativas. Era hijo de Juan, natural del pueblo de Brozas de Cáceres, Extremadura, y de Antonia Correa, natural de Lima, hija del capitán Antonio Correa y Acosta, natural de Cáceres y de Magdalena Padilla y Sande de Lima. Pedro Bravo del Rivero y Correa estudió en Lima y fue nombrado Oidor de la Audiencia de esta ciudad en 1733, cargo que ocupó por muchos años; en 1760 pasó a la Auditoría General de Guerra y en 1778 a la Asesoría del Tribunal de Cruzada. Falleció en 1786.

Mujer: **Petronila Ana de Zavala**, su legítima esposa, nacida en 1723 e hija de José Zavala y Esquivel y de Ángela Vázquez de Velasco y Tello, hija a su vez del Oidor de Lima Pablo Vázquez de Velasco. Fueron sus hijos Petronila, segunda esposa del marqués de Rocafuerte; Ana Micaela, casada con Pedro Nolasco de Zavala, marqués de San Lorenzo de Vallecumbroso; Ángela, casada con Pedro Azaña Palacio y Maldonado, conde de Montesclaros de Zapán; y Diego Miguel, Caballero de la Orden de Santiago, nacido en Lima en

1756, capitán del Regimiento Real de Lima y Oidor de la Real Audiencia de esta ciudad desde 1814 hasta 1821. Era casado con Josefa Aliaga y Borda, hija de Juan José Aliaga, marqués de Fuente-Hermosa y hermano de Sebastián, conde de Lurigancho. Uno de sus hijos, Pedro, natural de Lima, siguió la carrera militar en España y fue coronel de Caballería.

Bravo, Diego: Se halló en la batalla de Jaquijahuana con el presidente Gasca, y en 1551 fue nombrado mayordomo del Cabildo de Arequipa, así como alcalde ordinario de esta ciudad en 1563; falleció hacia 1569.

Mujer: **Teresa Enríquez**, su legítima esposa, padres de dos hijas y un hijo que fueron Inés, casada con Isidro López; Ana, casada con Rodrigo de Paz Orihuela; y Diego Martín Enríquez Bravo, alcalde Arequipa en 1594.

Bravo y de la Maza, Alonso: Natural de Lima, hijo del capitán Alonso Bravo, natural de Burgos; marchó al Perú en 1622 con el virrey marqués de Guadalcázar y fue encomendero en Lima. En 1666 se le hizo Caballero de la Orden de Calatrava, ocupando además el cargo de Contador Mayor del Tribunal de Cuentas. Tuvo varios hermanos, entre ellos el Dr. Juan Bravo y de la Maza, catedrático de la Universidad de San Macos y Caballero de la Orden de Calatrava, y María Bravo y de la Maza que casó en 1654 con el Maestre de Campo Juan Aliaga. Su cadáver se halla enterrado en la Iglesia de la Merced de Lima con su escudo de armas.

Mujer: **Andrea de la Maza y Usategui (o Uzategui)**, su legítima esposa, hija de Gonzalo de la Maza y Usategui, Primer Contador General de Cruzada, hermano de una tal Micaela quien con su marido,

Andrés de Zavala y Urquizu, fundaron el mayorazgo de Zavala.

Briceño, Pedro de - Conquistador de Colombia.

Mujer: **María de Carvajal**, su legítima esposa, sin sucesión. Pedro tuvo también una amante mulata llamada Beatriz que le dio un hijo natural.

Brumental, Bartolomé: De ascendencia alemana.

Mujer: **Elvira**, cacica de Talagante, padres de Águeda Flores que casó con el alemán Pedro de Lisperguer, formando una de las familias más prominentes de Chile.

Buelta, Alonso: Uno de los primeros conquistadores del Perú, hallándose después en la toma del Cuzco y en su fundación; fue también uno de los primeros pobladores de Arequipa.

Mujer: **Luisa de Rivera**, su legítima esposa, padres de Francisco Buelta e Inés Buelta de Rivera.

Buendía y Soto, José Javier: Alcalde Ordinario de Lima en 1749. Heredó de su madre, Francisca Soto y Puente, prima de Miguel Soto y Vaca, el título de marqués de Castellón que le fue conferido por Felipe IV en 1657 a Juan Luis Berrio, Caballero de la Orden de Santiago.

Mujer: **Julia Santa Cruz y Centeno**, su legítima esposa, hermana del conde de San Juan de Lurigaucho y de la marquesa de Moscoso y de Otero. Tuvieron un hijo, Juan Manuel, Caballero de la Orden de Carlos III, que casó con Leonor Lescano. En 1800 heredó el título su hijo Juan Buendía y Lescano, casado con la hija del conde de Monteblanco y fallecido en 1807. Ambos, padre e hijo, eran naturales de Lima y Regidores Perpetuos del Cabildo de esta ciudad. La hija del último

marqués de Castellón fue Clara Buendía y Carrillo, casada con Diego Aliaga y Santa Cruz, segundo hijo del conde de San Juan de Lurigaucho.

Bueno de Zea, Hernán: Nacido en Aranza de Duero. Se halló con su padre (de nombre homónimo) en la batalla de Chupas y luego con el presidente Gasca en la de Jaquijahuana. Se dirigió más tarde a Arequipa, ciudad de la que fue alcalde en 1566, 1570 y 1576; falleció en Moquegua en 1596.

Mujer: **Jerónima de Arana**, su legítima esposa, hija de Hernán Velásquez y de Catalina de Arana. Jerónima falleció en 1578.

Bueno, Hernán: Nacido en Peñafiel, Valladolid. Marchó al Perú sirviendo en el cerco de Lima en 1536. En 1540 se halló en la fundación de Arequipa. Combatió en la batalla de Chupas con Vaca de Castro y en la de Huarina con Diego Centeno, donde le mataron.

Mujer: **Beatriz de Zea García y Pareja**, su legítima esposa, padres de Hernán Bueno, el Mozo. Al morir su padre se encargó él de su madre hasta que falleció ella en Arequipa.

Burgos, Cristóbal de: Morisco nacido en Burgos hacia 1500, hijo legítimo de Isidro de Andújar y de Isabel Carranza. Marchó a América con Pedrarias Dávila en 1514 y se halló en la fundación de Panamá. Posteriormente se unió a Francisco Pizarro en el primer y tercer viaje del descubrimiento del Perú, pero se halló entre los desertores en la Isla de Gallo. Pasó en 1530 a Nicaragua donde Pedrarias Dávila le dio una encomienda de indios, y en 1534 con Pedro de Alvarado al Perú. Regresó a Nicaragua, después se dirigió al Cuzco y finalmente a Lima

B

donde se le nombró procurador, así como regidor en 1536. Fue por algunos años mercader de ropa y dueño del galeón "Santa María". Se halló presente cuando el asesinato de Francisco Pizarro, y militó luego en la batalla de Chupas. Según se cuenta había sido en España esclavo de una viuda y que se había fugado a América; falleció hacia 1550.

Mujer: **Isabel de Ovalle y Acevedo**, su legítima esposa, hija de Juan de Ovalle, vecino de Toledo. No hubo sucesión. Falleció Isabel en 1561.

Burgos, Juan de: Nacido hacia 1506. Marchó a América con Diego de Ordaz con el que se halló en el descubrimiento del río Orinoco, juntándose luego a la expedición a Cartagena y Cenú. Pasó de ahí a Panamá donde compró una nave con la que se dirigió al Perú, hallándose en el castigo de los Atabillos y en la pacificación de Huarco. Posteriormente pasó al Perú con el mariscal Alonso de Alvarado y combatió en Cochacajas y Curumba, así como después en la batalla de las Salinas y en la de Chupas con Vaca de Castro. Fue uno de los fundadores de la Plata. Viajó más tarde a España para traer a su mujer e hijos, pero pronto regresó al Perú donde finalmente se radicó.

Mujer: **María de Celis**, su legítima esposa, padres de varias hijas.

Burgueño, Fernando: Natural de Oropesa y conquistador de México.

Mujer: **Inés Gómez**, su legítima esposa, nacida también en Oropesa, padres de Pedro Burgueño.

Bustamante, Blas de: Avecindado en México en tiempos de la conquista; era hijo de Mancio Hernández de Bustamante y de Mari González.

Mujer: **Leonor de Bobadilla**, su legítima esposa, hija del conde de la Gomera, y padres de siete hijos y dos hijas. Leonor había casado antes con Nuño de Tovar, y a su fallecimiento en la Florida con Hernando de Soto volvió a casar con Lorenzo Mejía de Figuerroa en el Perú. Su matrimonio con Blas de Bustamante fue el tercero. (Véase también Mejía de Figueroa, Lorenzo).

Bustamante, Gonzalo de: Conquistador del Perú.

Mujer: **Agustina de Ribera**, su legítima esposa, matrimonio que se disolvió por las relaciones adúlteras tenidas por él con una prima de su mujer en el Callao, causa por la cual le fueron confiscados sus bienes y se le encarceló.

Bustinza, Pedro de: Hidalgo nacido en Vizcaya. Marchó al Perú hacia 1537 y pasó al Cuzco en 1541 donde concurrió con Perálvarez Holguín en la batalla de Chupas. Fue nombrado regidor del Cuzco en 1546 y alcalde en 1547. Murió ahorcado por implicar falsamente a un grupo de soldados que decía se habían confabulado para asesinar al presidente Gasca.

Mujer: la ñusta doña Beatriz Huayllas (o "Huaillas"). Los casó Hernando Pizarro, amigo de Pedro. Beatriz era hija del inca Huayna-Cápac, muy hermosa y rica, de unos 25 años. Sintió mucho la muerte de su marido al que según dicen amaba mucho. Se le ofreció entonces casar con Diego Hernández, buen soldado y hombre del que se decía que había sido sastre en España, a lo que accedió mayormente por insistencia del obispo del Cuzco y del capitán Diego Centeno. Pedro y Beatriz tuvieron tres hijos a los que se les llamaba "los Bustinzas", uno de ellos de nombre homónimo del padre, al que llamaban el Mozo.

Butrón, Manuel: Recibió del gobernador de California Felipe Neve unas tierras para cultivar según dictado del virrey Bucareli de 1773.

Mujer: **Margarita**, india con la que se casó. Se desconoce si hubo sucesión.

B

C

Caballero, licenciado: (Se desconoce su primer nombre). Era hijo de Pedro Mercado y de Beatriz Caballero, abogado de la Real Audiencia de México, pesquisidor de las Minas de Misteca y Chiapas y juez de Residencia.

Mujer: **Inés de Obregón**, su legítima esposa, hija de Rodrigo de Baeza conquistador de México y padres de un hijo y dos hijas.

Caballero, Lope de: Soldado de la expedición de Vázquez de Coronado a la América del Norte.

Mujer: Llevó consigo a una india, posiblemente azteca, con la que se casó; aunque se desconoce su primer nombre era de apellido Caballero.

Cabero y Tagle, Ignacio: Natural de Lima, Caballero de la Orden de Alcántara, descendiente de la ilustre familia de los Álvaro y Antonio Cavero (o Cabero) de Trujillo; fue Contador de la Casa de la Moneda de Lima.

Mujer: **Nicolasa Valdivieso y Orueta**, su legítima esposa, hija de Eugenio Valdivieso y de Rosa Orueta y Eslava, hija a su vez de Juan Felipe de Orueta.

Cabeza de Vaca, Álvar Núñez: Nació hacia 1500 en Jerez de la Frontera y falleció hacia 1560 en Sevilla. De aristocrática familia, nieto de Pedro de Vera, conquistador de la Gran Canaria e hijo de Francisco de Vera y de Teresa Cabeza de Vaca. Siendo joven siguió la carrera militar tomando parte en las campañas de Navarra e Italia; en 1513 se puso al servicio del duque de Medina Sidonia. Marchó con Pánfilo de Narváez a la Florida con el cargo de Tesorero y Alguacil Mayor, zarpando de Sanlúcar de Barrameda en 1527. Su aventura en la América del Norte le llevó con tres compañeros a vivir entre los indios, de los que fueron cautivos, y a convertirse por necesidad en cirujanos y hechiceros. Pasando de una tribu a otra y soportando infinidad de penurias, lograron escaparse arribando por fin a México en 1536. Habían atravesado a la América del Norte de mar a mar por su zona meridional al cabo de ocho años y recorrido más de 2.000 leguas. Relató Álvar Núñez sus aventuras en "Naufragios", publicados con los "Comentarios" en 1555, cuyo autor fue Pedro Hernández escribano de la Asunción y secretario de Pedro de Mendoza. Vuelto a España en 1537, Cabeza de Vaca solicitó la gobernación del Río de la Plata y recibió una Capitulación el 18 de marzo de 1540. Zarpó parte de la flota de Cádiz el 2 de noviembre de dicho año (el resto les esperaba en las Canarias) y arribaron a la costa del Brasil de la que tomó posesión. De ahí marchó a La Asunción atravesando las selvas del sur del Brasil y descubriendo en el río Paraná las cataratas del Iguazú. En 1542 volvió a preparar una nueva expedición contra los indios guaicurúes y obligarles a hacer paces con los guaraníes. Debido a una conjura de sus enemigos tuvo que regresar a la Asunción en 1544, destituyéndosele de su cargo y hecho prisionero por un año. Al ser enviado a España se escapó y volvió en otra nave.

Estando allí, el Consejo de Indias le condenó a destierro en Orán donde estuvo ocho años. Después de indultado regresó a España y fue nombrado juez en Sevilla donde falleció.

Mujer: **María Marmolejo**, su legítima esposa, judía conversa, quien se piensa era parienta de Antonio Marmolejo y de su hija Guiomar Marmolejo. Existen suficientes pruebas que atestiguan que tuvo con ella cuatro hijos que fueron Francisco de Vera, Álvar Núñez Vera, Juan de Vera y María de Vera. Por llevar los cuatro el mismo apellido Vera, llegó a pensarse que no eran hijos de Álvar Núñez, debiendo haber tomado por lo menos el apellido materno. La causa puede haber sido que los cuatro hijos fueron criados por un tío llamado Pedro de Vera Hinojosa y que de él tomaron el apellido, o simplemente que lo tomaron del abuelo o bisabuelo paternos. Es posible también que una hermana de Álvar Núñez, María de Vera, haya sido el ama de casa de Catalina Suárez Marcaida, esposa de Hernán Cortés, a la que cuidó en su lecho de muerte. María puede haber sido la esposa de Ruy Díaz de Guzmán, hijo de Alonso de Riquel y de Brianda de Guzmán. Dícese también que esta María puede haber sido amante de Hernán Cortés.

Caboto, Sebastián: Hijo del gran marino, posiblemente genovés, Juan Caboto, supuesto descubridor de la América del Norte. Nacido quizás en Venecia entre 1474 y 1477 y fallecido en Inglaterra quizás en 1557. Se piensa que estuvo al servicio de Inglaterra hasta aproximadamente 1512. Después se trasladó a España donde el rey Fernando le nombró Capitán de Mar; volvió a Inglaterra pero regresó a España en 1514. Al morir el rey pasó al servicio de Carlos V que le nombró en 1518 Piloto Mayor de la Casa de Contratación. En total, estuvo al servicio de España por más de treinta años. En 1525 obtuvo una capitulación para la exploración de las Molucas, el Catay y Cipango (Japón), zarpando de Sanlúcar de Barrameda en 1526. A mitad del camino cambió de rumbo y se dirigió al Brasil, donde arribó a la isla que llamó de Santa Catalina y remontó el río de la Plata o de Solís. En 1527 llegó al río Paraná y exploró el del Uruguay fundando cerca de allí el fuerte de Sancti Spíritus y después La Asunción, considerándosele así el descubridor del Paraguay. En ese mismo año se internó en el Río de la Plata. Fue entonces que surgió la leyenda de los amores del cacique de esas tierras con la española Lucía Miranda. En julio de 1530 regresó a España después de haber descubierto o al menos navegado el río Paraná y el interior de la Argentina. Por desobedecer las órdenes que se le dieron, se le enjuició y fue condenado a multas y a destierro en Orán, absolviéndosele después. Desanimado volvió a Inglaterra donde Eduardo VI le dio una pensión en 1549 y le nombró gobernador de una compañía de mercaderes.

Mujer: **Catalina Medrano**, su legítima esposa, con la que se casó en España, viuda de un colono de la Nueva España.

Cabra, Juan: Minero de profesión durante la conquista de México, hijo de Antón de Cabra y Teresa Ruiz.

Mujer: **María de Herrera**, su legítima esposa, cuya hija casó con Nicolás Chamorro, desconociéndose su nombre.

Cabrera, Diego: Avecindado en Arequipa.

Mujer: **Paula Peralta**, su legítima esposa; ambos contribuyeron a la fundación del Convento de San Agustín de Arequipa.

Cabrera, Jerónimo Luis de: Nacido en Sevilla, hijo del comendador Miguel Jerónimo de Cabrera y Zúñiga y de una de las dos esposas que tuvo, María de Toledo o Leonor de Figueroa; era nieto por el lado paterno de Pedro de Cabrera y López de Madrid y de Leonor de Zúñiga y de la Cerda, cuarta nieta del infante Alonso de la Cerda y de la Princesa Blanca de Francia, la hija de San Luis, por cuanto Jerónimo Luis de Cabrera, así como su hermano Pedro Luis de Cabrera, portaban el nombre del santo rey de los franceses. Marchó al Perú arribando al Cuzco en 1549 y en 1556 a Trujillo. Fue el fundador de la villa de Ica en 1563, justicia mayor de la Plata, así como capitán general y justicia mayor del Tucumán y otros pueblos. Fue también fundador de Córdoba del Tucumán en 1573. Murió agarrotado en Santiago del Estero por haberse alzado contra el rey. El hermano de Jerónonimo, Pedro Luis de Cabrera, nació también en Sevilla y marchó al Perú con el gobernador Cristóbal Vaca de Castro con el que se halló en la batalla de Chupas, y luego con el presidente Gasca en la de Jaquijahuana. Casó con Francisca de Saavedra, que se encontraba en España, ordenándosele luego que la fuera a buscar. Tuvieron una hija llamada Luisa de la Cerda.

Mujer: **Luisa Martel de los Ríos**, su legítima esposa, nacida en 1536, viuda del capitán Garcilaso de la Vega y madrasta del ilustre historiador mestizo Garcilaso de la Vega. (Véase también a Garcilaso de la Vega, Sebastián).

Cáceres, Alonso de: Hidalgo nacido en Toledo hacia 1507, hijo de Gregorio de Cáceres y de María de Retes. Marchó a América y sirvió primero en Cartagena de Indias con el gobernador Pedro de Heredia. Pasó después a Arequipa donde fue teniente gobernador en 1543. Se halló luego en la batalla de Iñaquito y con el presidente Gasca en la de Jaquijahuana. Fue también corregidor de Arequipa, así como alcalde ordinario en 1557; falleció hacia 1570.

María de Solier y Dávalos de Valenzuela, su legítima esposa, viuda del capitán Isidro de Robles Pacheco, hija de García de Solier, gobernador de Santo Domingo, y de Leonor Valenzuela y Dávalos quien, junto a sus hijas y nietas, se tenían como las mujeres españolas de mayor nobleza del Perú a lo largo del siglo XVI, por ser descendientes de las Casas Reales de Castilla, León y Portugal, y de los reyes visigodos Recaredo y Leovigildo. Alonso de Cáceres y María de Solier tuvieron cuatro hijos, Diego, Juan, Petronila y Andrea, todos con sucesión. (Véase también a Cazalla, Sebastián de).

Cáceres Delgado, Juan de: Pasó a México con Pánfilo de Narváez y se unió después a Cortés en su marcha a México.

Mujer: **Catalina de Sotomayor**, su legítima esposa, con la que se casó en México; al enviudar volvió a casar con Pero Méndez de Sotomayor del que enviudó también y con el que tuvo una hija.

Cáceres, Francisco de: Hidalgo nacido hacia 1516. Se halló en las conquistas de Honduras, Santa Marta y Cartagena. En 1535 pasó al Perú y estuvo en la conquista de Chile con Diego de Almagro. Luchó después en la batalla de las Salinas y Chupas y con el presidente Gasca en la

C

de Jaquijahuana; falleció en España siendo muy pobre hacia 1586.

Mujer: **Isabel de Valdenegro**, su legítima esposa, padres de Francisco de Cáceres Valdenegro, contador de la Real Hacienda de Quito, casado con Juana Suazo, hija del conquistador Martín de Mondragón y de Isabel de Andagoya.

Cáceres, Gerónimo de: Conquistador de México.

Mujer: **Isabel Gutiérrez**, su legítima esposa; al enviudar volvió a casar con Juan López de la Cerda con quien tuvo un hijo.

Cáceres, Juan de: Nacido hacia 1511. Francisco Pizarro le nombró contador del Perú en 1540. Combatió en la batalla de Jaquijahuana. Murió agarrotado por orden de Diego de Alvarado por conspirar contra Francisco Hernández Girón.

Mujer: **María Ortiz Dorantes**, su legítima esposa, padres de varios hijos, entre ellos Gonzalo de Cáceres, casado con Beatriz de Vera, y Elvira Dorantes que casó con Juan de Medina Avellaneda.

Cáceres, Juan de, el Rico: Conquistador de México.

Mujer: **Mari Hernández**, su legítima esposa, con la que se casó siendo ella ya anciana.

Cáceres, Manuel de: Natural de Segovia, hijo de Gonzalo de Cáceres y de María de Ona (u Oña); pasó a América con Francisco de Garay y después se unió a Cortés en la conquista de México y se halló en las de Pánuco, Colima y Tonalá.

Mujer: **Isabel de Monjaraz**, su legítima esposa, hija del conquistador Martín Ruiz de Monjaraz, con la que tuvo dos hijos, uno de ellos llamado Gonzalo de Cáceres.

Cadalso Salazar, capitán Juan de: Uno de los primeros pobladores de Lima donde fue Alcalde Ordinario varias veces durante el siglo XVI, familiar de la Inquisición y dueño de la capilla de la Iglesia de San Agustín; falleció en 1599.

Mujer: **Luisa de Acuña**, su legítima esposa. Se desconoce si hubo sucesión.

Caicedo, Antón: Conquistador de México.

Mujer: **María Montes de Oca**, su legítima esposa, y cuya hija casó con Antonio de Luna.

Caicedo, Juan: Natural de Vizcaya, soldado de las huestes de Vasco Núñez de Balboa en el Darién, habiéndolo sido antes de Diego de Nicuesa.

Mujer: **Inés de Escobar**, su legítima esposa; ambos tuvieron una especie de hospedería en la Antigua; ella tenía fama de ser mujer muy brava así como excelente cocinera. Se desconoce si hubo sucesión.

Calahorra, Martín de: Natural de Calahorra, Logroño, conquistador de México, e hijo de Martín Sánchez de Cunada e Isabel Vera Matute.

Mujer: Se desconoce su nombre, pero era hermana de los conquistadores Garci Hernández, Juan Pérez de Herrera y Pedro Hernández.

Calancha, Francisco de la: Conquistador de Nueva Granada. Militó después en el Perú.

Mujer: **María de Benavides**, su legítima esposa, sobrina del capitán Martín de Robles. Fueron los padres del cronista Antonio de la Calancha, autor de "Crónica moralizada de la Orden de San Agustín en el Perú".

Calderón, Baltasar: Nacido hacia 1525. Se halló primero en la conquista de Cartagena de Indias y más tarde con Pascual de Andagoya en la expedición de Buenaventura, y con Vaca de Castro en la batalla de Chupas y con el presidente Gasca en la de Jaquijahuana. Fue luego nombrado contador en San Miguel de Piura.

Mujer: **Jerónima de Vargas**, su legítima esposa, hija del conquistador Garci Pérez de Vargas. Fueron los padres de dos hijos y cinco hijas, entre ellos el primogénito Diego de Vargas Calderón, muerto en la defensa del puerto Arica contra los piratas ingleses.

Calderón de la Barca y Bolta, General Alonso: Caballero de la Orden de Calatrava y como Corregidor del Cuzco.

Mujer: **María Fernández de Córdoba**, su legítima esposa, perteneciente a la ilustre familia Fernández de Córdoba. Era natural de Lima y mujer muy piadosa, Señora de Valdemoro y poseedora de varios mayorazgos en España. Enviudó sin sucesión y se dedicó a hacer distintas obras de caridad, entre ellas la de sufragar los gastos de la Casa de Beatas Nazarenas de Lima, convertida en convento por cédula de Felipe V en 1720 y que se denominó Nazarenas Carmelitas Descalzas de San Joaquín, según bula expedida por el papa Benedicto XIII en 1727, quedando instalado definitivamente el 18 de marzo de 1730. Al ser casi destruido por el terremoto de 1746, María costeó su reedificación así como la de su templo a lo que contribuyó el virrey Manuel de Amat. En 17752 construyó en sus fincas una casa y capilla para mujeres cuyo mantenimiento encargó a los jesuitas. En su testamento dejó más de 400 mil pesos para hacer otras obras de caridad y le dejó a un esclavo negro suyo todos sus papeles de

música. Mandó, además, que si faltasen algunas de sus valiosas joyas no se culpase de forma alguna a su criada.

Calderón, Francisco: Hidalgo que se halló en la conquista de Guatemala con Pedro de Alvarado, con quien pasó como maestre de campo al Perú en 1534. Se halló después con el presidente gasca en la batalla de Jaquijahuana; falleció hacia 1560.

Mujer: **Catalina Hurtado**, su legítima esposa, a quien fue a buscar en Guatemala por orden del virrey marqués de Cañete. Era hija del hidalgo Gaspar Arias Dávila, uno de los originales conquistadores de Guatemala. Fueron los padres de Inés, Catalina e Isabel, casando la primera con Delipe de Mendoza, conquistador de Guatemala y del Perú.

Calvo, Juan: Conquistador de Santo Domingo.

Mujer: **Beatriz Hernández de Estrada**, su legítima esposa; tuvieron un hijo de nombre homónimo al del padre y que fue conquistador de Nueva Galicia.

Calvo de Encalada y Orozco, Diego: Familia procedente de la villa de Fuente Encalada en Zamora, extendiéndose por España y Chile. Diego pasó a Chile a finales del siglo XVII, radicándose en Santiago donde ocupó cargos de renombre.

Mujer: **Catalina Chacón Cajal y Vargas**, su legítima esposa, con quien casó en Santiago en 1700, padres de Manuel Diego de Encalada y Chacón, nacido en Santiago, Caballero de la Orden de Calatrava y segundo marqués de Villapalma de Encalada, casado con Margarita de Recabarren (o Recobarren) y Pardo de Figueroa, padres a su vez de José Manuel de Encalada y Recabarren, Caballero de la

C

Orden de Santiago y tercer marqués de Villapalma de Encalada; Mercedes Calvo de Encalada y Recabarren, casada con Lorenzo Blanco Cicerón, que dejaron sucesión; y Antonio Calvo de Encalada y Recabarren.

Calle, Martín de la: Nacido hacia 1480. Militó primero en el Darién, Nicaragua y Guatemala y hallándose allí en la fundación de San Miguel. Pasó después al Perú con Pedro de Alvarado y con Diego de Almagro a Quito, ciudad de la que fue regidor. Se halló asimismo en la retirada de Popayán y en la avanzada de Piura, sin poder participar en la batalla de Iñaquito por encontrarse enfermo. En 1537 Francisco Pizarro le obsequió el repartimiento de Zacos.

Mujer: **María de Betanzos**, su legítima esposa, sin sucesión. Pascuala de la Calle, sobrina de Martín, casó con Ruy Díaz de Fuenmayor en 1562, a quienes les fueron dados los indios por el virrey conde de Nieva. Ruy Díaz tenía un hermano, el conquistador Alonso de Castellanos, que casó con Catalina de Betanzos, padres de la dicha Pascuala de la Calle.

Cámara, Marcos Antonio de: Llegó al Cuzco en 1665 encargado de los corregimientos de Tinta, Urubamba y Calca.

Mujer: **María Leonor Mollinedo**, su legítima esposa, con la que tuvo varios hijos, entre ellos a Gabriela, casada con con Martín Concha, Brigadier y Presidente Interino del Cuzco; Eulalia, casada con José Clemente de Larrea, natural de Quito y hermano del marqués de San José, y en segundo matrimonio con Pedro Antonio Cernadas, Oidor de la Audiencia del Cuzco; Manuela, casada con Vicente Villavicencio que tuvieron una hija llamada Rosa, casada en 1814 con Vicente Peralta, conde de Villaminaya; y Tadea,

casada con Fermín Piércola Oficial del Regimiento de Soria. Fallecido Marcos, María Leonor contrajo segundas nupcias con Domingo de Rosas, natural del Cuzco.

Camargo, Alonso: Nacido en Trujillo, Extremadura. Se halló en la batalla de Chupas y fue nombrado regidor de la Plata. Con el capitán general Diego Centeno se halló como su alferez mayor en el desbarate de Paria y otras jornadas. Murió ejecutado en 1546 por Francisco de Carbajal por haber conjurado su muerte.

Mujer: **María de Toledo**, su amante, pero tuvo otra llamada Mari López, conocida por su bravura durante un levantamiento de indios. Ambas mujeres compartieron a otro amante llamado Bernardino de Balboa.

Camero, Manuel: Por orden del rey Carlos III el nuevo gobernador de California, Felipe Neve, reclutó a un grupo de familias para fundar una colonia agrícola en estas tierras, siendo una de ellas la de Manuel Camero. Las otras familias se dan por separado bajo distintos nombres de los fundadores.

Mujer: **María Tomasa**, su legítima esposa. Se desconoce si hubo sucesión.

Camino, Juan del: Conquistador de Nueva Galicia.

Mujer: **Magdalena Alvarado**, su legítima esposa. Se desconoce si hubo sucesión.

Campofrío de Carbajal, Alonso: Marchó a América con el adelantado Diego de Sanabria, con quien se halló en la conquista del Río de la Plata, pasando después a Santo Domingo, y de ahí al Perú. Posteriormente pasó a Chile con con el gobernador García Hurtado de Mendoza y se halló en la fundación de Mendoza y

San Juan de la Frontera. Fue nombrado corregidor de Santiago y Concepción.

Mujer: **Mariana de Riberos Figueroa**, su legítima esposa, hija de Francisco de Riberos Figueroa, conquistador de Chile y del Perú, y de Beatriz de Gaete Ortiz.

Candia, Pedro de: Nacido hacia 1494 en Greta, Grecia. Se halló en la toma de Orán y en la rendición de Trípoli. Después de participar en la batalla de Pavía marchó a Tierra Firme con Pedro de los Ríos en 1526. Acompañó después a Francisco Pizarro en el segundo viaje de descubrimiento del Perú, y uno de los Trece de la Fama, negándose a regresar a Panamá. Posteriormente estuvo en el Templo del Sol y Casa de las Vírgenes Solares y trazó un mapa de la ciudad o una pintura de ella, así como una relación que se perdió. Viajó luego a España con Francisco Pizarro a entrevistarse con el Consejo de Indias, dando como resultado la Capitulación de Toledo de 1529. Se le nombró entonces regidor de Túmbez. Nuevamente juntado con Francisco Pizarro en Tierra Firme, le acompañó en su tercer viaje de descubrimiento. Se halló más tarde en la fundación de la ciudad de San Miguel de Tangarará, y de ahí pasó con Pizarro a Cajamarca hallándose en la captura del emperador Atahualpa. Pasó después a Jauja y en la fundación del Cuzco, ciudad de la que se le nombró el primer alcalde ordinario. Fue excelente artillero. Por sentir que lo había traicionado, el propio Diego de Almagro el Mozo lo mató con su lanza.

Mujer: Estuvo amancebado con una princesa inca con la que tuvo un hijo mestizo que sería luego codiscípulo en la escuela del Inca Garcilaso de la Vega. Se habla también de un yerno, griego como él, llamado Agamenón, y de otra amante india

que fue la que le informó del mítico País de Ambaya que resultó ser una mentira como él mismo descubrió. De este Agamenón no se sabe nada, aunque se supone que haya casado con una hija, posiblemente mestiza, de Pedro de Candia.

Cano, Alonso: Natural de Sevilla y conquistador de México, hijo de Alonso Martín Cano y Beatriz Sánchez.

Mujer: **Antonia Pérez Carballa**, su legítima esposa, que había casado antes con Diego Benítez del que enviudó. Del primer matrimonio tuvo un hijo llamado Alonso Pérez, nacido también en Sevilla y vecino de Zapotecas, que casó con una hija de Alonso Cano, su padrastro.

Cano, Juan: Conquistador de México, hijo de Pedro Cano y de Catalina Gómez de Saavedra; tuvo varias encomiendas en México siendo una de ellas la de Macuilsuchi.

Mujer: **Isabel**, su legítima esposa, hija del emperador Moztezuma con la que tuvo seis hijos, de los cuales dos hijas se hicieron monjas. Uno de sus hijos, Gonzalo Cano Moctezuma, estaba casado con Ana de Prado, padres de Juan Cano Moctezuma. Cortés le dio en dote a la mujer el pueblo de Tacuba por su casamiento.

Cansino, Juan: Se halló con Garci Manuel de Carbajal en la fundación de Arequipa; falleció en 1542.

Mujer: **Ana Gutiérrez**, su legítima esposa, que al enviudar volvió a a casar con Antonio de Orihuela.

Cansino, Pedro: Se halló en Arequipa poco después de su fundación. Se cree también haber sido el descubridor del Valle de Moquegua.

Mujer: **Josefa Bilbao**, su legítima esposa, con sucesión.

Cantillana, Hernando de: Pasó junto con dos hermanos a México con Pánfilo de Narváez y después se unió a Cortés en su marcha a México; recibió parte de la encomienda de Xilotepec.

Mujer: **Catalina Rodríguez**, su legítima esposa, padres de Diego de Cantillana, nacido en Sevilla. Diego se halló en la conquista de México con su padre y después regresó a España donde se casó y tuvo cinco hijas. Pasado el tiempo la familia se radicó en México.

Cárdenas, Francisco de: Hidalgo nacido hacia 1508, deudo del conde de la Puebla y de los caballeros Cárdenas de Córdoba. Marchó al Perú y en 1536 se halló en la defensa del Cuzco. Se unió luego a Hernando Pizarro combatiendo en la batalla de las Salinas. En 1536 se halló con Francisco Pizarro en la fundación de San Juan de la Frontera de Huamanga. Fue regidor de la ciudad de Pucaray en 1541, y junto a Vaca de Castro se halló en la batalla de Chupas y con el presidente Gasca en la de Jaquijahuana. En 1547 fue nombrado justicia mayor de Huamanga, y en 1550 alcalde ordinario de la misma; falleció hacia 1572.

Mujer: **Elvira de Rojas**, su legítima esposa, con quien casó en 1543, hija natural del capitán Diego de Rojas, que radicaba en Guatemala. Fueron los padres de Francisco de Cárdenas, el Mozo, casado en Ica con Catalina de Ortega Morejón, hija de Diego de Ortega Morejón; Catalina de Cárdenas, casada con Melchor de Brizuela, alguacil mayor de Lima; y Sancho de Cárdenas, heredero de la encomienda de Huaytará. La razón que Sancho la heredase fue que el padre desheredó a Francisco, el primogénito, por

haberse casado sin su consentimiento. Se dice también que Francisco de Cárdenas padre tuvo un hijo mestizo llamado Álvaro de Cárdenas, que fue el asesino de Francisco el Mozo por robarle unos papeles que se relacionaban con la dicha encomienda. Sin embargo, por este asesinato se culpó al padre quedando tal asunto al final sin ventilarse.

Cárdenas, Hernando de: Nacido en Madrid hacia 1522, hijo del hidalgo Ñuflo Ramírez y e Mencia de Cárdenas. Marchó en 1539 a Santo Domingo y luego a México, batallando contra los indios de Jalisco. Se dirigió en 1541 al Perú desde Guatemala donde fue hecho preso por los gonzalistas por liberar al virrey Núñez Vela. Se halló después con el presidente Gasca en la batalla de Jaquijahuana; falleció hacia 1583.

Mujer: **María de Caravantes**, su legítima esposa, viuda de posición. Fueron los padres deBaltasar de Cárdenas Zapata, con sucesión en Arequipa; el presbítero Gaspar de Zapata; y Mariana de Castilla.

Cárdenas, Juan de: Avecindado en Lima.

Mujer: **Inés de Sosa**, su legítima esposa, fundadores de un convento de Monjas Descalzas Recoletas de la Concepción con casas y haciendas propias, autorizado por el virrey Luis de Velasco en 1598.

Carmona, Hernando: Uno de los primeros pobladores del Perú, avecindado en Lima. Se halló en la entrada del Tucumán con el capitán Diego de Rojas.

Mujer: **Leonor de Guzmán**, su legítima esposa; valiente mujer que defendió con su amiga Mari López, manceba de Bernardino de Balboa, ambas con espada en mano, un levantamiento indio en el fuerte de Chinchagone dando tiempo a que llegasen los españoles. (Véase también a Camargo, Alonso).

Carranza, Pedro de: Conquistador de México y encomendero en Guatepec y Tepeye.

Mujer: Se desconoce su nombre, pero con ella tuvo un hijo y una hija mestizos llamados Antonio de Carranza y Ana de Carranza; al morir los padres se encargó de ellos un tal Gonzalo de Ecija.

Carrasco de Zorita, Alonso: Avecindado en el Perú donde fue encomendero.

Mujer: **Isabel Palomino,** su legítima esposa, viuda de Francisco Lobo, tío de Alonso.

Carrasco, Pedro: Natural de Fuensalida (Toledo), avecindado en Michoacán.

Mujer: **Francisca de Moro,** su legítima esposa, nacida en Michoacán, con quien tuvo seis hijos.

Carrasco, Pedro Alonso: Caballero de la Orden de Santiago, avecindado en el Cuzco y encomendero en Yanacoa y Camata; se dice que intervino en la distribución del tesoro de Atahualpa.

Mujer: **Isabel Fernández Cabeza,** su legítima esposa y cuya hija, Leonor Arias Carrasco, casó con Melchor Carlos Inca, hijo de Carlos Inca, hijo a su vez de Paullu, hermano de Manco Inca. Melchor nació en el Cuzco y fue su padrino el virrey Toledo. Carlos Inca casó con María Esquivel, nacida en España. En 1602 Melchor se trasladó a España para reclamar las mercedes que esperaba de los servicios de su abuelo Paullu y por ser biznieto de Guaina Cápac.

Carrera, Sancho de la: Hidalgo nacido en Toro. Marchó a México hacia 1530 y después se halló con Pedro de Alvarado en la conquista de Guatemala. Pasó al Perú en 1534 junto con Alvarado. Después se unió a Sebastián de Benalcázar en la conquista de Quito, fundando allí con Pedro de Puelles la villa de Puerto Viejo. Marchó después a Lima a socorrer a Francisco Pizarro y con él después al Cuzco después de la batalla de las Salinas. En 1544 se le nombró alcalde ordinario de Quito y luego regidor de su Cabildo. Derrotado en la batalla de Iñaquito, fue hecho prisionero y luego ahorcado por su antiguo jefe Pedro de Puelles.

Mujer: **Ana de Valverde,** su legítima esposa, su fiel compañera en las jornadas de Popayán y la campaña de Quito, quien le llevaba comidia diariamente cuando se encontraba preso. Fueron los padres de Francisco de la Carrera, vecino de Quito y heredero de las encomiendas de su padre.

C

Carrillo de Albornoz y Esquivel, Pedro: Conde de Montemar y Almirante General de Galeones. A su fallecimiento recayó el título en Francisco Carrillo y después en el capitán general José Carrillo. Fallecido éste, pasó el título a su primo hermano el coronel Diego Miguel Carrillo de Albornoz, nacido en Lima y Regidor y Alcalde Ordinario de Mirabel, casado con Mariana Bravo de Lagunas. Su hijo primogénito, Diego José Carrillo y Albornoz Bravo de Lagunas, nacido en Lima, casó con Antonia de Oviedo, hija de los marqueses de Buscayolo, trasladándose luego a España.

Carrión, Francisco de: Mestizo que marchó con el gobernador Pedro de Ursúa a la expedición de Omagua y El Dorado. Después siguió fielmente a Lope de Aguirre quien le ordenó que matase a Inés de Atienza, amante del gobernador Ursúa. Se le halló preso en Bogotá en 1562. (Véase también a Ursúa, Pedro de).

Mujer: Estaba casado en el Perú con una india cuyo nombre se desconoce.

Carrión, Gómez de: Conquistador del Perú.

Mujer: **Julia de Zalduendo,** su legítima esposa, quien alk enviudar volvió a casar con Juan Becerra. Se dice que tuvo, ella o sus hijas, algún enlace amoroso con el virrey conde de Nieva.

Carro, Rosendo: Agricultor avecindado en Lima a finales del iglo XIX.

Mujer: **Juana de Atocha y Azcona,** su legítima esposa, con quien casó en 1784. Se desconoce si hubo sucesión.

Carvajal, Antonio de: Capitán de Cortés en la conquista de México, hijo de Pedro González de Carvajal y de Isabel Delgadillo.

Mujer: **Catalina de Tapia,** su legítima esposa; casó en segundas nupcias con María de Olid y Viedma, ambas hijas del conquistador Bernardino Vázquez de Tapia. Con Catalina tuvo una hija llamada Catalina de Tapia Carvajal que casó con Gonzalo Gómez de Cervantes. Con María tuvo varias hijas y un hijo. Fueron sus nietos Antonio de Carvajal, Andrés de Carvajal, Lorenzo de Carvajal, Antonio Infante y Juan Infante.

Carvajal, Diego de: Criado de Juan Pizarro en el Perú.

Mujer: **Isabel de Soto,** su legítima esposa. Se desconoce si hubo sucesión.

Carvajal Diego de: Nacido en Plasencia, hermano del conquistador Juan de Carvajal y sobrino del factor Illán Suárez de Carvajal. Pasó de Lima al Cuzco con Francisco Pizarro concluida la batalla de

las Salinas. Se halló en la fundación de Huánuco, ciudad de la que fue su primer alcalde ordinario, y donde se le obsequió la encomienda de Pincos. Combatió luego en la batalla de Iñaquito. Con Francisco de Carvajal concurrió a la guera contra Diego Centeno y se halló en el desbarate de Paria. Al regresar al Cuzco llevó consigo a unas 22 mujeres de los vecinos de Arequipa que habían sido derrotados en Huarina, y violó a una de ellas, la mujer del piloto García de Alfaro, que trató de suicidarse al llegar al Cuzco. Uno de los compañeros de Diego, Antonio de Biedma, forzó a otra de las mujeres que sí logró suicidarse con solimán. En algún momento Diego tenía pensado casarse con una tal Catalina de Salazar, viuda de Alonso de Toro. (Véase también a Juan de Carvajal).

Carvajal, Francisco: Natural de Utrera (Sevilla), hijo de Lázaro Calero y de Aldonza de Carvajal; sirvió con el padre en la guerra de Granada y Navarra y luego se trasladó a México.

Mujer: **Isabel Docampo,** su legítima esposa, hija de Santos Docampo y de Guiomar de la Cueva. Se desconoce si hubo sucesión.

Carvajal, Francisco de: Avecindado en México en tiempos de la conquista, hijo de Baltasar de Mendoza y Leonor de la Cerda.

Mujer: **Catalina Guillén,** su legítima esposa, natural de Jerez de la Frontera, hija de Francisco Guillén y de Isabel de Villavicencio, vecinos de Cáceres. Tuvieron un hijo y él tenía un hijo natural que cuidaba su mujer hasta que murió.

Carvajal Francisco de: Llamado el "Demonio de los Andes". Nacido hacia 1468 en Arévalo (Ávila) y fallecido en

1548 en Lima, viviendo, pues, 80 años. Era su verdadero nombre Francisco López Gascón, y parece que su padre lo envió a estudiar en la Universidad de Salamanca, sin provecho alguno. Fue expulsado de su casa y se dirigió a Italia donde combatió junto al Gran Capitán. Fue lugeo criado del cardenal Bernardino de Carvajal del que tomó su apellido. Casi llegó a ser fraile pero pronto solicitó permiso para salirse de la clerecía. Marchó entonces a México con su esposa y después al Perú, radicándose en el Cuzco de donde fue alcalde ordinario en 1541. Concurrió más tarde a la batalla de Chupas. Hecho maestre de campo por Gonzalo Pizarro y su hombre de confianza, y a partir de ese momento dio muestras de fran crueldad hacia sus soldados y con quien se le pusiese delante; por ejemplo, mandó ahorcar a dos jóvenes, Pedro de Prado y Rodríguez Núñez, por el simple hecho de haberse ido al Cuzco sin permiso. Uno de sus actos más crueles fue agarrotar a su comadre, María Calderón, mujer de Jerónimo de Villegas, el astrólogo, por haber ayudado a escapar a 30 soldados, la cual fue agarrotada en su cama entre dos hijos pequeños que allí dormían. Tan rebelde era que decía que le enseñasen el testamento de Adán en el que se decía que dejaba el Perú a Carlos V. Luego le nombró Gonzalo Pizarro capitán general de su ejército en el sur para luchar contra Diego Centeno. Fue el que más incitó a Gonzalo Pizarro a que se nombrase rey del Perú, para lo cual debería casarse con la hija del inca alzado Vilcabamba y nombrar duques y marqueses, así como gobernadores y adelantados. Aunque parezca curioso, o aun iverosímil, dejó muchas limosnas para las iglesias de Lima, el Cuzco y Charcas, así como para el hospital que se estaba construyendo en Lima y a las mujeres pobres y doncellas huérfanas. Finalmente cayó preso Carbajal en la batalla de Jaquijahuana a manos del presidente Gasca, y poco después fue ahorcado por haberle sido infiel al rey y por su conducta criminal. Se dice que subió al patíbulo sin inmutarse y aun cantando. Fue decapitado y su cabeza llevada a Lima.

Mujer: **Catalina de Leyton**: Posiblemente su amante viuda, casada en algún momento con Francisco Voso. Tenía una hija adoptiva llamada Juana, de la que se dice que salvó muchas vidas y que se veía muy favorecida y complacida por todos. Ricardo Palma la llamaba "un ángel". Mujer además muy valiente, pues se negó con palabras duras y amenazantes a entregarle al temido Francisco de Carvajal tres hombres que tenía escondidos en su casa y que logró perdonase. También se enfrentó a Dionisio de Bobadilla exigiéndole que le entregase la cabeza de Lope de Mendoza para darle santa sepultura, aunque no lo logró. Se habla de un sobrino de Francisco de Carvajal llamado Francisco Gascón, quien para algunos era realmente su hijo pues mucho le recompensó y quería mandar a España.

Carvajal, Juan de: Hermano de Diego de Carvajal. Regidor de la Plata en 1541. Marchó después al Cuzco para vengar el asesinato de Francisco Pizarro y se halló en la batalla de Chupas.

Mujer: **Catalina de Salazar**, su legítima esposa, con quien casó en el Cuzco, viuda de Alonso de Toro.

Carvajal Vargas y Brun, Mariano Joaquín: Natural de Lima y Caballero de la Orden de Santiago, hijo y heredero del duque de San Carlos y conde de Castillejo; era miembro de las Reales Academias de la Historia y de San Fernando.

Mujer: **Mariana Manrique de Lara**, su legítima esposa, que quedó viuda, hija de los marqueses de Lara; fueron los padres de José Miguel de Carvajal y Vargas Manrique de Lara, Caballero de la Orden de Santiago y a quien se le confirió el título de conde del Puerto.

Carvajal y Dávila, Diego: Caballero de la Orden de Santiago, hijo de Lorenzo Galéndez de Carvajal, Caballero de la Orden de Calatrava, jurisconsulto e historiador. Por cédula real de 1514 expedida por la reina Juana, esposa del emperador Carlos V, se le nombró Correo Mayor de Indias. Su hijo Diego le sucedió en dicho cargo según cédula expedida en Valladolid en 1559. Marchó a Lima con el virrey conde de Nieva y fue alcalde de Lima en 1576. En 1578, el virrey Martín Henríquez le puso a cargo de la administración de correos. Luego le sucedió en el cargo su hermano Diego Carvajal, natural de Trujillo de Extremadura, que era casado con Beatriz Marroquín de Monte-Hermoso. A su muerte le sucedió su otro hermano Diego Carvajal, Caballero de Santiago, natural de Lima y Maestre Mayor del Perú, casado con Isabel de Córdoba, natural también de Lima e hija de Pedro de Córdoba y Mendoza.

Mujer: **Beatriz de Vargas**, su legítima esposa. Se desconoce si hubo sucesión.

Carvajal y Vargas Chávez y Sotomayor, Fermín: Duque de San Carlos y conde de Castillejo, natural de Chile. Fue brigadier de Caballería, Caballero de la Orden de Santiago y Correo Mayor de Indias, y luego también mariscal de campo y teniente general.

Mujer: **Joaquina Brun y Carvajal**, su prima y legítima esposa de la que enviudó; su hijo primogénito, Mariano Joaquín de Carvajal y Brun, era natural

de Lima y Caballero de la Orden de Santiago, casado con Mariana Manrique de Lara, hija de los marqueses de Lara. Al enviudar, se trasladó a España donde radicaba su otro hijo, José Miguel de Carvajal y Manrique de Lara, Caballero de la Orden de Santiago y coronel del ejército, nacido también en Lima.

Casariego, José María: Llegó al Perú en 1812 como capitán del Batallón de Talavera, y fue ascendido después a coronel del ejército. Más tarde marchó a Chile con la expedición del brigadier Mariano Osorio para combatir a los independentistas, hallándose en la batalla de Raucagua de 1814.

Mujer: **Dolores Arangua**, su legítima esposa, con la que casó en Santiago, hija del oficial del Tesoro Real José Ignacio Arangua y de María Juana de la Puente, miembro de una ilustre familia chilena. Se distinguió Dolores por su fidelidad cuando se encarceló al marido por muchos años en el castillo del Callao.

Castañeda, Gregorio: Hidalgo, conquistador de Santo Domingo, Cuba y México, adonde pasó con Juan de Grijalva; se halló también en la conquista de Pánuco, por lo que recibió la encomienda de Taupasque. Había servido antes en las guerras de Granada y Perpiñán.

Mujer: **Mari Ruiz**, su legítima esposa, también de familia hidalga, padres de Diego de Castañeda que tuvo varios hijos.

Castañeda, Rodrigo de: Conquistador de México, hijo de Juan de Castañeda y de Leonor Díaz de Zeballos. Casado con seis hijos y dos hijas, teniendo además un hijo natural llamado Xicoténcalt Castañeda. Se desconoce el nombre de la madre.

Castellanos, Alonso de: Hijo de Martín de la Calle, el Viejo, y hermano de Martín de la Calle, el Mozo. En Quito fue soldado del capitán Gonzalo Díaz de Pineda en la entrada de las Esmeraldas, y con el capitán Alonso Hernández en la de Yumbos. Marchó más tarde con Gonzalo Pizarro a los Quijos y al País de la Canela, juntándose después en Túmbes al virrey Núñez Vela y acompañándolo a la toma de San Miguel de Piura y otras jornadas. En Quito fue condenado a muerte por Gonzalo Pizarro por los insultos que le había hecho, entre ellos ser hijo de una molinera.

Mujer: **Catalina de Betanzos**, su legítima esposa, padres de Pascuala de la Calle. Al fallecer su padre la adoptó su tío, el conquistador Martín de la Calle, y casó después con Ruy Díaz de Fuenmayor. (Véase también a Calle, Martín de la).

Castellar, Pedro: Uno de los primeros conquistadores de Cuba; marchó a México con Pánfilo de Narváez y después se unió a Cortés. Se halló en las conquistas de Chiapas, Guazacualco, Pánuco, Guatemala, Honduras y la del valle de Papayuca, por lo que recibió la encomienda de Xicaltepec.

Mujer: **María de León**, su legítima esposa, natural de Sevilla e hija de Pedro de León y de Beatriz de Alcocer, quienes pasaron a América con ella y otros hijos. Al fallecer su marido se hizo cargo de la encomienda de Xicaltepec.

Castiglione, Bernardo: Mercader de Gerona; tuvo un hijo ilegítimo llamado Jacome de Castellón con una mujer noble de Toledo cuyo nombre se desconoce.

Castilla Altamirano, Fernando de: Alcalde Ordinario de Lima en 1607, Caballero de Santiago y Justicia Mayor del Cuzco y otras provincias. Era hermano del conde de Santiago, natural de México.

Mujer: **Grinfanesa de Loayza Calderón**, su legítima esposa, natural del Cuzco. Tres de sus hijos, Francisco, Fernando, y Pedro ocuparon el mismo cargo del padre en 1634, 1642, 1662, y 1700 respectivamente. Uno de sus descendientes, Luis de Castilla Altamirano, casó con Luisa Barba y fueron enterrados en el claustro del Convento de San Francisco de Lima donde se guarda un retrato de ellos.

Castilla, Cristóbal: Marqués de Otero, título que le fue conferido por Carlos II en 1692 por los servicios de su padre Diego y su tío Cristóbal de Castilla y Zamora, Arzobispo de Chuquisaca. Por no dejar sucesión, pasó el título a su hermano Diego de Castilla quien casó con Ana de Jáuregui, padres de Francisca que contrajo matrimonio con Gerónimo de Taboada, Caballero de la Orden de Santiago. Su hijo, el capitán Luis Javier de Taboada y Castilla, heredó el título y casó con Mariana Santa Cruz y Centeno, padres de Isabel de Taboada y Santa Cruz, a quien pasó el marquesado, casada con Francisco Castrillón y Arango, natural de Astuarias, Alcalde Ordinario de Lima en 1778. Isabel falleció en 1789. Dos de sus hijos, el primogénito y otro llamado Manuel murieron jóvenes, recayendo entonces dicho título en el tercer hijo, el coronel Diego Castrillón y Taboada.

Castilla, Luis de: Conquistador de Nueva Galicia, hijo de Pedro de Castilla y de Francisca Osorio.

Mujer: **Juana de Sosa**, su legítima esposa. Se desconoce si hubo sucesión.

C

Castillo (o Castilla), Alonso del: Conquistador de México, hijo de Francisco de Castilla.

Mujer: **Ana Hernández,** su legítima esposa, hija del conquistador Martín García. Se desconoce si hubo sucesión.

Castillo de Herrera, Dr. Alonso: Oidor de Quito.

Mujer: **Gabriela López Olivares y Olmedo,** su legítima esposa; al fallecer su marido volvió a casar con Juan Llano Valdéz, Oidor de Quito y Lima. Con Alonso Castillo tuvo un hijo, el Dr. Alonso Castillo y Herrera, natural de Quito, Presidente Interino de esta ciudad en 1665, Oidor de la Audiencia de Lima en 1688 y más tarde gobernador de Huancavelica.

Castillo y Velasco, Luis del: Nacido en Madrid en 1578 y fallecido en 1627; fue capitán de infantería en Chile y ocupó los cargos de gobernador y maestre de campo de Chiloé, corregidor, justicia mayor y contador oficial de la Real Audiencia de Huamanga.

Mujer: **Claridiana Cervera y Benavides,** su legítima esposa, con la que casó en Concepción de Chile. Se desconoce si hubo sucesión.

Castrillo y Fajardo, Enrique: Sobrino político de Bartolomé Lobo Guerrero, tercer arzobispo de Lima. Fue Caballero de la Orden de Santiago, Alcalde Ordinario de Lima en 1616 y general de Caballerías del Perú.

Mujer: **Jacobina Lobo Guerrero,** su legítima esposa, primeros patrones de la capilla de San Bartolomé de la Catedral de Lima, donde se guardan sus retratos. Su mujer le ayudó mucho cuando tuvo que refugiarse en el colegio de San Idelfonso por haber matado a alguien que le había acusado de mentiroso.

Castro, Antonio de: Conquistador de Colombia.

Mujer: **Ana de Velosa,** posiblemente su amante, con la que tuvo varios hijos ilegítimos.

Castro, Pedro de: Nacido hacia 1514. Marchó a América y se halló con Diego Centeno en la batalla de Huarina, donde fue hecho prisionero por los gonzalistas. Se fugó y pasó al ejército del presidente Gasca luchando en la batalla de Juaquijahuana, y posteriormente con el mariscal Alonso de Alvarado en la batalla de Chuquinga.

Mujer: **Catalina de Villagómez,** su legítima esposa, hermana del capitán Juan de Villagómez. Fueron los padres de tres hijos que quedaron huérfanos y que fueron Pedro de Castro, encomendero de Tarabuco, casado con Inés de Aguilar y fallecido en 1566; Lope de Castro; y Gaspar de Villagómez.

Catalán, Juan de: Conquistador de México.

Mujer: **Ana de Segura,** su legítima esposa, padres de Juana de Acevedo que casó con Martín de Bandevena.

Catalán, Pedro: Nacido en Cataluña y posiblemente marinero. Se halló en el tercer viaje del descubrimiento del Perú y en la captura del emperador Atahualpa en Cajamarca. Pasó después al Cuzco y es probable que se hallase en la toma del Cuzco, radicándose posteriormente en Lima donde se encontraba en 1535; falleció un año después.

Mujer: **Antonia de Sosa,** su legítima esposa, con quien había casado en España y que después se unió con él en el Perú. Al enviudar volvió a casar con el conquistador Francisco Velásquez de Talavera

Caycedo (o Caicedo), Gregorio: Avecindado en Lima a finales del siglo XVIII y empleado de Hacienda.

Mujer: **María Dolores Atocha y Coronel**, su legítima esposa, con quien casó en 1772. Se desconoce si hubo sucesión.

Cayguegui, Manuel: Natural de Lima, Caballero de la Orden de Santiago, capitán de una de las Compañías del Presidio del Callao en 1746, y coronel del ejército; su padre, Agustín de Cayguegui, natural de Vizcaya, fue Prior del Tribunal del Consulado en 1676 y 1695.

Mujer: **Juana Orcasitas y Aliaga**, su legítima esposa, encomenderos de Lampa, Chilques y Chumbilicas; ella era hija del gobernador Francisco de Llano Orcasitas, Caballero de la Orden de Alcántara, y de Juana Aliaga y Oyague del mayorazgo Aliaga.

Cayo, Francisco: Sólo se sabe que era licenciado.

Mujer: **Ana de Paz**, su legítima esposa, que enviudó; hizo una donación para fundar el Monasterio de las Descalzas de San José de Lima. Se desconoce si hubo sucesión.

Cazalla, Sebastián de: Nacido en Llerena hacia 1520, hijo de Jerónimo López de León. Era hermano de Pedro López de Cazalla, secretario del presidente Gasca. Marchó primero a Panamá y después a Arequipa hacia 1545. Se halló con el capitán Diego Centeno en la batalla de Huarina, así como con el presidente Gasca en la de Jaquijahuana. Posteriormente se radicó en el Cuzco de donde fue alcalde ordinario; falleció hacia 1572.

Mujer: **Petronila de Cáceres y Solier**, su legítima esposa, hija del capitán Alonso de Cáceres y de María de Solier Dávalos de Valenzuela. (Véase también a Cáceres, Alonso de).

Ceballos, Gaspar: Caballero de la Orden de Santiago; cursó sus estudios en la Universidad de Salamanca.

Mujer: **Juana Calderón y Vadillo**, su legítima esposa, padres de Juan Evangelista Cevallos (o Ceballos), canónigo de Lima, y de Gaspar, Oidor de esta Audiencia y último marqués de Casa Calderón. Ella era muy estudiosa y aficionada a las letras, habiendo aprendido latín a la temprana edad de 12 años y después francés e italiano. Conocía muy bien las historias sagrada y profana, la poesía y la mitología. Fue su maestro Agustín de Gorrichategui que ocupó luego la silla episcopal del Cuzco. Falleció en 1809 a la edad de 82 años y sobre su vida se publicó un elogio en el periódico de Lima "Minerva" con fecha 25 de enero de 1810.

Centeno, Diego: Nacido en Ciudad Rodrigo hacia 1516, hijo del hidalgo Diego de Caravedo y de Mariana de Vera y Centeno. Marchó a América con el capitán Felipe Gutiérrez en 1535 y, terminada la fracasada jornada de Veragua, pasó al Perú en 1536 como escolta de Francisco Pizarro a Nasca. Se halló luego en la jornada de los Chunchos y vuelto a Cuzco donde fue uno de los fundadores de la Plata. Estuvo después en la batalla de Chupas y en 1544 se le nombró alcalde ordinario de la Plata. Se halló también en la toma del Cuzco en 1547 y se enfrentó a las tropas de Gonzalo Pizarro en la batalla de Huarina en ese mismo año. Formó asimismo parte de la batalla de Jaquijahuana junto al presidente Gasca en la que quedó vencido Gonzalo Pizarro

C

y al que él hizo prisionero antes de ahorcársele; falleció Diego Centeno en 1549.

Mujer: No parece haber casado, pero tuvo dos amantes, una india llamada Elvira, con la que tuvo al hijo mestizo Gaspar Centeno, y la otra llamada Bárbola, con la que tuvo a la mestiza María Centeno. Al morir Diego Centeno hizo heredera de sus bienes a su madre. El hijo mestizo ya citado, Gaspar Centeno, fue legitimado por el rey en Madrid en 1552. Fue luego nombrado capitán por el virrey Toledo en la entrada contra los indios Chirihuanos. Contrajo matrimonio con Mariana de la Cueva, hija del conquistador Diego de la Cueva y de Catalina Cavero. Gaspar y Mariana fueron los padres de Juana Pacheco y Centeno, que casó con Felipe de Lezcano, hijo del capitán Pedro de Lezcano y de Juana de Rojas, alferez real de las milicias de Trujillo y corregidor de Omasuyo. Se halló también en la persecución del pirata inglés Francis Drake en el Pacífico.

Cepeda, licenciado Diego: Natural de Tordesillas (Valladolid), Oidor de Canarias, nombrado por Carlos V magistrado de la Audiencia de Lima. Conspiró con Gonzalo Pizarro contra el virrey Blasco Núñez Vela.

Mujer: **Brianda de Acuña,** su legítima esposa. Se desconoce si hubo sucesión.

Cervantes, Leonel: De noble familia; conquistador de México.

Mujer: **Leonor de Andrade,** su legítima esposa, padres de varias hijas que casaron con conquistadores, entre ellos Alonso Mendoza, Pedro de Ircio y Juan Orozco de Villaseñor.

Cevallos, Antonio: Avecindado en Lima durante el siglo XVII.

Mujer: **Lucía de Cárdenas,** su legítima esposa, dueña de una pequeña tienda en Lima. Se disolvió el matrimonio por por atropellos del marido.

Cevallos, José Gregorio de: Natural de la Puente del Viezgo, Burgos. Fue bachiller canonista y licenciado en leyes de la Universidad de Salamanca, Caballero de la Orden de Santiago y Oidor de Charcas en 1682, así como Alcalde del Crimen de Lima en 1688, Oidor de la Audiencia de esta ciudad en 1689 y gobernador de Huancavelica.

Mujer: **Venancia Dávalos,** su legítima esposa, con quien casó en Lima, hija del primer conde de las Torres. Se descoce si hubo sucesión.

Chacón, Andrés: Nacido hacia 1520. Fue uno de los fundadores de Trujillo en 1535. Posiblemente se halló después en las batallas de Chupas y Jaquijahuana. En 1561 se le nombró alcalde ordinario de Trujillo.

Mujer: **Ana López,** su legítima esposa, padres de Ana López Chacón que casó con el conquistador Francisco Luis de Alcántara.

Chacón y Herrera, José María: Nacido en La Habana en 1755, tercer conde de Casa-Bayona y Caballero de la Orden de Santiago; fue coronel de milicias de esta ciudad y en 1815 se le confirió la Gran Cruz de Isabel la Católica.

Mujer: **Catalina O'Farrill,** su legítima esposa, padres de Francisco, casado con Catalina Calvo y Peñalver con la que tuvo nueve hijos.

Chamorro, Fernando Antonio: Herrero de profesión; fue pasajero de la fragata Santiago en 1774 que comandaba Juan Pérez descubridor de la bahía de San

Lorenzo en Norteamérica (Nutka o Nootka Sound en inglés).

Mujer: **Ana María Hurtado de Mendoza**, su legítima esposa, que le acompañó con sus dos hijas, Cipriana y Carmen, en la travesía.

Cherinos, Hernando: Nacido porobablemente en Toledo hacia 1500. Marchó primero a México hallándose en las conquista de Jalisco y Cualiacán con el presidente Nuño de Guzmán, y en 1537 pasó al Perú acudiendo al socorro de Lima. Después pasó con el capitán Lorenzo de Aldana a Quito, Cali y Popayán, y posteriormente con el virrey Núñez Vela con el que se juntó en Lima. De ahí pasó a Panamá y se unió al presidente Gasca combatiendo en la batalla de Jaquijahuana y fundando luego la ciudad de Nuestra Señora de la Paz, en la que fue encomendero de Pucarani y otros pueblos. Fue alcalde, regidor y teniente gobernador de la Paz.

Mujer: Era mujer de casta hidalga que tenía tres nombres: Marina de Mena, Marina Mora y María de Saldaña, con la que tuvo cuatro hijos y cuatro hijas.

Chávez, Francisco: Natural de Trujillo y conquistador del Perú; fue asesinato con Francisco Pizarro por los soldados de Diego de Almagro en 1541. Hay otro Francisco de Chávez que fue conquistador de México, natural también de Trujillo, que casó con la hija de Miguel de Palma, conquistador también de México. No parece que exista alguna relación entre ambos.

Mujer: **María de Escobar**, su legítima esposa, natural como él de Trujillo, Extremadura, viuda de Martín de Arrete. Le cabe el honor de haber introducido el trigo en América en 1540, que fue cose-chado por primera vez en Cañete. Poco después se propagó por todo el continente una vez repartidos de 20 a 40 granos a unos agricultores de Lima. Por este servicio ambos recibieron un repartimiento de indios en la provincia de Lima. Al fallecer Francisco María se trasladó al Cuzco. Para lo del trigo, véase también a Alcántara, Martín y a su mujer Inés Muñoz.

Chaves, Francisco de: Nacido en Trujillo, Extremadura. Marchó al Perú en 1556 con Gaspar de Espinosa y pronto se unió a Francisco Pizarro quien le hizo su teniente gobernador, y de quien recibió las encomiendas de Yauyos y Tantacaja. Enemistado luego con Pizarro, amparó en su casa a Almagro el Mozo que regresaba vencido de la batalla de las Salinas en el Cuzco. Fue asesinado por Juan de Rada y los almagristas cuando se disponían a dar muerte a Francisco Pizarro en 1541.

Mujer: **María de Escobar**, su legítima esposa, viuda de Martín de Estete. No dejaron sucesión. Al fallecer su marido, María tornó a casar en 1547 con Pedro Portocarrero. Francisco había dejado una hija bastarda llamada Juana de de Chaves, casada con el capitán Pablo de Gamboa, conquistador del Río de la Plata, Mexico y Perú.

Chaves Figueroa, Alonso de: Hidalgo nacido en Aracena hacia 1507, hijo de Gómez de Chaves Trejo, mayordomo real de la catedral de Badajoz, y de Leonor Martínez Tinoco. Por la línea paterna era nieto de Alonso de Chaves Escobar, natural de Badajoz, y de Leonor de Trejo Ulloa, y por la materna de Hernán Francisco Tinoco. Fueron sus primos el conquistador Rodrigo de Chaves, que se halló en la captura del emperador Atahualpa en Cajamarca, y el capitán Fran-

C

cisco de Chaves, encomendero de Yauyos (véase también a éste). Marchó al Perú hacia 1534 y se halló con el capitán Alonso de Alvarado en la fundación de San Juan de la Frontera en 1538, de la que fue su primer alcalde ordinario. Se halló presente cuando el asesinato de Francisco Pizarro, uniéndose luego a Vaca de Castro en la batalla de Chupas, y más tarde al presidente Gasca en la de Jaquijahuana.

Mujer: **María Pérez de Lezcano**, su legítima esposa, natural de Madrid, hija de Miguel Pérez de Lezcano y Villafranca y de Catalina Pérez de Mendoza. Fue la descendencia de Alonso y María muy numerosa y noble, de la que procedieron los condes de Valdemar de Bracamonte, de San Javier y Casa Laredo, los marqueses de Tabalosos, las marquesas de Casares y los duques de San Carlos.

Chico, Juan: Nacido en Sevilla, hijo de Antón Chico y de Inés Hernández. Se halló con Francisco Pizarro en la captura del emperador Atahualpa en Cajamarca, y fue luego uno de los fundadores de San Miguel de Tangarará. Murió en manos de los indios cuando se dirigía al Cuzco.

Mujer: Tenía una amante india que lo hizo padre de cuatro hijos mestizos. Su hermana, Catalina Martín, casada con Pedro Núñez y radicada en Sevilla, heredó sus bienes en 1537.

Cid, Pero: Nacido hacia 1511. Se había hallado en Alemania, Italia y en Túnez. Marchó después a México al servicio del virrey Antonio de Mendoza, al que acompañó a la conquista y pacificación de Jalisco. Estando en Quito fue de los que secundó el asesinato de Pedro de Puelles. Se halló después con el presidente Gasca en la batalla de Jaquijahuana, y en la fun-

dación de Zamora de los Alcaides. Posteriormente se radicó en Cuenca.

Mujer: **María de Aranda**, su legítima esposa, que quedó viuda en Quito. Tuvieron sucesión.

Cifontes, Gabriel de: Nacido en Sevilla hacia 1518, hijo de Pedro de Cifontes, Caballero de la Orden de Calatrava y general de la flota de Indias en 1532, muerto y enterrado en Santo Domingo. Gabriel se halló primero en Flandes y marchó al Perú hacia 1535, juntándose a Diego de Almagro en el descubrimiento de Chile. Combatió posteriormente en las batallas de las Salinas, Chupas y Pucará. Posteriormente se trasladó a Lima y en 1563 se radicó en Concepción, Chile, de donde fue alguacil mayor en 1564 y en 1565 regidor.

Mujer: **Juana Jiménez**, su legítima esposa, que había sido la última manceba de Pedro de Valdivia. Después volvió a casar con Ana de Vega.

Cisneros, Alberto: Conquistador de México, hijo de Antonio de Cisneros.

Mujer: **Catalina Rodríguez**, su legítima esposa. Se desconoce si hubo sucesión.

Cisneros, Juan de: Conquistador de México; se halló también en la pacificación de Jalisco y recibió la encomienda de Taxmalaca.

Mujer: **María de Medina**, su legítima esposa, padres de cuatro hijos y dos hijas, entre ellos Mateo Vázquez de Cisneros y Esteban de Cisneros. Era hija de Gerónimo de Medina y de doña Roca, ambos naturales de Illescas. El padre y abuelo de ella, Gonzalo Hernández de Medina, sirvieron a los Reyes Católicos.

Clavijo, Antonio: Conquistador del Perú, avecindado en Lima.

Mujer: **Beatriz Altamirano**, su legítima esposa, ambos enterrados en la capilla del Claustro de San Fernando en Lima.

Cobo, Juan: Hidalgo, corregidor de Antequera. Pasó luego al Perú y se plegó a las huestes del presidente Gasca. Más tarde se halló con Francisco Hernández Girón en la batalla de Huamanga y Chuquinga. Se halló después en Arequipa donde derrotó al capitán Gómez de Solís, y más tarde con Girón en la batalla de Pucará. Murió ejecutado por el general Pablo de Meneses al ser derrotado en la batalla de Chumbivilcas.

Mujer: **Catalina Jiménez**, su legítima esposa. Se desconoce si hubo sucesión. Había pasado junto a ella al Perú.

Coca, Sebastián: Hidalgo natural de Jerez de la Frontera. Llegado al Perú, sirvió al virrey Núñez Vela, encontrándose en la toma del puente de Jauja, impidiendo así que Pedro de Puelles se reuniera con Gonzalo Pizarro en el Cuzco.

Mujer: Se desconoce su nombre, pero con ella tuvo una hija llamada Elvira de Coca, que luego casó con el conquistador Hernán Pérez de Mendexa.

Colina, Juan Antonio de la: Nacido en Santander en 1706, comandante de la Marina de La Habana adonde llegó en 1743; en 1765 se le nombró Jefe de Escuadra. Fue también comandante de varios buques, entre ellos el "América" que transportó a España el tesoro de Veracruz; falleció en La Habana en 1771.

Mujer: **Manuela de Cárdenas**, su segunda esposa legítima, natural de La Habana. Su primera esposa, de la que enviudó en 1758, era Manuela Gamba y Torres. Se desconoce si hubo sucesión de cualquiera de los matrimonios.

Colmenares y Vega, Sebastián: Conde de Polentinos; su padre, de nombre homónimo, nació en Madrid en 1634. Marchó al Perú en 1667 como Secretario de Cámara del virrey conde de Lemos y fue luego Veedor General y Pagador de la Plaza y Presidio del Callao por espacio de 20 años; falleció en 1743.

Mujer: **Agustina de Vega Larrinaga**, su legítima esposa, natural de Lima, con la que casó en 1668. Era hija del Maestre de Campo Gabriel de Vega Larrinaga, natural de Lima y Alcalde Ordinario en 1658, y de Luisa Ruiz Cañete natural de Pisco. Falleció en el Callao en 1709, siendo sepultada en el convento de San Francisco. Fueron los padres de Sebastián de Colmenares y Vega, nacido en Lima en 1672, Caballero de la Orden de Santiago, capitán del ejército y como su padre Veedor General del Callao. Casó en 1716 con Mariana Fernández de Córdoba, nacida en Lima en 1700, padres de Francisco José, nacido en Lima en 1719, que se trasladó después a España para administrar los mayorazgos de su tía María Fernández de Córdoba y allí casó con la marquesa de Olivares. Además de Francisco José fueron los padres de: Josefa, que casó con Juan José Aliaga; Rosa, que casó con Pedro José Ramírez de Laredo, marqués de Zelada de la Fuente; Felipe Colmenares, nacido también en Lima, y de cuatro monjas.

C

Colón, Cristóbal: Descubridor de América, nacido en Génova en 1451 y fallecido en Valladolid en 1506.

Mujer: **Felipa Moniz**, su legítima esposa, con quien casó en Portugal, hija de Bartolomé Perestrello. Tuvo con ella un hijo llamado Diego y con Beatriz Enríquez de Arana un hijo natural llamado Fernando. Se cree que estuvo relacionado con otras mujeres en sus andanzas por Italia, Portugal y España, entre ellas Beatriz de Bobadilla, hija de Pedro de Bobadilla y de María de Maldonado, apodada la "Cazadora" por ser su padre montero del rey, parienta de Isabel de Bobadilla mujer de Pedrarias Dávila, fundador de Panamá. Beatriz casó con Hernán Peraza, Señor de la Gomera (Islas Canarias) donde supuestamente conoció a Colón.

Colón, Diego: Hijo y heredero de Cristóbal Colón y de Felipa Moniz de Perestrello, nacido en 1478 ó 1479 en Lisboa o Porto-Santo y fallecido en 1526 en Puebla de Montalbán. Llegó con su padre a España en 1485. Al regresar Colón de su primer viaje, fue nombrado paje del príncipe don Juan y a su muerte pasó al servicio de la reina Isabel donde permaneció bastante tiempo. En 1508 el rey Fernando le nombró gobernador de La Española adonde arribó al año siguiente con su esposa, hermano y tíos. Durante su gobierno se conquistaron Cuba y Puerto Rico y fue ocupada Jamaica por Juan de Esquivel.

María de Toledo, su legítima esposa, hija de Fernando Álvarez de Toledo, Comendador Mayor de León. Fueron los padres de siete hijos, siendo el primogénito y heredero Luis Colón, tercer Almirante de las Indias, primer duque de Veragua y marqués de Jamaica. María de Toledo no fue sólo la primera virreina de América, sino que debido a su incansable lucha y tenacidad la familia Colón pudo preservar parte de sus derechos y privilegios. Diego tuvo varias amantes, entre ellas Isabel Samba, viuda y vecina de Bilbao con quien tuvo un hijo natural llamado Critóbal Colón, y Constanza Rosa, natural de Burgos con la que tuvo otro hijo natural

que murió joven en la expedición de Cristóbal de la Peña a Veragua en 1546.

Colón y Toledo, Luis: Hijo de Diego Colón, hombre inmerecedor de su apellido y de la honra de sus antepasados. Fue capitán general de La Española de 1542 a 1551 y fue luego condenado a destierro en Orán por cometer poligamía, donde falleció. Casó por primera vez con María de Orozco, nieta de Diego Ramos, conquistador de Puerto Rico, con quien tuvo dos hijas. A pesar de estar casado, contrajo matrimonio con otras dos mujeres, María de Mosquera, hija de Juan de Mosquera, vecino de Santo Domingo, con la que tuvo dos hijas, y con otra mujer española cuyo nombre se desconoce. Tuvo además una hija bastarda que criaron sus abuelos Diego Colón y María de Toledo.

Collantes, Juan: Avecindado en el Cuzco.
Mujer: la ñusta Francisca, parienta de Huayna-Cápac; fue uno de sus nietos Lucas Fernández de Piedrahita, obispo de Santa Marta y Panamá y cronista del Nuevo Reino de Granada.

Concha de Santiago, Dr. José: Natural de Lima, Caballero de la Orden de Calatrava, primer marqués de Casa Concha.
Mujer: **Ángela Roldán Dávila y Solórzano**, su primera esposa, descendiente de Juan Roldán Dávila "el Viejo", pariente del gobernador de Tierra Firme Pedrarias Dávila y de Francisco Roldán Jiménez, primer encomendero de las Indias y primer alcalde de Santo Domingo. Fueron los padres de Pedro de Santiago Concha, hombre de letras y poeta, Protector Fiscal de la Real Audiencia de Lima y gobernador de Huancavelica, quien casó con Teresa Traslaviña y Oyague. Volvió a casar en segunda nupcias con Inés de Errazquiu

e Ilzarbe, natural del Perú, hija de Pedro Matías, Caballero de la Orden de Santiago, natural de Navarra y Corregidor de Tarija, y de Josefa de Torres y Zavala, natural de Lima e hija del contador Andrés de Zavala y Margarita de Zavala. De su segundo matrimonio, el marqués de Casa Concha tuvo a los siguientes hijos: el Dr. Francisco de Santiago Concha, Deán de Lima; el Dr. Gregorio, sacerdote de la Catedral de la Paz; Juana Rosa, casada con José Antonio de Villalta y Núñez, Alcalde del Crimen de la Real Audiencia; Josefa, casada con Antonio Hermenegildo de Querejazú, Caballero de la Orden de Santiago, Oidor de Lima y Consejero de Indias; y al licenciado Melchor de Santiago Concha, Oidor de Charcas, Chile y Lima, casado con Constanza Jiménez de Lobaton.

Concha Marríquez, Hernando de la: Hidalgo avecindado en Lima en el siglo XVI.

Mujer: **Mariana de Torres,** su legítima esposa, con quien casó en 1599 cuando contaba ella con sólo doce años de edad, matrimonio al que se vio obligada por sus padres y que nunca aceptó; llevado el caso a tribunales, fue anulado el mismo después de un largo litigio. Volvió después a casar con Agustín Hipólito De Landaburu y Rivera.

Concha, Pedro de Santiago: Natural de Heras, Burgos; marchó a Lima en 1650 con el cargo de Proveedor General de las Reales Armadas del Mar del Sur y Presidio del Callao, que le fueron concedidos por Felipe IV.

Mujer: **Mayor de Salvatierra,** su legítima esposa, natural de Lima, hija de Benito Méndez de Salvatierra y de Isabel Cabello, natural de Salamanca, quienes llegaron al Perú en 1629. Fueron los padres de

los siguientes hijos, todos ellos nacidos en Lima: el Dr. Pablo, Caballero de la Orden de Calatrava y Proveedor General; el presbítero Dr. Pedro; los padres jesuitas Fernando y Juan; fray Tomás, de la orden de los Capuchinos, mejor conocido por el célebre fray Miguel de Lima; Gregorio, Caballero de la Orden de Calatrava, Corregidor de Lampa; Isabel, casada con Pedro Alzamora y Ureino, Corregidor de Trujillo; y José de Santiago Concha, Caballero de la Orden de Calatrava y primer marqués de Casa Concha, Oidor de Lima y Presidente de Chile.

Concha y Errazquín, Melchor de Santiago: Hijo del primer marqués de Santiago; nacido en Lima en 1728, Oidor de las Reales Audiencias de Charcas y Chile, Alcalde del Crimen de la Audiencia de Lima en 1778, y Oidor de esta ciudad en 1781. Falleció en 1796.

Mujer: **Constanza Jiménez de Lobaton,** su legítima esposa, natural del Cuzco, hija de Nicolás, oriundo del mismo lugar, primer marqués de Rocafuerte; tuvieron varios hijos, entre ellos Nicolasa, casada con Nicolás de la Cerda, Alcalde Ordinario de Santiago de Chile, y José, Oidor de la Audiencia de Chile.

Concha y Traslaviña, José de Santiago: Nieto del primer marqués de Casa Concha, del que heredó el título en 1718; natural de Lima, teólogo y canonista, además de Consultor del Tribunal de la Inquisición por muchos años. Era hijo de Pedro de Santiago Concha y de Teresa Traslaviña y Oyague.

Mujer: **Mariana Salazar e Izásaga (o Isásaga),** su legítima esposa, padres de José, educado en la Universidad de Salamanca; fray Manuel y fray Ignacio, catedráticos y provinciales de la Merced el primero, y de San Agustín el segundo; y Pedro de San-

C

tiago y Concha Salazar, último marqués de Casa Concha.

Contreras, Alonso de: Conquistador de México, hijo de García de Contreras y de María de Lerma.

Mujer: **Isabel Mexía y Figueroa,** su legítima esposa, padres de 3 hijos y siete hijas; los hijos fueron García de Contreras, Baltasar de Contreras y Alonso Contreras.

Contreras, Rodrigo de: Gobernador de Nicaragua; nacido en Segovia hacia 1502 y fallecido en Lima en 1558. Hijo del licenciado Fernán González de Contreras que ocupó altos cargos en los Consejos Reales, y de María de la Hoz, hija del Regidor Juan de la Hoz. Fue nombrado gobernador de Nicargua por Carlos V adonde llegó en 1535. Reconoció la región del río Yara a la que nombró Segovia y en 1543 fundó la ciudad de Nueva Segovia.

Mujer: **María de Peñalosa,** su legítima esposa; se desconoce su fecha de nacimiento aunque fue en Segovia; era hija de Pedrarias (Pedro Arias) Dávila y de Isabel de Bobadilla, dama de Isabel la Católica. En su familia figuraban personajes célebres segovianos, como el conde de Puñonrostro (hermano de su padre), Diego de Arias (su abuelo), y el arzobispo de Segovia, Juan Arias-Dávila. Su madre era sobrina de la marquesa de Moya. Aunque se pensó casarla con Vasco Núñez de Balboa el matrimonio nunca se consumó. Casó entonces con Rodrigo de Contreras y tuvieron en total 11 hijos, entre ellos Hernando; Pedro; Alonso; Isabel; Beatriz; María; Constanza; Gerónima; y Ana. Fue como María de Toledo, mujer de Diego Colón, una mujer excepcional, acogiendo en su casa de León de Nicaragua a todo el que se le acercaba,

bien fuese pariente o amigo y aun a gente desconocida. Al informársele en una ocasión que el padre Bartolomé de las Casas criticaba con duras palabras a su marido desde el púlpito de la iglesia, se dirigió allí y a grandes voces le mandó callar y le hizo bajar del púlpito. En otra ocasión, cuando el marido quedó sin bastimentos en la región del Desaguadero, le envió en seguida socorros con el capitán Machuca. Y al ausentarse el marido de Nicaragua por tener que ir a España, dejó como su suplente a su yerno Pedro de los Ríos al que al poco tiempo se le destituyó y encarceló por intrigas de su adversario Pedro de Mendaria. Fue en este momento en que María de Peñaloso arengó al pueblo contra la Audiencia de Panamá y el propio Mendaria y entre todos lograron la libertad de Pedro de los Ríos. Sirvió además María como gobernadora interina durante las muchas ausencias de su marido, cargo que desempeño con mucha eficacia y denuedo. Al regresar Contreras de España a finales de 1550, y ya exhaustos ambos de tantos inconvenientes, decidieron trasladarse a Lima donde radicaron. Falleció María 15 años después que su marido, o sea, hacia 1573.

Contreras, Vasco: Estuvo al servicio del virrey conde de Nieva en el Perú, del que fue gentilhombre.

Mujer: **Teresa de Ulloa,** su legítima esposa, hija del capitán Antonio de Ulloa. Se desconoce si hubo sucesión.

Corbalán de Robles, Juan: Nacido en Toledo hacia 1525, licenciado en leyes y en 1570 abogado de la Audiencia de la Plata. Se unió luego al mariscal Alonso de Alvarado y se halló con él en la batalla de Chuquinga. En 1554 fue teniente general del capitán Gómez de Solís en el Desaguadero, y más tarde teniente corregidor de Charcas. Por petición del virrey Francisco de Toledo estuvo a cargo de la redacción de las famosas Ordenanzas. Se radicó posteriormente en la Plata; falleció hacia 1585.

Mujer: Decía de las españolas que "No eran mujeres que aventajasen a las indias", razón por la cual se amancebó con una india llamada Bártola con la que convivió más de 30 años. Tuvo con ella a Martín o Miguel de Robles; Luisa Corbalán; y Francisca Corbalán, casada con Diego de Solís Carbajal, padres del capitán Juan de Solís Carbajal, regidor perpetuo de la Plata, casado a su vez con Jerónima Costilla. Según se dice quería mucho a sus hijas, y siempre deseó casarlas bien.

Córdoba, Cristóbal: Se halló primero en la conquista de Cartagena y Popayán con Juan Velásquez Vela Núñez, hermano del virrey Núñez Vela. Después con el virrey en la toma de Piura. Pasó de allí a Panamá con Pedro Alonso de Hinojosa, regresando después al Perú con el presidente Gasca y combatiendo con él en la batalla de Jaquijahuana. Se halló también en la batalla de Pucará.

Mujer: **Beatriz de Ovando**, su legítima esposa, padres de Alonso de Ovando, Cristóbal de Córdoba, y Rafaela de Ovando.

Córdoba y Gómez, Alonso de: Nacido en Valdepeñas, Ciudad Real, en 1507; marchó al Perú en 1534 donde se halló en las batallas de Lima y la del Cuzco, así como en la conquista de Chile con Pedro de Valdivia en 1541, y donde fue Regidor del Cabildo de Santiago desde 1548 hasta 1580, y Alcalde Ordinario en los años subsiguientes. Falleció en 1589.

Mujer: **Olalla de Merlo**, su legítima esposa, con la que tuvo tres hijos que fue-

ron Alonso de Córdoba y Merlo, que casó en Santiago de Chile con Mariana de Morales, hija de Diego Sánchez Morales, conquistador de Chile y compañero de Pedro de Valdivia, fallecido en 1623; Juan de Córdoba y Merlo, capitán en Chile que casó con Teresa de Ahumada, sobrina de Santa Teresa de Jesús e hija de Agustín de Ahumada, con la que tuvo varios hijos; y Catalina de Córdoba y Merlo, casada con Pedro López, con sucesión. El hijo primogénito, o sea, Alonso, tuvo nueve hijos, todos ellos con los mismos apellidos que fueron: Alonso; Juan; Valentín; Diego, casado con Beatriz de Alcázar y quien, al enviudar, volvió a casar con Juana de la Panera Vergara; José; Pedro; Ambrosio, que fue capitán y casado con Beatriz de Ahumada; Ana, casada con Pedro de Salinas; e Inés que casó la primera vez con Alonso de Salinas y la segunda con Ginés de Toro Mazote.

Coria, Diego de: Conquistador de México, Guatemala y Jamaica, hijo de Alonso de Coria y de Leonor Rodríguez.

Mujer: Estaba casado con la hija de Hernando de Cháves, cuyo nombre se desconoce, y con la que tuvo cinco hijos; legitimó, además, a dos hijos naturales desconociéndose asimismo el nombre de la madre. Casó en segundas nupcias con María de Mendoza con la que tuvo a un hijo llamado Diego.

Cornejo, Miguel: Se halló con Francisco Pizarro en la captura del emperador Atahualpa en Cajamarca. Hidalgo nacido en Salamanca hacia 1510. Marchó a América con su tío el contador Andrés de Cereceda y con él a León, Nicaragua donde fue oficial de contador. Pasó al Perú con Hernando de Soto, hallándose en la fundación de san Miguel de Tangarará. Más tarde se vio forzado a unirse a Diego de

C

Almagro el Viejo, combatiendo con él en la batalla de las Salinas. Con Francisco Pizarro asistió a la fundación de San Juan de la Frontera de Huamanga. En 1541 se le nombró alcalde ordinario de Arequipa, cargo que ocupó por varios años. Más tarde se plegó a Vaca de Castro participando en la batalla de Chupas, y posteriormente con Gonzalo Pizarro se halló en la batalla de Iñaquito, así como luego con Diego Centeno en la de Huarina y con el presidente Gasca en la de Jaquijahuana; murió en combate en 1554.

Mujer: **Leonor Méndez**, su legítima esposa, hija de Alonso Méndez, vecino de Arequipa y fallecido en 1562, y de Juana Muñiz. Leonor y Miguel tuvieron cuatro hijos que fueron Luis; Baltasar; Juana Cornejo Méndez; y Ana Cornejo Méndez que casó después con Juan Álvarez Maldonado, adelantado de los Opataris. Fallecido Miguel, Leonor volvió a casar con Juan de Hinojosa. Miguel dejó también un hijo natural mestizo de nombre Diego o Miguel.

Corral Calvo de la Banda, Dr. José del: Colegial de San Martín y uno de los primeros oidores en el siglo XVII, primero de la Audiencia de Charcas y después de la de Lima.

Mujer: **Jacinta de la Torre y Zegarra (o Segarra)**, su legítima esposa con la que tuvo un hijo que cantaba en coro de Lima en 1725.

Cortés, Hernán: Conquistador de México, nacido en Medellín, Extremadura, en 1485, y fallecido en Castilleja de la Cuesta, Sevilla, en 1547. Fueron sus padres el capitán Martín Cortés y Catalina Pizarro Altamirano, y sus abuelos paternos Rodrigo de Monroy y María Cortés, descendientes de los Rodríguez de las Varillas y los Monroy; su abuelo era primo de Alonso de Monroy, Maestre de Alcántara, al que se parecía en su valentía y heroicidad, y por la parte materna estaba emparentado con los Pizarro. Estudió en Universidad de Salamanca pero pronto dejó los estudios. Marchó a América en 1501 radicándose primero en La Española donde fue encomendero. En 1511 se trasladó a Cuba y participó con Diego Velázquez en su conquista, fijándose en Baracoa como estanciero y escribano y nombrado después alcalde de Santiago de Cuba. Descubierto Yucatán por Hernández de Córdoba y Juan de Grijalva, preparó Velázquez una nueva expedición que puso al mando de Cortés; zarpó definitivamente con una gran flota el 18 de febrero de 1519 llegando a los pocos días a la isla de Cozumel. Así comenzó la conquista de México que culminó en 1521 cuando reinaba el emperador Moctezuma II.

Mujer: **Catalina Juárez**, la *Marcaida*, su legítima esposa, con quien casó en Baracoa, Cuba, hacia 1511 y que murió repentinamente en México en 1522. Era hija de Diego Juárez y de María de Marcaída y hermana de Juan Juárez. Volvió a casar con Juana de Zúñiga, sobrina del duque de Béjar, celebrándose el matrimonio durante su último viaje a España. Fueron los padres de Martín (nombre homónimo del bastardo que tuvo con doña Marina); María, casada con el conde de Luna; Catalina; Juana, casada con el duque de Alcalá; y Leonor que casó con Juan de Tolosa.

Otras mujeres: A Cortés se le conocieron muchas amantes, pues, como decía Bernal Díaz del Castillo ", era en demasía dado a mujeres y celoso en guardar las suyas". Juan de Burgos decía también que "sólo en Coyoacán se le conocían a más de 40 mujeres". He aquí a algunas de ellas:

Doña Marina - nombre que recibió al ser bautizada por el padre Olmedo, aunque se le conocida más comúnmente por *la Malinche* con las variantes de *Malinalli* o *Malintzin*, nombres con los que se hacía referencia a Cortés a quien así llamaban los indios. Se piensa que fuese hija del cacique Tenepal de la región de Coatzacoalcos, Jalisco y, si bien se desconoce su fecha de nacimiento, sabemos que murió en 1531. Cortés tuvo con ella un hijo bastardo llamado también Martín al que quería mucho y que mandó a estudiar a España. Fue la más conocida de todas sus amantes, a la que más quiso y la que más le ayudó en sus empresas conquistadoras. Se ha dicho, y con razón, que la conquista de México se debe en gran medida a su astucia y habilidad diplomática y a su labor como consejera e intérprete. Acompañó a Cortés en su expedición a Honduras, momento en que la casó con el capitán Juan Jaramillo e Salvatierra y con él que tuvo una hija llamada María (o Marina) Jaramillo, que casó con Luis de Quesada, hijo de Pedro de Quesada (es probable que volviese a casar con Luis López de Mendoza, natural de Baeza, hijo de Pedro Díaz de Quesada y de Francisca de Mendoza). Al morir doña Marina volvió a casar Jaramillo con la hija de Leonel Cervantes. Siendo niña Doña Marina quedó huérfana de padre y la madre volvió a casarse y tuvo un hijo heredero, decidiendo entonces deshacerse de ella. Así la vendieron a unos mercaderes de Xicalango, cayendo después en manos de los caciques de Tabasco quienes, a su vez, la obsequiaron junto con diecinueve doncellas a Cortés. A pesar de sentirse halagado y agradecerlo mucho, Cortés no quiso quedarse con ella y se la entregó a su capitán Alonso Hernández de Portocarrero. Al marchar éste a España se la volvió a dar a Cortés para que la cuidase y con ella tuvo al bastardo Martín. En 1523 doña Marina regresó a su pueblo en compañía de Cortés, siendo reconocida por su madre (por parecerse mucho a ella) y ambas hicieron las paces. Se sabe que en sus últimos años doña Marina llevó una vida confortable y sosegada.

Isabel Moctezuma o *Tecuichpochtzin*, hija del emperador azteca y la reina Teotlalco, nacida el 20 de julio de 1509. Se casó muy joven de unos once años primero con su tío, luego con Cuitlahuac y más tarde con Cuauhtémoc, aunque los casamientos nunca se consumaron por su corta edad. Al morir Moctezuma se la entregó a Cortés que la tomó como amante por ser mujer principal y heredera del emperador. Por ser muy codiciada por su estirpe y posición casó después sucesivamente con Alonso de Grado, Pedro Gallego de Andrada y Juan Cano, teniendo con éste último cinco hijos, entre ellos a Gonzalo Cano, que casó con Ana de Prado Calderón, padres de Juan Cano Moctezuma; María, que casó con Gerónimo Agustín de Espinoza; y Juan de Andrade. En total casó cinco veces y tuvo siete hijos mestizos. Parece ser que Cortés tuvo a Leonor con ella estando casada con Pedro Gallego. Al casarse con Alonso de Grado recibió en dote de su padre, entre otras propiedades, a Tacuba; falleció en 1551. Juan de Oñate, conquistador y poblador de Nuevo México y otras regiones de Norteamérica, casó con Isabel de Tolosa Cortés Moctezuma, hija de Juan de Tolosa y de Leonor Cortés. Juan Cano Moctezuma se trasladó a Cáceres donde casó en 1559 y construyó el Palacio de Moctezuma, cerca de la plaza de Santa María. Fue Isabel una de

C

las más insignes princesas de México y de América, progenitora de un mestizaje extenso e ilustre. Tan respetada era en su tiempo que el propio emperador Carlos V la nombró *propietaria a perpetuidad del Señorío de Tacuba,* lugar que en mucho corresponde al centro histórico donde está emplazada hoy la ciudad de México. El propio Cortés se refería a ella como *la mayor y legítima heredera del dicho señor Moctezuma.*

Leonor Pizarro, india cubana con la que tuvo una hija llamada Catalina Pizarro, casada con Juan de Salcedo y con la que tuvo un hijo llamado Pedro, heredero de las encomiendas de Tenancingo y Zucualpa.

Doña Catalina, sobrina del cacique gordo de Cempoala, a la que así llamó en nombre de su madre y el de su mujer. El cacique se la entregó a Cortés *para hacer generación* y de la que se dice que era muy fea.

Una princesa azteca, cuyo nombre se desconoce y con la que tuvo una hija llamada María.

Antonia Hermosilla, que conoció en Pánuco hacia 1525, con la que tuvo un hijo llamado Luis que fue Caballero de la Orden de Santiago.

Catalina González, mujer de Juan de Cáceres Delgado, que acusó a Cortés de haber tratado de seducirla y que ella lo rechazó, lo cual desmintió su hija, Marina de Triana, quien afirmó que su madre se entregó voluntariamente a Cortés.

Doña Juana, hija de Nezahualpillzintin que se halló con Cortés en la *Noche Triste* y fue bautizada.

Juana Martín, mujer de Bartolomé de Porras, quien le dijo a Jerónimo de Aguilar que Cortés había intentado seducir a su mujer y a su hija; casó después con Martín Cortés.

Doña Elvira, parienta de una tal doña Ana. Según Andrés de Tapia Cortés tuvo con ella apasionados encuentros y *se echaba con ella carnalmente.*

Doña Francisca, hija del cacique de Tezcoco.

Ana León, aparentemente distinta de la que fue amante de Hernández Portocarrero y de la que poco se sabe. La amante de Hernández Portocarrero, llamada también Ana y sobrina de Moctezuma, fue seducida según se cree por Cortés casando después con Juan de Cuéllar. Con otras indias nobles engendró a doña Leonor y a Doña María. Otra hija ilegítima, Catalina Pizarro, esperaba casarse con el hijo de Francisco de Garay, gobernador de Jamaica, pero una inesperada enfermedad truncó los planes.

En España, siendo mozo, tuvo Cortés otros enlaces amorosos, uno de ellos con una mujer casada que casi le cuesta la vida.

Damos a continuación una lista lo más completa posible de la descendencia de Hernán Cortés, desde un principio hasta mediados del siglo 20.

Su primera esposa, Catalina Juárez Marcaida, fallecida en Coyoacán, México, en 1522, no dejó sucesión.

De su segundo matrimonio, efectuado en 1529 con Juana Ramírez de Arellano de Zúñiga, hija de Carlos Ramírez de Arellano, segundo conde de Aguilar, y de la condesa Juana de Zúñiga, tuvo seis hijos que fueron: Luis que murió siendo niño en 1530 y fue sepultado en Tezcoco; Catalina, fallecida poco después de haber nacido en Cuernavaca, en las postrimerías de 1531; María, que casó con Luis de Quiñones, conde de Luna; Martín, nacido en Cuernavaca en 1532; Catalina, que murió soltera en Sevilla al poco de morir su padre; y Juana, que casó con el duque Fernando Enríquez de Ribera y obtuvo los títulos de duquesa de Alcalá y marquesa de Tarifa. Es muy probable que las tres hijas naciesen en Cuernavaca entre 1533 y 1536.

Entre sus hijos ilegítimos, que fueron varios, se encuentra Martín, hijo de doña Marina; Luis, hijo de Antonia Hermosillo; Catalina Pizarro, hija de Leonor Pizarro; Leonor, hija de Isabel de Moctezuma, la hija mayor del emperador azteca; y María, supuestamente la hija de una princesa azteca.

Martín Cortés Ramírez de Arellano, II marqués del Valle, casó en primeras nupcias con su sobrina, Ana Ramírez de Arellano, y en segundas nupcias con Magdalena de Guzmán. Falleció en Madrid el 13 de agosto de 1589.

Fernando Cortés Ramírez de Arellano, III marqués del Valle, que casó con Mencia Fernández de Cabrera y Mendoza. Fernando murió en Madrid en 1602 sin sucesión y pasó el título a su hermano Pedro Cortés Ramírez de Arellano, IV marqués del Valle, que casó con Ana Pacheco de la Cerda. Pedro murió en México en 1629 sin sucesión. Pasó entonces el título a su hermana Juana Cortés de Arellano, V marquesa del Valle, que casó con Pedro Carrillo de Mendoza, fallecida en 1628. Su hija, Estefanía Carrillo de Mendoza y Cortés, VI marquesa del Valle, casó con Diego de Aragón, duque de Terranova, y falleció en 1635. Tuvo una hija, Juana de Aragón Carrillo de Mendoza y Cortés, VII marquesa del Valle, que casó con Héctor Pignatelli, duque de Monteleone. Juana murió en 1653. Tuvo un único hijo, Andrés Fabricio Pignatelli, duque de Monteleone, duque de Terranova, VIII marqués del Valle, que casó con Teresa Pimentel y

Benavides, fallecida en 1691, padres de Juana Pignatelli de Aragón, duquesa de Monteleone, duquesa de Terranova, IX marquesa del Valle, que casó con Nicolás Pignatelli. Falleció en 1725. Su hijo primogénito fue Diego Pignatelli de Aragón, duque de Monteleone y de Terranova, X marqués del Valle, que casó con Margarita Pignatelli. Falleció en 1750. un hijo, Andrés Fabricio de Aragón, duque de Monteleone y de Terranova, XI marqués del Valle, que casó con Constanza Médici. Falleció en 1765. Fueron los padres de Héctor María Pignatelli de Aragón, duque de Monteleone y Terranova, XII marqués del Valle, que casó con Anna María Piccolomini de la familia de los duques de Amalfi. Falleció en 1800. Fueron los padres de Diego María Pignatelli de Aragón, duque de Monteleone y de Terranova, XIII marqués del Valle, que casó con María del Carmen Caracciolo. Falleció en 1818. Les sucedió su segundo hijo, José Pignatelli de Aragón, duque de Monteloene y Terranova, XIV marqués del Valle, que casó con Blanca Lucchessi. Falleció en 1859 y le sucedió su hijo, Diego Pignatelli de Aragón, duque de Monteleone y Terranova, XV marqués del Valle, que casó con Julia Cattanes. Falleció en 1880, sucediéndole su hermano, Antonio Pignatelli de Aragón, nacido en 1827, duque de Monteleone y Terranova, XVI marqués del Valle, que casó con Mariana Fardella. Falleció en 1881, sucediéndole su hijo, Giuseppe Tagliavia Aragona-Pignatelli-Cortés, nacido en Palermo en 1860, XIV príncipe de Noja, XVI duque de Terranova, XVII marqués del Valle, que casó con Rosa de la Gándara en 1889, falleciendo en Roma en 1938. Les sucedió su hijo Antonio Aragona-Pignatelli-Cortés, nacido en Nápoles en 1892, con los mismos títulos,

C

XVIII marqués del Valle, que casó en 1931 con Beatrice Molyneaux, natural de Nueva Orleans, estado de Louisiana, Estados Unidos de Norteamérica, con la que tuvo a la princesa María Gloria y al príncipe Giuseppe.

Cortés, Juan: Hidalgo nacido en Trujillo, Extremadura hacia 1493, emparentado con Hernán Cortés. Marchó a América en 1530 con Hernando Pizarro, participando en el tercer viaje del descubrimiento del Perú. Se halló en la captura del emperador Atahualpa en Cajamarca. En 1533 regresó a España con Hernando Pizarro del que fue luego su mayordomo a cargo de todos su bienes, según los poderes que le fueron dados en Medina del Campo en 1547. En este mismo año fue nombrado regidor del Ayuntamiento de Trujillo. Juan Cortés tenía una hermana Isabel de Soto que casó con Diego de Carbajal.

Mujer: **María de Ribera**, su legítima esposa. Se desconoce su hubo descendencia.

Cortés, Leonardo: Hijo del licenciado Pedro Cortés Colegial, oidor del Consejo Real. Marchó al Perú junto con el virrey Núñez Vela, luego se halló en la batalla de Jaquijahuana con el presidente Gasca, y posteriormente pasó a Chile con Pedro de Valdivia. Pereció en un naufragio de España a Chile.

Mujer: **María de León**, su legítima esposa, padres del licenciado Leonardo Cortés y León, cura párroco en Huánuco.

Cortés, Marín: Conquistador de México, Yucatán y Guatemala, y al que le corresponde el honor de introducir el gusano de seda en este país. Era natural de Murcia e hijo de Pedro de Abellán y de Beatriz Marín. Se desconoce el nombre de su mujer pero tuvo con ella un hijo y una hija.

Cortés y Agua, Eugenio: Nacido en Santiago de Chile en 1776 y fallecido en Valparaíso en 1819; era hijo de Ramón Cortés y Paula Azúa. Descendía por la rama paterna de una familia de Trujillo en Extremadura, donde radicaron Alonso Cortés, pariente de Hernán Cortés y de Francisco Pizarro, y Juan Roldán que marchó a a América con la expedición de Pedrarias Dávila, pasando luego al Perú con Diego de Almagro. Hombre activo y prominente que desempeñó cargos importantes en distintos lugares de América, Inglaterra, donde estuvo bajo la protección de Lord Granville, Estados Unidos, después de haber sido ascendido a general de la Escuadra Mexicana en el sitio de San Juan de Ulúa, y Perú, donde fue director del Colegio Militar. En 1804 cayó prisionero de los ingleses mientras transportaba un cargamento de tesoros a Europa.

Mujer: **Carmen Alcázar**, su legítima esposa, parienta de la familia del conde de San Javier, hermana de Rosa Cortés, casada con el brigadier Juan Manuel de Mendiburu; Josefa, esposa del barón de Nordenflich; y Constanza, casada con el coronel de Sevilla Francisco José Recabarren, natural de Chile.

Costilla Gallinato, Jerónimo: Nacido en Zamora hacia 1518, hijo del hidalgo Diego de Costilla y de Beatriz Gallinato; era nieto por línea paterna de Antonio de Costilla y de Teresa de Hormaza, y por el materno de Hernán García de Gallinato y de Catalina de Matienzo. Marchó a Chile con Diego de Almagro, y luego pasó al Perú hallándose en la toma del Cuzco y más tarde en la batalla de las Salinas. Fue uno de los fundadores de la ciudad de

Santiago de los Valles. Posteriormente se plegó al gobernador Vaca de Castro con el que se halló en la batalla de Chupas, luego con Gonzalo Pizarro en la de Añaquito, y más tarde en la de Huarina con el capitán Diego Centeno, en la de Jaquijahuana con el presidente Gasca, y con el mariscal Alonso de Alvarado en la de Chuquinga. En 1562 la Corona lo nombró regidor del Cabildo del Cuzco, y más tarde se le honró con el título de Caballero de la Orden de Santiago. Fue encomendero de Asillo, Culcora y Marasaca.

Mujer: **María de Riberos y Estrada**, su legítima esposa, hidalga natural de Zamora, padres de Pedro de Costilla y Nocedo que casó con la hija del conquistador Julián de Humarán, y de Beatriz de Costilla y Riberos que casó con Pedro Mercado de Peñalosa, gobernador del Tucumán. Jerónimo tenía un concuño, Juan Alonso Palomino, casado con una hermana de su mujer.

Costilla, Pablo: Marqués de San Juan de Bueva Vista, título que heredó de Antonio Mendoza y Costilla a quien le fue conferido por Carlos II en 1671. Era natural del Cuzco y Alférez Mayor.

Mujer: **María Cartagena Vela y Mioño**, su legítima esposa, nacida en Lima, padres de Constanza Costilla y Cartagena, casada con el primer marqués de Rocafuerte, Nicolás Jiménez de Lobaton y Azaña. Su hija María Leandra estaba casada con Fernando Moscoso y Venero y en ella recayó el marquesado que pasó más tarde a su hijo Felipe Moscoso y Jiménez de Lobaton.

Cotrina Topete, Juan de: Natural de Cáceres. Pasó a América donde fue regidor de Bogotá, Colombia.

Mujer: **Isabel Arias de Ugarte**, su legítima esposa, con la que tuvo dos hijos y dos hijas, desconociéndose sus nombres, si bien las hijas fueron fundadoras y prioras del convento de Santa Clara en Bogotá.

Crespo, Juan: Nacido en Trujillo, Extremadura. Fue uno de los fundadores de Arequipa y se halló en la batalla de Chupas; falleció en la Plata hacia 1545.

Mujer: **María González**, posiblemente su amante, con la que tuvo a Francisco Crespo y a Constanza Rodríguez, quien casó con el conquistador Diego Gutiérrez de Mendoza, dejando ambos extensa descendencia.

Cruz, Gabriel de la: Nacido en Toledo hacia 1518, hijo de Francisco de Toledo y de Juana López, ambos naturales de Sevilla. Marchó a Santo Domingo hacia 1536 y luego con el capitán Diego de Fuenmayor pasó a Tierra Firme y más tarde al Perú. Aquí se plegó al ejército de Hernando Pizarro y combatió en la batalla de las Salinas. Posteriormente marchó con Pedro de Valdivia a la conquista de Chile. Fue encomendero de Santiago del Nuevo Extremo, así como su corregidor; falleció en 1591.

Mujer: **Catalina de Mendoza**, su legítima esposa, con la que casó en España y allí dejó. Tuvo en Chile cuatro hijos mestizos con una india, cuyo nombre se desconoce.

Cuadrado, Antón: Nacido hacia 1498. Marchó primero al Darién y se halló en la fundación de Panamá. Pasó después con Francisco Pizarro al Perú. En la Isla del Gallo se profesó contra Pizarro y fue de los que confabuló contra él sin mayores consecuencias. Pasó más tarde con Pedrarias Dávila a la conquista de Nicaragua, radicándose luego en la ciudad de León.

C

En 1534 regresó al Perú con Pedro de Alvarado, hallándose en la conquista de Puerto Viejo. Fue fundador de la ciudad de Trujillo. Al poco de todo esto perdió la vista, siendo ayudado entonces por los virreyes marqués de Cañete y conde de Nieva, dándole una renta annual y la encomienda de Huambacho; falleció en Trujillo hacia 1567.

Mujer: **Francisca de Fuentes,** su legítima esposa, hija del conquistador Francisco de Fuentes. Estando casada fue seducida en Trujillo por Melchor Verdugo, al que se le impuso como castigo el pago de 4.000 pesos que abonó en 1542 ante el propio virrey Vaca de Castro. Antón y Francisca fueron los padres de siete hijos, de los cuales cuatro murieron jóvenes, sobreviviéndoles únicamente la primogénita María de Fuentes que casó con Luis Sánchez de la Cadena, que se halló en la persecución del Pirata Francis Drake en el Pacífico, hijo del hidalgo Alonso Sánchez, natural de Almagro y soldado en la batalla de Pavía; e Inés de Fuentes que casó con Francisco de Illescas; y otra hija, al parecer también llamada Inés de Fuentes, soltera.

Cuadrado, Pedro: Sirvió a los Reyes Católicos en la guerra de Granada y marchó después a México donde fue conquistador de Nueva Galicia.

Mujer: **María de Valverde,** su legítima esposa. padres de un hijo de nombre homónimo del padre, nacido en Palazuelos, Sigüenza, y avecindado en Nueva Galicia.

Cuadros, Juan Alonso: Capitán del ejército en Lima.

Mujer: **Ana de Medina,** su legítima esposa, padres de Tomasa y Bernarda con las que la madre fundó el monasterio de Nuestra Señora de las Mercedes en 1734; Bernarda se hizo monja en este convento

Cuéllar, Juan de: Natural de Segovia, conquistador de Cuba y México; recibió en encomiendas los pueblos de Quimichitlán, Chimalhuacán, Chiaba y Iztapaluca.

Mujer: **Ana Ruiz de Berrio,** quizás su legítima esposa, hija del cacique de Tezcuco y hermana de Estesuchel, cacique también de la misma ciudad, padres de nueve hijos.

Cuéllar, Miguel de: Nacido en Segovia. Fue nombrado por el presidente Gasca corregidor de Arequipa en 1550.

Mujer: **Ana (o Juana) Chacón,** su legítima esposa, viuda de Juan de Andagoya, hijo del adelantado Pascual de Andagoya. Al fallecer ella en 1559, Miguel volvió a casar con en 1561 con Magdalena de Villagrán, hija de Gabriel Gómez de Villagrán y de Francisca Franco.

Cuéllar Verdugo, Juan de: Natural de Segovia; pasó a México con Juan de Grijalva y después se unió a Hernán Cortés en la conquista de México, hijo de Cristóbal de Cuéllar y Catalina Verdugo.

Mujer: Casó primero con una sobrina del emperador Moctezuma, cuyo nombre se desconoce, y en segundas nupcias con Ana de Maya, padres de Martín de Cuéllar cuya hija casó con Juan de Ávila. Ana de Maya era natural de Cuéllar e hija de Antonio de Maya, conquistar de México, y de Mari Hernández.

Cuenca, Benito de: Marchó a México con Pánfilo de Narváez y después se unió a Cortés en la conquista; hijo de Pedro de Cuenca y de Constanza Herrera.

Mujer: **Beatriz Hernández Gutiérrez,** con la que tuvo dos hijos, uno de ellos llamado Pedro de Cuenca, llamado como su abuelo, avecindado en Pánuco. Benito de Cuenca parece haber casado también con una Beatriz González, esforzada mujer que se dedicaba a curar a los heridos en las batallas.

Cuenca, Juan de: Natural de Roa, Burgos, avecindado en México en tiempos de la conquista; hijo de Francisco de Cuenca y de María Galíndez, hidalgos que sirvieron a los Reyes Católicos.

Mujer: **María de Porras**, su legítima esposa, hija mayor de Diego de Porras, conquistador de México, que tenía una encomienda en Chachalintla.

Cueva, Beltrán de la: Conde de Ledesma y primer duque de Alburquerque, Caballero de la Orden de Santiago. Quinto nieto de Hugo Beltrán Gueselin, duque de Molina, condestable de Francia, y de María de la Cueva, cuya familia procedía del conde Pedro de Palencia de la Casa Real de León, casado con Constanza de Molina, parienta de Enrique Conde y Señor de Molina; muchas de las personas de este apellido radicaron en el Perú.

Mujer: **María**, su legítima esposa, hija de Pedro Fernández de Velasco, primer condestable de Castilla y conde de Haro, ascendientes todos ellos del virrey del Perú Baltasar de la Cueva, conde de Castellar, quien era descendiente de Juan de la Cueva y Velasco, Caballero de la Orden de Santiago y mayordomo del emperador Carlos V, casado con Juana de Villavicencio, bisabuelos de Nuño y Juan de la Cueva, ambos Caballeros de la Orden de Santiago, y de Francisco, Caballero de la Orden de Calatrava y Alcalde de la Santa Hermandad de Lima en 1600, así como Alcalde Ordinario de Lima en 1601, casado con Luisa Manrique de Lara, natural de Lima. Nuño fue Corregidor de

la Paz y los otros parientes se avecindaron en Lima. Eran hijos de María Guzmán Zurita, descendiente de Álvaro Pérez de Guzmán, Almirante de Castilla y Señor de Gibraleón. Juan era el padre de Pedro de la Cueva Balaguer, Caballero de la Orden de Santiago, Alferez Mayor y Alcalde Ordinario de Lima en 1650, nacido en Lima en 1628 y casado con Marina de la Cueva Corral y Espinola. El tercer nieto de Nuño fue Pedro Javier de la Cueva, casado en Lima con Petronila Teresa Caballero, padres de Nuño Apolinar de la Cueva, nacido en Lima en 1717 y en quien recayó el título de marqués de Santa Lucía de Conchán, casado con Gertrudis Alcedo, hija de Dionisio de Alcedo y Herrera presidente de Quito. Otros descendientes de esta ilustre familia fueron: Ana Tello y de la Cueva que casó con el Oidor Pablo Vázquez de Velasco y cuya hija, Ángela, casó con José de Zavala y Esquivel, padres de Tadeo Martín de Zavala, casado con Mariana Pardo de Figueroa, marquesa de Valle-Umbroso, y los marqueses de San Juan de Buenavista, así como un tal Achines, pertenciente a la marina inglesa hecho prisionero en 1593 en el Callao. También fueron parte de dicha familia los marqueses de Casa Boza por matrimonio del coronel Gerónimo Boza y Juana Herrera y de la Daga, y la Casa de Mancilla de Lima.

Cueva, Diego de la: Fue soldado de Diego Centeno en sus guerras contra Gonzalo Pizarro, y luego tesorero de la ciudad de Trujillo.

Mujer: **Catalina Cavero**, su legítima esposa, padres del franciscano fray Francisco de la Cueva, y de Mariana de la Cueva, casada con el capitán Gaspar Centeno, hijo mestizo del capitán del mismo nombre. (Véase también a Centeno, Diego).

Cueva y Guzmán, Francisco de la: Marqués de Santa Lucía de Conchán, título conferido por Carlos II en 1683, Caballero de la Orden de Calatrava, Maestre de Campo y Alcalde Ordinario de Lima. El título recayó en su nieta, Constanza de la Cueva, condesa de Castillejo, que luego pasó a su hermana, Leonor de la Cueva, casada con Luis Carrillo de Córdoba Alcalde Ordinario de Lima en 1728 y 1729. Al fallecer Leonor regresó el título a Constanza, aunque dijo no haberlo usado. Pasó después a Nuño Apolinar de la Cueva Ponce de León, nacido en Lima en 1717, Corregidor de Quito, casado con Gertrudis de Alcedo y Herrera, hija de Dionisio de Alcedo y hermana del coronel Antonio de Alcedo. Más tarde obtuvo el título Antonio Marcelo de la Cueva, capitán en al Alto Perú. Se desconoce el nombre de la esposa del marqués Francisco de la Cueva y Guzmán y si hubo sucesión.

D

Dávalos de Ayala, Luis: Hidalgo, nacido en Toledo en 1527. Marchó al Perú con el presidente La Gasca y se halló en las luchas contra Gonzalo Pizarro en las que se destacó como soldado; falleció hacia 1569

Mujer: **Ana de Ayala**, su legítima esposa, nacida en la misma ciudad. Fueron los padres de Luis Dávalos de Ayala, el Mozo, fallecido siendo joven; Juan Dávalos, capitán del puerto Huaura en la defensa de los corsarios holandeses, casado con Isabel de Bohórquez, padres a su vez de Juan, Francisco y Pablo; y Pedro Dávalos. Parece que fue también padre de un sacerdote mestizo llamado Martín de Ayala, hermano carnal del célebre cronista indígena Felipe Huamán Poma de Ayala.

Dávalos, Gonzalo: Hidalgo, conquistador de Jalisco y de las Antillas.

Mujer: **Juana de Jerez**, su legítima esposa, hija de Hernando de Jerez y de Ana Rodríguez; el padre de Gonzalo pasó a México con Pánfilo de Narváez y fue encomendero en Zacapo y Atlatlavaca.

Dávalos y Rivera, Juan: Conde de Casa Dávalos, nacido en Lima en 1696; era viudo.

Mariana Belzunce. No se sabe ciertamente si casó con ella pues sólo tenía 13 años de edad, razón por la cual la madre, Rosa de Salazar y Muñatones, se opuso al matrimonio a pesar de apoyarla una tía y madrina suya, Margarita de Munga y Muñatones. Este fue un caso célebre en Lima que se debatió en los Tribunales Eclesiásticos, defendiendo a Mariana el notable jurista Pedro José Bravo de Castilla.

Dávalos y Rivera, Nicolás: Conde de Santa Ana de las Torres, título que le cofirió Carlos II en 1684. Avecindado en Lima y Alcalde Ordinario de esta ciudad. Heredó el mayorazgo fundado en Lima en 1556 por la esposa del conquistador Nicolás de Rivera.

Mujer: **Luisa Mendoza y Fernández de Córdoba**, su legítima esposa, padres de María Venancia Dávalos, heredera del título, casada con José Gregorio Cevallos, Caballero de la Orden de Santiago, Oidor de Lima y Gobernador de Huancavelica, padres a su vez de Josefa Cevallos que casó con su primo José Damiau Cevallos Guerra, Oidor también de Lima, y de cuyo matrimonio nació en Lima el Dr. Juan José Cevallos, cuarto conde de las Torres y Caballero de la Orden de Calatrava, quien casó en Lima con Brianda de Saavedra y Cabrera, 9a. Señora de la Villa de Atalaya, padres de Juan Cevallos sucesor del título y mayorazgo.

Dávila, Antonio: Avecindado en México y encomendero en Tlachichilpa; era hijo de Alonso Dávila, conquistador de México, y de Juana López.

Mujer: **Isabel de Salazar**, su legítima esposa. Se desconoce si hubo sucesión.

Dávila, José Joaquín: Fue pasajero de la fragata Santiago en 1774 bajo el mando de Juan Pérez, descubridor de la bahía de

San Lorenzo en Norteamérica (Nutka o Nootka Sound en inglés).

Mujer: **María Josefa Carvajal**, su legítima esposa quien, junto con un hijo llamado José Fabián Sebastián, le acompañaron en la travesía.

Dávila, Manuel: Natural de Guadalajara; fue también pasajero de la fragata Santiago en 1774, bajo el mando de Juan Pérez descubridor de la bahía de San Lorenzo en Norteamérica (Nutka o Nootka Sound en inglés).

Mujer: **Gerónima Montaña**, su legítima esposa quien, con cuatro hijos llamados José Antonio, José Estamilos, María Josefa y José Mariano le acompañaron en la travesía.

Delgadillo, Francisco: Natural de Toledo y conquistador de Nueva Galicia, hijo de Juan Delgadillo y de Inés Vellosillas.

Mujer: **Isabel de Ávalos**, su legítima esposa, padres de tres hijos cuyos nombres se deconocen.

Delgado, Francisco: Nacido en Cáceres hacia 1515; marchó al Perú posiblemente en 1535, hallándose en la defensa de Lima contra el ejército de Titu Yupanqui, y luego con Diego de Almagro el Viejo en la batalla de las Salinas y Chupa y Gonzalo Pizarro en otros encuentros. Estando después en el Cuzco al servicio del presidente La Gasca, éste le dio una encomineda de indios en Ambana. Fue, además, uno de los fundadores del pueblo Nuestra Señora de La Paz; falleció hacia 1572.

Mujer: **Beatriz Bonifaz**, su legítima esposa, hija de Bartolomé Gallo; al enviudar, volvió a casar con Antonio de Torres. Se desconoce si hubo sucesión de un marido u otro.

Destre (o Dextre), Domingo de: Nacido en Aragón, en la villa de Samper de Calanda, cerca de Zaragoza, hacia 1512. Arribó al Perú como sastre en 1535 y después se hizo soldado, hallándose en el sitio de Lima y en otros combates. Más tarde volvió a su antigua profesión dedicándose también en Lima a la trata de esclavos negros.

Mujer: **Catalina**, sirvienta de su amigo el capitán Diego de Agüero que llegó a ser su amante y con quien tuvo un hijo cuyo nombre se desconoce. En esto no concuerdan otros autores que citan a dos amantes, una de nombre Ana y no Catalina con la que tuvo un hijo mulato, y la otra Francisca con quien tuvo a un hijo mestizo.

Díaz, Antón: Nacido hacia 1516 y fallecido en 1587. Zapatero de profesión en Panamá. Marchó en 1531 al Perú y luego con Diego de Almagro el Viejo a Chile, regresando después al Perú donde se halló en la toma del Cuzco; era muy aficionado al juego.

Mujer: **Mari Sánchez**, su legítima esposa mestiza, sin sucesión.

Díaz de Aux, Miguel: Conquistador de México; era mestizo e hijo de uno de los conquistadores de Santo Domingo y Puerto Rico, de nombre homónimo.

Mujer: **Isabel Carrión**, su legítima esposa con la que casó en España; tuvo dos hijas y un hijo natural llamado Antonio de Contreras. La hija, Luisa Auz, casó con Rodrigo Maldonado.

Díaz de Carrión, Alonso: Nacido hacia 1505; marchó a Chile con Diego de Almagro el Viejo y después al Perú donde se halló en la rebelión de Francisco Hernández Girón. Se avecindó en Lima en 1555.

Mujer: **Isabel Martel Melgarejo**, su legítima esposa, con sucesión.

Díaz de Castro, Garci: Hidalgo, nacido en Sevilla hacia 1508. Marchó a Chile con Diego de Almagro el Viejo con el que se dirigió al Perú hallándose en la toma del Cuzco. Luego regresó a Chile como soldado de Pedro de Valdivia y se radicó en Serena donde fue alcalde y regidor perpetuo; falleció en 1571.

Mujer: la coya **Bárbola Yupanqui** (por nombre también Bárbola Díaz), su legítima esposa, padres de cuatro hijos mestizos cuyos nombres se desconocen.

Díaz de Pineda. Sebastián: Nacido hacia 1550, regidor de Ávila de los Quijos en el Perú y alcalde ordinario así como encomendero en Tambisa. En 1582 radicaba en San Francisco de Quito.

Mujer: **Isabel de Carbajal**, su legítima esposa, que pereció junto a dos hijas y otros parientes en el saqueo e incendio del indio Huami.

Díaz del Castillo, Bernal: Uno de los primeros y más notables conquistadores de México y autor de la célebre obra: *Historia verdadera de la conquista de la Nueva España*, publicada en 1632. Nació en Medina del Campo en 1495 ó 1496 y murió en Guatemala en 1584 a los 88 años de edad. Se le enterró en la catedral de la ciudad de Santiago. Era hijo de Francisco Díaz del Castillo, nombrado *el Galán*, Corregidor de Guatemala.

Mujer: **Teresa Becerra**, su legítima esposa, hija única del conquistador Bartolomé Becerra y de Juana de Saavedra, con la que casó hacia 1535 y con la que tuvo a Francisco Díaz del Castillo, Corregidor del partido de Suchiepeques de Guatemala, casado con Magdalena de Lugo, padres de cuatro o cinco hijos, y a Pedro del Castillo Becerra. Bernal tuvo también una amante llamada Francisca, india azteca que recibió de manos de Moctezuma estando éste preso, con la que tuvo un hijo natural llamado Diego Díaz del Castillo, así como una hija llamada Teresa Díaz de Padilla. Diego tuvo una hija que casó con Santos de Ocampo.

Díaz de Lagones, Luis: Conquistador de Cuba.

Mujer: **Leonor de la Cerda**, su legítima esposa, nacida en Puerto Príncipe, Cuba, hija de Vasco Porcallo de Figueroa con la que tuvo tres hijos, Cristóbal; María; Manuel; e Inés. Luego casó con Gonzalo de los Lagos y de la Jardina, Alcalde de Bayamo, Cuba.

Díaz de Torres y Vera y Ragón, Pedro: Capitán en el Río de la Plata.

D

Mujer: **Doña Elena**, su amante, india noble con la que tuvo un hijo bastardo llamado Alonso de Vera y Aragón, el *Tupi*, nacido en el Cuzco que casó con Inés Arias de Mansilla.

Díaz, Francisco: Marchó primero a México y después al Perú donde fue a cobrar una deudas.

Mujer: **Francisca Vázquez**, su legítima esposa, con la que tuvo varios hijos; según parece su marido nunca regresó del Perú.

Díaz, Juan: Conquistador del Perú, avecindado en San Juan de la Frontera en 1561. Recibió de Francisco Pizarro una encomienda en Obilos y otras hacia 1560 en Pugar, Juimal, Juimal y Chillaos.

Mujer: **María de Cervera**, su legítima esposa, hermana de Juana de Cervera, esposa de Andrés Martín del que enviudó.

Díaz, Miguel: Uno de los españoles que llegaron con Cristóbal Colón a Santo Domingo. Debido a un altercado que tuvo con un criado de Bartolomé Colón y temeroso de represalia, se refugió en las montañas donde conoció a una princesa indígena que se enamoró de él y con la que posiblemente se casó. Al cabo de cierto tiempo de estar con ella y alejado de los suyos, Miguel Díaz se puso muy triste y ella, al verlo así y para darle ánimo, le dijo que cerca de allí había un pueblo donde se podía encontrar oro. Aprovechando la ocasión se fue corriendo a dar las nuevas a Bartolomé Colón que se le contó a su hermano Cristóbal. Enterado éste, ordenó que se fuese inmediatamente a tal pueblo y se verificase si en efecto había allí oro, lo cual resultó cierto. Fue así que se fundó en aquel paraje, cerca del río Ozama, un pueblo que se llamó Santa Isabel y después Santo Domingo.

Díez, Alberto: Pescador de profesión en Cuba.

Mujer: **Isabel,** su legítima esposa, esclava morisca que llevó Isabel de Bobadilla, la esposa de Hernando de Soto, a América al embarcarse en Sevilla. Al morir de Soto regresó Isabel de Bobadilla a España llevando consigo a la esclava. Al cabo de cierto tiempo de estar allí, sintió Isabel deseos de juantarse con su marido en Cuba y le rogó a Isabel de Bobadilla que la ayudase a lograr su propósito. Al ponérsele trabas, su ama se dirigió personalmente a Felipe II y su deseo le fue concedido.

Díez de Medina, Miguel: Familia que se radicó en la ciudad de La Paz, Perú. Miguel vecino de Madrid e hidalgo notorio, marchó al Perú en 1620 donde ocupó cargos importantes.

Mujer: **Lucía Romero de Saravia,** su legítima esposa, biznieta del capitán Mansio Sierra de Leguizamón, uno de los primeros conquistadores del Perú. Fueron los padres de Miguel Díez de Medina, fraile franciscano; Pedro Isidro Díez de Medina y Romero, casado con María Josefa Salgrado Araujo; Pablo José Díez de Medina, casado en 1666 con Josefa de la Cadena Mendoza y Ponce de León, padres de Lucía Díez de Medina y de la Cadena, casada con Martín Salgrado Araujo. Otros parientes de esta familia fueron Félix Díez de Medina y Calderón de la Barca, alcalde ordinario de la Paz y subdelegado en Lampa en 1781, casado con Juana Manuela de la Sota y Parada, hija de Bartolomé Hipólito de la Sota y de Ana Parada y Astorga, padres de Clemente Díez de Medina y Parada, nacido en La Paz, entre los organizadores de la revolución del 16 de julio de 1809 que él dirigió el 30 de marzo. En 1813 fue nombrado coronel mayor del ejército de Independencia de la Argentina, combatiendo en este país, Perú y Chile y falleció en 1848. Era casado con Javiera Barreda y Bustamante, padres de Manuel Díez de Medina y Barreda, nacido en La Paz en 1839. Ocupó cargos importaantes en su país, entre ellos embajador en el Perú y Brasil y ministro de Relaciones Exteriores durante la presidencia del general Pando. Casó en 1876 con María Lértora, padres de (todos con los mismos apellidos Díez de Medina y Lértora) Alberto; Augusto; Hortensia, Eduardo; Federico; María Teresa; Guillermo; y Carlos. El primogénito, Alberto, estudió en las universidades de La Paz, Potosí y Santiago de Chile y ocupó varios cargos importantes, entre ellos director de los periódicos "La Tarde" y "La Época" de La Paz. Era casado primero con Carolina Zavala y Alvisú, y después con Susana de Lavauyle y Carranza. Del primer matrimonio nació Jorge Díez de Medina y Zavala, y del segundo Susana Díez de Medina y Labauyle, y María Lucrecia Díez de Medina y Labauyle.

Díez de San Miguel, Garci: Nacido en Ledesma, Salamanca, hacia 1520, hijo de Juan de San Miguel y Guiomar Díaz. Marchó a América en 1538 junto a Pedro de Alvarado. Se halló en el socorro de Cristóbal de Oñate en Juadalajara, Nueva Galicia, y en 1544 pasó a Lima y se puso al servicio del virrey Núñez Vela. Posteriormente se unió al capitán Diego Centeno en la toma del Cuzco y más tarde se le nombró corregidor de Chucuito. Fue encomendero de varios pueblos como Papres y Huamanga; falleció hacia 1576.

Mujer: **Isabel de Solier Dávalos y Valenzuela**, su legítima esposa, hija de García de Solier, natural de Soria, gobernador de Santo Domingo, y de Leonor de Valenzuela y Dávalos, natural de Andalucía. Tuvieron varios hijos, entre ellos a Juan de San Miguel y Solier.

Docón, García: Avecindado en México en tiempos de la conquista.

Mujer: **Beatriz Hernández**, su legítima esposa, que quedó viuda, natural de Guadalcanal e hija de Alonso Martín Calvo, natural de Azuaga, y de Ana Hernández; tuvieron un hijo y una hija.

Doncel, Ginés: Avecindado en Santo Domingo durante los primeros años.

Mujer: **Ana de Argumedo**, su legítima esposa, padres de dos hijos.

Dorantes, Andrés de: Estuvo al servicio del virrey Antonio de Mendoza en México.

Mujer: **María de la Torre**, su legítima esposa que había enviudado; tuvieron varios hijos siendo uno de ellos Tesorero Real en Veracruz.

Dulce y Garay, Domingo: Marqués de Castell-Florit, nacido en la Rioja en 1808. Ocupó altos cargos militares en España hasta que fue nombrado para el gobierno de Cuba. Combatió siempre el tráfico de esclavos negros y se esforzó por educarlos y se halló en Cuba cuando se lanzó el "Grito de Yara" que proclamaba la independencia cubana.

Mujer: Casó en España con la condesa viuda de Santovenia y cuyo nombre se desconoce, así como si hubo sucesión.

Durán de Figueroa, Juan: Conquistador del Perú, nacido en Cáceres y radicado en Lima alrededor de 1579.

Mujer: **Isabel Vaca**, su legítima esposa, viuda del bachiller Miguel Rodríguez de Cantalapiedra. Al fallecer éste, Juan se hizo cargo de su encomienda en Quinistaca, Arequipa.

Durán, Gaspar: Avecindado en Lima a principios del siglo XVII.

Mujer: **Florencia Jiménez**, su legítima esposa; por ser ya avanzado de edad, o por su impotencia física debido a un accidente, Florencia solicitó la anulación del matrimonio no sabiéndose si al final le fue concedida.

Durán, Juan: Conquistador de México.

Mujer: **Águeda de la Fresnada**, su legítima esposa. Se desconoce si hubo sucesión.

D

E

Echarri, José de: Marqués de Salinas por nombramiento de Felipe V y vecino de Lima.

Mujer: Aunque se desconoce su nombre, tuvo con ella una única hija llamada Mauricia Rosa de Echarri y Sojo, casada con el capitán Francisco Fernández de Paredes y Clerque, Alcalde Ordinario de Lima en 1735-1736. Pasó después el título a su hijo, el coronel Manuel Fernández de Paredes y Echarri, Caballero de la Orden de Santiago, nacido en Lima y fallecido en esta ciudad en 1802. A su muerte pasó el título a su hijo, el Dr. José Fernández de Paredes, que casó con Manuela Noriega y Domínguez y, a su muerte, recayó en su hijo Francisco Javier, vecino de Piura, el último marqués de Salinas. Falleció en 1839.

Ecijoles, Tomás de: Conquistador de México.

Mujer: Beatriz Hernández, su legítima esposa. Se desconoce si hubo sucesión.

Elizalde, Antonio: Nacido en Garzain, Navarra, en 1736, Caballero de la Orden de Santiago, y perteneciente a las casas solares de Echeverzea, Elizaldea y Gortairia en Lecaros. Hijo de Juan Lorenzo de Elizalde y de María Josefa Arratea, propietarios de la casa solar de Echeverría. Llegado al Perú, se estableció en la ciudad de Arequipa donde fue comerciante y después en Lima. Fue hombre caritativo y muy honrado así como un hermano suyo llamado José Matías que estuvo siempre a su lado. Ocupó además los cargos de Regidor Perpetuo del Cabildo de Lima desde 1784, Alcalde Ordinario de la misma ciudad en 1787-1788, y Cónsul del Tribunal en 1785-1786. Sirvió también la mayordomía del hospital de San Andrés al que sostuvo por muchos años con sus propios dineros, y puso gran interés en las obras públicas de la región, tal como la administración del Camino Nuevo del Callao y sus portadas.

Mujer: Juana Díaz, su legítima esposa, mujer principal y muy acaudalada.

Elizalde, José Matías: Hermano de Antonio Elizalde, capitán de Dragones de las Milicias y a cargo del Priorato del Tribunal del Consulado en 1797.

Mujer: Francisca González y Fuente, su legítima esposa, hermana del conde del Villar de Fuente, hija de del conde de Fuente González y de la condesa Rosa de la Fuente. Tuvieron un hijo, el teniente coronel Juan de Elizalde y González que sirvió de intendente de Lima y de vista de la Aduana del Callao; era casado con Francisca de Santiago y tuvieron un hijo llamado Juan Francisco de Elizalde, coronel de Caballería del ejército. Un sobrino de José Matías, avecindado en Guayaquil, se casó con Josefa de la Mar y Cortázar, hermana del mariscal José de la Mar y sobrina del obispo de Cuenca José Ignacio Cortázar.

Encalada Tello de Guzmán y Torres, Juan Félix: Natural de Lima, Caballero de la Orden de Santiago, conde de Dehesa de Velayos y marqués de Santiago. Fue Alcalde Ordinario de Lima en 1785 y 1786, así como Procurador General y

Regidor Perpetuo del Cabildo de Lima. Formó parte con el conde del Portillo en la reedificación de la Iglesia de Santa Ana. Falleció hacia 1812.

Mujer: **Juana Cevallos**, su legítima esposa, hija del conde de las Torres y hermana de Andrés, canónigo de la catedral de Lima. Sus hijos fueron Juan; Domingo; y Juana Encalada y Cevallos, casada con el último marqués de Casa Calderón.

Enciso, Antonio: Desciende esta familia del rey de Navarra Garci Jiménez, apellido que usaron originalmente cambiándolo después a Enciso. Diego militó en las guerras de Flandes y sirvió a Felipe II en la reducción de Portugal. Pasó despues a Chile con el cargo de capitán de Infantería, donde permaneció por varios años pasando posteriormente a Colombia donde se radicó.

Mujer: **Ana de Vargas**, su segunda legítima esposa. Tuvo un hijo (se desconoce si de la primera o segunda esposa) llamado Juan de Enciso, encomendero de Soroca, Chicamocha y Biracusa, casado con Úrsula de Peralta, padres de José de Enciso, que heredó dichas encomiendas, y otros hijos.

Enrile y Guerci, Jerónimo de: Maqués de Casa Enrile, radicado en La Habana.

Mujer: **María de la Concepción Alcedo y Herrera**, hija del marqués de Villaformada, padres de María de la Paz Enrile y Alcedo, casada con Josés de Ezpeleta y Galdeano Dicastillo, primer conde de Ezpeleta de Beire y gobernador del Supremo Consejo de Castilla, así como virrey de Navarra y Cataluña.

Enríquez de Borja, Juan: Conquistador del Perú, nieto de San Francisco de Borja; fue después marqués de Alcañices.

Mujer: **Ana María**, su legítima esposa, hija de Martín García de Loyola y de Beatriz Clara Coya, hija a su vez del inca Sayri Túpac y de la coya Cusi Huarcay.

Enríquez de Villalobos, Luis: Natural de Madrigal de las Altas Torres, Ávila, oidor de la Real Audiencia de Lima y ministro del Consejo Supremo de Indias.

Mujer: **Inés de las Casas**, su legítima esposa, nacida en Panamá, hija de Juan de la Fuente y de Juana de Rojas, padres de Luis Enríquez de las Casas y Villalobos. nacido en Lima, primer conde de Montenuevo y Caballero de la Orden de Calatrava; Juan Enríquez de las Casas, nacido asimismo en Lima, capitán de Infantería en la Armada Real del Océano y Caballero de la Orden de Calatrava; Gabriel Enríquez de Villalobos, nacido en la misma ciudad e igualmente de la misma Orden; Cristóbal Enríquez de las Casas, de la misma Orden; Francisco Enríquez de las Casas, natural de la misma ciudad y asimismo de esta Orden; Juana Enríquez de las Casas y de la Fuente, segunda esposa de Lasso de la Vega que dejaron sucesión.

Enríquez de Guzmán, Alonso: Nacido en Sevilla hacia mediados del siglo XV, hijo del hidalgo García Enríquez de Guzmán, soldado de la guerra de Granada, y de su segunda esposa Catalina de Guevara. Por el ado paterno descendía de los condes de Gijón y de Noroña, siendo así quinto nieto de Enrique II de Castilla y de Fernando I de Portugal. Se halló en la expedición de los Gelves y en 1521 fue nombrado capitán de alemanes contra el rey de Francia. Por ser amigo del secretario real Francisco de los Cobos, se le confirió en 1528 el título de Caballero de la Orden de Santiago. Marchó con su hermano Luis a Puerto Rico, después a Santo

Domingo, y en 1535 pasó a Panamá y poco después al Perú. Primero se radicó en Lima y luego pasó al Cuzco en compañía de Hernando Pizarro donde fue maestre de campo e hizo frente al cerco de la ciudad puesto por Manco Inca. Abandonó luego a Pizarro y se pasó al bando de Diego de Almagro. En 1540 se le ordenó presentarse al Consejo de Indias en España, embarcando en el navío (Santa María de la Antigua) donde viajaba Hernán Cortés. Llegado a Sevilla se le embargaron todo su capital y bienes y se iniciaron una serie de litigios judiciales que duraron varios años. En 1546 se hallaba en Madrid buscando reunirse con Carlos V y, no pudiendo verlo, se fue a Ulm en 1547 y después luchó en la batalla de Mulberg.

Mujer: **Catalina de Añasco**, su legítima esposa, con quien casó a los 19 años de edad, mayormente por insistencia de su madre. Se desconoce si marchó con él a América y si hubo sucesión.

Entrambasaguas, Miguel de: Nacido hacia 1526. Marchó a América y se plegó a la expedición de Francisco Vázquez de Coronado a las Siete Ciudades de Cíbola. Pasó después a México donde fue mercader, luego al Perú y de ahí a Quito donde se juntó al capitán Rodrigo de Salazar que había asesinado a Pedro de Puelles. En 1562 pasó a Lima y en 1576 regresó a Quito donde se radicó.

Mujer: **Isabel Pizarro**, su legítima esposa, hija del cronista Pedro Pizarro, con quien tuvo dos hijos y tres hijas.

Ercilla y Zúñiga, Alonso de: Notable autor de "La Araucana" sobre de las guerras sostenidas por los indios de Arauco, publicado en Zaragoza en 1577, y al que Juan de Guzmán llamó "el Homero hispano". Nacido en Madrid en 1533 y falle-

cido posiblemente en 1595 ó 1596 en la misma ciudad. Era hijo de Fortunio García de Ercilla, Caballero de la Orden de Santiago y Consejero de Cámara de Carlos V, y de Leonor de Zúñiga Señora de Bobadilla y doncella de la emperatriz Isabel. Se crió como paje en el palacio de Felipe II, y después de concluir sus estudios y viajar por Europa y de acompañar al príncipe a Bruselas e Inglaterra, marchó de Londres al Perú con el adelantado Gerónimo Alderete, nombrado gobernador de Chile. Participó en las campañas de Arauco en las que adquirió notabilidad por su valentía.

Mujer: **María de Bazán**, su legítima esposa, de la Casa de los marqueses de Santa Cruz, con quien contrajo matrimonio en Madrid en 1570. Se desconoce si hubo sucesión.

E

Errázuriz y Larrain, Francisco Javier de: Familia originaria de Pamplona. Francisco Javier pasó a América en 1733 radicándose en Chile, de donde fue alcalde de Santiago en 1756 y regidor perpetuo del Cabildo en 1758; falleció en 1767.

Mujer: **María Loreto de Madariaga y Lecuna**, su legítima esposa, con quien casó bien en 1743 ó 1749 en Santiago, hija de Francisco de Madariaga y Aris Arrieta y de Micaela de Lecuna Jáuregui y Carrera, padres de Francisco Javier de Errázuriz y Madariaga; José Antonio de Errázuriz y Madariaga, nacido en Santiago en 1747; y Domingo de Errázuriz y Madariaga, nacido en la misma ciudad en 1754. El primogénito, Francisco Javier de Errázuriz y Madariaga, nacido en Santiago, estudió junto con sus hermanos en la Real Universidad de San Felipe, de donde se graduó en leyes en 1770, y de donde fue bibliotecario, llegando más tarde (1793) a ser rector. Era casado con

Rosa Martínez de Aldunate y Guerrero, padres de Fernando de Errázuriz y Aldunate; Francisco Javier de Errázuriz y Aldunate, nacido en Santiago en 1773, de donde le nombró el rey jefe de la Tesorería del Consulado; casó primero con María Josefa de Zañartu y Manso de Velasco, y luego con Rosario de Valdivieso y Zañartu. Los hijos del primer matrimonio fueron Rosa de Errázuriz y Zañartu, monja de las Carmelitas Descalzas; Diego de Errázuriz y Zañartu, casado con Eulogia Ramírez de Molina, padres de Eulogia de Errázuriz y Ramírez, casada con Pedro Salas Jiménez; Dositeo de Errázuriz y Zañartu, varias veces diputado y nombrado consejero de Estado, fallecido en 1885; era casado con Matilde de Errázuriz y Ovalle, padres de Ernesto, Alberto, Alfredo, Julia (casada con Juan Ugarte Serrano), Delia (casada con Alfredo León Prado), Elisa (casada con Florencio Barros y Barros), y Teresa de Errázuriz y Errázuriz, casada con Luis de la Plaza Valdivieso. Otros hijos del primer matrimonio de Francisco Javier de Errázuriz y Madariaga y Rosa Martínez de Aldunate y Guerrero fueron Federico de Errázuriz, nacido en Santiago de Chile en 1825 y elegido presidente de este país en 1871, siendo además conocido literato, casado con Eulogia Echaurren y García Huidobro, padres de Federico de Errázuriz y Echaurren, nacido en Santiago en 1850, senador y ministro de Guerra y Marina, que luchó en la revolución contra el presidente Balmaceda y fue elegido presidente de la República en 1896; era casado con Gertrudis Echenique y Mujica y fallecido siendo presidente en 1901. Con Gertrudis tuvo dos hijos, Federico y Elena de Errázuriz y Echenique, casada con Renato Sánchez García de la Huerta. Los otros hijos del primer matrimonio de

Francisco Javier y Rosa fueron Elías de Errázuriz y Echaurren; Francisco Javier de Errázuriz y Echaurren; Ladislao de Errázuriz y Echaurren, nacido en Santiago y casado con su prima Rosa Lazcano Echaurren, padres de Ladislao de Errázuriz y Lazcano, casado con Blanca Pereira Íñiguez; Hernán de Errázuriz y Lazcano, casado con Teresa Hurtado; Gonzalo de Errázuriz y Lazcano, que murió joven; y Rosa de Errázuriz y Lazcano, casada con Mariano Larrain Bulnes. Los otros hijos de Francisco Javier y Rosa fueron Rafael de Errázuriz y Echaurren; Emilia de Arrázuriz y Echaurren, casada con su pariente Fernando Lazcano Echaurren; Carmela de Errázuriz y Echaurren, viuda de Carlos Vial Carvajal; Laura de Errázuriz y Echaurren, casada con Evaristo Gandarillas Larrain; María de Errázuriz y Echaurren, casada con su primo Germán Riesco de Errázuriz, presidente de Chile; Pelagia de Errázuriz y Echaurren, casada con Carlos Aldunate Solar; Eulogia de Errázuriz y Echaurren, viuda de Emilio Sánchez; Marta de Errázuriz y Echaurren, casada con Alejandro Vial Carballo; y Carlota de Errázuriz y Echaurren, casada con Maurico Riesco Droguett, padres de Germán Riesco de Errázuriz, presidente de Chile, casado con María de Errázuriz y Echaurren.

Del segundo matrimonio de Francisco Javier Errázuriz y Aldunate y Rosario de Valdivieso y Zañartu nacieron Maximiano de Errázuriz y Valdivieso, natural de Santiago de Chile en 1857, diplomático en Estados Unidos y luego embajador de su país en Inglaterra, así como senador de Chile a su regreso, casado con Amalia Urmeneta Quiroga, padres de Rafael de Errázuriz y Urmeneta, nacido en Santiago en 1861 que ocupó varios cargos diplomáticos importantes, casado con Elvira Valdés Ortúzar, padres a su vez de Rosario, casada con el conde de Enrique de Larderel Salviati Aldobrandini; Ana, casada con Ernesto Valenzuela y Valenzuela; Margarita, casada con Carlos del Campo Ortúzar; Crescente; María; y Maximiliano, casado con Rosario Edwardo Matte. Otros hijos del segundo Matrimonio de Francisco Javier fueron Santiago de Errázuriz y Valdivieso; Honoria de Errázuriz y Valdivieso; Pelagia de Errázuriz y Valdivieso; Zósimo de Errázuriz y Valdivieso, casado con Isabel Nebel Ovalle; Mercedes de Errázuriz y Valdivieso, casada con Bonifacio Correa Albano; y Crescente de Errázuriz y Valdivieso, arzobispo de Santiago de Chile y correspondiente de la Real Academia Española.

Hermano de Francisco Javier fue Isidoro de Errázuriz y Aldunate, nacido en Santiago en 1775 de donde fue corregidor en 1813. Por tomar parte activa en la guerra de Independencia se le desterró a la isla de Juan Fernández; era casado con Antonia de Salas y Palazuelos, hija de Manuel José de Salas y Corbalán y María de Palazuelos y Aldunate, padres de Ignacio de Errázuriz y Salas, casado con Josefa Salas de Errázuriz; Manuel Antonio de Errázuriz, casada con Rosa de Errázuriz y Mayo, con sucesión; Agustín de Errázuriz y Salas, nacido en Santiago donde casó con Cornelia Ortúzar Gandarillas, hija de José Manuel de Ortúzar y Formaz y de Javiera de Gandarillas y Guzmán, con sucesión.

Otros hermanos de Francisco Javier fueron Manuela de Errázuriz y Aldunate, casada primero con Silvestre Ochagavia, y después con José María de Aranguiz y Mendieta, sin sucesión; Micaela de Errázuriz y Aldunate, casada con Ramón de Ovalle Soto; Francisca de Errázuriz y Aldunate, casada con Ramón de Ovalle

Vivar; Mercedes de Errázuriz y Aldunate, casada con su cuñado Ramón de Ovalle Vivar que enviudó de su hermana; Rafaela de Errázuriz y Aldunate, casada con Pedro Salas Palenzuelos; Juana de Errázuriz y Aldunate, casada con José Tadeo Lasso de la Vega y Santa Cruz; Ramón de Errázuriz y Aldunate, casado con Ana María Mayo Pinto, con sucesión; y Teresa de Errázuriz y Aldunate, casada con Pedro de Ovalle y Landa, con sucesión.

El mayor de los hermanos de Francisco Javier, Fernando de Errázuriz y Aldunate, nació en Santiago en 1777 y fue corregidor de esta ciudad en 1810. Después de la guerra de Independencia se le eligió senador, presidente del Senado y vicepresidente de la República; era casado con Carmen de Sotomayor y Elzo, padres de Francisco Javier de Errázuriz y Sotomayor; Fernando de Errázuriz y Sotomayor, casado con Rosa Ovalle Soto; José Manuel de Errázuriz y Sotomayor, casado con su prima Tadea de Errázuriz Mayo, con sucesión; Pedro de Errázuriz y Sotomayor, casado con Gertrudis Ovalle Errázuriz, con sucesión. El mayor de estos hermanos, Francisco Javier de Errázuriz y Sotomayor, ya citado arriba, era casado con su prima Concepción de Errázuriz y Mayo, padres de Nicanor de Errázuriz y Errázuriz; Joaquín de Errázuriz y Errázuriz, casado con Jesús Ortúzar y Ovalle, con sucesión; Ramón de Errázuriz y Errázuriz, casado primero con Julia Larrain de la Plaza, y después con Lucrecia Varas, con sucesión; Francisca Javiera de Errázuriz y Errázuriz, casada con Jorge Riesco de Errázuriz; y Victoria de Errázuriz y Errázuriz, casada con Miguel Salas de Errázuriz. El mayor de estos hermanos, Nicanor de Errázuriz y Errázuriz, casó con María del Carmen Valero Sotomayor, padres de

E

Carmen de Errázuriz y Valero; Francisco Javier de Errázuriz y Valero, casado con Rosa Letelier; Rafael de Errázuriz y Valero, casado con Lía Ovalle Barros; y Concepción de Errázuriz y Valero, casada con su primo Francisco Eguiguren Valero.

Ervas, Cristóbal de: Marchó al Perú donde se halló en la batalla de Salinas y en Arequipa, nombrado entonces teniente de gobernador de esa ciudad por Diego de Almagro el Mozo; fue luego maestre de campo de Diego Centeno en la toma del Cuzco.

Mujer: **Catalina de Vergara**, su legítima esposa, padres de María de Mendoza que casó con el conquistador Diego Hernández, padres a su vez de Diego Hernández de Mendoza, cuya viuda, María Leonor Álvarez de Carmona, fue la fundadora del Monasterio de Santa Catalina de Sena en Arequipa.

Escalada y Bustillo de Ceballos, Manuel de: Esta familia es originaria de la villa de Escalada en Burgos. Manuel fue bautizado en Santa Cruz de Castañeda en 1704, y en 1745 marchó a la Argentina radicándose en Buenos Aires donde fue regidor del Cabildo en 1757 y 1766; falleció en Buenos Aires en 1774.

Mujer: **Luisa de Sarriá y Lea**, su legítima esposa, natural de Concepción, Chile, hija de Silvestre de Sarriá y Francisca de Lea y Plaza. Fueron los padres de Francisco Antonio de Escalada y Sarría, alcalde del Cabildo de Buenos Aires, entre otros cargos, casado en 1776 con su deuda Gertrudis Bustillo de Ceballos y Ryan, falleciendo en Buenos Aires con sucesión; el otro hijo fue Antonio José de Escalada y Sarriá.

Escandón y Elguera, José: Familia originaria de Asturias. José era natural de Soto de la Marina donde se le bautizó en 1700. Marchó a Yucatán, México, donde falleció en 1770. Ocupó, entre otros cargos, los de coronel de Milicias de Querétaro y teniente de capitán general de Sierra Gorda; fue, además, Caballero de la Orden de Santiago y primer conde de Sierra Gorda, así como conquistador y fundador de Nuevo Santander y de muchos otros pueblos.

Mujer: **María Josefa de Llera**, su legítima esposa, padres de Manuel Escandón y Llera, segundo conde de Sierra Gorda, sin sucesión; Mariano Timoteo Escandón y Llera, tercer conde de Sierra Gorda, canónigo arcediano de la catedral de Michoacán; Josefa Escandón y Llera, cuarta condesa de Sierra Gorda, casada con el coronel Juan Antonio del Castillo Llata, natural de Santander e hijo de Antonio del Castillo y de Manuela Llata, sin sucesión; María Josefa Escandón y Llera, quinta condesa de Sierra Gorda, casada con Melchor Noriega y Cabielles, padres de Andrés Noriega y Escandón, que murió de niño, y de María Ana de San Jose, monja, con la que terminó la rama directa de esta familia. También residió en Antioquia, Colombia, un tal Antonio de Escandón, nacido en Bogotá, hijo de Pantaleón Escandón y de Eulalia Espinelli, casado dos veces, la primera con Mariana Mejía, hija de Antonio Mejía y Cecilia Cano y Correa, y la segunda con Gertrudis Muñoz, hija de Domingo Muñoz y Encarnación Uribe Arango.

Escario y Carrasco, Joaquín: Familia originaria de Cataluña (Escarit). Joaquín Desempeñó altos cargos en España durante la guerra de Independencia a principios del siglo XVIII. Al ocurrir la sublevación de 1823 se le desterró a Gersey, y aprovechando la amnistía de 1823, regresó a España y de ahí pasó a Puerto Rico con el cargo de gobernador militar y más tarde a La Habana donde falleció en 1869.

Mujer: **Rosalía Molina y Lacy,** su legítima esposa, sobrina del general Lacy a quien se le fusiló en Mallorca por sus tendencias liberales. Fueron los padres de Jacobo Escario; Joaquín Escario Molina, casado con Carolina García Agüero; Luis Escario Molina, casado con Aurora Lapoulide; Arturo Escario Molina, casado con Luisa Herrera Dávila y Clavería; Alfredo Escario Molina, fallecido en Filipinas en 1864; Jacobo Escario Molina; Carmen Escario Molina, casada con Antonio de la Encina Falcó, barón de Forno; Rosalía Escario Molina, casada con José Melgarejo y Nuro, conde del Valle de San Juán; y Concepción Escario Molina. Luis Escario Molina tuvo cinco hijos que fueron Federico Escario Lapoulide, fallecido en 1914; Buenaventura Escario Lapoulide; Carmen Escario Lapoulide, viuda de Juan Pérez Loane; Rosalía Escario Lapoulide, casada por segunda vez con Antonio Cordero; Aurelia Escario Lapoulide, casada con Restituto de Gayoaga y Sarriá, padres de José Luis de Gayoaga y Escario, casado con Pilar Carrera y Helguera; Juan de Gayoaga y Escario; Carmen de Gayoaga y Escario; Antonio de Gayoaga y Escario; María de Gayoaga y Escario; y Joaquín de Gayoaga y Escario.

Escobar de la Fuente, Diego: El apellido Escobar (o Escobal) parece haber sido originario de Inglaterra, pasando a España durante la Reconquista y extendiéndose por varias provincias, entre ellas, Valladolid, Palencia, Zamora y León, aunque otros afirman haberlo sido de León o de Burgos. Diego era natural de Medina del Campo, hijo de Juan de Escobar y González y de Isabel de la Fuente. Fue nombrado gobernador y capitán general de Cartagena, Colombia, y fue Caballero de la Orden de Santiago en la que ingresó en 1625.

Mujer: **Magdalena Cabeza de Vaca y Montalvo,** su legítima esposa, padres de Juana de Escobar y Montalvo, natural de Cádiz donde fue bautizada en 1617. Al morir sus padres en América fue su tutor su tío el presbítero Melchor de Escobar. A pesar de fallecer joven, había casado con Francisco de Peralta y Velasco Beaumont, regidor perpetuo de Medina del Campo y Caballero de la Orden de Alcántara; no dejaron sucesión.

De la rama radicada en Sevilla fue Manuel de Escobar y Alvarado, natural de esta ciudad que pasó después a América donde se estableció en Cartagena, Colombia, casando con María de Guadalupe y Monroy, nacida en Cáceres. En Cartagena nació su hijo, Manuel José de Escobar y Monroy, Caballero de la Orden de Carlos III. Se desconoce con quién casó y si dejaron sucesión. También de esta rama de Sevilla procedió Francisco Bonifacio y Pineda, nacido en esta ciudad, que pasó a Antioquia, Colombia a principio del siglo XVIII. En 1709 casó con Ana María Guerra Peláez, hija de Lorenzo Guerra Peláez y de María Vélez de Rivero, padres de Josés Escobar y Guerra, casado con Bernarda Bustamante y Arroyave; Manuel Escobar y Guerra, casado con Micaela Ángel y Uribe; José Pablo Escobar y Guerra, casado con Josefa Ángel y Uribe, hermana de Micaela; Ricardo de Escobar y Guerra, que casó primero con Rosalía Ángel y Uribe, hermana de las citadas, y la segunda con Josefa Vélez y Calle; Diego Escobar y Guerra, casada con Ignacia

E

Uribe y Betancourt, quien al enviudar volvió a casar con Gertrudis Velázquez; Lorenzo Escobar y Guerra, que casó primero con Lucía Metauten González, segundo con Brígida Cano Peláez, y tercero con Josefa Cepeda; Juan Nicolás Escobar y Guerra, casado con Juana Restrepo Vélez de Rivero; Francisco Miguel Escobar y Guerra, casado con Gertrudis Moreno Velázquez; y Bárbara Escobar y Guerra, casada la primera vez con Manuel Molina Castaño, y la segunda con José Antonio Toro Cervantes.

De la rama establecida en Ciudad Rodrigo, procedió Martín de Escobar y Mineya, que pasó a Chile donde ocupó varios cargos, entre ellos, regidor en 1567 y corregidor de Valdivia y Villa Rica, casado con María de Ibacache, natural de Guipúzcoa, dejando extensa sucesión.

Escobar, Pedro de: Pasó a México con Pánfilo de Narváez y después se unió a Cortés.

Mujer: **Beatriz de Palacios,** la muy valerosa mulata que se distinguió como soldado durante el cerco de México y con la que tuvo siete hijos. Por más que le rogó Cortés a ella y a las dos mujeres que le acompañaban, Juana Martín y la mujer del soldado Alonso Valiente, que descansasen en Tlaxcala, contestaron que de ninguna manera abandonarían a sus maridos. No se sabe si casó con ella.

Escobedo, Francisco de: Nacido en Toledo, pasando a Chile en 1555 donde fue corregidor de Arequipa, de la Serena en 1556 y de Atacama en 1559, así como alcalde de Santiago en 1577; falleció en 1589.

Mujer: **Úrsula de Orozco,** su legítima esposa, padres de Francisca de Escobar y Orozco, nacida en Toledo, casada en 1563 con Juan Gómez de Almagro que pasó a Chile junto a su padre en 1540, acompañando luego a Pedro de Valdivia en su expedición. Dejaron extensa sucesión en Chile con el nombre de Rivadeneira. También en Cuba se avecindó una familia Escobedo, a la que perteneció Antonio María de Escobedo, conde de la Puente, que pasó a su hija María Josefa Anastasia de Escobedo y López.

Espinar (o Espinal), Manuel de: Tesorero de Nueva Toledo en el Perú; se halló en la batalla de las Salinas al lado de Diego de Almagro que le causaron malos tratos por parte de los Pizarro, debido a lo cual dirigió varias cartas al rey quejándose de ellos. Asesinado Francisco Pizarro se puso al servicio de Vaca de Castro y luchó en la batalla de Chupas. En lo sucesivo fue hombre de confianza del virrey Núñez Vela en Lima.

Mujer: **Inés de Arauz,** su legítima esposa, padres de Francisco Manuel de Espinar y de María Manuel de Espinar.

Espíndola, Cristóbal de: Hidalgo avecindado en Sevilla; marchó a América y fue soldado de la expedición de Hernando de Soto a la Florida.

Mujer: **Francisca Castaño,** su legítima esposa, con quien tuvo tres hijos.

Espinola y Villavicencio, general Nuño: Natural de Jerez, Caballero de la Orden de Alcántara y General de la Mar el Sur; falleció en 1704.

Mujer: **Juana María Pardo Figueroa,** su legítima esposa, natural de Lima donde falleció en 1713. Era hija de Baltasar Pardo de Figueroa, Caballero de la Orden de Santiago y General de la Mar del Sur, y de Juana de Sotomayor natural de Chuquisaca y descendiente de la casa de Ondegardo. Sus hijas fueron Josefa, casada con Diego Esquivel y Navia, Caballero de la Orden de Calatrava y marqués de San Lorenzo de Valle-Umbroso; Mencia, casada con Melchor Malo de Molina, Caballero de la Orden de Calatrava y marqués de Monterrico; Isabel, casada con Álvaro Navia Bolaños y Moscoso, Caballero de la Orden de Santiago y conde de Valle Oselle, abuelo de Pedro José Zárate, marqués de Montemira. Descendientes de Espinola, Villavicencio y Vélez de Guevara fueron los duques de San Lorenzo y de la segunda los marqueses de Valle Hermoso.

Espinosa, Alonso: Minero de profesión durante la conquista de México.

Mujer: Casó con una india noble de la que se desconoce su nombre y si hubo descendientes.

Espinosa Campoo, Juan de: Se halló en el Perú al servicio de Francisco Pizarro y presente en el Cuzco cuando éste fue asesinado. Después se plegó al presidente Gasca contra Gonzalo Pizarro y estuvo en la batalla de Jaquijahuana. Fue después regidor perpetuo y tesorero de la ciudad de Huánuco.

Mujer: **Juana de Torres**, su legítima esposa, hija del conquistador Sebastián de Torres y de Francisca Pinelo, padres de cinco hijos.

Espinosa, Francisco de: Indio avecindado en la provincia de Tarma.

Mujer: **Antonia de Espinosa**, su legítima esposa, que le fue infiel con Juan Tamayo, fraile de Paucartambo, causa por la cual fue obligada a abandonar el hogar.

Espinosa, Juan de: Conquistador de México.

Mujer: **Leonor Osorio**, su legítima esposa, hija de Gonzalo de Vargas y de Leonor Osorio. Marchó a México con la mujer de Andrés Barrios. Al fallecer su marido, Leonor volvió a casar primero con Francisco de Ribadeo, conquistador de México, encomendero de Tlapa, Aurecho y Papaltepec, y segundo con otro conquistador que se halló con Cortés en Cuba y murió de hambre.

Espinosa Villasante, Luis de: Marchó al Perú junto con Pedro de la Gasca y se halló en la batalla de Jaquijahuana.

Mujer: **Isabel Suárez de Contreras**, su legítima esposa, padres de varios hijos, entre ellos Diego de Espinosa, regidor del Cuzco.

Esquivel, Pedro de: Hidalgo sevillano; acompañó a Pedro de Mendoza en su fracasada expedición al Río de La Plata.

Mujer: **Isabel de Guevara**, su amante o esposa, junto con la cual y un grupo de otras mujeres marchó en dicha expedición.

Esquivel, Rodrigo de: Nacido en Sevilla hacia 1521, hijo de Juan de la Cueva y de María de la Fuente, ambos de hidalga familia. Marchó al Perú y se halló en el castigo de Puná y costa de Guayaquil. Pasó luego a Nicaragua y de ahí a Guatemala donde se le nombró capitán. Posteriormente regresó al Perú y se puso al servicio de Presidente Gasca. Luego el virrey marqués de Cañete le dio varias encomiendas, entre ellas las de Lampocolla, Acopia y Cangalla. Fue también ganadero, dejando a su muerte en su hacienda de Mollepata 12.000 ovejas, 1.000 vacas y 300 puercos

Mujer: **Leonor de Zúñiga**, su legítima esposa, padres de Rodrigo de Esquivel y de Mencia de Zúñiga que se hizo monja. Tuvo también dos hijos naturales llama-

E

dos Juan de Esquivel y Gonzalo de Esquivel

Esquivel y Jarava, Diego: Nacido en el Cuzco en 1638, Caballero de la Orden de Santiago en 1680 y marqués de San Lorenzo de Valle Hermoso en 1687. Era hijo de Rodrigo de Esquivel y Cáceres, también del Cuzco, Caballero de la Orden de Santiago, y de María Jarava, nacida en Madrid. Su abuelo, Rodrigo de Esquivel y Zúñiga, casó con Petronila de Cáceres natural de Arequipa, y en segundo matrimonio con Constanza de la Cueva. Su bisabuelo fue Rodrigo de Esquivel y Cueva, uno de los primeros conquistadores del Perú.

Mujer: **Guiomar de Navia Salas y Valdés,** su legítima esposa, nacida en Chuquisaca en 1654 y fallecida en 1712. Era hermana de Luisa que casó con Pedro Peralta y Ríos, conde de la Laguna de Chaucacaye. Ambas eran hijas de Diego de Navia, Oidor de Charcas, y de Ana Ángela de Salas Valdés y Zárate, natural del Cuzco y cuyo padre, Juan, fue sobrino del conquistador del Perú Hernando de Soto. La madre de este Juan fue Ana de Zárate natural de Chuquisaca, e hija de Diego Zárate Andia e Irarrazabal, nacido en Chile y Caballero de la Orden de Calatrava, y de Leonor Maldonado natural del Cuzco, hija del gobernador Juan Álvarez Maldonado natural de Salamanca y conquistador del Perú.

Esteban, Miguel: Conquistador de México; se halló también en las conquistas de Pánuco, Coatlán y Teguantepec y descubrió las minas de oro de Guajaca. Fueron sus padres Juan Martín Granado y Juana García del Ingenio.

Mujer: **Mari Gutiérrez,** su legítima esposa, padres de un hijo y una hija; él tuvo también una hija natural.

Estebanico: Estebanico no era español sino un esclavo árabe, nacido en Azamor, Marruecos. Lo incluimos aquí por haber sido uno de los compañeros de Álvar Núñez Cabeza de Vaca, del fraile italiano Marcos de Niza y de Francisco Vázquez de Coronado. Era esclavo de Andrés Dorantes de Carranza con quien marchó a la desastrosa expedición de Pánfilo de Narváez en 1528. Al regresar a México en 1536, le fue vendido al virrey Antonio de Mendoza quien lo envió con la expedición de Marcos de Niza de 1539. Después marchó con Coronado y fue asesinado por los indios Zuñi al entrar en sus pueblos. Se le considera ser el primer explorador de una expedición europea y de atravesar Norteamérica, así como de ser el instigador o precursor de las exploraciones posteriores. Sirvió principalmente de intérprete y emisario. Debe haber tenido varias amantes pues era muy amigo de algunas tribus indias e iba siempre acompañado de doncellas indígenas de las que se había apoderado o le habían sido dadas. Se cree, además, que fue asesinado mayormente por ultrajar a las indias según informó el propio Coronado al virrey Mendoza.

Estete de Santo Domingo, Miguel: Pariente del que sigue. Nacido en Santo Domingo de la Calzada hacia 1507 y fallecido en Huamanga, Perú, hacia 1576. Marchó a Nicaragua y después al Perú, hallándose en Cajamarca en la captura de Atahualpa y luego en la fundación de Lima. Luchó en la batalla de las Salinas por el bando de los Pizarros y estuvo presente en la fundación de Huamanga donde se radicó.

Mujer: **Beatriz de Guevara,** su legítima esposa, padres de Isabel de Estete y Guevara, monja del Monasterio de la Encarnación de Lima; tenía un hermanastro llamado Antonio de Chaves y Guevara.

Estete, Martín de: Hidalgo de Santo Domingo de la Calzada. Marchó a la isla de Santo Domingo y después a la conquista de Veragua con Diego de Nicuesa. En 1514 se puso al servicio de Pedrarias Dávila del que fue hombre de confianza y con quien se halló en la fundación de Panamá. Más tarde pasó al Perú con la expedición de Pedro de Alvarado

Mujer: **María de Escobar,** su legítima esposa, llamada la Romana, doncella del séquito de la esposa de Pedrarias. Al enviudar, ya rica, volvió a casar con el capitán Francisco de Chaves, llevando en dote más de 40.000 pesos de oro que el marido bien aprovechó.

Estrada, Alonso de: Tesorero Real de México y de quien se alega (o alegaba él) que era hijo ilegítimo del rey Fernando el Católico. Compartió la gobernación de México con Gonzalo de Sandoval; nació en 1470 en Ciudad Real y falleció en 1530.

Mujer: **Marina Gutiérrez Flores de la Caballería,** su legítima esposa, padres de siete hijos que fueron Luisa de Estrada, que casó con Jorge de Alvarado, hermano del conquistador de Guatemala; Marina de Estrada, que casó con Luis Saavedra de Guzmán, hijo de Juan de Saavedra, conde de Castellar y nieto del duque de Medina Sidonia; Ana de Estrada, que casó con Juan de Sosa Cabrera, sucesor de Alonso de Estrada en el cargo de tesorero; Francisca de Estrada, que casó con Alonso Dávalos Cabrera, conquistador de México; y Beatriz de Estrada, la más pequeña, que casó con Francisco Vázquez de Coronado. Todos estos hijos les dieron a Marina y Alonso once nietos. Un deudo de Alonso de Estrada llamado Alonso de Torres, se halló con Pedro de Alvarado en la conquistas de Honduras y Guatemala y después en la jornada de Nueva Galicia; era hijo de Diego Hernández de Vergara y Marina de Torres.

E

Ezpeleta y Galdeano, José: Conde de Ezpeleta de Veire, virrey de Cuba en el siglo XVIII.

Mujer: **María de la Paz Enrile y Alcedo,** su legítima esposa.; dejaron extensa sucesión.

F

Fajardo, Francisco: Hidalgo, teniente gobernador de la Isla Margarita en Venezuela.

Mujer: **Isabel:** Cacica guaiqueri de la que poco se sabe. Tuvo con Fajardo su primer hijo de nombre homónimo del padre y casó después con Alonso Carreño con quien tuvo otros dos hijos, Alonso y Juan Carreño. Su primogénito fue, sino el primero, uno los pocos conquistadores mestizos de aquella época, cuyos triunfos en las conquistas de Tierra Firme debió en gran parte a su madre y aliada y al tío de ésta, el cacique Naiguatá. Isabel murió en aguas envenedadas por los indios que se rebelaron contra ciertos abusos que habían cometido los españoles. Francisco nació hacia 1524 en la Isla Magarita y falleció en 1564 en Cumaná; fue el fundador de la ciudad de Caracas en 1560 a la que él llamó San Francisco.

Faler, Tomás: Parece haber sido el primer inglés que pasó al Perú, aunque puede haber sido también español de padres ingleses avecindados en Salúcar de Barrameda. Se halló leal al rey en la batalla de Chupas por lo que Vaca de Castro le dio una encomienda.

Mujer: **María Cermeño,** su legítima esposa, que al enviudar volvió a casar con Antonio de Llanos.

Farfán de los Godos, Gonzalo: Natural de Asturias, posiblemente noble de origen árabe. Marchó al Perú donde se halló en el primer y segundo viaje de descubrimiento con Francisco Pizarro. Pasó después a Panamá donde fue alguacil mayor, pero regresó al Perú reintegrándose a Francisco Pizarro en su tercer viaje de descubrimiento. Luego se halló en la conquista de Quito con Sebastián de Belalcázar, siendo uno de los fundadores de esta ciudad y su primer alcalde en 1534.

Mujer: **Catalina de Prado Canales y Jofré,** su legítima esposa, padres de Gonzalo Farfán de los Godos, encomendero en la Chira, y de Catalina Farfán de los Godos, casada con Gaspar de Valladolid. Descendiente de ellos fue Miguel Grau Seminario, el célebre héroe de Angamos.

Félix, Vicente José: Soldado de la expedición de Juan Bautista de Anza a la Alta California en 1775.

Mujer: **Manuela Pincuelar,** su legítima esposa, padres de ocho hijos; murió durante el parto del último hijo y se le enterró en la Misión San Xavier del Bac.

Fernández Coronel, Juan: Hijo de Martín Fernández, vecino del pueblo de Herrera en el vizcondado de Belalcázar. Se halló en la conquista de las Timbas y de la provincia de Antioquia y luego en la revuelta de Sebastián de Castilla en La Paz.

Mujer: **María Cusi Huarcay,** su legítima esposa, princesa inca, padres de Martín Fernández Coronel, avecindado en el Cuzco.

Fernández de Alvarado y Perales, Eugenio: Marqués de Tabalosos, título otorgado por Carlos III hacia 1765; nació en Lima y falleció en 1780.

F

Mujer: **María de Lozo**, su legítima esposa, hermana del General de Marina Blas de Lozo, marqués de Ovieco. Fueron los padres de Juan Antonio, nacido en Zamora y Alferez de Navío en Lima; fallecio en 1804 en España; María, casada con el conde de Torre-Alta; y Josefa, casada con con el marqués de Espejos.

Fernández de Castro, Pedro Antonio: X conde de Lemos, nacido en Monforte, Galicia, en 1632, y fallecido en Lima en 1672. Era hijo de Francisco Fernández de Castro, IX conde de Lemos. Su bisabuelo, Pedro Fernández de Castro, VII conde de Lemos, fue mecenas de algunos de los escritores más ilustres de España, entre ellos Cervantes y Lope de Vega. Fue nombrado virrey del Perú por Carlos II, cargo que ocupó desde 1667 hasta su muerte en 1672.

Mujer: **Ana Francisca de Borja**, su legítima esposa, hija de Carlos de Borja y Centellas, octavo duque de Gandía, y María Doria Colonna hija de Andrea Doria, Grande de España. Nacida en Madrid y fallecida en esta ciudad en 1706. Descendiente directa de los Borja o Borgia (en italiano), ilustre familia española. Había enviudado al año de casada de su primer esposo, Enrique Pimentel de Guzmán. Fue nombrada por el conde virreina del Perú en 1668 cuando éste marchó a sofocar la rebelión de José Salcedo en Puno, cargo que ocupó durante su ausencia desde el 7 de junio hasta el 3 de diciembre. Mujer ejemplar y resoluta, características que desplegó meritosamente cuando el pirata Henry Morgan se apoderó de Portobelo en 1668, logrando expulsarle. Con el conde tuvo dos hijos, María Alberta Antonia, nacida en 1665, que después fue duquesa-consorte de Béjar, y Ginés Miguel Francisco, nacido

en 1666, heredero del título y XI conde de Lemos. Es probable que Ana Francisca haya tenido más hijos pues se decía que era muy fecunda.

Fernández de Céspedes Gallardo, Juan: El apellido Gallargo tuvo en Chile dos familias, una que se originó en Madrid y la otra en la ciudad de San Benito, Badajoz. A la primera pertenece Juan, su progenitor. Nació en Madrid y marchó a Chile donde militó en las guerras contra los araucanos por muchos años; falleció batallando en 1655.

Mujer: **Juana Montesinos Vera y Aragón**, su legítima esposa, hija de Cristóbal Montesinos y de María Fernández de la Puente Arredondo y Guzmán, y padres de Diego Fernández Gallardo y Montesinos, capitán y Alcalde Ordinario de Concepción y defensor de la plaza de Valdivia durante la invasión inglesa, casado con María Arias de Molina y Páez Castillejo de Valenzuela, padres a su vez de Juan Fernández Gallardo y Arias Molina, gobernador de Santiago de Chile, casado con Jacinta Escobar de los Ríos, padres a su vez de Diego Fernández Gallardo y Escobar de los Ríos, Regidor de Santiago de Chile, que casó con Inés Lisperguer (o Lispérguer) Irarrázabal Andia, hija de Juan Rodulfo Lisperguer Flores y Solórzano Velasco, Maestre de Campo y de Lorenza de Irarrázabal Andia, que tuvieron trece hijos, todos con los mismos apellidos, y que fueron Juan; Pedro; Diego; Francisco; Miguel; María; Jacinta; Catalina, que casó con Fernando de Mier; Josefa; Nicolasa; Inés; María Teresa; y Agustín Rosa.

La otra rama de la familia Gallardo, la de San Benito, Badajoz, procedió de Águeda Rodríguez Gallardo, natural de esta ciudad, que contrajo matrimonio con Tomás

Cabezas nacido en la misma localidad, padres de Juan Álvarez Cabezas y Gallardo que militó en las guerras de Flandes, casado con María Gallardo, su deuda, padres a su vez de Bartolomé Álvarez Gallardo, natural de Guadalcanal, Sevilla, que marchó a Chile y se radicó en la provincia de Chilvó donde desempeñó los cargos de Alcalde Visitador de la Real Hacienda y Corregidor, casado con Inés del Águila, hija de Baltasar del Águila Guerrero y de María de Duzmendi Oyárzum, descendiente de las primeras familias que se radicaron en Chile.

Otra rama de la familia Gallardo se radicó en México desde mediados del siglo 16, de la que fue uno de los principales Francisco Martín Gallardo, Familiar de la Inquisición, que casó con Teresa de Rodas, padres de Nicolás Gallardo de Rodas y de Juan Gallardo de Rodas. Otro hijo fue Nicolás Gallardo de Rodas que casó con Juana Rincón de Ortega, padres a su vez del capitán Juan Rincón Gallardo, nacido en 1651 y que casó con María Antonia de Luna, padres a su vez de Manuel Rincón Gallardo, casado con Micaela de Feijó que tuvieron a Javier Rincón Gallardo Feijó, casado con María Josefa García de Rojas. De este matrimonio nació José Antonio Rincón Gallardo y García de Rojas, quien a su vez casó con Josefa Francisca Calderón y Berrio y tuvieron dos hijos, Manuel Rincón Gallardo y Berrio, y N. Rincón Gallardo y Berrio, casado con la hermana de la virreina Calleja de apellido Gándara.

Fernández de Córdoba, Pedro: Llegó al Perú con el virrey Andrés Hurtado de Mendoza, marqués de Cañete, pasando después a Chile. Era natural de Córdoba y fue varias veces Alcalde Ordinario, siendo la primera en 1601.

Mujer: **Juliana Ordóñez Portocarrero Sande,** su legítima esposa, con la que casó en 1588. Nació en Lima y procedía de Francisco Sande, Caballero de la Orden de Calatrava y Presidente de Guatemala y del Nuevo Reino de Granada.

Fernández de Córdoba, Luis: Perteneciente a la familia Fernández de Córdoba. Fue alcalde de Lima en 1620 y 1623 y deudo cercano del virrey marqués de Guadalcazar.

Mujer: **Catalina Marroquí de Monte Hermoso,** su legítima mujer, natural del Perú, padres de Francisco Fernández de Córdoba, nacido en Huánuco y Caballero de la Orden de Santiago, casado con María Santillán, hija de Pedro Santillán alcalde de Lima en 1589 y de Mencia Cepeda y Villarroel, hija de Hernán González de la Torre y de Juana Cepeda y Villarroel. Francisco y María fueron los padres de Luisa, casada con el marqués de Baides; Luis, que heredó el marquesado de Guadalcazar; y Catalina, casada con Antonio Fernández de Córdoba, hijo de Fernando. De este matrimonio nació Fernando de Córdoba, fallecido cuando se disponía a ocupar el cargo de gobernador de Huancavelica, que había casado con Josefa Fernández de Córdoba y cuyo hijo, Lorenzo, casó con Juana Zuazo y Villarroel; sus otras dos hijas, Mariana, casó con Sebastián de Colmenares, conde de Poletinos, y la otra, María, con Alonso Calderón de la Barca.

Fernández de Córdoba y Espinosa, Fernando: Nacido en Sevilla hacia la mitad del siglo XVII. Marchó al Perú donde se radicó.

Mujer: **María Ubierna Sandoval,** su legítima esposa, con la que se casó en Salta, hija del capitán Antonio de Ubierna Frías Sandoval y de María de Medina y Zurita.

F

Fueron los padres del capitán Andrés Fernández de Córdoba y Ubierna, que casó con Catalina de Pedrosa Sierra, quienes procrearon a María Fernández de Córdoba y Pedrosa, nacida en Salta y casada con el Maestre de Campo Ignacio Torres y Gaete, nacido en Buenos Aires. De este matrimonio descienden las familias de Torres y Fernández Torres y Penard Fernández de Buenos Aires.

Fernández de Fuenmayor, Ruy: Nacido en Santo Domingo donde fue capitán.

Mujer: **Juana Estévez,** su legítima esposa, nacida también en Santo Domingo, padres del general Ruy Fernández de Fuenmayor y Estévez, también nacido en dicho lugar, que casó con Leonor Jacinta Vázquez, nacida en Caracas, padres a su vez de Ruy Fernández de Fuenmayor y Vázquez, nacido en Santiago de León y Caballero de la Orden de Calatrava en 1669, y de Baltasar Fernández de Fuenmayor y Vázquez, natural también de Santiago de León y Caballero de Calatrava.

Fernández de Gandarillas, José Nicolás: Procedía de una familia radicada en las Montañas de Santander, y en particular del pueblo de Penagos, y de una de sus ramas que pasó a Chile. José Nicolás fue bautizado en la parroquia de San Jorge, en Penagos, en 1722, y empadronado como hijodalgo en 1723. Pasó a América en 1737 avecindándose con sus hermanos Francisco Simón y Francisco Antonio en Santiago de Chile. En 1767 ganó junto con sus hermanos ejecutoria de nobleza de la Cancillería de Valladolid. Falleció en Santiago en 1789.

Mujer: **María de las Mercedes Romero e Hidalgo,** su legítima esposa, con la que casó en Santiago de Chile en 1753, hermana de la mujer de su hermano Francisco Antonio, padres, entre otros hijos, de Nicolás José Gandarillas y Romero, nacido en Santiago de Chile, donde estudió leyes en la Universidad de San Felipe graduándose de bachiller en 1772 y de licenciado en 1773, y que casó en la catedral de Santiago en 1786 con María Rita de Aránguiz y Mendieta. nacida en Santiago, e hija de Francisco de Aránguiz y Moraga y de María de la Concepción de Mendieta y Leiva. Hijos de este enlace fueron, entre otros, Joaquín de Gandarillas y Aránguiz, que casó con Ana María de Valdés y Martínez de Aldunate, padres de once hijos, entre ellos Julia de Gandarillas y Valdés, que casó con su primo Guillermo de Larrain y Gandarillas; e Irene de Gandarillas y Valdés, que casó con Francisco Echenique y Tagle, natural de Navarra y natural de Santiago de Chile, ambos padres de Joaquín Echenique y Gandarillas, nacido en Santiago de Chile en 1863, fundador con otros del periódico "El Chileno" en 1884, y adquiriendo en 1903 el "Diario Ilustrado", uno de los periódicos más importante del país. Fue varias veces diputado del Congreso Nacional y senador de la República por la provincia de Linares dos veces, en 1912 y en 1918, y que casó con Josefina Letelier Valdés, padres de tres hijos. Al enviudar de su mujer, Joaquín volvió a casar con María Luisa Undurraga García Huidobro, con la que tuvo un hijo y dos hijas. Otros de los hijos de Irene de Gandarillas y Valdés y de Francisco Echenique y Tagle fueron: José Miguel Echenique y Gandarillas, nacido en Santiago de Chile, que casó con Mercedes Correa Errázuriz, padres de Estanislao, que casó con Berta Guzmán Fontesilla; José Miguel, que casó con Josefina Rozas Ariztia; Teresa, que casó con Jorge Astaburuaga Lyon; Victoria, que casó con Alfredo Noguera Prieto;

Carmela, que casó con Carlos Errázuriz Ovalle; y Rosario, que casó con Rafael Edwards Sútil. Otros de los hijos de Irene y Francisco fueron: Gonzalo Echenique y Gandarillas, nacido en Santiago de Chile en 1886, elegido diputado del Congreso Nacional en 1906, que casó con María del Carmen Hurtado Larrain; Francisco Echenique y Gandarillas, también diputado al Congreso Nacional, que casó con Sara Domínguez Cerda, con extensa sucesión.

Otra de las líneas de esta familia radicada en Chile comenzó con Francisco Antonio Fernández de Gandarillas y del Arenal, cuarto hijo de José Fernández de Gandarillas y Acero, y de María del Arenal. Francisco Antonio fue bautizado en la parroquia de Penagos en 1714 y empadronado como hijodalgo en 1723, pasando a América en 1737 y avecindándose en Santiago de Chile , donde casó en la catedral de Santiago en 1752 con María del Carmen Romero e Hidalgo, hija de Pedro Romero y de Francisca Hidalgo. De este matrimonio nació Santiago de Gandarillas y Romero, que casó en Santiago en 1786 con María del Carmen Guzmán, hija del maestre de Campo José de Guzmán Quesada y de Micaela Ibáñez Ovalle, con varios hijos, entre ellos Manuel José de Gandarillas y Guzmán, nacido en Santiago en 1789, que llegó a ser secretario del Cabildo de Santiago, huyendo después a la Argentina y regresando a Chile después de la batalla de Chacabuco, pero, acusado de conspirador, volvió a la Argentina donde estuvo hasta 1823 al ser derrocado O'Higgins, regresando finalmente a su país. Siendo presidente Freire se le nombró ministro de la Corte Suprema de Justicia, cargo que desempeñó por diez años hasta fallecer en Santiago en 1842. Otro de los hijos de Santiago de Gandarillas y Romero y de María del Carmen Guzmán fueron: Juan de la Cruz Gandarillas y Guzmán, que casó con Enriqueta del Solar Rosales, volviendo a casar al enviudar con María Prado y Prado; Juan de Dios de Gandarillas y Guzmán, que casó con Margarita Sotomayor la primera vez, y la segunda con Rosa Valdés Lecaros, naciendo del primer enlace Felipe Santiago de Gandarillas Sotomayor, que casó con Sara Prieto Correa, padres de seis hijos e hijas, entre ellos Mercedes de Gandarillas Prieto, que casó con Nicolás Larrain Prieto; Paulo Emilio de Gandarillas Valdés, que casó con su prima Telesfora Fernández Valdés, con un hijo y una hija; Manuel de Gandarillas y Valdés, que casó con Mercedes Salazar, y Luis de Gandarillas y Valdés, que casó con Matilde Guzmán. Otro de los hijos de Francisco Antonio Fernández de Gandarillas y del Arenal y de María del Carmen Romero e Hidalgo fue José Santiago de Gandarillas y Guzmán, nacido en Santiago de Chile, que casó en esta ciudad con María del Carmen Luco y Huici, padres de Pedro Nolasco de Gandarillas y Luco, nacido en Santiago, nombrado en en 1883 tesorero fiscal de la Casa de la Moneda y poco después ministro de Hacienda, y en 1886 director del Tesoro y presidente del Tribunal de Cuentas, y más tarde senador de la República y nuevamente ministro de Hacienda bajo la presidencia de Balsameda; y Alberto de Gandarillas y Luco, nacido en Santiago de Chile, y diputado varias veces del Congreso Nacional.

Fernández de Heredia, Gonzalo: Entre los primeros conquistadores de Chachapoyas junto al capitán Alonso de Alvarado, a quien acompañó en 1536 al socorro de Lima. Luego luchó en la batalla de las Salinas por el bando de los almagristas.

F

Mujer: **María de Ocampo**, su legítima esposa, padres del almirante Lorenzo Fernández de Heredia que venció al pirata Hawkins en el Pacífico.

Fernández de Hijar (o Ijar), Juan: Natural de Zaragoza y conquistador de Nueva Galicia, hijo de Diego Fernández de Hijar (o Ijar) y Beatriz de Sellán.

Mujer: **María Xaramillo (o Jaramillo)**, su legítima esposa. Se desconoce si hubo sucesión.

Fernández de Mazeda, José Esteban: Descendiente de la ilustre familia gallega Fernández de Muras, de la jurisdición y obispado de Mondoñedo, en dicha provincia. El apellido Mazeda le vino por la madre, Juana Díaz y Mazeda, que casó con el comandante Cosme Damián Fernández de Muras. José Esteban marchó a La Habana al ser llamado por su hermano Antonio y poco después pasó a Lima donde estuvo poco tiempo; finalmente se radicó en Santiago de Chile.

Mujer: **María Recio y Pardo de Figueroa**, su legítima esposa, perteneciente a una ilustre familia de La Habana. Fueron los padres de Pedro José Fernández Recio y Pardo de Figueroa y de María Fernández Recio y Pardo de Figueroa. que casó con el magistrado Miguel de Güemes. Pedro José, nacido en Santiago de Chile, casó con Rosa de Santiago Concha, hija del Oidor José de Santiago Concha y de Josefa de la Cerda y Santiago Concha, ambos marqueses de Casa-Concha y de Rocafuerte, padres a su vez de Rosario Fernández y de Santiago Concha, fallecida en 1909, y de Pedro Fernández y de Santiago Concha, casado con su prima hermana Carmen de Santiago Concha y Vázquez de Acuña, nacida en el Perú e hija de los condes de Sierra Bella. Ambos fueron los padres de siete hijos que fue-

ron: Carlos, que casó con Corina Castillo y Urizar; Elena, que casó con Hugo Jencquel y Varas; Pastor, que casó con Mercedes Mira y Mena; Manuel María, que casó con Blanca Lecaros y Barras; Rafael, que casó con Josefina Undurraga e Icharzarreta; y Mercedes, que casó con Juan José Mira y Mena. Otros de los hijos de Pedro José Fernández Recio y Pardo de Figueroa y de Rosa de Santiago Concha fueron: Joaquín Fernández y de Santiago y Concha que murió soltero en España; Jorge Fernández y de Santiago Concha, casado con Dolores Blanco y del Pedregal en 1856, de noble familia; Josefa Fernández y de Santiago Concha, monja de Buenos Aires; Rafael Fernández y de Santiago Concha, sacerdote y hombre de letras; Javiera Fernández y de Santiago Concha, que casó en 1856 con Carlos Infante y Valero; Rosa Fernández y de Santiago Concha, monja también; y Domingo Fernández y de Santiago Concha, que casó en 1867 con Amelia Bascuñan y Valledor.

Fernández de Navarrete, Pedro: Conquistador de México.

Mujer: **Ana de Rebolledo**, su legítima esposa, padres de García Navarrete.

Fernández de Santiago, Diego: Nacido en Extremadura y avecindado en Moquegua; fue alferez del ejército.

Mujer: **Antonia Zapata**, su legítima esposa, a quien le dejó su hacienda de Escapalaque y otras propiedades las cuales, según testamentó, habrían de pasar a su muerte a la Comunidad de San Juan de Dios con tal de que allí se construyese un hospital para los pobres y, de no cumplirse, habrían de pasar las mismas al Convento de Santo Domingo.

Fernández Guerra, Bartolomé: Bautizado en Fuentes de León, Badajoz en 1592;

marchó a Chile en 1616 donde fue capitán.

Mujer: **María de Toledo**, su legítima esposa, hija de Luis de Toledo y de Catalina de Camudio; al enviudar, volvió a casar con Lorenza de Toro, natural de Toro, España, hija del capitán Francisco de Toro y de María Losada.

Fernández, Juan: Era soldado y herrador, sirviendo al presidente Gasca en Panamá. Era hijo de Bartolomé Hernández y de Teresa Díaz. Estando en Trujillo ayudó a los soldados Juan Viejo y Diego Martín a cortarle el pelo y acuchillarle la cara a María de Lezcano, esposa del conquistador Juan de Barbarán, por lo que se le castigó severamente. Pasó después a España donde fue apresado en 1552 por haber evadido y engañado a la justicia.

Mujer: **Antonia López**, su legítima esposa, padres de una hija llamada Catalina.

Fernández Maqueira, Remigio: Nacido en Valladolid; marchó a Chile donde se radicó. Era hijo de Francisco Fernández Santos, natural de Valladolid, que casó dos veces, la primera con María Manuela de Toranzos, y la segunda con María Rita de Maqueira, nacida en Valladolid e hija de José Benito de Maqueira, natural de Tuy, y de Manuela Serrador, nacida en Valladolid.

Mujer: **Fresia de Oyanguren**, su legítima esposa, con la que contrajo matrimonio en San Martín de Quillota en 1844, hija de José Alejo de Oyanguren, nacido en Quillota, y de Mercedes Squella, nacida en Concepción. Tuvieron varios hijos en Chile y España. Remigio tuvo un hermano, Juan Benito Francisco Fernández Maqueira, natural de Valladolid, que marchó a Chile en 1836 y se casó dos veces, la primera con Francisca Javiera Dueñas, con la que contrajo matrimonio en Quillota, y la segunda con Micaela Dueñas, hermana de la anterior, ambas naturales de Quillota e hijas de Javier Sánchez de Dueñas, natural de Quillota, y de María del Carmen Balbontín de la Torre y Caldera. Falleció Juan Benito en Santiago de Chile en 1873, dejando muchos hijos. Otro miembro de esta familia fue Benito Francisco Fernández Maqueira, nacido también en Valladolid, que casó con Antonia de la Carrera, nacida en Valparaíso, e hija de Juan Antonio de la Carrera y de Nicolasa de Aguirre, que dejaron sucesión.

Fernández Montiel, Alonso: Descendiente de la familia Fernández Montiel, de gran linaje y originaria de Baena, Córdoba, España. Alonso marchó a la Argentina en 1573 con el adelantado Ortiz de Zárate.

Mujer: **Isabel Arias**, su legítima esposa, hija de Cristóbal Arias cuya quien, al enviudar, casó en segundas nupcias con Gabriel Hermosilla. Alonso e Isabel se radicaron en Santa Fe y tuvieron cuatro hijos que fueron Alonso Fernández Montiel y Arias, capitán y encomendero, Regidor en 1619 y Alcalde Ordinario en 1633, 1648 y 1649, casado en 1617 con Juana de Belmonte, nacida en Córdoba con la que tuvo ocho hijos que fueron Bernardo Arias Montiel; Fernando Arias Montiel, que casó con Francisca Maldonado, supuesta hija de Miguel Jerónimo Maldonado y de Catalina de la Cámara, que tuvieron nueve hijos; e Ignacio Arias Montiel.

Fernández de Arróyabe, Francisco: Procedente de la Casa de Álava, partido judicial de Vitoria. Pasó a Antioquia, Colom-

F

bia, desconociéndose la fecha y otros detalles.

Mujer: **Margarita Velázquez de Obando (u Ovando)**, su legítima esposa, hija del capitán Alonso Velázquez y de Marcela de la Parra. Fueron los padres de Margarita, casada con Juan Sánchez de Hinojosa; Josefa, casada con Antonio Bustamante; Manuela, casada con Nicolás Guerra Peláez Graciano; Teresa, casada con Domingo Ibáñez; y Ignacia, casada con Pablo Gutiérrez de Lara. Como se verá, no hubo sucesión de varones en esta familia, poniéndose en duda si los que después vinieron fueron legítimos.

Fernández Moro, Manuel: Descendiente de la familia Fernández Romo, oriunda de la Villa de Colmenares, Málaga. Manuel nació en esta ciudad y era Alferez de la Real Armada. Marchó a América en 1615 y se radicó en Chile donde ocupó los cargos de Corregidor de Cuyo en 1657 y Procurador y Regidor Perpetuo de Santiago en 1660.

Mujer: **Beatriz Hurtado de Mendoza**, su legítima esposa, con la que casó en Santiago de Chile, hija de Pedro Bernal Hurtado y Leonor de Toledo; falleció en 1683. Tuvieron seis hijos, todos ellos con los mismos apellidos, que fueron: Antonio, nacido en Chile y Regidor Perpetuo y encomedero de Colchagua en 1700, casado en Santiago en 1680 con Isabel Varas Ponce de León y que, al enviudar, volvió a casar en 1697 con Serafina Santander y tuvo varios hijos; Manuel; Beatriz, nacida en Santiago y casada en 1654 con Andrés Illanes de Quiroga y Ugalde quien, al enviudar, casó por segunda vez en 1664 con Martín de Zavala y Amézqueta; falleció Beatriz en 1701 con sucesión; Leonor, nacida en Santiago, donde casó en 1660 con Nicolás Ramírez y

Miranda, falleciendo en 1697, con sucesión; Josefa, casada en Santiago con Alonso de Toro Zambrano y Ugalde que fue alcalde en 1687; y María, monja del Monasterio de San Agustín de Santiago.

Fernández Quevedo de Heres de Lloreda y de Oviés, Manuel: Descendiente de la noble familia Quevedo de Santander, bautizado en 1836; marchó a Cuba donde se radicó, falleciendo en Madrid en 1907.

Mujer: **María Lutgarda Ruiz de Cisneros y de Saavedra**, su legítima esposa, con la que casó en Santa Clara, Cuba, su pueblo natal, en 1874; era hija de Nicolás Ruiz de Cisneros y de María de los Remedios Saavedra. Fueron los padres de Manuel Fernández de Lloreda y Ruiz-Cisneros, bautizado en 1985; Francisca Guadalupe Serafina del Carmen Fernández de Lloreda y Ruiz Cisneros, bautizada en Santa Clara en 1876, casada en La Habana en 1895 con Celestino Álvarez Builla y García Barrosa, hijo de Genaro Antonio Álvarez Builla, y de Josefa García Barrosa, padres a su vez de Julio Álvarez Builla y Fernández Lloreda, nacido en La Habana en 1896, casado en Cáceres en 1925 con Ana María Muñoz y de Rato García Carrasco y Duquesne, condes de Santa Olalla; y Mercedes, bautizada en Santa Clara, Cuba, en 1878, casada con José Fernández de Villavicencio y Oronoz, ambos con los títulos de duques de San Lorenzo de Valhermoso, duques del Parque y marqueses de Casa-Villavicencio.

Ferrer, Juan: Receptor de la Real Audiencia de Santa Fe, Colombia, y nacido en 1643. Era hermano de Ignacio Ferrer, subteniente del Regimiento de Infantería de Voluntarios Extranjeros en España, pasando después a Cuba donde falleció.

Mujer: **María de las Cuevas**, su legítima esposa, hija de Antonio de las Cuevas y de María de Rojas. Hubo otro Miguel Bernardo Ferrer, Regidor de la ciudad de Santo Domingo, casado con María de la Columna Leos de Landa, padres de María Dolores Ferrer y Landa que casó con Andrés Duany y Valiente, nacido en Santiago de Cuba y conde de Duany, y otro Pedro Ferrer, Tesorero Oficial Real de Antioquia y Zaragoza, Colombia, casado con María de Rojas, hija del ya mencionado Antonio de las Cuevas y de María de Rojas, su segunda mujer.

Figueredo, Francisco de: Conquistador de Colombia.

Mujer: **Isabel González**, española y su amante. Se desconoce si hubo sucesión.

Figueroa, Dr. Cristóbal Suárez de: Nacido en Valladolid en 1596 y fallecido en 1650. Fue el autor de un libro sobre el virrey García Hurtado de Mendoza, IV marqués de Cañete, publicado en Madrid en 1617, y de otras obras entre ellas "Espejo de juventud", publicada en 1607, "La constante amarilla", en 1609, "España defendida", en 1612, e Historia de los jesuitas de Oriente", 1614. Miguel de Cervantes le menciona en el "Viaje al Parnaso". Durante la época de la conquista del Perú, hubo un Gómez Suárez de Figueroa, quizás emparentado con Cristóbal, militar de Gonzalo Pizarro y primo hermano del padre del Inca Garcilaso de la Vega, descendiente también del conde de Feria, casado con María de Toledo y cuya hija, Margarita, era mujer de Pedro Barrera Baena. Se desconoce si Cristóbal Suárez de Figueroa era casado y si tuvo sucesión.

Florencia, Martín de: Natural de Barbastro, Aragón, hermano de Jerónima de Florencia casada con Jaime de Toledo, hijos de Martín de Florencia, mercader, y de María de Santángel y Leonarti, de origen hebreo. Era Martín excelente ballestero; acompañó a Francisco Pizarro en su tercer viaje de descubrimiento y se halló en la captura de Atahualpa en Cajamarca en la que recibió parte del botín, y después pasó a Jauja y participó en la toma del Cuzco. Posteriormente se dedicó a la minería en Charcas y Carabaya. Fue luego jefe ded la artillería real en la batalla de Chupas por lo que recibió la encomienda de Capachica.

Mujer: **Marina Bernández**, española natural de Huelva, con la que convivió en Lima. Dejó tres hijos mestizos (se desconoce si con ella u otra mujer) llamados Pedro, Luis e Isabel.

Flores, Francisco: Natural de Extremadura y conquistador de México, hijo de Juan Flores, conquistador de México y Guatemala.

Mujer: **Francisca de la Cueva**, su legítima esposa, padres de cuatro hijas. Ella era hija de Pedro de San Martín y de doña Argenta, ambos naturales de Ubeda.

Flores, Gaspar: Hijo de Hernando de La Puente y de María Flores, nacido en San Juan de Puerto Rico entre 1531 y 1538. Marchó Primero a Panamá y después al Perú, posiblemente hacia 1548, con el presidente Gasca y se halló en la batalla de Jaquijahuana; en 1559 se integró a la Compañía de Arcabuceros de la Guardia Real y en lo sucesivo se dedicó a ser maestro de esgrima y profesor de baile; fue también uno de los fundadores de San Juan de la Victoria.

Mujer: **María de Oliva**, su legítima esposa, natural de Lima, con quien casó en 1577, hija de Francisco de Oliva y de

F

Isabel de Herrera; tuvieron trece hijos, entre los que sobresale Santa Rosa de Lima, Patrona de América, Perú y Filipinas. Nació en 1586 y falleció en 1617 a la edad de 31 años. Fue canonizada por el Papa Clemente X en 1671. Su nombre original fue Isabel Flores de Oliva, bautizada en la parroquia de San Sebastián de Lima por el arzobispo Santo Toribio de Mogrovejo. Mucho influenció en su vida espiritual el español Fray Luis de Granada.

Flores, Gerónimo: Conquistador de México.

Mujer: **Francisca de Mesa**, su legítima esposa, natural de Marchena, hija de Francisco de Mesa y de Inés de Herrera, natural ambos de las Montañas; el padre se halló en la conquista de México donde subió a un volcán (¿Popocatepel?) y del que extrajo azufre para hacer pólvora.

Flores, Hernando: Natural de Salamanca y conquistador de Nueva Galicia, hijo de Pedro de Fuentes y de Catalina Flores.

Mujer: Casó con la hija del licenciado Diego Pérez de la Torre. Se desconoce su nombre y si hubo sucesión.

Fornaris y Luque, José: Nacido en Bayamo en 1827, recibido de abogado en 1844 y nombrado Regidor de esta ciudad. Colaboró como escritor en varios periódicos, entre ellos "La Prensa",y fue autor de obras líricas, tales como "Cuba poética", "Aguinaldo habanero", "La leyenda " y Los cantos de Siboney", entre otras. Al estallar la revolución se trasladó a Europa y residió en París el resto de su vida.

Mujer: **Dolores Trueba**, su legítima esposa, fallecida en La Habana en 1856.

Franchi Benítez de Lugo, Carlos Agustín: Descendiente de la familia Franchi, Franquis o Franquiz, procedente de Génova y radicada en las Islas Canarias desde los tiempos de la Reconquista. Nacido en 1701, coronel de los Reales Ejércitos y gobernador e intendente de Texas.

Mujer: **Ángela de Alarcón**, su primera legítima esposa; casó en segundas nupcias en La Habana con N. de Santa Cruz, de la Casa de los condes de San Juan de Jaruco. No hubo sucesión de ninguno de los dos matrimonios.

Franchi-Alfaro y Ponte, Francisco Tomás: Capitán del ejército en Cuba. Antes de partir de España dejó en administración su mayorazgo de la Orotava en el puerto de Santa Cruz de Tenerife. (Véase a Carlos Agustín Franchi Benítez de Lugo para detalles sobre los orígenes de esta familia).

Mujer: **María Josefa Justiniani y Balsameda**, su legítima esposa, con la que casó en La Habana. Era hermana de Luisa, casada con el gobernador Gonzalo Queipo, y sobrina del marqués de la Real Proclamación. Tuvieron una hija llamada Juana de Franchi-Alfaro y Justiniani, esposa de José de Franchi Alfaro y Molina, tío del marido, así como y un hijo llamado Francisco Tomás de Franchi-Alfaro y Franch-Alfaro, Caballero Maestrante de Ronda, marqués de la Real Proclamación y Regidor de La Habana en 1820, casado en 1786 con Isidora de Lemaur y Lemurere, hija del brigadier de ingenieros Carlos de Lemaur y Calat, natural de Francia. Tuvieron en total ocho hijos, todos ellos con el mismo apellido de Franchi-Alfaro y Lemaur, que fueron: Francisco Tomás; Carlos; Sebastián; Antonio; Juana; Isidora; Ángela; y María Josefa.

Franco, Juan: Notario de Lima, muy allegado al gobernador Vaca de Castro.

Mujer: **María**, su sirvienta india, con la que tuvo un hijo natural llamando Juan.

Frenegal, Juan de: Negro esclavo de un notario de Lima hacia 1540; obtuvo su libertad varios años después y se dedicó a la compra y venta de casas con bastante éxito.

Mujer: India de Jauja cuyo nombre se desconoce, pero con la que tuvo una hija llamada Francisca; Juan se la llevó después a Lima.

Frías, Gonzalo de: Avecindado en México en tiempos de la conquista.

Mujer: **Juana Martínez de Melgar**, su legítima esposa, padres de García de Frías que casó con la hermana de un tal Ochoa de Lugando.

Fuente Sánchez Cortés de Monroy, Fernando de la: Natural de San Clemente Mancera, en el Perú; fue Caballero de la Orden de Santiago a la que ingresó en 1702.

Mujer: **Juana Margarita de Hijar y Mendoza**, su legítima esposa, natural de Lima y marquesa de San Miguel de Hijar, padres de Fernando de la Fuente e Hijar, también natural de San Clemente Mancera, marqués de San Miguel de Hijar, que casó con Isabel Carrillo de Albornoz y Bravo, natural de Lima.

Fuente Villalobos y Trebiño, Francisco de la: Nació en Madrid y fue soldado en el presidio de Lisboa. Marchó a Chile en 1605 con la expedición de Antonio de Mosquera, y fue capitán de Concepción y Proveedor del Ejército, ambos en 1628, Visitador de Indígenas en 1631, Protector de los Indios en 1633, y Veedor General del Ejército de Chile de 1638 a 1655.

Mujer: **María Hurtado**, su legítima esposa, fallecida en 1663; tuvieron varios hijos.

Fuentes, Francisco de: Llevaba de sobrenombre el Viejo y era hidalgo, nacido hacia 1507. Marchó al Darién con el capitán Gil González Dávila, pasando después a Nicaragua en busca de un estrecho entre el Pacífico y el Atlántico, y participando en su conquista con el capitán Francisco Hernández. Fue uno de los fundadores de León y Granada; pasó después al Perú como soldado de Hernando de Soto y se halló en la captura de Atahualpa en Cajamarca y en la fundación de Lima y con Francisco Pizarro en la de Trujillo, de la que fue luego alcalde y regidor.

Mujer: **Bárbola de Espinosa**, hija bastarda del licenciado Gaspar de Espinosa. Fueron los padres de Francisco de Fuentes y Guzmán, el Mozo, nacido hacia 1539 y encomendero de Chicama; Francisca de Fuentes, fallecida en 1560, que había casado con el conquistador Antón Cuadrado; y Juana de Fuentes, casada con el conquistador Lorenzo de Cepeda.

F

Fuentes, Juan de: Conquistador de Jalisco junto con Nuño de Guzmán.

Mujer: **Catalina de Herrera**, su legítima esposa, hija de Carcía Hernández que marchó a México con Pánfilo de Narváez y después se unió a Cortés; había enviudado de su primer marido en Santo Domingo.

Fuentes, Pedro de: Conquistador de México.

Mujer: **Leonor Jiménez**, su legítima esposa, padres de Pedro de Fuentes, natural de Jerez de la Frontera, que militó con Diego Becerra y Diego de Grijalva, así como en la conquista de los Chontales. Estuvo primero en Cuba con su padre y

Hernán Cortés, trasladándose luego a México.

Fuente y Carrillo de Albornoz, José de la: Marqués de San Miguel de Hijar, natural de Lima y Alcalde Ordinario de esta ciudad en 1794-95.

Mujer: **Josefa Messía y Aliaga,** su legítima esposa, hija de los condes de Sierra-Bella. Se desconoce si hubo sucesión.

Fuenzalida (o Fuensalida) Francisco de: Descendiente del linaje de Fuenzalida o Fuensalida, radicado en la villa de Fuenzalida del partido judicial de Torrijos en Toledo, de donde tomaron este apellido. Una rama de esta familia se radicó en Chile de la que Francisco fue su progenitor.

Mujer: **Beatriz de Tordezuela,** su legítima esposa. Ambos eran naturales y vecinos de Torrijos, y padres del conquistador Andrés de Fuenzalida y Tordezuela, bautizado en su pueblo natal de Torrijos, que marchó a Chile en 1549, que se avecindó en Tucanel de Santiago donde contrajo matrimonio con Ana de Guzmán, hija de Alonso de Guzmán y de Isabel Suazo. Fueron los padres de Andrés de Fuenzalida; Jerónimo de Fuenzalida y Guzmán; Francisco de Fuenzalida y Guzmán; Juan de Fuenzalida y Guzmán, casado con Beatriz de Loarte, hija de Cristóbal Frías de Aguilera y de Elvira de Loarte; Beatriz de Fuenzalida y Guzmán, casada con Fernando Álvarez de Baamonte; Isabel de Fuenzalida y Guzmán, también conocida por el nombre de Isabel Suazo, casada con Alonso de Escobar Villarroel; y Francisco de Fuenzalida y Vargas, hermano paterno de los susodichos. De los citados, el primero de estos hijos, Andrés, fue capitán, fundador y encomendero de San Luis de Loyola, Procurador General del Cabildo y Alcalde Ordinario de Santiago; resultó ser

un gran soldado según demostró en las guerras contra los araucanos. Casó hacia 1597 con Isabel de Fuentes Argomedo y Asensio, hija de Martín de Fuentes y de María Asensio, y padres de Juan de Fuenzalida y Fuentes; Jerónimo de Fuenzalida y Fuentes, presbítero; Ana de Fuenzalida y Fuentes, conocida también por el nombre de Ana de Guzmán, casada con Juan de Mesa y Zúñiga; y Magdalena de Fuenzalida y Fuentes, casada con Alonso de Figueroa. El otro hijo que le sigue, Juan, fue dueño de las estancias Tilcoco y Taquigua y hombre de negocios muy respetado y conocido, que casó en Chillán con Beatriz de Loarte, hija de Cristóbal Díaz de Aguilera y de Elvira de la Fuente Cascaxo y Loarte, y padres de Juan de Fuenzalida Loarte, Maestre de Campo, casado con Prudencia Home Pezoa y Rivera, padres a su vez de Juan de Fuenzalida Home; Isabel de Fuenzalida Home; Nicolasa de Fuenzalida Home; Pedro de Fuenzalida Home; y Cristóbal de Fuenzalida Home. otros hijos de Juan y Elvira fueron Pedro de Fuenzalida Loarte; Úrsula de Fuenzalida Loarte; Isabel de Fuenzalida y Loarte; y Nicolasa de Fuenzalida Loarte.

Fuerte de la Plaza, Pedro: Pasó hacia 1619 a Colombia como relator de la Cancillería de Bogotá y fue luego alcalde mayor de las minas de plata de Laxaes.

Mujer: **Ana María de Torres y Arza,** su legítima esposa, procedente de la familia Arza de origen vasco que se radicó en Madrid, hija de Diego de Torres y Arza.

Fuertes de Sierra, Domingo: Señor del Solar de Fuertes de Cangas.

Mujer: **María de Cancio y Loaces,** su legítima esposa, hija de Gonzalo Méndez de Cancio y Donlebun, almirante del Mar Océano, gobernador y capitán general de la Florida, y de Magdalena de Loaces y Miranda, y padres de Gonzalo Fuertes de Cancio que heredó el mayorazgo de sus padres y casó con Teresa Menéndez Navia y Valdés, hija de Sancho Menéndez de Navia y de Catalina de Navia y Valdés. De este matrimonio nacieron Antonio Fuertes Menéndez Navia, casado con María Rico Villa de Moros y Tineo, hija de Tomás González Rico Villa de Moros y de Ángela Menéndez Luarca y Tineo; y de José Domingo Fuertes Rico, casado dos veces, la primera con Josefa Antonia Menéndez Navia y Villamil, y la segunda con María Antonia de la Vega y Navia. De ambos matrimonios nacieron varios hijos.

Fuica y Ladrón de Cegama, Gabriel de: Esta familia Fuica se originó en Bilbao, Vizcaya. Gabriel era natural de esta ciudad y marchó a Chile donde fue Alcalde Ordinario y Corregidor de la ciudad de la Serena, así como Mayordomo Mayor de la Cofradía de Nuestra Señora del Rosario. Se le nombró Benefactor de la Orden del Convento de Santo Domingo en 1645, falleciendo en 1657.

Mujer: **María Campofrío y Riveros**, su legítima esposa, con la que casó en 1635, hija de Alonso Campofrío de Carvajal y de Mariana de Riveros, ambos naturales de la Serena. Tuvieron un hijo de nombre Francisco de Fuica y Campofrío, natural de la Serena, alcalde de esta ciudad y fallecido en 1693; casó en 1659 con Isabel Pastene, padres de Dominga Gabriela de Fuica y Pastene, que casó con Alonso Gutiérrez de Espejo, con sucesión.

F

G

Gabiño y Hermida, José Antonio de: Esta familia Gabiño procedía de Vigo, Pontevedra. José Antonio, bautizado en 1709, marchó a Chile donde fue Maestre de Campo y Regidor y Alcalde de la Serena. Falleció en esta localidad en 1783.

Mujer: **Petronila de Rojas**, su legítima esposa, con la que casó en la Serena en 1742, hija de Francisco de Rojas y de Bartolina de Argandoña, y padres de 16 hijos, todos con los mismos apellidos y que fueron Mariano; Juan Manuel; Fernando; Manuel; Juan de Dios; Mercedes; Micaela; Manuela; María de los Dolores, que casó con Andrés Varela y Pardo; María de la Concepción; Josefa, que casó con Juan Marticorena; Manuela; Domingo; María; Estanislao; y Felipe.

Gache, Cayetano: Familia procedente de Santander, España. Cayetano se radicó en la Argentina a mediados del siglo 19.

Mujer: **Teresa de Escalase**, su legítima esposa, padres de Mariano Gache y Avellaneda, casado con Josefa de Espinosa y Gil, padres a su vez de Josefa Gache y Espinosa, casada con José Luis Amadeo y Cáceres, que tuvieron un hijo llamado Alfredo Amadeo Gache acasado con Emilia Carranza; y de Eloísa Gache y Espinosa casada con Francisco Plá y Passel, nacido en Barcelona, padres de Francisco Plá y Gache. Todos ellos estaban avecindados en la Argentina.

Gacitua, Sebastión: Avecindado en Chile; falleció en Santiago de Chile en 1761.

Mujer: **N. Herrera**, su legítima esposa, hija del gobernador de Latacunza Francisco Arias de Herrera y de Inés de Galarza, y padres de Julián Gacitua, casado con Francisca Javiera de Ovalle, nacida en Santiago de Chile, hija de Francisco Ibáñez de Peralta y de María Zapata de Ovalle, con sucesión.

Gaitán, Juan: Natural de Talavera de la Reina, Toledo, tesorero de Hernando de Soto en la Florida, marchando luego al Perú. Era hijo de Juan Gaitán y Catalina de Rivera; antes de pasar a América, se halló en la guerra de Túnez contra el rey de Francia. Era encomendero en Tlaculpo.

Mujer: **Catalina de Zárate**, su legítima esposa, hija de Bartolomé de Zárate y de Luisa de Cabrera, naturales de Baeza. Catalina casó después con Gil Ramírez Dávalos, hijo de Antonio Dávalos y de María de Villaseca; tenía una encomienda en Mezquique.

Gaitán Ponce de León, Pedro: Familia procedente de Jerez de la Frontera. Pedro marchó a Chile en 1604 y se avecindó en la provincia de Chiloé, de la que fue corregidor.

Mujer: **Cecilia Montiel Cabezas**, su legítima esposa, descendiente de los antiguos conquistadores, con sucesión.

Gajardo Guerrero, Juan: Familia que floreció en Chile durante la mitad del siglo XVI. Juan marchó a América en 1573 y después a Chile en 1575 donde fue alcalde en Valparaíso.

Mujer: **María Pacheco**, su legítima esposa, con la que casó en Panamá, hija de Alonso Hernández Pacheco y de Luisa Pacheco, padres de ocho hijos, todos con los apellidos y que fueron Juan; Alonso; Pedro Cristóbal, que casó con Magdalena de Sierra, hija de Gregorio Fernández de Soto y de Inés de Sierra; Esteban, presbítero que marchó al Perú en 1632; Mariana, que casó con Pedro de Elosu; María de las Nieves, que casó con Juan Molinero; María Magdalena; y Catalina, que casó con Juan Vázquez de Arenas. El primogénito, Juan, fue Alferez y Administrador de Colchagua, Chile, en 1615, casado con Paula Fernández de Soto hija de Gregorio Fernández de Soto y de Inés de Sierra, con sucesión.

Galdamez, Benito: Capitán, natural de Moquegua, descendiente de Francisco Galdamez Garay, primer Alferez Real en 1629.

Mujer: **Helena Rodríguez de Corte Real**, su legítima esposa, avecindada en Lima. Donó más de 130 mil pesos para la fundación del Monasterio de Santa Rosa, instalado por los dominicos en 1678, e inaugurado en 1708. Por este motivo y fue declarada fundadora y patrona del monasterio y, según parece, elevada a santa. Al morir, su cuerpo fue sepultado en dicho monasterio. Dejó en su testamento cuatro mil pesos para la iglesia de Moquegua donde fue bautizada.

Galeano, Martín: Conquistador de Colombia.

Mujer: **Isabel Arroyo**. Con esta mujer, posiblemente su amante, tuvo varios hijos naturales.

Galeote García, Alonso: Natural de Huelva; se radicó en Puebla, México, con una mujer, seis hijos y cinco hijas más una

hija natural, cuyos nombres se desconocen.

Galindo Quiñones y Barrientos, Francisco: Natural de Ecija, España, y Caballero de la Orden de Santiago a la que ingresó en 1759. Marchó a Santo Domingo donde fue oidor, y luego a Guadalajara, México, donde fue también oidor y decano de la Audiencia de esta ciudad.

Mujer: **Ana Josefa de Rivera y Santa Cruz**, su legítima esposa, hija de Tomás de Rivera y Santa Cruz, presidente de Guatemala, gobernador de Puebla y corregidor de México, y de María Barrientos y Cervantes. Fueron los padres del licenciado Pedro Galindo y Rivera de Santa Cruz, Oficial Mayor de Gobernación, casado con Catalina Sandoval y Lasso de la Vega, padres a su vez de Félix Galindo y Sandoval, Caballero de Guadalupe, que casó con Dolores Pimentel y Heras, de los condes de Heras, que tuvieron al licenciado Pedro Galindo Pimentel, que murió soltero; y a Juan Galindo Pimentel, que contrajo matrimonio la primera vez con María Díez de Bonilla, y la segunda con su cuñada Concepción Díez de Bonilla. De este matrimonio nacieron varios hijos con los que se creó una familia muy extensa.

Galindo Sánchez, Juan: Conquistador de México.

Mujer: **Elvira Rodríguez**, su legítima esposa. Se desconoce si hubo sucesión.

Gálvez, Bernardo de: Uno de los grandes aliados de la Revolución Norteamericana, hijo de Matías de Gálvez, fallecido en 1784, y sobrino de José de Gálvez, ministro de Carlos III; nacido en Macharavialla, Málaga en 1746, y fallecido en Tacubaya en 1786. Era general y virrey de la

Nueva España. Marchó a México en 1765 donde se distinguió en las guerras contra los indios Apaches. Vuelto a España con su tío en 1769, se alistó en el ejército francés para perfeccionar su carrera militar. Regresó a América en 1776 como coronel del Regimiento de Luisiana y, a partir de 1777, fue gobernador del entonces país y hoy estado de Luisiana, Estados Unidos. Se profesó desde un principio contrario a los ingleses y persiguió su contrabando, mientras favorecía el comercio con Francia y con la incipiente nación norteamericana. Impulsó la colonización de nuevos territorios, como Nueva Iberia y Galvestown, pueblo así nombrado en su honor. Sorprendió a los ingleses apoderándose de Manchac, Baton Rouge, Panmure, Mobila, y Pensacola, y conquistando toda la Florida Occidental, por lo que se le nombró Mariscal de Campo y Teniente General, así como Capitán y Gobernador de Luisiana y de Florida y se le confirió el título de conde de Gálvez en 1781 y 1783. En 1785 se le confió la gobernación de Cuba y el virreinato de la Nueva España, adonde llegó en 1785. Emprendió varias obras importantes como combatir el hambre, las epidemias, y la construcción de la magnífica fortaleza del castillo de Chapultepec. Se considera hoy a Gálvez uno de los grandes héroes de la Revolución Norteamericana, en cuyo honor se erigió una gran estatua en una de las principales avenidas de Washington.

Mujer: **María Feliciana de Saint-Maxent (o Sant-Maxent)**, su legítima esposa, padres de Guadalupe, nombrada así en honor de la Vírgen de Guadalupe, nacida dos meses después de morir Gálvez; Matilde; y de Miguel, nacido en Guarico, Venezuela, cadete de la Compañía Americana de Reales Guardias, segundo conde de Gálvez y Caballero de la Orden de Calatrava. Murió joven y soltero. Se cree que con el tiempo Matilde se trasladó a Italia.

Gálvez Segura, Rodrigo de: De la familia Gálvez, rama de Córdoba. Natural de Santaella, conquistador de México y pacificador de los tumultos causados por Gonzalo Pizarro en el Perú. Fueron sus padres el doctor Fernando de Gálvez, oidor y presidente de la Real Cancillería de Granada, gobernador y capitán general de Sevilla, y Leonor Fernández de Córdoba, ambos fundadores del mayorazgo que perteneció a los marqueses de Casa Blanca en Granada.

Mujer: **Inés Calderón**, su legítima esposa, hija del capitán Francisco Calderón, soldado de Pedro de Alvarado. Fueron los padres de Fernando de Gálvez y Segura, encomendero de Izalco Caluco y capitán de Caballería, casado con Juana de Mazariegos, padres a su vez del capitán Antonio de Gálvez y Segura, Alcalde Ordinario de Guatemala y Gobernador de Guazacapán, casado con Isabel Sánchez de Escobar, padres de Fernando de Gálvez y Segura, Caballero de la Orden de Santiago y Alcalde Ordinario de Guatemala, casado con Juana Díaz del Castillo que tuvieron a Antonio de Gálvez y Segura, casado con Juana María de Biedma, hija de Pedro de Biedma y Alarcón y de María Antonia de Villoslada, padres a su vez de Juan Francisco de Gálvez Segura y Biedma, nacido en Antequera, que casó con Lorenza María de la Puerta González de Aguilar Ponce de León y cuyo hijo, Antonio de Gálvez Segura, casó con María Ana de Cabrera y Cárdenas.

Gálvez y Alba, Andrés Ramón de: Descendiente de la familia Gálvez de Extremadura, línea de Córdoba y Sevilla (Casa

G

de Llerena). Nacido en Marchena, Sevilla, y bautizado en 1738. Marchó a Cuba donde fue Tesorero General de la Renta de Naipes y Tabacos de La Habana.

Mujer: **Clara Josefa Díaz y Menéndez,** su legítima esposa, con la que casó en La Habana en 1765, hija de Diego Díaz y de María Menéndez, ambos naturales de la Florida, padres de José Vicente de Gálvez Díaz, nacido en La Habana y Oficial de la Contaduría de Renta de Tabacos de Buenos Aires en 1786, casado en Arica con María Silveria Carrasco y Oviedo, hija de Fernando Carrasco, Alcalde Ordinario de Arica en 1763, y de Rosa Oviedo natural también de Arica, con sucesión.

Gallardo, Pedro: Natural de Lepe, Huelva, marinero de profesión; se radicó en Puebla, México, con una indígena con la que tuvo un hijo y una hija cuyos nombres se desconocen. Falleció hacia 1535.

Gallego, Álvaro: Natural de Galicia y conquistador de México.

Mujer: **Leonor Peña,** su legítima esposa, sin sucesión, aunque tenía un hijo natural cuyo nombre se desconoce.

Gallego de Andrade, Juan: Conquistador de México.

Mujer: **Isabel de Moctezuma,** su legítima esposa, hija del emperador Moctezuma, padres de Juan Gallego Moctezuma, armado caballero por Carlos V, y de Juana Andrade Moctezuma; Isabel había enviudado tres veces antes de casar con Juan.

Gallego, Pero: Natural de Burguillos, Sevilla, conquistador de México y encomendero en Izcuyuquitlapilco, hijo de Hernán García Jaramillo y de Mayor Gallego de Andrada.

Mujer: Casó con una hija de Moctezuma y tuvieron un hijo de nombre homónimo del padre.

Gallegos, Juan: Nacido hacia 1505, descubridor de Chile junto con Diego de Almagro en Viejo. Se halló luego en la fundación de la villa de Almagro de Chincha y en la batalla de las Salinas y con Hernando Pizarro al socorro de su hermano Gonzalo en Cochabamba. Fue además uno de los fundadores de Jerez de la Frontera y su alcalde en 1546.

Mujer: Se desconoce su nombre, pero con ella tuvo dos hijos legítimos, uno Bartolomé de Espinosa, y la otra Isabel Montes de Oca, casada con Antonio de Clavijo, hidalgo avecindado en Quito.

Gallegos, Lucas: Conquistador de México.

Mujer: **Catalina Rodríguez,** su legítima esposa, padres de varios hijos, entre ellos Miguel Arias.

Gallegos Muñoz, Jerónimo: Capitán, nacido en Azuaga en 1668; marchó al Perú a finales del siglo 17.

Mujer: **Josefa Polonia de Castro Nolete,** su legítima esposa, con la que casó en Lima en 1696, nacida en Lima en 1671 e hija del capitán Francisco Suárez de Castro Vosmediano (o Vozmediano) y de Juana de Nolete Rocha. Fueron los padres de cuatro hijos que fueron Rosa Gallegos de Castro, que casó con el general Juan José de Robina Ruiz de Hermosilla; José Gallegos de Castro, jesuita; el Dr. Jerónimo Gallegos de Castro, sacerdote en el Ecuador y Comisario de la Inquisición; y el Dr. Esteban José Gallegos de Castro, catedrático de Artes de la Universidad de San Marcos en 1721.

De la línea extremeña de Canarias y de la de Andalucía y Galicia de esta familia, marcharon a América Juan Gallego (o Gallegos), ya citado (véase Juan Gallego de Andrade); Francisco Gallego Osorio, deán en América; el franciscano fray Juan Gallego, que se halló en la colocación de la primera piedra de la Catedral de Santiago de Chile; y José Gallego, avecindado en el Cuzco, hecho hidalgo en 1711.

Gallegos y Dávalos, Manuel: Alcalde Ordinario de Lima en 1767; heredó de su tío Juan Dávalos y Rivera, vecino de Lima, el título de conde de Casa Dávalos creado por Fernando VI en 1744.

Mujer: **María Concepción Castillo,** su legítima esposa, hija de los marqueses de Casa Castillo, padres de José Vicente Gallegos que se trasladó a España junto con su madre al quedar viuda. María Concepción se casó por segunda vez con Fernando de Rojas y Marrez, Caballero de la Orden de Santiago, Regidor de Lima y Alcalde Ordinario en 1781.

Gallo, Miguel: Natural de Tudanca, avecindado en el Perú.

Mujer: **María Fernández de Bustamante,** su legítima esposa, padres de Juan Gallo y Fernández de Bustamante, casado con María Díaz y Tudanca, nacida en Tuvilleja, padres a su vez de Manuel Gallo Díaz, natural también de Tudanca, casado en Perú con María Francisca García Calvo, nacida en Lima, que tuvieron tres hijos que fueron Manuel Gallo y García Calvo, natural de Lima, Caballero de la Orden de Calatrava en 1795; Gabriel Gallo García Calvo, también nacido en Lima y Caballero de la Orden de Carlos III en 1790; y Andrés Gallo y García Calvo, también de Lima, Caballero también de la Orden de Carlos III en 1791.

Hubo en Asturias otra rama de la familia Gallo y uno de sus descendientes, Francisco Gallo Galindo, marchó a Colombia donde casó con Antonia Gómez, padres de Pedro Gallo Gómez casado en Medellín en 1719 con Leonor Benítez Tobón.

Gallón, Toribio: Familia procedente de Castilla que se avecindó en Antioquia, Colombia; Toribio se radicó en el valle de San Nicolás de Rionegro.

Mujer: **Olaya de Arango,** su legítima esposa, hija de Antonio Valdés de Arango, padres de Toribio Gallón de Arango, que casó dos veces, la primera con Teresa Molina, hija de Clemente Molina y de Andrea Zapata, y la segunda en Medellín en 1738, con Josefa Teresa Gaviria, hija de Carlos Gaviria Traconis y de Manuela de Castrillón; Juana Manuela Gallón de Arango, que casó con Cristóbal Echevarri; y María Gallón de Arango, que casó con Alonso Jaramillo y Molina, hijo de Alonso Jaramillo de Andrade, Alcalde Mayor, y de Jacinta de Molina. Del primer matrimonio de Toribio Gallón de Arango nacieron Manuela Gallón Molina, que casó con Antonio Gaviria, hijo de Antonio Gaviria y de Gertrudis del Mazo; Josefa Teresa Gallón Molina, casada con Fernando Londoño, hijo de Antonio Londoño y de María de Castañeda; y Félix Gallón Molina. Del segundo matrimonio, fueron los hijos Felipa Gallón Gaviria, casada con Francisco Miguel de Villa, hijo de Francisco de Villa Hidalgo y de Micaela Castañeda; y Gregorio Gallón Gaviria, que casó con María Jaramillo, hija de Manuel Jaramillo y de Josefa García.

Gamarra y Ladrón de Guevara, Martín: Familia procedente de los Gamarra, de la provincia de Alava, y específicamente del lugar denominado Gamarra la Mayor,

G

una de cuyas ramas pasó al Perú, entre ellos este Martín que fue Corregidor y Justicia Mayor de Jauja.

Mujer: **María de Palomeque Hidalgo,** su legítima esposa, con la que casó en Lima, nacida en el Callao en 1618, e hija de Juan de Hidalgo Herrera y de Catalina Gutiérrez Palomeque, ambos naturales de Madrid, donde casaron en 1612. Tuvieron dos hijos que fueron Juan de Gamarra Palomeque, nacido en Jauja y capitán de los Reales Ejércitos, casado con Micaela López de Alfaro Esparza, nacida en Trujillo, Perú, en 1645, hija del Maestre de Campo Martín López de Aragón, Regidor de Trujillo; y Juana de Alfaro Esparza Céspedes de Paz, padres a su vez de Mariana de Gamarra López de Alfaro, casada con el Maestre de Campo Juan de Orbegoso Isasi y Aranda; y de José de Gamarra Palomeque, nacido en el Valle del Jauja y gobernador de este lugar, Caballero de la Orden de Santiago en 1700, casado con Ana Caballero Fernández de Córdoba, que tuvieron a Petronila de Gamarra Caballero, casada con Cristóbal González-Trigueros Guerrero.

Gamarra, Agustín: General del ejército del Perú.

Mujer: **Francisca Zubiaga de Gamarra,** su legítima esposa, llamada "la Mariscala". Esforzada mujer que dirigió la retirada de las tropas de Bermúdez contra el presidente Orbegozo. Antes se le había aprendido en Arequipa por participar en una rebelión, embarcándose luego a Chile disfrazada de hombre, donde falleció. Se desconoce si hubo sucesión.

Gamboa, Lope Ruiz de: Antiguo linaje que se originó en Guipúzcoa, oriundo de la Casa de Guevara del que fue progenitor en Chile Andrés López de Gamboa. Lope Ruiz de Gamboa, cuyo padre fue Antonio

de Gamboa y Mendoza, marchó a América en 1547 y a Chile en 1552 donde fue encomendero y Alcalde de Cañete en 1558, Regidor al año siguiente, y Corregidor en 1560; falleció en 1563.

Mujer: **Isabel Suárez de Figueroa,** su legítima esposa, hija de Lorenzo Suárez de Figueroa y de Catalina Ortiz de Gaete, con la que tuvo varios hijos. Lope Ruiz tuvo dos hermanos que fueron Martín Ruiz de Gamboa, nacido en España en 1553, que marchó con su hermano a Chile, siendo el fundador de las ciudades de Cañete en 1558 y de Castro en 1567, así como gobernador y capitán general de Chile desde 1577 hasta 1583. Casó con Isabel de Quiroga en Santiago, viuda de Pedro de Avendaño, e hija ilegítima del gobernador Rodrigo de Quiroga con la que tuvo uno o más hijos. Su otro hermano fue Juan López de Gamboa, que arribó a Chile en 1557, mencionado en el poema de Ercilla "La Araucana"; se desconoce el nombre de su mujer, pero fueron los padres de Andrés López de Gamboa, el progenitor de la insigne familia radicada en Chile ya citado; María de Gamboa, que casó con Íñigo López de Basurto con sucesión.

Gamboa, licenciado: (Se desconoce su primer nombre). Cirujano avecindado en México en tiempos de la conquista.

Mujer: **Inés de Cigüenza,** su legítima esposa, que quedó viuda; tuvieron seis hijas.

Gana y Amézaga, Juan Francisco de: La familia Gana procedía del partido de Bilbao, en Vizcaya. Juan nació en Plencia y falleció en Santiago de Chile hacia 1781. Era hijo de Alejo de Gana y Basaldúa y de Manuela de Amézaga Gandía. Se desconocen otros datos.

Mujer: **María Rosa Darrigrande Mendivil,** su legítima esposa, hija de Juan Daniel Darrigrande y de Carmen Mendivil. Se desconoce si hubo sucesión.

Gaona, Pedro de: La familia procedía de la antigua villa de Gaona (de la que tomó su nombre), cerca de la ciudad de Vitoria. Enlazó con las familias Olavarría y Alzate, así como alianzas matrimoniales con otras familias, entre ellas las de Ulibarri, Vergara y Bécquer. Pedro, de ascendencia noble, era natural del lugar de Arbulo, partido judicial de Vitoria, e hijo de Pedro Ruiz de Heredia y de Catalina Pérez Gaona. Pasó a América en 1608 y desempeñó el cargo de corregidor de Bogotá, Colombia.

Mujer: **Juana Cardoso,** su legítima esposa, padres de José de Gaona y Cardoso que fue encomendero en Cuba y que ocupó otros cargos en Santa Fe de Bogotá, entre ellos corregidor del partido de los Panches y protector general de los Indios. Casó con su prima Ana de Poveda, padres de José de Gaona Poveda, corregidor de Urbate y Chita; María, que falleció de niña; y Catalina de Gaona Poveda, que casó con Andrés Velázquez, natural de Ávila.

Gárate y Arabio, Juan Martín de: Apellido procedente de las Vascongadas y Navarra, especialmente del solar en Elgobiar, provincia de Guipúzcoa. Juan Martín pasó a México desconociéndose otros detalles.

Mujer: **Margarita de Icaran y Aechederreta,** su legítima esposa. Al pasar a México Martín dejó una hija en España llamada María Antonia de Gárate e Icaran, fallecida en 1820. Al morir la hija, la hermana de Martín llamada Isabel le puso pleito para quedarse con el mayorazgo de Bedoya a lo que él se opuso y conservó.

Garay, Antonio de: Hijo del conocido gobernador de Jamaica y adelantado de Pánuco, Francisco de Garay, y de Munis de Perestrello, parienta política de Cristóbal Colón y esposa del conquistador Diego de Agüero. Debió haber nacido en Santo Domingo. Marchó a México con Hernán Cortés para contraer matrimonio con una hija natural de éste el cual, por oposición de la Audiencia, nunca se consumó. Pasó después al Perú donde Francisco Pizarro le nombró visitador de los indios de Huánuco. Intentó viajar a España, pero al encontrarse en Panamá con el presidente Gasca regresó junto a él al Perú donde se le nombró corregidor de Huánuco. Fue encomendero de varios pueblos, entre ellos Xapaca y Yaro.

Mujer: **Aldonza de Salcedo,** su legítima esposa, desconociéndose si hubo sucesión. Por otra parte, tuvo un tuvo él un hijo natural llamado Diego de Garay, primer clérigo mestizo del Perú, habido con Luisa Muchuy, cacica de los indios Chupachos.

G

Garay, Juan de: Famoso conquistador español, fundador de Buenos Aires, nacido hacia 1528 en Villalba de la Losa, Vizcaya, y fallecido en el Río de la Plata en 1583. Tuvo una carrera militar y política brillante, siendo una de sus primeros actos ayudar al presidente La Gasca contra Gonzalo Pizarro y posteriormente contra Girón. En 1553 se juntó al general Andrés Manso en su expedición para la conquista y población de los Chiriguanos y Llanos de los Tomasíes, fundadndo entonces la villa de Santo Domingo de la Nueva Rioja en 1555. Asistió también con Nufrio o Nuflo Chaves a la fundación de Santa Cruz de la Sierra, en Bolivia, en 1561, llegando a ser el regidor de su primer Cabildo. En 1573 fundó la ciudad de Santa Fe de la Vera Cruz, a orillas del río Paraña. En 1580 fundó acompañado de 63 soldados una ciudad que llamó de la Santísima Trinidad y Puerto de Santa María de Buenos Aires, es decir, la actual ciudad de Buenos Aires, Argentina. En 1581, después de una breve ausencia, regresó a Buenos Aires y se dirigió tierra adentro hasta llegar a las costas del Atlántico en un lugar que se supone sea el actual mar del Plata.

Mujer: **Isabel de Becerra y Mendoza**, su legítima esposa, con quien se casó en Santa Cruz, Bolivia; tuvieron un hijo de nombre homónimo del padre, y tres hijas llamadas Ana, María y Jerónima. Los padres de Isabel fueron el capitán Francisco de Becerra, uno de los jefes de la Armada que llevó a América Mencia Calderón en 1550, y de Isabel de Contreras y Mendoza, natural de Medellín, en la provincia de Badajoz, e hija a su vez de Álvaro Contreras y Carvajal y de Juana Carrillo de Mendoza. Al fallecer Francisco de Becerra al llegar a América, su mujer, Isabel de Contreras y Mendoza, volvió a casar con el capitán Juan de Salazar de Espinosa, Caballero de la Orden de Santiago y fundador del fuerte de la Asunción, Paraguay, uno de los conquistadores que más se destacaron en la conquista de América.

Los hijos de Juan de Garay y de su esposa Isabel de Becerra y Mendoza, aunque esta sucesión ha sido bastante discutida, fueron según fuentes fidedignas los siguientes: Jerónima de Contreras (también llamada Jerónima de Garay y Becerra), bautizada en Santa Cruz de la Sierra y fallecida en Santa Fe, Argentina, en 1643. Había casado en esta ciudad con el gobernador Hernán Arias de Saavedra, con varias hijas; María de Garay y Becerra, nacida en Santa Cruz de la Sierra, casada

dos veces: la primera con el general Gonzalo Martel de Cabrera, y la segunda con el maestre de Campo Pedro García de Arredondo, alcalde de Córdoba, Argentina, y teniente general y justicia mayor de Buenos Aires, con sucesión de ambos matrimonios; el capitán Tomás de Garay y Becerra, del que se hablará a continuación; Ana de Garay, bautizada en la Asunción, que casó con Gonzalo de Luna y Trexo, sobrino del obispo Trexo y Sanabria, con una sola hija; Juan de Garay y Becerra, el legítimo y no el bastardo llamado "el Mozo" que también tuvo su padre. Juan de Garay y Becerra, el hijo legítimo, fue vecino de la ciudad de Santa Fe, donde fue, entre otros cargos, alférez Real y teniente de Gobernador, así como regidor y capitán de Guerra en Santa Fe en 1613, que casó en esta ciudad con Juana de Saavedra y Sanabria, hija del capitán Martín Suárez de Toledo, con estos hijos: Isabel de Garay y Becerra, natural de Sante Fe y casada en Córdoba, Argentina, con el capitán Hernando o Fernando de Tejada Miraval, natural de esta ciudad, de la que fue alcalde así como teniente de Gobernador y justicia mayor de Santa Fe, e hijo del nombrado conquistador Hernán de Tejada Miraval; Cristóbal de Garay y Saavedra, natural de Santa Fe, maestre de Campo y teniente gobernador de su ciudad de 1638 a 1640, así como gobernador del Paraguay de 1655 a 1657 y gobernador de Tucumán en 1657, que casó en Córdoba en 1649 con Antonia de Cabrera y Zúñiga, falleciendo en la misma ciudad en 1673, sin hijos; Mariana de Garay y Saavedra, nacida en Santa Fe, que casó dos veces: la primera con Pedro de la Encina, y la segunda con Juan de Cabrera y Zúñiga, hermano de su cuñada Antonia de Cabrera y Zúñiga, con sucesión de ambos enlaces; Bernabé de Garay y Saavedra, nacido en Santa Fe, de la que fue regidor y encomendero, así como teniente de Gobernador en 1640 y maestre de Campo y encomendero de Buenos Aires, fallecido soltero en 1660, aunque dejó una hija natural llamada Mariana de Sanabria Saavedra, nacida en Santa Fe y mujer del general Baltasar Mariel; y el capitán Cristóbal de Garay y Becerra, nacido en la Asunción, maestre de Campo y gobernador del Paraguay. Sobre el hijo ilegítimo de Juan de Garay, llamdo "el Mozo", se puede decir lo siguiente: nació en Santa Cruz de la Sierra y fue vecino, regidor, encomendero y alcalde de Buenos Aires en 1606, casado en esta ciudad con Juana de Espínola y Palomino, nacida en la Asunción. A su fallecimiento, su viuda volvió a casar con Juan de Candia. A Juan de Garay "el Mozo" le dejó su padre tierras en el primer repartimiento de Buenos Aires. Según propio testamento, Juana de Espínola y Palomino declaró que había tenido de su marido tres hijos, que fueron: María de Garay y Espínola, bautizada en Buenos Aires, casada dos veces: la primera en 1610 con Bartolomé de Pintos, y la segunda con el capitán Diego Romero, con sucesión; Ana Garay y Espínola, bautizada en Buenos Aires en 1606 y casada allí mismo en 1630 con Juan González de Reluz y Huerta, escribano del Cabildo de Buenos Aires; y el maestre de Campo Manuel de Garay y Espínola bautizado en Buenos Aires en 1610, soltero.

Otro de los hijos del conquistador Juan de Garay y de su mujer Isabel de Mendoza, fue el capitán Tomás de Garay Becerra, regidor de la Asunción y Buenos Aires en 1586 y 1592, alcalde ordinario en 1596, y teniente de Gobernador en 1603 y 1605, que casó en la Asunción con Juana de Morales y Prieto, hija de Hernando de Morales, y de Catalina Prieto, falleciendo en la Asunción en 1608. Fueron sus hijos Juan de Garay y Morales; María de Garay y Morales, que casó con Francisco de Melo; y Juana de Garay Morales, nacida en Buenos Aires y avecindada en la Asunción, que casó dos veces: la primera con el capitán Pedro de Mendoza, y la segunda en la Asunción en 1619 con el capitán Agustín de Insaurralde, teniente de Gobernador de Villa Rica, hijo del capitán Martín de Insaurralde, hidalgo de Vizcaya que pasó a América en 1573 y que fue alcalde mayor de la Asunción, y de María de Zaldívar. Del segundo matrimonio fue hijo Lázaro de Garay e Insaurralde, natural de la Asunción y teniente de Gobernador, fallecido en 1686, que había casado con María Josefa Núñez de Ávalos, hija de Francisco Núñez, alcalde de la Asunción, y de Potenciana de Añasco Saavedra. Fueron los padres de nueve hijos, entre ellos Juan de Garay y Añasco, natural de la Asunción y fallecido en 1712, que había casado con Úrsula Vallejo Chacón, nacida en la Asunción, hija de Lázaro Vallejo y Rojas, maestre de Campo, y de María Chacón Ponce de León. Fueron los padres de Maria de Garay y Vallejo, nacida en la Asunción en 1688, que casó con el capitán Nicolás Antonio Delgadillo y Ávila, falleciendo en 1757. De este enlace nacieron tres hijos nombrados Juan Antonio Delgadillo de Garay; Juan Alonso, jesuita; y Lorenza Delgadillo, casada con el general Juan Antonio de Zavala.

G

Isabel de Garay y Becerra, ya citada, hija primogénita de Juan de Garay y Becerra, quinto hijo de Juan de Garay, fundador de Buenos Aires, y casada como ya se indicó en Córdoba con el capitán Hernando de Tejada Marival, tuvieron estos hijos: Úrsula de Tejada y Garay, que casó con Anronio Porcel de Peralta, con varios hijos, entre ellos Isabel Porcel de Peralta Garay, que casó con su tío Bernabé; Juan de Garay Tejada, que casó con Antonia Ramírez Tello, nacida en Córdona, hija de Francisco Ramírez Tello, encomendero en Córdoba, y de Inés Suárez Mexía y Cabrera, sin sucesión; y Bernabé de Garay y Tejada, nacido en Córdoba y allí encomendero, que casó con Juana Ramírez Tello y Suárez Mexía, y en segundas nupcias con su sobrina Isabel Porcel de Peralta Garay. Del primer matrimonio nacieron, entre otros, Fernando de Garay y Ramírez Tello, nacido en Córdoba de donde fue alcalde y regidor, que casó en esta ciudad con Josefa María de Torres y Salguero de Cabrera, con dos hijos, entre ellos Francisco Javier de Garay y Torres, nacido en Córdoba donde fue alcalde y alguacil mayor, que casó en esta ciudad con María Francisca de Molina Navarrete, hija de Pedro de Molina, encomendero en Córdoba, y de Luisa Navarrete y Villafañé, con dos hijos, entre ellos Domingo de Garay y Molina, nacido en Córdoba, donde casó con Isidora de Zamudio y Echenique, con dos hijos, entre ellos Justo José de Garay Zamudio, nacido en Córdoba, que casó con Francisca Peralta, padres de José Lorenzo de Garay y Peralta, nacido en Córdoba y luego vecino de Buenos Aires, que casó en esta ciudad en 1809 con Pascuala de la Torre y Cordovés. Otro de los hijos de Francisco Javier de Garay y Torres y de María Francisca de Molina Navarrete fue Pedro de Garay y Molina, nacido en Córdoba, casado en esta ciudad con su prima Águeda Fernández Granados y Tejada, natural de Córdoba, hija de Luis Fernán-

dez de Granados, natural de Lima, y de Mariana de Tejada y Bazán.

María de Garay y Espínola, ya citada, hija primogénita de Juan de Garay, "el Mozo", hijo ilegítimo del fundador de Buenos Aires, Juan de Garay, tuvo con su primer esposo, el ya citado Bartolomé de Pintos, dos hijos, entre ellos el capitán Juan de Pintos y Garay, bautizado en Buenos Aires en 1612, que casó en 1630 con Beatriz de Guadarrama y Figueroa, hija de Domingo de Guadarrama y de Beatriz Luis de Figueroa Gómez de Saravia, con dos hijos; Elvira de Pintos y Garay, que casó en 1653 con el maestre de Campo Simón de Villalva, sin sucesión; María de Pintos y Garay, que casó con el capitán Diego Hernández, con hijos; Juana de Pintos y Garay, bautizada en 1624, que casó con el capitán Gracía Espinosa de la Banda, con sucesión. Otro hijo de María de Garay y Espínola y Bartolomé de Pintos fue Miguel de Pintos y Garay, bautizado en Buenos Aires en 1611 y encomendero en esta ciudad, que casó con Juana González de Acosta Sanabria, padres de Juana de Pintos Garay y González de Acosta, que casó con Bernardo Pacheco, con sucesión.

Hubo otro Ignacio Garcés de Garay, nacido en Trujillo, Cáceres, procedente de la casa de Garay de Vizcaya, que pasó a Chile y se radicó en la provincia de Chiloé de cuya capital, la ciudad de Castro, fue regidor en 1747, que casó con Inés de Águila, hija de José Gallardo del Águila y de Agustina Pérez de Alvarado, que fueron tronco de los Garay en Chile. Los padres de Ignacio fueron Francisco de Garay, nacido en Trujillo, y María de Paredes, nacida en el mismo lugar.

Garcés de Marcilla y Tavira, Pedro: Procedía de la tercera línea, originaria de Aragón, posiblemente de los antiguos reyes de Sobrarbe y Navarra. Era natural de Molina de Aragón, y pasó a Chile con su hermano Antonio, falleciendo hacia 1696. Era hijo de Juan Marcés de Marcilla y Lázaro, natural de Molina de Aragón, y de Isabel de Tavira, hija de Juan de Tavira y de Isabel de Logroño.

Mujer: **Luciana de Figueroa y Girón**, su legítima esposa, con la que casó en Santiago de Chile, hija de Francisco de Figueroa y de Juana Girón. El hermano citado de Pedro, Antonio Garcés de Marcilla y Tavira, nació asimismo en Molia de Aragón y pasó a Chile en 1663, donde fue, entre otros cargos, regidor perpetuo de Santiago de Chile en 1682, y alcalde en 1699. Contrajo matrimonio dos veces: la primera en Santiago de Chile en 1670 con Luisa de Salas, nacida en Santiago, hija de Duarte Gómez de Miranda, y de Luisa de Salas, fallecida en dicha ciudad en 1674. Casó después nuevamente en Santiago en 1683 con Ana de Lisperguer, hija de Jujan Rodulfo de Lisperguer y de su segunda esposa Catalina Lorenza de Irarrázabal, fallecida en Santiago en 1710. Del primer matrimonio nacieron cinco hijos e hijas, entre ellos: Antonio José Garcés de Marcilla y Salvas, que casó en Santiago en 1707 con Rosa de Molina, nacida en Santiago, hija del capitán Pedro de Molina, y de Margarita de Astorga; Catalina Garcés de Marcilla y Salas, monja, junto a su hermana María Garcés de Marcilla y Salas. Y del segundo matrimonio, los hijos fueron, entre otros: Antonio Fernando Garcés de Marcilla y Lisperguer, fraile; Isabel Garcés de Marcilla y Lisperguer, que casó con Agustín Carrillo de Córdova; y dos monjas que fueron: María Josefa Garcés de Marcilla y Lisperguer, y María Catalina Garcés de Marcilla y Lisperguer.

De la rama de los barones de Andilla de esta familia, procedió el coronel Miguel Garcés de Marcilla y Ravanals, que se avecindó en la ciudad de Camagüey, Cuba en 1915, y que en 1889 había casado en Puerto Príncipe con Lucrecia Betancourt del Castillo, que tuvieron varios hijos todos ellos nacidos en Cuba.

García-Barbón, Rafael J. Todo lo que se sabe de este señor es que era abogado posiblemente en La Habana a mediados del siglo XIX. Se desconocen datos familiares, a no ser el de la madre, Julia González Secades, distinguida mujer que era importante miembro de la Cruz Roja que tanto ayudó a los españoles cuando fueron repatriados en 1899. Por sus extraordinarios servicios le fueron dados varios premios, entre ellos la Medalla de Oro de la Cruz Roja Española. Esta señora procedía de la Casa de los González de Galicia.

G

Ahora bien, esta familia García Barbón, originaria de Asturias, tuvo extensísima descendencia en la isla de Cuba, figurando entre ellos José García Barbón y Rodríguez del Valle, desconociéndose otros detalles. Figura también Ramón Rodríguez de Maribona y García Barbón, nacido en Molleda en 1862, que casó en la iglesia de Moserrat en La Habana en 1899 con Rosa Rodríguez de Maribona y Álvarez de la Viña, hija del muy ilustre Francisco Rodríguez de Maribona y Menéndez de Bango, y de Flora Álvarez de la Viña y Menéndez de la Torre, padres de cinco hijos, entre ellos: Florinda Rodríguez de Maribona y Rodríguez de Maribona, que casó con Julio de la Puerta y Chávarri; Blanca Rodríguez de Maribona y Rodríguez de Maribona; Luis Rodríguez de Maribona y Rodríguez de Maribona; José Rodríguez de Maribona y Rodríguez de Maribona; y Fernando

Rodríguez de Maribona y Rodríguez de Maribona que falleció en su infancia. Otro que figuró como parte de esta familia fue Gabriel García Barbón y Álvarez de la Campa, nacido en Molleda, que casó en La Habana en 1899 con Enriqueta Garganta y Sibis, nacida en La Habana, e hija del doctor Ramón Garganta y Puig, y de Dolores Sibis y Foufreda, padres de cuatro hijos. Otro fue Rafael García Barbón y Álvarez de la Campa, nacido en Molleda en 1858, que casó en La Habana en 1891 con Julia González y Secades, nacida en esta ciudad en 1869 y bautizada en la Catedral de la misma ciudad en 1870, hija de Benito González y Fernández, y de Teodora Secades, nacidos y casados en Oviedo. Fueron los padres de dos hijos, entre ellos Sara Julia García Barbón y González, nacida en La Habana en 1895, que casó en 1923 con Ernesto Pedro Smith y de Hevia, nacido en Cárdenas, Matanzas, Cuba, en 1895, padres a su vez de Ernesto Eduardo Smith y García Barbón, nacido en La Habana en 1926. Otro fue el doctor Rafael Julio García Barbón y González, nacido en La Habana en 1892, que casó en La Habana en 1925 con María de la Concepción de Goróstiza y Martínez, nacida en La Habana en 1901. Este Ernesto Pedro Smith y de Hevia era hijo de Ernesto Smith y Guenard, y de Hortensia de Hevia y Romay, nacida en La Habana en 1875.

García Bravo, Alonso: Conquistador de México, hijo de Pedro Gonzalo García.

Mujer: **María Núñez**, su legítima esposa, hija de Antonio de Almodóvar del Campo y Violante Núñez. Una de sus hijas casó con Melchor Suárez.

García Clemente, Juan: Nacido hacia 1502 en las Barcas de Albalá, Extremadura, hijo de García de Xeda y de Catalina Clemente; se decía que era mulato. Marchó a América y se halló con Francisco Pizarro en el tercer viaje de descubrimiento y se halló en la captura de Atahualpa en Cajamarca. Pasó más tarde a Jauga y se halló en la toma del Cuzco donde actuó de pregonero y asistió a su fundación. Después regresó a España y se radicó en su pueblo natal.

Mujer: **Isabel**, india bastarda con la que tuvo una hija llamada Magdalena García.

García, Cosme: Se desconocen datos de este señor.

Mujer: **Isabel de Ceballos (o Zeballos)**, su legítima esposa, que quedó viuda, hija de Alonso de Ceballos (o Zeballos), natural de Medina de Pumar y conquistador de México, y María de Leiva, natural de Ciudad Real, con la que tuvo dos hijas y un hijo. Al fallecer su marido la recogió en su casa una tal Marina de la Caballería.

García de Cáceres, Diego: Nacido en Palencia, hijo del hidalgo Diego García y de Francisca Sánchez, avecindados en Cáceres. Marchó a América en 1535 con su tío Francisco Sánchez y con el veedor Juan Dávila Jofré; se halló en al jornada de Veragua con el capitán Felipe Gutiérrez, y después pasó al Perú donde se unió a Francisco Pizarro para sojuzgar a los indios que se habían alzado, y también se halló en la batalla de las Salinas. Luego pasó a Chile donde fue criado de Pedro de Valdivia que le nombró gobernador interino; finalmente regresó al Perú pero por encontrarse enfermo no pudo luchar en Jaquijahuana. Falleció en en 1586.

Mujer: **María Osorio**, su legítima esposa, padres de cinco hijos legítimos y él de dos hijos mestizos.

García de Hijar y Mendoza: Conde de Villanueva del Soto, título conferido por Carlos II en 1686, Maestre de Campo y Caballero de la Orden de Santiago; había sido paje de Felipe IV así como Alcalde Ordinario de Lima en 1671 y 1675 y también encomendero.

Mujer: **Juana Margarita de Santillán**, su legítima esposa, hija de Álvaro de Hijar y Mendoza y de María Dávila Salazar, ambos descendientes de los encomenderos Juan Rengel de Mendoza, cuya esposa fue Leonor de Portugal, y Martín de Hijar y Tordesillas, casado con Isabel de Mendoza. Este último fue el segundo hijo del duque de Hijar, mayordomo del rey Juan II. García y Juana Margarita fueron los padres de García de Hijar y Mendoza, nacido en Lima.

García de León Pizarro, Ramón: Natural de Orán, brigadier de los Reales Ejércitos y presidente de la Audiencia de Charcas, Bolivia, así como gobernador de Guayaquil, Ecuador, y Caballero de la Orden de Calatrava qen la que ingresó en 1787. Fueron sus padres José García de León, natural de Arévalo, y Francisca Pizarro Rivera, natural del pueblo de Motril, Granada. Tuvo un hermano llamado José García de León Pizarro, nacido en Motril, Caballero de la Orden de Carlos III, que casó con Micaela Martínez de Frías, natural de Ronda.

Mujer: **Mariana de Zaldua Ruiz de la Torre**, su legítima esposa, natural de Morella, Castelló, con dos hijos que fueron: José García Pizarro y Zaldua, nacido en Santa Cruz de Mompox, Perú,, Caballero de la Orden de Santiago desde 1798, y Rafael García Pizarro y Zaldua, nacido en Quito, Perú, asimismo Caballero de la Orden de Santiago en la que ingresó en 1799.

Otro de los parientes de Ramón García de León Pizarro fue Joaquín García de la Plata, bautizado en Cabezón en 1721 y empadronado como hidalgo en 1722, pasando después a Chile donde casó en Santiago en 1751 con Teresa Durán, nacida en esta ciudad, e hija de Tomás Durán, abogado de la Real Audiencia de dicha ciudad, y de Rosa del Burgo. Joaquín falleció en Santiago en 1763, con sucesión en este país. Y otro pariente fue Juan García de Otálora, nacido en Tinajas, que casó con Marina de Contreras, nacida en Trujillo, Perú, padres de Roque García de Contreras, nacido en Lima, en dicho país, Caballero de la Orden de Santiago en la que ingresó en 1684. Y otro pariente del mismo señor fue Antonio Gregorio José García y Aro, bautizado en Cartagena en 1796, pasando a Chile después como subteniente del regimiento de Talavera. Luchó además con el ejército real en la guerra de Independencia de Chile, y casó en Santiago en 1816 con Tadea de Reyes, hija de Judas Tadeo de Reyes, secretario de Gobierno, y de Ignacia de Sarabia. Antonio Gregorio falleció dejando extensa descedencia en Chile apellidada García Reyes.

G

El apellido García se extendió mucho por toda la América, en particular en un principio en el departamento de Antioquia, en Colombia, de una familia procedente del lugar de Rioseco de Tapia, en la provincia de León. Daremos algunos nombres principales pues abacarlos a todos sería imposible.

Uno de ellos fue Manuel García de la Fuente Benchiscabracho que casó con Agustina Zapata, hija de Cristóbal Zapata y de Inés del Pino Jaramillo, que tuvieron ocho hijos, entre ellos a Salvador García Zapata, que casó con Micaela Villa, padres de Gabriel García y Villa, avecindado en Antioquia, que casó con María Jesús Martínez, hija de Bernardo Martínez y de Francisca Ferreiro, padres a su vez de Manuel García Martínez, que casó Juana de Hoyos, hija de José María de Hoyos y de Josefa Villa, padres de Manuel García Martínez, que casó con Juana de Hoyos, hija de José María de Hoyos y de Josefa Villa; y Liberata García Martínez, que casó con Antonio Montoya, hijo del doctor José María Montoya y de Josefa Zapata.

Perteneciente a otra familia fue José García, que se avecindó en Marinilla, donde casó con Juana María Paula Alzate, hija de Juan Alzate y de Luisa Orozco, padres de Ramón García Alzate, casado dos veces: la primera con María Salazar, y la segunda con Antonia Marín. También Alonso García, avecindado en Marinilla, que casó con Josefa Duque, hija de Juan Duque Estrada, que tuvieron tres hijos llamados María García Duque, que casó con Ignacio Buitrago, con hijos; Francisco García Duque, que casó con Juana María Castaño, con hijos; y Nicasio García Duque, que casó con Lorenza Giraldo, con hijos.

Otras familias García radicaron también en Antioquia, descendiente de Diego García Galvis, que casó en 1660 con Francisca de Arnedo, padres de cuatro hijos que fueron: Salvador García Arnedo que casó dos veces: la primera con María Galarza, hija de Gabriel Galarza y de Lucía Velázquez, y la segunda con Isabel Rico de la Mata, hija de Fernando Rico de la Mata y de María Gómez de Arnedo; José García Arnedo, que casó en 1696 con Francisca Gertrudis Tapia Penagos, hija de Lorenzo Tapia Penagos y de Isabel Gil González de Amador; Gregorio García Arnedo, que casó en 1698 con Josefa Tapia Penagos, hermana de la anterior; y

María García Arnedo, que casó con Joaquín Montoya, hijo de Antonio Montoya y de Catalina de Ureña.

Pertenciente a la misma familia fue Francisco García, que casó con María Allende, padres de Pedro García Allende, que casó en Medellín, Colombia en 1740 con Rosa Sánchez, hija de Francisco Sánchez de Rivero y de Josefina Sumucano, con dos hijos, entre ellos Teordoro García Sánchez, avecindado en Amagá, Colombia, que casó con María de los Santos Toro, hija de José de Toro y de Rosa Prieto, padres de ocho hijos llamados Juan Nepomuceno García Toro, que casó con Mariana Restrepo; Mariana García Toro, que casó con José Jiménez; Sebastián García Toro, que casó con Juana María Uribe; Ana María García Toro, que casó con Pedro Correa; Rita García Toro, que casó con José María Correa, hermano del anterior; Margarita García Toro, que casó con Francisco Moreno; Vicente García Toro, que casó con Juana de Arango; y Rafael García Toro, del que no se tiene información.

Perteneciente también a la misma familia fue Fernando García, avecindado en Ríonegro, en Antioquia, que casó con Juana Marulanda, hija de Juan Prudencio Marulanda y de Josefa Londoño, padres de Francisco García Marulanda, avecindado en Ríonegro, que casó con Rufina Llano, hija de José María Llano y de Isabel Campuzano; y de Bibiana García Marulanda, que casó con Antonio Marulanda, hijo de Francisco Marulanda y de María González.

Sigue la descendencia de esta familia con Andrés García de la Sierra, progenitor de la familia que radicó en el lugar de Lloreda, en Antioquia, que casó con Juliana Ruiz de Obregón, padres de Martín García de la Sierra y Ruiz de Obregón, que se radicó en Medellín a principios del siglo XVIII, y que casó allí en 1704 con Margarita Lezeta, hija de Matías Lezeta y de Ana Puerta, naciendo de este matrimonio Tomasa Perpetua García de la Sierra y Lezeta, que casó con Carlos José Álvarez del Pino, hijo de Mateo Álvarez del Pino y de Isabel Urnieta Lezeta.

Sigue la misma descendencia, originaria de la Montaña de Santander, radicada asimismo en Antioquia, con el fundador Manuel García Gómez, que casó con María Ignacia Salgar, padres de Sinforoso García Salgar, que se radicó en Ríonegro, Colombia, donde casó en 1897 con María Josefa Montoya, hija del doctor José María Montoya y de María Josefa Zapata, naciendo de este enlance seis hijos, entre ellos María Francisca García Montoya, que casó con Valentín Jaramillo, hijo de Manuel Jaramillo Ossa y de Josefa Romero; Dolores García Montoya, que casó con el doctor Antonio Mendoza; el doctor Laureano García Montoya, que casó con Andrea Sáenz, hija de Pedro Saenz; el doctor Mamerto García Montoya, que casó con Petronila Ortiz; Mercedes García Montoya; y Teresa García Montoya, de quienes no se tienen más noticias.

Hubo otra rama extremeña de dicha familia dimanada de Almendralejo, Badajoz, avecindada asimismo en Antioquia, de la que procedió Leonor García, nacida en Almendralejos, que casó con Juan de la Fuente Hidalgo, padres de Rodrigo García Hidalgo, natural de dicho pueblo en Badajoz, que se radicó en el valle de Aburrá, en Antioquia en 1640, donde casó con Margarita de Salcedo, hija del capitán Juan Jaramillo de Andrade y de Juana de Centeno, siendo sus hijos Juana García Jaramillo, que casó en Aná en 1667 con Toribio de Villa Posada; Ana de Santiago Hidalgo, casada con Pedro de Celada Vélez; y Jerónima, que casó con Diego García de Castrillón.

También hubo otro descendiente nombrado Leopoldo González de Carvajal y Zaldúa Fernández de la Buria y García de la Barrosa, nacido en Avilés, España, en 1838, nombrado Marqués de Pinar del Río, Cuba, en 1885, y fallecido en La Habana en 1909. Había casado en esta ciudad en 1868 con María del Carmen González Carvajal y Álvarez Cabañas, nacida en La Habana en 1836, primera marquesa de Avilés desde 1897, padres de tres hijos, entre ellos Marco Aurelio González Carvajal y González Carvajal, marqués de Pinar del Río a partir de 1909, nacido en Nueva York en 1870, y que casó con María Ruiz Olivares, padres a su vez de Rafael González Carvajal y Ruiz, marqués de Avilés desde 1924.

Descendientes de la familia García se dispersaron por toda América, especialmente en México, Perú y Argentina.

García de Salcedo: Regidor del Perú; tuvo que ver con la fundación de Lima y su emplazamiento.

Mujer. **Beatriz.** Era su esclava cuando Salcedo pasó al Perú en 1532, casándose luego con ella; antes de casarse tuvieron dos hijas. Con el tiempo llegó a ser una de las damas más distinguidas de Lima.

García de Santolalla, Cosme: Caballero de Calatrava y teniente gobernador del Cuzco.

Mujer. **Mencia,** su legítima esposa. Antes de casarse la pretendía el joven Gabriel de Leguizamo, que después mató a puñaladas a Cosme por haberle azotado públicamente sin motivo.

G

García de Triana, Alonso: Mercader y encomendero de Ancerma, en el Perú; fue luego ejecutado por el virrey Núñez Vela debido a unas cartas que le había enviado Gonzalo Pizarro a Pedro Hernández Girón.

Mujer: **Catalina de Robles,** su legítima esposa, hermana del doctor Robles oidor de Panamá. Se desconoce si hubo sucesión.

García, Francisco: Acompañó a Hernán Cortés en su expedicón a la Baja California.

Mujer: **Leonor García,** su legítima esposa, que quedó viuda, padres de Damián García que casó con la hija de Juan Merino, conquistador de México, con la que tuvo una hija.

García, Gonzalo: Conquistador de Colombia y Regidor de Tunja; estaba casado con una española pero, ante la imposibilidad de procrear hijos con ella, legitimó a dos de sus hijos naturales, uno de ellos llamado Diego García Zorro. Se desconoce el nombre de la madre.

García Huidobro, Francisco: Esta familia procedía de Burgos, siendo él natural de deel lugar de Quecedo donde fue bautizado en 1697. Pasó a Chile donde vivía en en 1736, donde le fue encargada la fundación de la Casa de la Moneda en 1743, sellándose la primera moneda en 1749.

Mujer: **Francisca Javiera Briand de la Morandais y Cagigal del Solar,** su legítima esposa, con la que casó en Santiago de Chile en 1737, descendiente por línea paterna de los Señores de Morandais, de Francia, y por la materna de los Cagigal del Solar, procedentes de Santander. Francisca Javiera era hija del maestre de Campo Juan Francisco Briand, y de Juana Francisca Cagigal del Solar. Francisco y Francisca Javier fueron padres de varios hijos, entre ellos: Francisco de Borja que nació en Santiago en 1756, presbítero en 1784 y Caballero de la Orden de San Juan, que volvió a España donde falleció; Ana Margarita, que casó con Francisco Valdés Carrera, hijo del peruano Domingo de Valdés, fundador de la familia Valdés en Chile, y de Francisca de Borja de Carrera y Ureta; María Luisa, monja; María Josefa, que casó en 1773 con Joaquín de la Plaza y Blanco de Laisequilla; Francisca Javiera, que casó con el fiscal de la Real Audiencia de Santiago José Márquez de la Plata, nacido en Sevilla e hijo de Lope Márquez de la Plata y de Josefa Sánchez, y primo hermano de Fernando Márquez de la Plata y Orozco, uno de los grandes próceres de la Independencia de Chile. Francisca Javiera y José Márquez fueron padres de cuatro hijos, entre ellos Fernando, que casó en Guayaquil, Ecuador, con Carmen Plaza; y Dolores, casada por primera vez con su primo hermano Vicente García Huidobro y Martínez de Aldunate, y la segunda con Manuel de los Álamos y Cerda.

El hijo primogénito del susodicho fundador de la Casa de la Moneda, Francisco Francisco Huidobro, marqués de Casa Real, y de su esposa Francisca Javiera Briand, fue José Ignacio García Huidobro y Briand de la Morandais, bautizado en Santiago de Chile en 1747, que sucedió a su padre, sucediéndole a su fallecimiento su hermano, Vicente Egidio García Huidobro y Briand de la Morandais, nacido en Santiago en 1751, tercer marqués de Casa Real, y Caballero de la Orden de Carlos III en 1781, que casó con María del Carmen Martínez Aldunate y Larrain, hija del doctor Juan Martínez de Aldunate y Garcés, y de Ana María de Larrain y Lecaros, padres de catorce hijos entre ellos: Vicente, que casó con su prima hermana Dolores Márquez de la Plata y García Huidobro; José Ignacio, que casó con Rosa Morande y Echeverría; Rafael, presbítero; Francisco de Borja, que casó la primera vez con Rita Eizaguirre, hija de Agustín de Eizaguirre y de María Teresa de Larraín y Guzmán, y la segunda con María Mercedes Márquez de la Plata y Guzmán, hija de Fernando Márquez de la Plata y Encalada y de María del Carmen Guzmán, padres de varios hijos; Ramón, que casó también dos veces: la primera con María Mercedes Martínez de Luco y Fernández de Leiva, hija de Juan Martínez de Luco y Aragón y de Manuela Fernández de Leiva, y la segunda con Teresa Arlegui y Gorbea, hija de Juan Manuel Arlegui y Rodríguez Zorrilla y de Carmen Gorbea y Encalada; José Antonio, que cas_ con María del Carmen Echeverría y Ruiz de Tagle, con extensa descendencia; y Luis que casó dos veces: la primera con Clementina de la Cerda y Troncoso, con un sólo hijo llamado Ricardo García Huidobro y Cerda, y la segunda con su sobrina Teresa García Huidobro e Eizaguirre, hija de su hermano Francisco de Borja, con numerosa descendencia.

Vicente Egidio García Huidobro y Briand de la Morandais, y su esposa, María del Carmen Martínez Aldunate y Larraín, fueron los padres de Vicente García Huidobro y de la Morandais, bautizado en Santiago de Chile en 1836, casando en esta ciudad en 1860 con su prima carnal Dolores García Huidobro y Luco de Aragón Fernández de Leiva, ya citada, padres de catorce hijos, entre ellos Vicente García Huidobro y García Huidobro, bautizado en Santiago de Chile, que casó con María Luisa Fernández Concha Bascuñán, hija de Domingo Fernández de San-

tiago y Concha, presidente del Partido Católico de Chile, y de Amelia Bascuñán y Valledor Salas y Aldunate Palazuelos y Díaz de la Puente. Vicente y María Luisa fueron los padres de varios hijos, entre ellos: María García Huidobro y Fernández, que casó con Jorge Irarrázabal Lira; Vicente, el excelso poeta, que casó con Manuela Portales Bello, nieta del muy ilustre Diego Portales y del escritor venezolano Andrés Bello; Domingo, conocido escultor, que casó con Raquel González Balmaceda, sobrina del presidente de la República de Chile Manuel Balmaceda; y Rafael, gran artista, que casó con Carmen Amunátegui Lecaros, hija de Domingo Amunátegui del Solar, ministro de Estado y rector de la Universidad de Chile y escritor.

García, Melchor: Avecindado en Lima en el siglo XVII.

Mujer: **María Poblete**, su legítima esposa, hija de Isabel de Carvajal quien influyó en separarlos y en anular su matrimonio. Melchor tuvo también una amante llamada Leonor Pedrero, con la que luego casó.

García Remón, Alonso: Gobernador y capitán general de Chile.

Mujer: **Luciana Centeno**, su legítima esposa; al enviudar, tomó el hábito en el Convento de Santa Clara de Lima donde llevó una vida ejemplar junto a seis nietas que luego profesaron; falleció en 1643. Una de estas nietas era casada con Francisco Messía de Sandoval, Caballero de la Orden de Santiago.

García Villalón, Diego: Nacido entre 1515 y 1521. Marchó al Perú hacia 1542 y capitaneó un navío con socorros para Pedro de Valdivia; se halló después en la batalla de Jaquijahuana con el presidente

G

Gasca. En 1563 fue nombrado teniente de corregidor de La Paz y tenía las encomiendas de los Mojos.

Mujer: **María de Salazar**, su legítima esposa, que heredó la encomienda de Copacabana. Se desconove si hubo sucesión.

García Zamarrilla, Alonso: Criado de Hernando Pizarro en el Cuzco al que se le acusó de acostarse con una amiga de su amo, motivo por el cual Alonso la azotó. En 1536 se halló en la defensa del Cuzco atacada por Manco Inca y su ejército, y después acompañó a Francisco Pizarro a la fundación de Huamanga. Tenía fama de ser buen peón de infantería, hasta el punto que se decía que "valía más él a pie que muchos a caballo". Cuando la insurrección de Diego de Almagro el Mozo se unió al bando de Vaca de Castro. Fue después ejecutado por los almagristas.

Mujer: Se desconoce su nombre, pero con ella tuvo dos hijos mestizos, una Elvira, que contaba con cuatro años al morir su padre, y Pedro, menor de un año. A Elvira la recogió y cuidó el conquistador Antonio de Oré; posteriormente abandonó el hogar para casar con Miguel de Bendezú.

Garcilaso de la Vega, Sebastián: Capitán del Perú; se asentó en el Cuzo después de la derrota de Diego de Almagro por Gonzalo Pizarro, donde se le nombró corregidor y justicia mayor en 1554.

Mujer: **Isabel Chimpu Ocllo, la ñusta** (princesa), hija del príncipe Huallpa Túpac Inca y sobrina de Huina-Cápac. En 1554 la abandonó el capitán Garcilaso de la Vega para casarse con la española doña Luisa Martel de los Ríos. Con la ñusta tuvo un hijo, Garcilaso de la Vega, llamado *el Inca* (su verdadero nombre al

bautizársele era Gómez Suárez de Figueroa). En 1560 viaja a España a reclamar la herencia que le había dejado el padre, y allí se convirtió en el preclaro escritor criollo tan admirado hoy. Comienza por traducir *Diálogos de Amor* de León Hebreo, publicado en 1590, siguiéndole *La Florida del Inca*, publicado en Lisboa en 1605, y su obra clásica *Comentarios Reales*, publicada en 1606 en la misma ciudad. Muere *el Inca* en 1616. Este es uno de los mestizos más insignes de América, profundamente orgulloso de su mestizaje, de sus raíces hispánicas e indígenas.

Garrido, Diego: Conquistador de México y el que recibió un repartimiento de indios, que después le fue dado a un tal Francisco Preciado.

Mujer: **Elvira de Arévalo**, su legítima esposa, con quien tuvo una hija de nombre Catalina Garrido.

Garrido, Pedro de: Conquistador de México.

Mujer: **Elvira de Arévalo**, su legítima esposa, hija de Alonso de Arévalo; tuvieron una hija llamada Catalina.

Gasso, Juan de, el Viejo: Conquistador de México y después de Centroamérica.

Mujer: **María Ponce de León**, su legítima esposa, hija de Manuel Ponce de León y Guzmán, conde de Bailén, y Beatriz Vanegas con la que tuvo una hija.

Gavilán, Diego: Nacido en Guadalcanal hacia 1515, hijo de Diego Gonzáles Gavilán y de Leonor Gonzáles, ambos presuntos confesos. Marchó al Perú desde Nicaragua con Hernando de Soto con quien se encontró en la fundación de San Miguel de Tangarará. Se halló también en la captura de Atahualpa en Cajamarca por lo que le tocó un buen botín, y en la marcha de Jauja y la toma del Cuzco. En 1535 se le nombró regidor de Lima; Gonzalo Pizarro, ya gobernador, en 1541 le concedió los repartimientos de indios de Pausa, Cochas y Parija. Al estallar las Guerras Civiles era vecino y regidor de Huamanga y encomendero de Azángaro. Posteriormente se plegó al ejército de Pedro Hernández Girón luchando en varias batallas, aunque después se pasó al ejército real, lo cual le salvó la vida; falleció en 1577.

Mujer: **Isabel de Chaves**, su legítima esposa, padres de varios hijos, siendo el primogénito Diego Gavilán el Mozo. Diego e Isabel fueron enterrados en la Iglesia de San Francisco de Huamanga.

Genis Terán, Juan: Nacido en Huaura en 1670, hijo de Alonso Genis de Arévalo, natural de Trijillo en el Perú, y de Anad Fernández Terán de los Ríos, natural de Lima. La madre de Alonso fue María de la Fuente de la Cadena, nieta de Pedro de la Cadena avecindado en Trujillo vuelto de las conquistas de México y la Florida. Estudió en el Seminario de Santo Toribio pero abandonó esta carrera y se dedicó a la carrera militar. Fue maestre de campo en 1720 y corregidor de Chancay y Santa.

Mujer: **Teresa Garrido Núñez**, su legítima esposa, hermana del jesuita Miguel Garrido, nacido en Huaura y educado en Lima. Tuvieron varios hijos, entre ellos Félix, capitán regidor y escribano del Cabildo, casado en 1750 con con su prima, María Hermenegilda Garrido; Ana y Melchora, monjas que fueron del monasterio de la Concepción de Lima; Anacleto Ventura, educado en el colegio de San Martín de esta ciudad y sacerdote de Colquemarca y provisor en el Cuzco, casado con María mJosefa Tapia con la que tuvo un hijo llamado José Antonio

que perteneció a la Compañía de Jesús en el Cuzco.

Genovés, Lorenzo: Natural de Génova; fue uno de los que guardó a México cuando Cortés fue a verse con Pánfilo de Narváez. Tuvo una encomienda en los pueblo de Minxapa.

Mujer: **Malgarida Ruiz**, su legítima esposa, que enviudó; tuvieron una hija que casó en Chiapas con Luis de Mazariegos.

Giraldo, Alonso: Músico de profesión durante la conquista de México; pasó con Cortés a la Baja California donde falleció.

Mujer: **Francisca de Zambrana**, su legítima esposa; tuvieron dos hijos y una hija que casó en Culiacán.

G

Girón, Francisco Hernández: Nacido en Cáceres y fallecido en Lima en 1553. Pasó a América en la expedición de Felipe Gutiérrez para la conquista de Veragua en 1535 se refugió en el Perú donde se agregó el apellido Girón. Fue con el capitán Lorenzo Aldana a la expedición que mandó Francisco Pizarro contra Sebastián de Benalcázar a las provincias de Quito. Terminadas las campañas contra los indios paeses y yalcones se trasladó a Quito como capitán del Blasco Núñez Vela a quien prestó muy útiles servicios. Fue hecho prisionero por las tropas de Gonzalo Pizarro en la batalla de Añaquito. Posteriormente preparó una revolución durante el gobierno de la Gasca que estalló en el Cuzco en 1553. A pesar de haber triunfado sobre el mariscal Alonso de Alvarado en la batalla de Chuquinga, la Audiencia no cejó en perseguirle y finalmente fue decapitado el 19 de diciembre de 1553.

Mujer: **Mencia**, su legítima esposa, hija de Alonso de Almaraz, contador de las cajas

reales, y de Leonor Portocarrero perteneciente a una familia notable.

Godoy, Francisco de: Capitán; nacido en
Cáceres en 1515 de una familia hidalga.
Pasó al Perú en 1533 y participó en la
conquista y en las guerras civiles. Tuvo
una hija mestiza, Mencia de Aldana, que
se hizo monja en el convento de San
Pablo. Se desconoce el nombre de la
madre.

Golfo, Pedro del: Conquistador de
México, hijo de Antón de Carmona

Mujer: **Francisca de Paredes**, su legítima
esposa, hija de Juan de Paredes, también
conquista de México y encomendero, y
Beatriz Hernández, hija a su vez de Francisco Sánchez Moreno y Ana de Portillo.
Tenía una hermana llamada Juana de
Paredes. Fallecido su marido volvió a
casar con Cristóbal Sánchez de Herrera.

Gómez, Blas: Nacido en Almendral, contiguo a Zafra, hijo de Juan Gómez y de
Isabel Vázquez. Luchó bajo el partido del
rey en la batalla de Jaquijahuana y después se plegó a Pedro Hernández Girón.
hallándose en varias batallas.

Mujer: **Isabel (o Beatriz) Atahualpa**, su
legítima esposa, hija del emperador Atahualpa la cual, al enviudar, volvió a casar
con el mestizo Sancho de Rojas. De uno
de estos matrimonios tuvo a Francisco
Atahualpa que falleció joven.

**Gómez Boquete de Montealegre, Fran-
cisco:** Marqués de Montealegre de Aulestia, título conferido por Felipe IV en
1737.

Mujer: Se desconoce su nombre, pero con
ella tuvo un hijo llamado José Toribio
Román de Aulestia, alcalde ordinario de
Lima en 1762 y 1763. Estaba casado con
Catalina Loredo de la Peña que enviudó y

de la que no tuvo sucesión. Pasó luego el
título Diego Sánchez Boquete, casado
con Josefa Román de Aulestia, y después
al hijo de éstos, José Mariano Boquete,
alcalde ordinario de Lima en 1800 y
1801.

Gómez, Cristóbal: Albañil de profesión
en Lima.

Mujer: **Francisca Gómez**, esclava mulata,
a la que se le llamaba la "borracha" por el
mucho beber. Estuvieron casados por más
de veinte años sin tener hijos que se sepa.

Gómez de Almagro, Juan: Nacido en
Almagro hacia 1516, hijo de Álvar
Gómez Lunel y de Catalina González; era
deudo de Diego de Almagro el Viejo por
línea materna. Marcho a Indias con su
padre en 1534 y se avecindó en San Juan
de la Frontera de Huamanga. Pasó después a la conquista de Chile con su padre
a las órdenes de Pedro de Valdivia que le
nombró regidor y alguacil mayor de Santiago; falleció en Panamá en 1569.

Mujer: **Francisca de Escobedo**, su legítima esposa, con quien casó en 1562,
padres de dos hijos; había tenido antes un
hijo meztizo con una india peruana, desconociéndose el nombre de ambos.

Gómez de Ávila, Rodrigo: Natural de
Ávila; se radicó en la ciudad de México.

Mujer: **Juana Guenaro de Alcaraz**, su
amante, con la que tuvo una hija natural.

Gómez de Herrera, Juan: Conquistador
de México.

Mujer: **Elvira de Torres**, su legítima
esposa, con la que tuvo varios hijos y una
hija, la cual casó con Miguel de Padilla.

Gómez de Silva, Domingo: Capitán en
Lima.

Mujer: **Catalina María Doria,** su legítima esposa, benemérita mujer que sufragó un colegio para niñas en Lima. Apoyada por el obispo de Arequipa Agustín Ugarte y Sarabia, logró eregir en dicho colegio un monasterio del Carmen, para lo cual sirvió la cédula otorgada por Felipe IV a Diego Mayuelo el 13 de febrero de 1625 para establecer un convento de las Carmelitas, costeado casi en su totalidad por Catalina y el obispo. Se le nombró a ella fundadora y al obispo patrón.

Gómez de Ávila, Rodrigo: Conquistador de México.

Mujer: **Juana Guenaro de Alcaraz,** su legítima esposa. Rodrigo tuvo una hija natural, cuyo nombre se desconoce.

Gómez del Castillo, Henrique Treviño: Nacido en Bilbao y secretario de la Inquisición en Valladolid. Fue después regidor, sídico y juez de aguas de Lima y gobernador en la provincia de Tarma en la que falleció en 1661.

Mujer: **Luisa María de Herrera,** su legítima esposa, cuya hija, Antonia Gómez de Castillo casó con Bernardo de Iturrizarra y Mansilla, oidor de Lima. Luisa era sobrina de Paula Piraldo Herrera, casada con Juan de Andrade Colmenero, Caballero de la Orden de Calatrava.

Gómez Hidalgo, Alonso: Conquistador de México.

Mujer: **Ana de Mesa,** su legítima esposa, hija de Francisco de Mesa, con la que tuvo siete hijos.

Gómez, Pedro: Conquistador de México y de las provincias de Michoacán, Zacatula y Jalisco; tuvo en encomienda la mitad del pueblo de Tenamaxtlán.

Mujer: **Leonor de la Torre,** su legítima esposa; tuvieron una hija de nombre Inés de Eslava. Al quedar viuda, Leonor casó por segunda vez con Gaspar Hurtado.

Gómez y Bullones, José Antonio: Nacido en Guanabacoa, Cuba, en 1707 y fallecido en 1762; era oficial de milicias de esta ciudad. Honró su memoria la defensa de Cuba contra los ingleses de la que tanto anhelaban adueñarse, sobre todo al enfrentarse a ellos encabezando a un grupo de campesinos que él mismo había organizado. Se ha escrito mucho sobre su vida y proezas.

Mujer: **Narcisa de Soto,** su legítima esposa, con quien casó en 1749 y con la que tuvo siete hijos.

González, Alonso: Portugués de nacimiento, hijo de Juan Álvarez de Gago; participó en la conquista de México.

Mujer: **Isabel de Bolaños,** su legítima esposa, con la que tuvo una hija y un hijo, y cuyos nombres se desconocen.

González Calderón, Miguel: Este señor procedía de las casas del linaje de Calderón, familia radicada en San Vicente de la Barquera y Santillana del Mar, en Santander y que después pasó a México. Él era natural de San Juan de Ubiarco, desconociéndose otros detalles.

Mujer: **Francisca Ruiz de Bustamante,** su legítima esposa, nacida en el mismo pueblo, padres de Miguel González Calderón y Ruiz de Bustamante, nacido en el mismo pueblo de sus padres, casado con Juana o Juliana Sánchez de Bustamante que tuvieron a José González Calderón y Sánchez de Bustamante, natural también del citado pueblo, que casó con María Manuela de Estrada y Aldave, nacida en México, y cuyos hijos fueron Miguel González Calderón de Estrada, también nacido en México, Caballero de la Orden de Carlos III que obtuvo en 1796; y

G

Tomás González Calderón de Estrada, nacido en México y de la misma Orden que obtuvo en 1795.

González Cortina y Pando Bento, José Restituto: Este señor procedía de la familia de los González de Cuenia, segunda rama González Cortina. (Véase también a Miguel González de Cuenia y Noriega más abajo). José Restituto era natural de Penduelas y se estableció también en Buenos Aires.

Mujer: **Eloísa Encina y Sáenz de Baños,** su legítima esposa, su prima, con quien casó en 1859, hija de Atanasio de Encina y Reinoso, natural de Santiago de Chile y teniente del ejército de la Independencia Argentina y Chilena, y de María Sáenz de Baños y González Cortina, padres de Alberto González Cortina y Encina, que casó en 1880 con Luisa Aravena y Araoz de la Madrid, y de Sara González Cortina y Encina. Otros de los parientes que pasaron a Buenos Aires fueron: Pedro González Cortina, bautizado en Pendueles en 1785, que fue regidor del Cabildo de Buenos Aires y teniente coronel de Milicias Regladas en 1790, que casó con Manuela Josefa Gómez de Cueli, hija de Jacobo Felipe Gómez de la Blanca y de Juana Petrona de Cueli (que se cita junto a Miguel González de Cuenia y Noriega, debajo), padres de Pedro José Ramón González; Manuela González Cortina y Gómez de Cueli, bautizada en Buenos Aires en 1788; Manuela Josefa Ana González Cortina y Gómez de Cueli, bautizada en Buenos Aires en 1790, que casó con dos veces, la primera en 1804 con Francisco Calvo y Vaz, sin sucesión, y la segunda en 1821 con Buenaventura Arzac y Goyeneche, natural de Guipúzcoa, hijo de Vicente Arzac y Goyeneche y de Petronila Correa de Saá y Peñalosa, con suce-

sión; María Antonia Gregoria González Cortina y Gómez de Cueli, bautizada en Buenos Aires en 1791 y fallecida en 1823, que había casado en 1808 con Miguel Antonio Sáenz Saraza, con sucesión; Juana Petrona González Cortina y Gómez de Cueli, bautizada en Buenos Aires en 1793, que casó en 1817 con Francisco de Ugarte y del Castillo, hijo de Juan de Ugarte y Felisa del Castillo; José María González Cortina y Gómez de Cueli, bautizado en Buenos Aires en 1794, general de la Independencia y estuvo presente en el cerco y rendición de Montevideo en 1812 y 1814 respectivamente, e intervino también en la guerra del Brasil y en varias batallas, ocupando también el cargo de comandante de Fronteras durante el gobierno de Rozas, que casó en 1832 con Gregoria Zubiaurre González, padres de María Fortunata González Cortina y Zubiaurre, que casó en 1854 con su primo hermano Félix Arzac y Cortina, con sucesión. Otros hijos de este matrimonio fueron: María Gregoria González Cortina y Zubiaurre, que casó en 1857 con Ignacio José de Irigoyen y Prudan, con sucesión; Pedro José González Cortina y Zubiaurre, que casó en 1871 con Juana Calderón Igarzábal, hija de José Calderón y Colet y de Faustina Igarzábal y Álvarez, padres a su vez de Elisa Feliciana González Cortina y Calderón, que casó en 1914 con Carmelo Salvador Santoro; Salvador González Cortina y Zubiaurre, que casó con Saturnina Sturiza, padres de Justa González Cortina y Sturiza, que casó en 1919 con Cayetano Sagastizábal y Artayeta, hijo de Manuel Sagastizábal de la Rosa y de Dolores Artayeta y Hurtado; Rosa Lorenza González Cortina y Zubiaurre, bautizada en Buenos Aires en 1840; y Juan Mariano González Cortina y Zubiaurre, bautizada en la misma ciudad en 1842. Otros hijos del susodicho matrimonio fueron: Manuel José González Cortina y Gómez de Cueli, bautizado en Buenos Aires en 1796; Juana Josefa González Cortina y Gómez de Cueli, bautizada en Buenos Aires en 1797, que casó en 1820 con Bartolomé Hidalgo y Jiménez, hijo de Juan Hidalgo y de Catalina Jiménez; María Francisca González Cortina y Gómez de Cueli, bautizada en Buenos Aires en 1799; y Cayetano José Francisco González Cortina y Gómez de Cueli, bautizado en Buenos Aires en 1801, que casó con Vicenta Cañete, padres de Elvira González Cortina y Cañete, que casó con Enrique Spika, general del ejército del Paraguay, con sucesión, y de Adela González Cortina y Cañete, que casó en 1860 con Ricardo Méndez Alagón, hijo de Ubaldo Méndez y Celada y de María Salomé de Alagón; Pedro José Ramón Cortina y Gómez de Cueli, bautizado en Buenos Aires en 1785, teniente coronel del Ejército de Caballería, que casó en 1804 con María Nicolasa Sáenz de Baños y Saraza, con la que tuvo varios hijos; Pedro José Isidoro González Cortina y Sáenz, bautizado en Buenos Aires en 1806, capitán de Dragones que combatió en las guerras civiles en la campaña contra Rozas, que casó en 1830 con Eugenia de Diego Bidando, bautizada en la misma ciudad en 1810, hija de José de Diego y Vega, nacido en Asturias y relator de la Real Audiencia de Buenos Aires, y de María Isidora Bidando Ponte de Lima, padres de Pedro José González Cortina y de Diego, que falleció de niño en 1832; Pedro José Damián González Cortina y de Diego, fallecido también de niño en 1833; Josefa Gabriela del Carmen González Cortina y de Diego, que casó en 1872 con Gustavo Harrison Grader, nacido en Filadelfia,

Norteamérica; Elvira Mercedes González Cortina y de Diego; Eugenia del Carmen González Cortina y de Diego, hermana gemela de la anterior; Gregoria Jovita González Cortina y de Diego, fallecida en 1919 y que había casado en 1858 con Juan Agustín García Navas.

González de Ávila (o Dávila), Gil: Por orden de Cortés, capturó a Cristóbal de Olid en la América Central.

Mujer: **Leonor de Alvarado**, su legítima esposa, hija de Gonzalo Alvarado, hermano natural de Pedro de Alvarado; tuvieron un hijo de nombre Alonso Dávila, capitán de Francisco de Garay y conquistador de Pánuco y Honduras. Había servido antes en Tierra Firme bajo las órdenes de Pedrarias Dávila y también en Cuba; su tío, Alonso Dávila, fue capturado por los franceses cuando se dirigía a España a entregarle un presente al rey.

González de Cuenca, Gregorio: Este señor procedía de la familia González de Cuenca radicada en Roa, Burgos. Era oidor de la Audiencia de Lima y presidente de la de Santo Domingo.

Mujer: **María de Contreras**, su legítima esposa, natural de Sepúlveda, Segovia, padres de Diego González de Cuenca y Contreras, nacido en Lima y perteneciente al Consejo Real de Castilla, que casó con Catalina de Loyola y Toledo, natural de Toledo, e hija de Pedro de Loyola y Francisca Ramírez Maldonado, natural de Toledo, padres a su vez de Gregorio González de Cuenca y Loyola, nacido en Madrid, perteneciente al Consejo Real de Castilla y Caballero de la Orden de Santiago, casado con Isabel del Castillo y Salazar, natural de Santa Fe, Granada, hija de Fernando del Castillo y María de Salazar, padres de Diego Antonio González de Cuenca y del Castillo,

G

natural de Granada y Caballero de la Orden de Santiago en la que ingresó en 1670.

González de Cuenia y Noriega, Miguel: Este señor procedía de la familia de los González establecida en la parroquia de Pendueles del partido judicial de Llanes, Asturias, y se formó por la unión con la familia de los Cuenia de León, España. Miguel González pasó a Buenos Aires donde fue regidor del Cabildo y capitán de Milicias Urbanas.

Mujer: **Josefa Florentina Gómez-Cueli,** su legítima esposa, con quien casó en 1776, hija de Jacobo Felipe Gómez de la Blanca y Hurtado de Mendoza y de Juana Petrona de Cueli, padres de Manuela Josefa González de Cuenia y Gómez de Cueli, nacida en Buenos Aires, que casó en 1799 con Norberto de Quirno y Echandía, natural de Urdax, Navarra, hijo de Guillermo de Quirno y de Ángela Echandía, con sucesión; María Ramona González de Cuenia y Gómez de Cueli, bautizada en Buenos Aires en 1781, que casó con Juan Fernández de Molina y Obregón en 1799, con sucesión; María Mercedes González de Cuenia y Gómez de Cueli, bautizada en Buenos Aires en 1782, que casó con Pedro del Berro y Echevarren en 1799, con sucesión; María Josefa Manuela González de Cuenia y Gómez de Cueli, bautizada en Buenos Aires en 1784, que casó con Manuel José de Olarravide, natural de Vizcaya, hijo de Juan Olavarride y de María Antonia de Ibarrondo, con sucesión; Miguel Antonio González de Cuenia y Gómez de Cueli, bautizado en Buenos Aires en 1788; Pedro Mariano González de Cuenia y Gómez de Cueli, bautizado en Buenos Aires en 1789; María Petrona González de Cuenia y Gómez de Cueli, bautizada

en Buenos Aires en 1790; María Teresa González de Cuenia y Gómez de Cueli, bautizada en la misma ciudad en 1791, que casó en 1805 con Francisco de Anzó y García, nacido en Vizcaya, hijo de Gregorio de Anzó y Teresa García, con sucesión; María Isidora Josefa González de Cuenia y Gómez de Cueli, bautizada en la misma ciudad en 1792, que casó en 1807 con Francisco García Macías; Miguel Celedonio González de Cuenia y Gómez de Cueli, bautizado en Buenos Aires en 1794; María Juana González de Cuenia y Gómes de Cueli, bautizada en la misma ciudad en 1796; y María Eusebia González de Cuenia y Gómez de Cueli, bautizada en la susodicha ciudad en 1798, que casó en 1825 con Francisco Díaz y Gómez de Cueli, coronel del ejército de la Independencia.

González de Feleña y Noriega, Juan: Este señor pertenecía a la Casa de los González que procedía posiblemente de Asturias de donde él era oriundo, radicándose posteriormente en Colombia.

Mujer: **Toribia Fernández de Arnedo,** su legítima esposa, padres de Juan González de Noriega y Fernández, natural de Oviedo que casó en Medellín, Colombia, en 1685 con María Josefa Gómez de Ureña, hija del regidor José Gómez y de Lucía de Arnedo, y de cuyo unión nacieron José González y Gómez de Ureña, vecino de la ciudad de Medellín que casó dos veces, la primera con Rosa Gómez de Ureña y García, hija de José Gómez de Ureña y Arnedo y de Agueda Garcés, y la segunda con Gabriela Álvarez del Pino, sin sucesión. Del primer matrimonio nacieron Nicolasa González y Gómez, que casó con Manuel Correa; Juana Josefa González y Gómez de Ureña, que casó con Benito Toro, hijo de Bernardo Toro y de Gertrudis Alzate; Bárbara González y Gómez de Ureña, que casó con Pedro Ignacio Restrepo, hijo de Pedro López de Restrepo y de Josefa Ventura Vélez; Rosalía González y Gómez de Ureña, que casó con José Antonio Palacio, hijo de Pedro Palacio y Bárbara Pérez; Félix González y Gómez de Ureña; Roque González y Gómez de Ureña, que casó con Margarita Restrepo, viuda de Miguel de la Calle, padres de Rosalía González Restrepo, casada con Juan Esteban Isaza, hijo de Francisco Isaza y de Francisca Vélez Restrepo; José Miguel González y Gómez de Ureña, casado con Josefa Montoya, hija de Javier Montoya y Bárbara Alzate que tuvieron varios hijos; José Ignacio González y Gómez de Ureña, que casó en Buga con N. Rivera; María Ignacia González y Gómez de Ureña, que casó con Francisco Vélez; y Juan de Dios González y Gómez de Ureña, que casó con Rosalía Toro, hija de José Toro y de Bárbara Montoya. Otros de los hijos de Juan González de Feleña y Noriega y Toribia Fernández de Arnedo fueron: Félix González y Gómez de Ureña, que casó con Bárbara Vélez, hija de Simón Vélez y de Francisca Montoya, padres de Esteban González Vélez, Teresa González Vélez, Francisco González Vélez, Rafael González Vélez, José Ignacio Vélez, Bárbara González Vélez, Marcos González Vélez, Josefa María González Vélez, Pablo González Vélez, Joaquín González Vélez, y Alberto González Vélez. Todos ellos tuvieron sucesión.

González de la Torre Remusgo, Hernán: Se le apodó el Viejo para diferenciarlo de su sobrino Hernán González de la Torre. Nacido en Guadalcanal hacia 1487, hijo del hidalgo Fernán González Remusgo y de Isabel González de la Torre. Marchó a América, sirviendo primero en Jamaica con el gobernador Francisco de Garay y

pasó luego a la conquista de Tierra Firme. En 1524 participó con Francisco Pizarro en el primero y segundo viaje del descubrimiento del Perú, quien después le nombró tesorero y contador de Coaque; estuvo también en Cajamarca después de la prisión de Atahualpa. Una vez fundada Lima, Francisco Pizarro le otorgó el repartimiento de Sicacaya y una estancia en Chancay donde crió mucho ganado vacuno. Se halló entre los comensales en el Palacio Gubernamental cuando fue asesinado Francisco Pizarro, y parece que salió en su defensa por haber quedado herido. En 1537 se le nombró regidor perpetuo del Cabildo de Lima y alcalde accidental en 1536 y 1538.

Mujer. **Elvira Díaz Delgado,** su legítima esposa, que permaneció en España. El ya citado sobrino, Hernán González de la Torre, apodado el Mozo, nació en Guadalcanal hacia 1513, hijo del hidalgo Francisco González y de Isabel González de la Torre. Marchó al Perú en 1536 y al poco salió de Lima en la expedición de Francisco de Godoy. Después del asesinato de Francisco Pizarro pasó a Panamá y se unió Cristóbal Vaca de Castro, regresando al Perú en su compañía y luchando en la batalla de Chupas y después se puso al servicio del virrey Blasco Núñez Vela. Posteriormente se plegó a las huestes del presidente Gasca y se halló en la batalla de Jaquijahuana; fue luego nombrado familiar de la Inquisición, falleciendo en 1573. Casó en Lima con Juana de Cepeda y Villarroel, natural de Oropesa, parienta de Santa Teresa de Jesús y sobrina de fary Francisco de Victoria, fundador de los agustinos del Perú. Fueron los padres de Francisco González de Cepeda y de seis hijas, entre ellas María de Cepeda, casada mcon el factor Francisco Manrique de Lara y López de Zúñiga, y de Mencia de

G

Cepeda, casada con el capitán Pedro de Santillán, ambas las antepasadas de los futuros marqueses de Casares, los más antiguos del Perú. Hernán el Mozo tuvo también tres hijos naturales.

González de la Vega, Manuel: Su familia procedía del lugar de la Vega, Santander. Todo lo que se sabe de él es que nació en La Habana, Cuba.

Mujer: **Petronila Rodríguez**, su legítima esposa, igualmente natural de La Habana, padres de Lucas González, nacido en la misma ciudad, que casó con Juana de Acosta, de allí mismo, hija de Andrés de Acosta y de Inés González, ambos naturales de Oratava, Islas Canarias. Fueroin los padres de Francisco González de Vega y Acosta, nacido en La Habana, que casó con Bárbara González de la Vega, nacida allí mismo, hija de José González de la Vega, natural de Sevilla, y de María de la Soledad de Uriza, nacida en La Habana, padres de Manuel González de Vega y González de la Vega, natural de la misma ciudad, Caballero de la Orden de Carlos III en la que ingresó en 1820.

González de León, Juan: Hidalgo, conquistador de México.

Mujer: **Francisca de Ordaz**, su legítima esposa, hermana del capitán Diego de Ordaz, conquistador de México.

González de los Ríos, Toribio: Procedía de una familia de la villa de Los Tojos, Santander, que pasó a América. Toribio nació en dicha villa donde fue mayordomo de una familia hidalga.

Mujer: **Catalina González Hidalgo**, su legítima esposa, hija de Antonio González y de Catalina Hidalgo. Fueron los padres de Simón González de los Ríos y González Hidalgo, nacido en Los Tajos, y hecho hidalgo en 1649, que casó con Magdalena González de la Cuesta, hija de Pedro González de Cosío y de María Antonia de la Cuesta, padres a su vez de Juan González de los Ríos y González, nacido en Los Tojos y hecho allí hidalgo en 1657, que casó con María Terán y Miers, hija de Pedro Terán y de Isabel Miers, Fueron los padres de Juan González de los Ríos y Terán, nacido en Los Tojos y hecho allí hidalgo en 1668, que casó con Magdalena González del Vado, nacida en Santoña, Santander, padres de Juan González de los Ríos y González del Vado, bautizado en Los Tojos en 1684 y donde fue hecho hidalgo en 1748, que casó en Santiago de Chile en 1718 con Luisa Caldera y Solarzo, hija de Juan Luis Caldera y de Mariana de Solarzo. Falleció en Lima. Catalina y Toribio tuvieron además dos hijas que fueron María González de los Ríos y Terán, e Isabel González de los Ríos y Terán de quienes se desconocen detalles.

González de Pedraza, Martín: Se hacía pasar por hidalgo y marchó al Perú con el factor Illán Suárez de Carbajal. Hallándose en la región de los Piuras los indios le mataron a su hijo bastardo llamado como él con el sobrenombre el Mozo. Se halló también en la defensa de Lima en 1536 recorriendo varios pueblos en busca de víveres para el ejército, logrando regresar luego con un cargamento de 400 cargas de comida que había obtenido en el pueblo de Mama. En compañía de Francisco Pizarro pasó luego a Nasca y con Hernando Pizarro al Cuzco en la batalla de las Salinas.

Mujer: **Teresa Núñez**, su legítima esposa, natural de Talavera de la Reina, padres de Leonor de Pedraza, viuda de Pedro Bueso, y Magdalena de Pedraza, soltera. Martín tuvo también tres hijos naturales Martín, muerto en Piura como queda dicho, Jerónimo y María de Pedraza.

González de Prado, Pedro: Nacido hacia 1521. Marchó a América y se halló en las batallas de las Salinas y Chupas y posteriormente en la de Jaquijahuana con el presidente Gasca. El virrey marqués de Cañete le concedió las encomiendas de Paita y parte de la de Amotape, Solana y otras que le fueron luego traspasadas por mandato real a Antonio Vaca de Castro.

Mujer: Se desconoce su nombre, pero era la viuda del conquistador Francisco Martín Albarrán. Con Pedro tuvo a Catalina de Prado, casada con el capitán Bartolomé Carreño, teniente general de Tierra Firme y almirante de la flota en 1572 y 1573, así como gobernador de La Habana en 1577. Era hijo de Francisco Carreño y nieto del célebre almirante Bartolomé Carreño que comandó las flotas de México y Tierra Firme.

González de Solís, Bernardo: Era capitán, natural de Avilés y Caballero de la Orden de Calatrava concedida en 1694. Era descendiente de la Casa de los González de Galicia.

Mujer: **Leonor de Liaño,** su legítima esposa, natural de Lima, padres de Juan Próspero González de Liaño, nacido en Lima, también Caballero de la Orden de Calatrava que le fue concedida en la misma fecha que al padre.

González de Villa y Pérez de la Vega, Ramón: Procedía de la familia González de Villa radicada en Lerones, Santander. Nació en este pueblo en 1783. Marchó a México con el cargo de subteniente donde se encontraba su tío materno el coronel Roque Pérez de la Vega y Gómez, y llegó a ser regidor del Ayuntamiento de esta ciudad. Después de la independencia

mexicana volvió a España ocupando el cargo de procurador de las Cortes en Sevilla en 1834.

Mujer: **Cecilia Álvarez y Arizpe,** su legítima esposa, hija de Leonardo Álvarez y Arizpe y de Cecilia Arizpe, casándose en México. Fueron los padres de José Ramón González de Villa y Álvarez, que casó con N. Castroverde que tuvieron a Ramón González de Villa y Castroverde, que murió soltero, y a Teresa González de Villa y Castroverde, que casó con Manuel Cano y Carretero, padres a su vez de María Teresa Cano y González de Villa, radicada en Sevilla, y que casó con Manuel Rodríguez, con sucesión. José Ramón y Cecilia tuvieron otros hijos que fueron: Amparo González de Villa y Castroverde, radicada en Madrid, que casó con Pedro Torres-Isunza y González, que tuvieron dos hijos: Pedro Torres-Isunza y González de Villa, y N. Torres Isunza y González de Villa. Otros de los hijos de Ramón y Cecilia fueron: Cecilia González de Villa y Castroverde, que casó en Sevilla con Carlos Folache y Almendros, padres de Carlos Folache y González de Villa, José Folache y González de Villa, y María Folache y González de Villa. Otros de los hijos de Ramón y Cecilia fueron: Juan González de Villa y Álvarez, que sirvió en la Real Armada, que casó con María González-Nandín, padres de Luis González de Villa y González Nandín, que casó con Aurora Hernádez Cámara, y de Cecilia González de Villa y González Nandín, radicada en Sevilla, que casó con el general de Artillería Francisco Sierra y del Real, con muchos hijos. Siguen los otros hijos de Ramón y Cecilia: Francisco González de Villa y Álvarez que fue gentilhombre de la Cámara de Su Majestad, Caballero de la Orden de Isabel la Católica y Alcalde de Sevilla, que casó con Ana

G

de Ibarra y Arregui, hija de Juan María de Ibarra y Gutiérrez de Cabiedes, y de Luz de Arregui y Heredia. Fueron los padres de Francisco de Asís de Villa e Ibarra, nacido en Sevilla en 1867, que casó con Luz Fernández-Palacios y Labraña, padres a su vez de Francisco González de Villa y Fernández-Palacios; Miguel González de Villa y Fernández-Palacios, soltero; de Antonio González de Villa y Fernández-Palacios, soltero también; Alfonso González de Villa y Fernández-Palacios, asimismo soltero; José María González de Villa y Fernández-Palacios, soltero; Pedro González de Villa y Fernández-Palacios, también soltero; Jaime González de Villa y Fernández-Palacios, soltero; Luz González de Villa y Fernández-Palacios, soltera; y Salud González de Villa y Fernández-Palacios, que casó en Sevilla en 1922 con su tío Jesús Ibarra y Gómez, hijo de Luis de Ibarra y González, y de Concepción Gómez Rul. Hubo más sucesión pero se desconocen los datos.

González, Francisco: Conquistador de México y de otras provincias.

Mujer: **Isabel Gómez,** su legítima esposa, con la que casó en Sevilla y donde dejó al pasar a América, pasando ella después a México. Tuvieron una hija que casó en Pánuco con Vicente Corzo con el que tuvo dos hijos.

González, Francisco: Nacido en Oropesa hacia 1498. Marchó al Perú y se halló en la entrada y salida de Perálvarez Holguín en 1541; después se radicó en el Cuzco.

Mujer: **Cecilia Vázquez de Briviesça,** su legítima esposa, padres de Inés Ortega que recogió y cuidó a Juana, hija de Juan Pizarro que le fue entregada en 1548 por Diego Veláquez, mayordomo de Hernando Pizarro.

González Galeano, Francisco: Natural de Villanueva de la Serena, Badajoz, hijo de Alonso González Galeano y de María Gutiérrez Quintanilla, ambos del mismo pueblo.

Mujer: **Leonor García Ranjel,** su legítima esposa, nacida en el Puerto del Callao, Perú, hija de Antonio García Ranjel y de Isabel Briones, asimismo naturales de Villanueva de la Serena. De la unión de Francisco y Leonor nacieron José González Galeano y García Ranjel, nacido en el Perú, Caballero de la Orden de Santiago en la que ingresó en 1695; y Tomás González Galeano y García Ranjel, nacido en Lima, también de la misma Orden en la que ingresó en igual fecha que la de su hermano.

González Galiano, Tomás: Marqués de Soto Florido, avecindado en Lima. Falleció en 1735.

Mujer: Se desconoce su nombre, pero el título recayó en su hermano José Galiano, Caballero de la Orden de Calatrava. Luego pasó a su sobrina, Narcisa Saenz Galiano, casada con Pablo Ruiz Cano. Fueron los padres de Francisco Ruiz Cano que poseyó el marquesado hasta su muerte en 1792. Posteriormente recayó el título en Mercedes Negreiros Ruiz Galiano, marquesa de Negreiros, que fue la última poseedora.

González Gallegos, Juan: Se dedicó a la granjería en el pueblo de Tangatepec, México, en tiempos de la conquista, cultivando entre otros granos el trigo; abrió también el camino a Veracruz.

Mujer: **Luisa Méndez,** su legítima esposa, quien al enviudar volvió a casar con Alonso de Baeza que se fue a Guatemala. Se desconoce si hubo descendencia con uno u otro marido.

González, Hernán: Encomendero en Lima.

Mujer: **Juana de Cepeda,** su legítima esposa. Se desconoce si hubo descendencia.

González Melgarejo, Francisco: Nacido en La Asunción, Paraguay, donde se había radicado su familia.

Mujer: **Juana de Gamarra y Mendoza,** su legítima esposa, natural también de La Asunción, padres de Juan González Melgarejo y Gamarra, nacido en el mismo lugar, graduado en el Colegio de la Compañía de Jesús en dicha ciudad donde recibió los grados de Maestro de Filosofía en 1706, Maestro de Teología en 1709 y ordenado sacerdote en 1710. Después de haber sido cura en varios lugares se le nombró obispo en 1746, consagrándose en Buenos Aires en 1747. Falleció en 1754.

González Merino, Ruy: Labrador en México; antes había servido en la corte del rey Enrique como escritor, según él mismo declara.

Mujer: **Mari González,** su legítima esposa; tuvieron un hijo de nombre Hernán Rodríguez, natural de Serena; estuvo en Italia y de vuelta a España se casó y tuvo un hijo; después pasó a México y fue soldado de Cortés en la expedición a la Baja California.

González Montero, Antonio: Procedía de una familia española radicada en Santiago de Chile. Marchó de España a Chile con su tío Rodrigo González Marmolejo, primer Obispo de Santiago de Chile en 1553. Ocupó varios cargos importantes, entre ellos alférez Real de Santiago de Chile y benefactor del monasterio de las Agustinas.

Mujer: **Ginebra Justiniano,** su legítima esposa, con la que casó en Santiago de Chile y fallecida en 1636. Fueron los padres de Diego González Montero y Justiniano, bautizado en Santiago de Chile en 1588, que ocupó varios cargos importantes, entre ellos el de alférez de Gobernación en 1605, capitán de Caballerías en 1606, corregidor de Santiago en 1627, gobernador de Valdivia y gobernador y capitán general de Chile por nombramiento de 1669; fue también encomendero de Pelvín en 1620. Se casó dos veces, la primera en Santiago de Chile en 1611 con María Clara de Loaisa, fallecida en 1626, e hija de Álvaro Gómez de Loaisa y de Petronila de Castañeda, y la segunda, también en Santiago en 1643, con N. de Vega, hija de Melchor Jofré de Águila y de Mariana de Vega Sarmiento, su segunda mujer. Falleció en 1652. Antonio y Ginebra tuvieron también una hija llamada Juana González Montero y Justianiano, que casó con Cristóbal Álvarez de Tovar, abogado de la Real Audiencia de Charcas, hijo de Diego Álvarez de Tovar y de Catalina Cuello.

G

González, Pedro: Nacido hacia 1509. Marchó a América en 1534 con Pedro de Alvarado y fue uno de los fundadores de Trujillo de la que llegó a ser alcalde ordinario; luego estuvo con el capitán Diego de Mora cuando éste se rebeló contra Gonzalo Pizarro en Trujillo, y posteriormente fue nombrado maestre de campo de Cajamarca. Falleció en 1559.

Mujer: **Isabel de Ayala,** su legítima esposa, padres de Pedro González de Ayala que heredó su encomienda.

González, Ruy: Nacido en Villanueva de Fresno (Badajoz), conquistador de México, hijo de Alonso González y Catalina Suárez. Pasó a México con Narváez y se distinguió después en el sitio de México, llegando a ser alcalde ordinario de Tenochtitlán en 1533. Fue soldado valiente y muy interesado en defender a los conquistadores, principalmente contra Bartolomé de las Casas, dirigiéndole al emperador Carlos V varias cartas al respecto. Fue también a Norteamérica con Francisco Vázquez de Coronado.

Mujer: **Doña Mencia**, su amante con la que tuvo tres hijas mestizas, entre ellas Catalina, que fue legitimada y casó con Francisco de Nava.

González y Fuente, José: Conde de Villar de Fuente y de Fuente González, Caballero de la Orden de Santiago y Comendador de la de Isabel la Católica. Nacido en Lima y cuyos padres fueron José González Gutiérrez, Caballero de la Orden de Santiago y primer conde de Fuente González, y de Rosa de la Fuente, condesa del Villar de Fuente. Fue alcalde ordinario de Lima en 1798, prior del consulado de 1813 a 1816, regidor perpetuo del cabildo desde 1808, y coronel del ejército en 1813. Falleció en el Callao en 1825.

Mujer: **Manuela Pando**, su legítima esposa, hija de José Antonio de Pando, administrador principal de correos de Lima, Caballero de la Orden de Carlos III, de Teresa Remírez de Laredo, que fue hermana del conde de San Javier.

Gorbea y Vadillo, José Lucas de: Nació en Orduña en 1746. Marchó a Chile donde fue oidor de la Real Audiencia en 1777 y Caballero de la Orden de Carlos III en la que ingresó en 1796. Falleció en España siendo fiscal del Supremo Consejo de Indias.

Mujer: **Teresa Calvo de Encalada Recabarren**, su legítima esposa, hija de Diego Calvo de Encalada y de Margarita de

Recabarren, marquesa de Villalva de Encalada. Se desconoce si hubo sucesión. José Lucas de Gorbea y Vadillo tuvo un pariente llamado Andrés Antonio de Gorbea, bautizado en Orduña en 1792 que fue catedrático de matemáticas en Toledo y que estuve presente en la rendición de Cádiz en 1823. Pasó luego a Francia y a Londres y de ahí fue llevado a Chile por el ministro de aquel país donde fue profesor de matemáticas del Instituto Nacional, y en 1843 ocupó el cargo de director del Cuerpo de Ingenieros. Falleció en 1852. Había casado en Madrid con Ana María de Baltar con la que tuvo dos hijos.

Gorena y Perochena, Juan Francisco de: Esta familia procedía de la villa de Echalar, Pamplona, Navarra. Juan Francisco fue bautizado en Echalar en 1678. Pasó a Chile donde fue regidor del Cabildo de Santiago y luego alcalde ordinario del partido de Aconcagua.

Mujer: **María de Vieira y Acevedo**, su legítima esposa, nacida en Santiago, e hija de Pedro de Vieira, natural de Navarra y fallecido en Santiago de Chile en 1720, y de María de Acevedo. Al enviudar de su primera esposa, volvió a contraer matrimonio en Santiago de Chile en 1710 con Ana de Carvajal, hija de Antonio de Carvajal Bravo de Saravia y de María Calderón de la Torre y Chávez, falleciendo en Santiago en 1729.

Gormaz y Covarrubias, José Antonio de: Procedía según se dice del linaje de la villa de Gormaz, del partido judicial de Burgo de Osma, Soria. Fueron sus padres Fernán de Gormaz, natural de Jaén, y Luisa Vilches. José Antonio fue abogado de la Real Audiencia de Santiago de Chile.

Mujer: **Juana de Lisperguez Zenteno**, su legítima esposa, padres de Ramón de Gormaz y Lisperguez, comandante de la

Marina, soltero; Francisco de Gormaz y Lisperguez, soltero; Mercedes de Gormaz y Lisperguez, soltera; María del Carmen de Gormaz y Lisperguez, que casó con el licenciado y político Francisco Antonio de Valdivieso; Manuel de Gormaz y Lisperguez que fue en Chile contador Real y diputado, senador y vicepresidente del Senado en 1829, fallecido en 1839; casó dos veces, la primera con María Mercedes Gutiérrez del Espejo y Pérez de Velasco, y la segunda con María del Carmen Carrera Aguirre, nieta de los marqueses de Montepío. del primer matrimínio nacieron: Tránsito de Gormaz y Gutiérrez de Espejo; Rosario de Gormaz y Gutiérrez de Espejo; Margarita de Gormaz y Gutiérrez de Espejo, que casó con Francisco Vidal, ambos padres del famoso marino chileno Vidal de Gormaz; Carmen de Gormaz y Gutiérrez de Espejo, que casó con José Manuel Novoa; Valentín de Gormaz y Gutiérrez de Espejo, licenciado en leyes, que casó con Natalia del Solar; y Manuel de Gormaz y Gutiérrez de Espejo. Del segundo matrimonio nacieron: Eliodoro de Gormaz Carrera, senador de Chile, fallecido en 1894, que tuvo cuatro hijos, y Manuel de Gormaz y Carrera, que casó con Mercedes de Baeza, padres de Alberto de Gormaz y Baeza, general de la República, que casó con Julia Larrain; Eduardo de Gormaz y Baeza, asimismo general de la República, que casó con Luisa Lynch, sin sucesión; Luis de Gormaz y Baeza, soltero; Elvira Gormaz y Baeza, que casó con Eduardo Matte Pérez, con sucesión. Manuel de Gormaz y Gutiérrez de Espejo, citado arriba, fue en Chile abogado e ingeniero en 1843, y casó con Benita Melgarejo Allende, hija de Juan Melgarejo y de Cayetana Allende, padres de Manuel de Gormaz Melgarejo; Natalia de Gormaz

Melgarejo, que casó con Agustín Eyzaguirre Guzmán, hijo de Agustín Eyzaguirre Larrain y de Ana Guzmán y Guzmán; Isabel de Gormaz y Melgarejo, que casó con Julio de la Cuadra y Luque; Virginia de Gormaz y Melgarejo; Zelmira del Buen Pastor, monja; Sor María de las Mercedes de la Providencia, también monja; Carlos de Gormaz y Melgarejo; Arturo de Gormaz y Melgarejo; y Ofelia de Gormaz y Melgarejo. Todos ellos fallecieron solteros. Manuel de Gormaz Melgarejo, citado arriba, casó en Chile con Carmela Martínez Ríos, padres de Manuel de Gormaz y Martínez, que casó con Rosario Uribe Feliú, en el primer matrimonio, y en el segundo con Olga Acuña y Guzmán; Teresa de Gormaz y Martínez, que casó con Francisco Florez Flórez Zamudio; Carmela de Gormaz y Martínez, que casó con Enrique Urzía Rengifo; Rosa de Gormaz y Martínez, que casó con José Salustio Cobo Espínola, con sucesión; y Teodoro de Gormaz y Martínez, que casó en Chile en 1908 con Hortensia Lopetegui y Reyes, hija de Fernando Lopetegui, general de la República chilena, y de Rosa Reyes Varas y Guzmán, padres de Fernando de Gormaz y Lopetegui; Hortensia de Gormaz y Lopetegui; Teodoro de Gormaz y Lopetegui; Eliana de Gormaz y Lopetegui; y Guillermo de Gormaz y Lopetegui. Otra familia chilena perteneciente al mismo linaje y de apellido "Gormás" fue Antonio Méndez, radicado en Santiago de Chile, que casó con Ana de Balmes, muriendo ambos antes de 1633 y dejando como hijo al teniente Rodrigo de Gormás, que casó con María Morales de Albornoz, hija de Alonso Morales de Albornoz y Álvarez de Silva y de Ana Jiménez de León. Fueron los padres de Ana de Gormás y Morales que perteneció a la Cofradía de San Nicolás de la Peni-

G

tencia, y fue la fundadora de una capilla en el convento de la Estrella, sin sucesión; Rafael de Gormás y Morales; María de Gormás y Morales, que casó con Jerónimo Olave, con sucesión; Elvira de Gormás y Morales, que casó con el capitán Antonio Hernánez; y Diego de Gormás y Morales, al que se le hizo teniente en 1659.

Gorostiaga y Frías, José Benjamín: La familia procedía del partido judicial de Marquina, Vizcaya. José Benjamín pasó con su familia a la Argentina, siendo bautizado en Santiago del Estero en 1822 y recibiéndose después de abogado. Ocupó varios cargos importantes, entre ellos ministro de Hacienda de Buenos Aires en 1852, y formó parte destacada en la redacción de la Constitución Nacional que se dictó en Santa Fe en 1853. Fue también ministro del Interior de la Confederación, senador Nacional, ministro de la Suprema Corte Nacional de Justicia, así como presidente de la misma de 1871 hasta 1877; fue también candidato a la presidencia de la República en 1886. Falleció en 1891.

Mujer: **Luisa de Frías y Molina,** su legítima esposa, con la que casó en 1871, hija de Félix Ignacio de Frías Araujo y de Luisa Molina y López, padres de Pedro Pablo de Gorostiaga y Frías, y María Bernarda de Gorostiaga y Frías, con hijos.

Gorostiza y Escauriza, Juan de: Procedía de la familia Gorostiza, una de cuyas ramas se radicó en el pueblo de Baracaldo, Vizcaya. Juan fue bautizado en dicho pueblo en 1854. Pasó después a La Habana, Cuba donde fue vecino.

Mujer: **María del Rosario Teófila Martínez,** su legítima esposa, con la que casó en La Habana en 1899 en la parroquia de Jesús y María. María nació en los Palacios,

provincia de Pinar del Río, Cuba, en 1860, hija de José Martínez Carroborceno, oriundo de Santander, y de María de la Concepción Amoretti, natural de Tenerife. Fueron los padres de María de la Concepción de Gorostiza y Martínez, nacida en La Habana en 1901, que casó en la parroquia del Sagrado Corazón de La Habana en 1925 con el abogado Rafael J. García Barbón. También pasaron a México y allí radicaron muchos del mismo apellido, como Manuel Eduardo de Gorostiza, nacido en 1789 y fallecido en 1851.

Gorostizaga y Urquizo, Manuel Antonio: Esta familia procedía de la villa de Arracundiaga, Bilbao. Manuel Antonio fue bautizado en la parroquia de San Román, Valle de Oquendo, en 1744. Fueron sus padres Prudencio de Gorostizaga y Orué y María de Urquizo y Arana, hija de Bartolomé de Urquizo y de María de Arana, ambos de Oquendo. Manuel Antonio pasó a Chile donde fue comandante del Regimiento de Dragones de Rancagua en 1779.

Mujer: **María del Tránsito Ana Martínez de Aragón,** su legítima esposa, con la que casó en la parroquia del Sagrario de Santiago de Chile en 1775, bautizada en esta ciudad en 1756, hija de Bernardo Martínez de Lugo y de Teresa de Aragón. Se desconoce si hubo sucesión.

Gorriti y Olaechea, Martín: Esta familia de Gorriti se radicó en el solar de Gorriti, partido judicial de Pamplona. Martín fue bautizado en Gorriti en 1728, y pasó después a Chile. Fueron sus padres Martín Gorriti y Sagastibelza, Señor de la casa de Viegorena en el mismo pueblo de Gorriti, y de Juana de Olaechea, hija de Hilario de Olaechea y de María de Apezteguia. Martín falleció en 1897.

Mujer: **Mercedes de la Roca y Albornoz,** su primera esposa, hija de Hipólito de la Roca y de Rosa Albornoz. Su segunda esposa fue Marcelina Hurtado Donoso, con la que casó en 1780, hija de Andrés Hurtado y Juana Donoso. Hubo sucesión de ambos matrimonios.

Grado, Alonso de: Hidalgo y capitán de Cortés en México y del que nunca fue hombre de confianza. Cortés le hizo teniente de entradas en la Villa Rica.

Mujer: Casó con una hija de Moctezuma y tuvieron una hija, la cual casó con Alonso Hernández, natural de Jubela, cerca de Toledo, hijo de Miguel Gómez y Mari Hernández. Esta hija de Alonso Grado tuvo dos hijos.

Grado, Francisco de: Nació en Salamanca hacia 1526, hijo de Juan de Grado y de Isabel Maldonado. Marchó al Perú y se halló en la conquista de Chachapoyas con Alonso de Alvarado, y más tarde con Vaca de Castro en la batalla de Chupas. Se plegó después a las huestes del virrey Núñez Vela en la toma de San Miguel de Piura, y posteriormente concurrió con el presidente Gasca a la batalla de Jaquijahuana; fue encomendero de Pampacolca y luego alcalde ordinario de Arequipa por varios años. Falleció hacia 1572.

Mujer: **Catalina Paucar Ocllo Palla,** su amante siendo soltero, padres de Guiomar Maldonado que casó con Gaspar López de Carbajal, hijo del conquistador Martín López de Carbajal. Después casó Francisco Grado con Francisca Navarrete, natural de Baeza, hija de Francisco López Navarrete, fallecida en 1562. Casó después en segundas nupcias con Feliciana de Silva, hija del conquistador Diego de Silva y de Teresa Orgóñez.

Gregorio Bazán, Juan: Hidalgo nacido en Talavera de la Reina. Marchó a Panamá y de allí con el presidente Gasca a Jaquijahuana, hallándose en la conquista de Tucumán y en las fundaciones de Santiago del Estero y San Miguel de Tucumán. Luego se le nombró teniente de gobernador y justicia mayor de Nuestra Señora de Talavera. En 1568 se halló en el descubrimiento y conquista de las tierras del Río Bermejo y en las del Río de la Palma.

Mujer: **Catalina de Plasencia,** su legítima esposa, a la que recibió en Lima con sus hijos y nietos. Al dirigirse a Santiago del Estero fueron atacados por los indios y perecieron él y su yerno Diego Gómez de Pedraza.

Grijalva, Sebastián: Natural de Segovia y conquistador de México.

Mujer: **Beatriz Hernández,** su legítima esposa, con la que tuvo un hijo por nombre Antonio, y dos hijas, una de ellas llamada Rufina.

Guarnido, Lorenzo: Comerciante de sedas en Lima.

Mujer: **Ana María Vela,** su legítima esposa; tuvo también relaciones ilícitas con su cuñada, Isabel de Vela, por lo que ambos pararon en la cárcel. No se tiene noticia de descendencia.

Guerra, Alonso: Soldado del ejército de Francisco Pizarro, avecindado en San Miguel de Tangarará. Se halló en al jornada de Bracamoros y se mantuvo alejado de la causa de Diego Almagro el Mozo.

Mujer: **Catalina Sánchez,** su legítima esposa, padres de Diego Guerra de la Vega, conquistador de Chile junto a Pedro de Valdivia, y de los frailes dominicos Ambrosio Guerra y Alonso Guerra.

G

Guerra de la Vega, Diego: Hijo del anterior, nacido en Cáceres hacia 1522. Marchó primero a Puerto Rico y después a Santo Domingo donde se halló en el cerco de la ciudad y en la sublevación de los negros cimarrones. Pasó después al Perú y se radicó en Piura, hallándose en las conquistas de Paltos y Bracamoros. Después se plegó a Vaca de Castro que le otorgó un repartimiento de indios y se declaró abiertamente a favor de los gonzalistas. Incoporado al ejército real, combatió en la batalla de Jaquijahuana; después se le nombró alcalde ordinario de Piura, así como veedor de esta ciudad por varios años. Posteriormente se radicó en Lima y falleció hacia 1562.

Mujer: **Juana Rodríguez Niño**, su legítima esposa, hermana del conquistador Juan Rubio Niño. Se desconoce si hubo sucesión.

Guerrero, Gonzalo: Náufrago, posiblemente de la expedición de Francisco Hernández de Córdoba, en la costa de Yucatán (Punta de Catoche) con su compañero Gerónimo de Aguilar. Al enterarse Hernán Cortés de que allí habían dos españoles esclavos, envió a Diego de Orgaz con dos navíos y una carta suya para rescatarlos, a lo cual se negó Gonzalo prefiriendo quedarse con su mujer e hijos y seguir siendo capitán del cacique Nachancam, quien le respetaba y quería mucho. Por fin partió Aguilar sientiendo mucho abandonar a su amigo.

Mujer: **Nicte-Ha, o Ixpilotzama**, princesa maya con la que tuvo 23 hijos, y quien le ayudó para que se le dejara en libertad. Se dice que la unión de los dos sentó la bases del mestizaje hispanoamericano.

Guevara, Hernando de: Conquistador de Santo Domingo.

Mujer: **Higuamota**, su amante de quien se enamoró perdidamente al no más llegar a Santo Domingo en 1500. Era hija de la cacica Anacaona que miró con buenas ojos esta relación, si bien se opuso a ella Francisco Roldán, alcalde mayor, enamorado también de Higuamota. Aprovechando la rebelión de Guevara, encarceló a Hernando y después le expulsó. Roldán pereció en el naufragio de la flota enviada por Ovando a España.

Guevara, Vasco de: Nacido en Tolego, hijo de Juan Ramírez de Sosa y de Catalina de Guevara, ambos hidalgos. Marchó a América y se radicó en Nicaragua donde su tío era teniente gobernador. Después de participar en la conquista de la Buena Esperanza, pasó al Perú en 1534 con Pedro de Alvarado, y luego se plegó a Diego de Almagro en Pachacamac y el Cuzco y se dirigió con él al descubrimiento de Chile como capitán. Luego Francisco Pizarro le nombró teniente gobernador de Huamanga y posteriormente se puso al servicio del virrey Núñez de Vela, así como más adelante del presidente Gasca, hallándose en la batalla de Jaquijahuana.

Mujer: **María Manrique de Lara**, su legítima esposa, hija de Marcelo de Villalobos, colegial de Salamanca. También consta que el presidente Gasca le había ordenado casarse con una tal Ana de Zárate, matrimonio que aparentemente se frustró.

Guillén, Juan: Todo lo que se sabe de este señor es que nació en Sevilla y nunca pasó a América.

Mujer: **María de Malaver**, su legítima esposa, quien pasó a América sola dejando a su marido detrás.

Guisla y Larrea, Juan: Natural de Lima, hijo del general Domingo Vicente de Guisla Campos y Castilla, Caballero de la Orden de Alcántara, nacido en Canarias, y de Isabel de Larrea y Reaño natural de Lima. Fue coronel y cruzado de la Orden de Calatrava y corregidor de la provinia de Cajamarca; falleció en Lima en 1813.

Mujer: **María Luisa Rostro y Vergara,** su legítima esposa, hija del coronel Fernando de Cárdenas Rostro, y de Isabel de Vergara y Pardo. Tuvieron una hija de nombre María Simona Guisla y Vergara, casada en 1825 con el coronel del ejército Pedro Torres y Galíndez, ditinguido veterano de la guerra de independencia del Perú.

Guisla y Salazar, Carlos José: Avecindado en Lima, hermano del marqués de Guisla Guiscelín, Caballero de la Orden de Santiago y Señor de Wesembeck y Ophen en Flandes, y en quien recayó el título.

Mujer: **María Hermengilda de Guisla y Larrea,** su prima y legítima esposa, hija del general Domingo Vicente de Guisla Boot y de Isabel de Larrea y Reaño, natural de Lima.

Gumendi, Bernardo: Oriundo de Guipúzcoa, Caballero de la Orden de Santiago, maestre de campo y gentil hombre de la cámara real. Fallecido en 1722. Había dejado a las Trinitarias una hacienda y casa en la calle que llevaba su nombre, hoy calle de Baquijano.

Mujer: **Mercedes Urdanegui,** su legítima esposa, natural de Lima, hija de Juan Urdanegui y de Constanza Luján y Recalde, marquesa de Villafuerte; no tuvieron hijos.

Gutiérrez, Diego: Marchó al Perú donde Francisco Pizarro le dio la encomienda de

Jayanca, y luego el virrey marqués de Cañete la de Pacora.

Mujer: **María de Sandoval,** su legítima esposa, padres de María Gutiérrez, casada con Luis del Canto.

Gutiérrez de Almodóvar, Antonio: Conquistador de México.

Mujer: **María del Corral,** su legítima esposa, padres de varios hijos.

Gutiérrez de Beas, Juan: Pasó de México al Perú donde se puso al servicio del presidente Gasca y se halló en la batalla de Pucará. Posteriormente fue proveedor del ejército del virrey Francisco de Toledo en la conquista de Chiriguanas, así como regidor en 1578 y procurador general de la Plata en 1579.

Mujer: **Catalina de Herrera,** su legítima esposa, sobrina del obispo de la Plata Domingo de Santo Tomás.

Gutiérrez de Logroño, Pedro: Conquistador, avecindado en Quito donde poseía una encomienda dada por Francisco Pizarro; falleció hacia 1548.

Mujer: **Francisca de la Reguera,** su legítima esposa, padres de Diego Gutiérrez de Logroño, encomendero de Mira, en Otavalo, en 1582.

Gutiérrez de Medina, Juan: Marchó al Perú en 1534 con Pedro de Alvarado y después se halló en la conquista de Quito con Sebastián de Benalcázar.

Mujer: Se desconoce su nombre, pero con ella tuvo un hijo natural llamado Diego Gutiérrez de Medina, casado con Isabel Atahualpa, hija del emperador Atahualpa, y otra de sus hijas casada con Francisco García de Escobar.

Gutiérrez de Mendoza, Diego: Nacido en Zafra, hijo de Juan Gutiérrez y de

G

Catalina Rodríguez. Marchó al Perú y se radicó en Camaná en 1539, siendo el fundador de Arequipa en 1540; falleció en 1567.

Mujer: **Constanza Rodríguez**, su legítima esposa, hija del conquistador Juan Crespo y de María González. Siendo soltero, tuvo una hija natural con Isabel Ñusta, princesa inca.

Gutiérrez de Mendoza, Diego: Conquistador del Perú.

Mujer: **María Álvarez de Carmona y Guzmán**, su legítima esposa, natural de Arequipa, hija del licenciado Hernando, encomendero de Caraveli, y de Leonor de Guzmán. Al quedar viuda y ser nuevamente pretendida decidió hacerse religiosa. Fundó el monasterio de Santa Catalina al que donó todos sus bienes. Por licencia del virrey Francisco de Toledo, concedida el 7 de enero de 1576, se encerró María efectuándose su profesión el 2 de octubre de 1580. Habiendo aprobado el papa la erección del monasterio, se le nombró priora perpetua. Sufragó luego con limosnas que obtuvo los daños ocasionados al monasterio por los terremotos de 1582 y 1600. Falleció en mayo de 1605 y la sucedió en el priorato su hija Ana.

Gutiérrez, Felipe: Nacido en Madrid, hijo de Alonso Gutiérrez de Toledo, tesorero de Carlos V y de su hijo Felipe II y de la Casa de Alba, y de María de Mendoza de la Casa de los duques del Infantado. Fue primero criado del emperador y después marchó como capitán a la conquista de Veragua, zarpando de Sanlúcar de Barrameda en 1535. Pasó luego al Perú y se puso al servicio de Francisco Pizarro y se halló en la pacificación de Yauyos y otros pueblos. Con Hernando Pizarro se halló en la batalla de las Salinas y fue nombrado después corregidor del Cabildo del Cuzco. Posteriormente se unió a Vaca de Castro y se halló en la batalla de Chupas. Terminó siendo degollado por las tropas de Gonzalo Pizarro.

Mujer: **Luisa de Zárate Cisneros y Mendoza**, su legítima esposa y posiblemente su parienta, dejando extensa sucesión. Tuvo también una amante llamada Catalina de Enciso.

Gutiérrez, Felipe de: Gobernador de Veragua.

Mujer: **Catalina Enciso**, su legítima esposa, que le acompañó en la entrada de Chacras en Tupiza. Les acompañaba una tal María López, mujer valiente que en una ocasión montó guardia a unos indios que se hallaban prisioneros.

Gutiérrez Flores, Francisco: Se desconocen datos de este señor, aunque se cree que era oriundo de Extremadura.

Mujer: **Francisca Ordóñez**, su legítima esposa; fueron los padres del Dr. Pedro Ordóñez Flores, nacido también en Extremadura, Caballero de la Orden de Alcántara y rector de esta orden en el colegio de dicha ciudad. Fue a Lima de inquisidor y visitador general de tribunales y hacienda. En 1580 se le eleigió rector de la Universidad de San Marcos. Más tarde se trasladó a España donde fue presidente del tribunal de la Casa de Contratación de Sevilla y en 1609 le nombró el rey arzobispo de Santa Fe. Falleció al año siguiente.

Gutiérrez, Francisco: Conquistador de México, hijo de Antón Gutiérrez y Elvira Martín.

Mujer: **Antonia Gutiérrez**, su legítima esposa. Se desconoce si hubo descendencia.

Gutiérrez, Francisco: Conquistador del Nuevo Reino de Granada.

Mujer: **Luisa de Venero,** su legítima esposa, con la que tuvo un hijo. Tuvo también una amante india llamada Juana con la que tuvo un hijo.

Gutiérrez, Gómez: Conquistador de México.

Mujer: **María Gutiérrez de Villacorta,** su legítima esposa, nacida en México, e hija de Juan de Villacorta y Ana González; parece haber enviudado antes.

Gutiérrez, Julián: Conquistador de Colombia.

Mujer: **Isabel,** sobrina del cacique de Urabá que le acompañó en varias expediciones. Se desconoce si fue su amante o esposa.

Gutiérrez Nieto, Alonso: Hidalgo nacido en Ciudad Rodrigo. Marchó al Perú y se avecindó en Lima donde se unió a Francisco Pizarro en las luchas contra los indios de de Titu Yupanqui en 1536. Después se puso al servicio de Vaca de Castro y se halló en la batalla de las Chupas, así como luego en la de Jaquijahuana con el presidente Gasca.

Mujer: **Inés de Torres y Toledo,** su legítima esposa, padres de Alonso Gutiérrez y Clara Gutiérrez.

Gutiérrez Trujillo, Pedro: Conquistador de México.

Mujer: **Ana,** amante o esposa, aunque según registro consta que estaban casados. Era sobrina del emperador Moctezuma. Se desconoce si hubo descendencia.

Guzmán, Francisco de: Soldado de la expedición de Hernando de Soto; era mestizo, hijo natural de un hidalgo de Sevilla.

Mujer: Se enamoró de una india y por quedarse con ella abandonó la expedición que dirigía Moscoso al fallecer Hernando de Soto; se desconoce su nombre.

Guzmán, Martín de: Nacido en Salamanca hacia 1528, hidalgo de la Casa de Guzmán. Marchó a América en 1544, viviendo primero en Gracias a Dios y San Miguel de la Frontera. después pasó al Perú con el oidor Pedro Ramírez de Quiñones y junto al presidente Gasca se ahhló en la batalla de Jaquijahuana. Regresó a España en 1544 y volvió al Cuzco en 1558 trayendo consigo al primer canario de América lo que causó gran sensación por haber sobrevivido tan largo viaje. Pasó después a Lima donde se le nombró maestre de campo para la jornada de Pedro de Usúa a Omagua y el Dorado. No pudo continuar con la expedición pues se le hizo preso por las muchas deudas que tenía, las cuales después pagó su suegro; falleció en 1580.

Mujer: **Beatriz Maldonado,** su legítima esposa, hija de Diego Maldonado de Álamos. También su hermano, Fernando de Guzmán, había concertado casarlo con Elvira de Aguirre, hija de Lope de Aguirre, lo cual hizo sin su consentimiento y que él no aceptó.

Guzmán, Pedro de: Conquistador de México.

Mujer: **Francisca de Valterra,** su legítima esposa; se dice que ambos perecieron helados en el Perú. Se desconocen otros detalles.

H

Henríquez de Borja, Juan: Hijo del marqués de Alcañices y nieto por su madre de San Francisco de Borja, señor de Yucay y al que se le adjudicaron más de 20 mil indios.

Mujer: **Ana María Coya de Loyola Inca,** su legítima esposa, hija de Martín Garcia de Loyola, gobernador y capitán general de Chile, fallecido en 1599, y de Beatriz Clara Coya, hija del príncipe Sayri Tupac y de Beatriz Cusihuarcay. Muertos sus padres, se la llevaron a España donde Felipe III la hizo marquesa de Oropesa. Se desconoce si hubo descendientes.

Herboso y Asunsolo, Francisco: Caballero de la Orden de Santiago, nacido en Balmaceda en 1639.

Mujer: **Antonia de Luza y Mendoza,** su legítima esposa, con la que casó en Lima; tuvieron por hijos a Pedro Herboso, corregidor de Lima, que después se hizo sacerdote, y de Francisco Herboso y Luza, Caballero de la Orden de Santiago, capitán del ejército y contador mayor del real tribunal de cuentas y en 1725 presidente de Charcas. Estaba casado con Isabel Figueroa y Sánchez.

Herboso y Figueroa, José: Hermano de Francisco; ocupó el cargo de visitador de las Cajas Reales de Potosí y contador mayor del tribunal de cuentas del Perú. Tuvo otros hermanos nacidos también en Lima, entre ellos: Domingo, arcediano de la iglesia de Chuquisaca; Gabriel, corregidor de Cochabama; Joaquín, oficial real de las cajas de la Paz; Dr. Agustín, sacerdote de San Sebastián y de Santa Ana de Lima; Catalina que casó con Matías de Astoraica oficial real de Potosí, primer conde de San Miguel de Carma en 1738. Una hija de éste, Josefa, casó con su tío Gabriel arriba mencionado. Otra hija fue María Balbina, casada con Pedro Antonio Argamosa Ceballos, corregidor de la provincia de Tinta. Se desconoce el nombre de la mujer de José.

Heredia, Pedro de: Nacido en Segovia hacia 1514. Marchó a América y fue uno de los primeros pobladores de Guayaquil, Ecuador. Vaca de Castro lo envió luego a Lima y le entregó repartimientos de indios en Túmbez y Piura. Posteriormente se puso al servicio del virrey Núñez Vela que le hizo capitán de su guardia personal y a quien acompañó a la retirada de Popayán y más tarde a la batalla de Iñaquito. Tras la derrota se refugió en el convento de los franciscanos de donde le sacaron e hicieron preso; terminó siendo decapitado en la Plaza Mayor de Quito por orden de Gonzalo Pizarro.

Mujer: Se desconoce su nombre, pero con ella tuvo una hija llamada Bernardina de Heredia, que casó con el conquistador Hernán Pantoja.

Heredia, Sebastián de: Conquistador de Nueva Granada.

Mujer: **Doña Ana,** su amante, mujer de un tal Alcocer.

Hermoso, Diego Alonso: Pasó a Huamanga, Perú, de la Nueva España.

Mujer: **Lucía Aguilar,** hija de Antonio de Aguilar Guerrero. Este es un caso curioso.

Antes de establecerse en Huamanga, Diego residía en la Nueva España donde era casado lo cual mantuvo siempre en secreto. Al casarse con Lucía, pasándose por soltero, recibió de la familia de ella una buena dote con la que después se escapó. Al cabo de muchas vueltas, se descubrió su mentira y se le quiso enjuiciar pero logró esquivar a la ley. Nunca más se supo de él.

Hernández, Antonio: Sacerdote de Lima.

Mujer: **Isabel Mulata**, negra con la que tuvo un hijo llamado Juan Hernández, que le fue después entregado a los jesuitas por haberle reclamado. Pasó luego al cuidado de uno de los canónigos de la catedral de Lima.

Hernández, Cristóbal: Conquistador de México.

Mujer: **Catalina Hernández**, su legítima esposa, nacida en México, con la que tuvo una hija llamada Leonor Hernández. Al fallecer el marido, a ambas las cuidaba un tutor de nombre Diego Díaz.

Hernández de Hinestrosa, Sancho: Nacido en Ecijas. Se halló en las conquistas de Jalisco y Culiacónm, y después pasó al Perú donde se encontraba su tío el conquistador Francisco Franco. Allí, concurrió a las conquistas de Huánuco, Chachapoyas y Moyobamba. Se pasó después al bando gonzalista y se confabuló con otros para asesinar a Lorenzo de Aldana, teniete gobernador de Lima, lo cual él evitó. Pasó después con Aldana a Tierra Firme y en Panamá se unió al presidente Gasca y regresaron al Perú, hallándose en la batalla de Jaquijahuana.

Mujer: **Ana**, amante india del pueblo de Huaylas con la que tuvo un hijo natural llamado Juan de Hinestrosa.

Hernández de la Cuba, Diego: Nacido en Ontiveros, Ávila, hijo del hidalgo Diego Hernández de la Cuba y de Bernarda Maldonado. Fue fundador de Arequipa en 1540. Se halló en el bando real en las batallas de Huarina y Jaquijahuana. Pasó luego a Lima y se halló en la victoria de Pucará, siendo posteriormente nombrado capitán general de Arequipa, así como regidor de ésta en 1553 y alcalde a partir de 1556. Regresó más tarde a España donde se le ingresó en la Orden de Santiago y se le hizo gobernador de Chucuito. Finalmente volvió a América naufragando en la nave donde viajaba cerca de Panamá.

Mujer: **Juana de Mercado y Peñalosa**, su legítima esposa, nacida en Madrigal de las Altas Torres, viuda del conquistador Juan Pérez de Vergara. De este enlace quedó en Perú extensa descendencia.

Hernández de los Palacios, Francisco: Nacido hacia 1514. Marchó al Perú en 1534 donde se juntó con el capitán Juan de Soto contra los negro cimarrones. Más tarde se halló en la fundación de Trujillo y luego pasó al Cuzco juntándose a Diego de Almagro para la conquista de Chile, y de ahí a Quito con el capitán Rodrigo de Salazar concurriendo a la batalla de Jaquijahuana. Terminó radicándose en Lima.

Mujer: **María de la Fuente**, su legítima esposa, hija de Alonso Caballero. Se desconoce si hubo sucesión. Esta doncella le fue dada por el virrey marqués de Cañete, habiéndole ofrecido antes a una tal Isabel de Paredes a quien él no aceptó, quizá por ser viuda.

Hernández de Mosquera, Gonzalo: Conquistador de México; estaba casado con una sobrina de Pedro de Alvarado con la que tuvo cinco hijos; también tenía ocho hijos naturales, desconociéndose los nombres de ambas mujeres.

Hernández de Nava, Bartolomé: Conquistador de México.

Mujer: **Catalina Vélez Razcona**, su legítima esposa, con la que tuvo varios hijos.

Hernández, Diego: Nacido en Sanlúcar de Barrameda. Marchó al Perú con Francisco Pizarro, hallándose en la defensa del Cuzco en 1536 y fundando Villa Hermosa de Camaná en 1539 y de Villa Hermosa de Arequipa en 1540. Se unió luego a las fuerzas gonzalistas con Francisco de Carbajal. Fue encomendero de Puquina y Huasacachi otorgadas por Francisco Pizarro; falleció hacia 1550.

Mujer: **María de Mendoza**, su legítima esposa, hija del conquistador Cristóbal de Erbás y de Catalina de Vergara, padres de Diego Juan, Antonio y Juana de Herrera. Después de fallecer Diego Hernández, volvió a casar María con el conquistador Francisco Madueño.

Hernández, Diego: Nacido en Talavera de la Reina hacia 1518. Marchó al Perú con Diego de Almagro el Viejo y se halló con Francisco Pizarro en la toma del Cuzco así como en la fundación de esta ciudad. Después se las arregló para ayudar a escapar a Gonzalo Pizarro y Alonso de Alvarado que se hallaban presos bajo Almagro. Francisco Pizarro le otorgó un repartimiento de indios en Urcos. Con Perálvarez Holguín se halló en la batalla de Chupas. Posteriormente se plegó a las fuerzas de Pedro Hernández Girón y participó en las marchas de Huamanga, Jauja y Lima.

Mujer: la Ñusta **Beatriz Yupanqui**, su legítima esposa, hija de Huayna Cápac; se rumoraba que rehusó desposarse con él por ser de origen humilde y de profesión sastre. Esta señora desempeñó un gran papel frente a sus sobrinos, los incas de Vilcabamba.

Hernández, Francisco: Natural de Béjar de Castañar (Salamanca); vivió en las Azores con su mujer e hijo, siendo allí el primer curtidor de cueros; pasaron después a México y allí se radicaron.

Mujer: **Hernández Gracia**, su legítima esposa, natural del Barco de Ávila; tuvieron en total ocho hijos, uno de ellos Pedro Hernández de Albor (o Alvor) que llegó a ser minero y casó.

Hernández Gallego, Francisco: Nacido en Ciudad Rodrigo hacia 1511, hijo de Gonzalo Hernández y de Isabel Martínez. Marchó a América en 1538 y se halló con Gonzalo Pizarro en el cerco de Cochabamba. Marchó más tarde a la conquista de Chile. Era minero de oficio y falleció en 1554.

Mujer: **Bárbola Flores**, su legítima esposa, hija mestiza de Bartolomé Flores. Se desconoce si hubo sucesión.

Hernández Girón, Francisco: Nacido en Cáceres hacia 1515, hijo de Pedro Girón, Caballero de la Orden de San Juan, y de Francisca de Estrada. Al quedar huérfano de niño lo crió su tío Diego Girón. Marchó a América en 1535 y se refugió en el Perú después de la fracasada expedición de Felipe Gutiérrez a Veragua. Allí fue donde se agregó el apellido Girón. Participó en la expedición que mandó Francisco Pizarro contra Sebastián de Benalcázar a Quito, donde más tarde fue capitán del virrey Blasco Núñez Vela. Cayó prisionero en la batalla de Añaquito. Fue uno de los que se rebeló contra el gobierno de La Gasca por la distribución que se había hecho de los indios, cuya revolución estalló en el Cuzco en 1553.

H

Se le decapitó en Lima el 19 de diciembre de 1553 y su cráneo, puesto en una jaula de hierro por ser hidalgo, se colgó en la picota de la Plaza Mayor de Lima junto con los de Gonzalo Pizarro y Francisco de Carbajal. Según se dijo, los tres cráneos fueron robados sigilosamente por Gómez de Chaves y depositados en el convento de los franciscanos.

Mujer: **Mencia Sosa**, su legítima esposa, hija del tesorero Alonso de Almaraz y de Leonor de Portocarreo. Mencia fue mujer muy sufrida por lo que tuvo que soportar en el matrimonio, llamándosele comúnmente "la bella mal marida", aunque también "la reina del Perú" porque lo podía haber sido. Se desconoce si dejaron sucesión.

Hernández, Gómez: Nacido en Ontiveros hacia 1524, hijo de Fabián Gómez de Tapia y de Francisca Hernández, licenciado en leyes. Marchó al Perú y se hallaba en Arequipa en 1549. Se juntó después al mariscal Alonso de Alvarado quien le hizo su teniente de capitán general contra Francisco Hernández Girón. Se halló luego en la victoria de Pucará y posteriormente nombrado corregidor de Arequipa en 1556 y alcalde ordinario por varios años a partir de 1558 así como procurador. Intervino en las recaudaciones que se hicieron para fundar el Monasterio de Santa Catalina de Siena; falleció en 1579.

Mujer: **Violante de la Cerda**, su legítima esposa, hija del conquistador Lorenzo de Ulloa y de Ana Angulo, avecindados en Trujillo y hermana de Mencia de Carbajal. No tuvieron hijos, y al fallecer él Violante volvió a casar con Juan Dávila, natural de Ávila. Ella había sido benefactora de la Iglesia de San Agustín de Arequipa.

Hernández Mosquera, Gonzalo: Conquistador de México, hijo de Gonzalo Hernández Bermejo y Francisca Hernández.

Mujer: Casó con una sobrina de Pedro de Alvarado; tuvo además varios hijos naturales. Una de las hijas, legítima o no, no se sabe, casó con Alonso Gutiérrez de Badajoz, y a su muerte con Francisco Termiño.

Hernández Navarrete, Pedro: Conquistador de México y otras provincias, por lo que le fue dada la encomienda del pueblo de Acayuza.

Mujer: **Ana de Rebolledo**, su legítima esposa, natural de Tudela de Navarra, hija del comendador García de Rebolledo y Ana de Mendoza; tuvieron dos hijos y dos hijas.

Hernández Nieto, Diego: Conquistador de México, presente en el sitio de Tenochtitlán. Era mulato e hijo de Gonzalo Hernández Nieto, hidalgo de Sevilla, y Catalina García, una negra.

Mujer: Estaba casado con la hija de Bartolomé Hermoso, sevillano, cuyo nombre se desconoce.

Hernández, Pero: Nacido hacia 1517. Marchó a México en 1538 y se unió a la expedición de Francisco Vázquez de Coronado a la América del Norte. Después se dirigió al Perú y se puso al servicio del Virrey Núñez Vela en Túmbez y otras jornadas. Pasó luego a Panamá y se juntó al presidente Gasca que le dio una misión en Perú arribando a Lima junto al capitán Juan Alonso Palomino. Se halló en la batalla de Jaquijahuana. Del Cuzco, donde se encontraba, regresó a España y se radicó en la villa de Oliva, en el ducado de Feria. Militó luego en la guerra de Portugal; falleció hacia 1582, dejando a dos negros esclavos libres.

Mujer: **Catalina Díaz Portillo**, su legítima esposa, nacida hacia 1524, hija de Ruy González Portillo y de Isabel Díaz. Hubo un hijo, Martín Leal, que acompañó a su padre a la guerra de Portugal, no se sabe de quién pues fue legitimado en Toledo en 1565, casado con Catalina Díaz, la Moza, sobrina de Catalina Díaz Portillo.

Hernández, Rodrigo: Natural de Toledo; pasó a México con Cortés y se halló en las conquistas de esta ciudad y las de Pánuco y Michoacán, por lo que le fueron dados varios pueblos en encomienda.

Mujer: **Beatriz Ruiz**, natural de Palencia, con la que tuvo un hijo de nombre Pedro de la Calle.

Herrera Barrantes, Alonso de: Uno de los primeros conquistadores del Perú, según carta que envió Francisco Pizarro al propio rey. Se halló en el desembarco de Túmbez, la fundación de la ciudad de San Miguel de Tangarará, así como en la captura del emperador Atahualpa en Cajamarca y en la toma del Cuzco, en su fundación en 1534 y en la de Lima en 1535.

Mujer: **Ana del Pavón Chumacero**, su legítima esposa, padres de Bartolomé de Herrera, casado con Beatriz Álvarez, padres a su vez del conquistador Juan de Herrera Álvarez, Luis de Herrera y Francisco de Herrera.

Herrera, Francisco: Hidalgo nacido en Baeza hacia 1506. Marchó a Nicaragua y luego a Tierra Firme y posteriormente al Perú con Diego de Almagro el Viejo y a Jauja con Francisco Pizarro. Es probable que se hallase en la fundación de Lima, ciudad en la que se le nombró mayordomo en 1535 y regidor al año siguiente,

defendiendo a la ciudad contra el ataque del inca Titu Yupanqui. Fue también alcalde de Lima en 1539 y recibió de Pizarro el repartimiento de los indios Yauyos, así como los de Manco y otros; falleció hacia 1556.

Mujer: **María Martel**, su legítima esposa, hija del licenciado Alonso Pérez Martel, ejecutado en el Cuzco por orden de Gonzalo Pizarro. Al enviudar, María casó en segundas nupcias con Hernando Martel Lemos, pasando juntos a España hacia 1579. María falleció hacia 1589. Hay noticia de que en 1581 vivía en Lima un hijo de Francisco de Herrera llamado Juan de Herrera quien a la sazón contaba con 45 años de edad. Es casi seguro que el apellido que se da de María haya sido el del segundo esposo desconociéndose el anterior.

H

Herrera, José de: Capitán avecindado en Cartagena de Indias a mediados del siglo XVIII.

Mujer: Se desconoce su nombre, pero con ella tuvo una hija de nombre Rafaela de Herrera, nacida en Cartagena de Indias en 1748. Siendo una niña de trece años de edad presenció la muerte su padre ante la invasión inglesa del puerto de San Juan del Norte que él defendía. Los negros y mulatos que le acompañaban huyeron de pavor y, en ese momento, ella se dirigió a uno de los cañones y disparó matando al jefe inglés hundiéndose el buque donde venía con todos sus tripulantes. Siendo ya mujer casó con Pedro de Mora en Nicaragua y recibió del emperador renta vitalicia por su gran valentía.

Mujer: **Hinojosa, Juan de:** Avecindado en el Perú en tiempos de la conquista.

Mujer: **Leonor Méndez**, su legítima esposa. Se desconoce si hubo descendencia.

Hojeda (u Ojeda), Alonso de: Con Américo Vespucio y Juan de la Cosa pasó a La Española y de ahí, siguiendo la ruta de Colón en su tercer viaje, se adentró en el golfo de Paria y recorrió el litoral de la actual Venezuela acompañado de Vespucio. Nacido en 1466-70 en Cuenca y fallecido en 1515 ó 1516 en Santo Domingo.

Mujer: **Isabel:** Se enamoró locamente de ella viéndose siempre correspondido. Ojeda Se la llevó a Sevilla y la celaba constantemente sin perderla de vista. Regresó después con ella a las Indias, encargándosela al piloto Juan López de la nave Granada. No se sabe si fue esposa o amante ni si hubo descendencia. Además, estando en Cholula, donde le había enviado Cortés, recibió cuatro hermosas doncellas muy aderezadas y dispuestas que fueron sus amantes.

Holguín, García: Hidalgo nacido en Cáceres hacia 1480. Se halló en la conquista de México donde adquirió fama por la captura de Cuahutemoc, y después se puso al servicio de Pedro de Alvarado que le envió al explorar la costa del Perú. Informado éste de que Francisco Pizarro se hallaba en Cajamarca, decidió dirigirse allí en 1534 abandonando así su expedición al país de la Especiería. Al llegar a Lima, Francisco Pizarro hizo a Holguín su teniente gobernador permaneciendo en su cargo hasta 1541. Fue en Trujillo encomendero de Santa y Huambacho; falleció en esta ciudad hacia 1561.

Mujer: **Beatriz de Isásaga,** su legítima esposa. Se desconoce si hubo sucesión.

Hurtado de Arbieto, Martín: Hidalgo nacido hacia 1519. Marchó al Perú y se puso al servicio de Diego de Almagro el Mozo, sufriendo la derrota de Chupas. Cuando estalló la gran rebelión, se plegó al capitán Diego Centeno y concurrió a la toma del Cuzco y a la batalla de Huarina, y luego con el bando del rey a la de Jaquijahuana. Huyó a Lima a tiempo de la revuelta de Francisco Hernández Girón y asistiendo en la batalla de Pucará. El virrey Francisco de Toledo le nombró en 1572 gobernador, capitán y justicia mayor de Vilcabamba. Fundó la ciudad de Villarreal de Huamaní, asiento minero y finalmente se radicó en Lima donde falleció en 1589. Dejó entre sus muchos bienes un ingenio en Quillabamba y una estancia en en Jaquijahuana, además de mucho ganado y sus casas en el Cuzco.

Mujer: **Juana de Ayala Ponce de León,** su legítima esposa, hija del doctor Pedro de Casaus, goerbador de Tierra Firme en 1545, y de Leonor de Ayala. Fueron los padres de Juan Hurtado de Arbieto, segundo gobernador de Vilcabamba.

Hurtado y Alzamora, José Leonardo: Nacido en Lima, nieto de Isabel de Antiago Concha, hermana del primer marqués de Casa Concha, casada con Pedro Alzamora y Ursino, corregidor de Trujillo. Su padre, José Antonio Hurtado y Sandoval, fue contador mayor del tribunal de cuentas del Perú.

Mujer: **Inés Villalta,** su legítima esposa, hija de José Antonio Villalta y Núñez, oidor de Lima, y de Juana Rosa de Santiago Concha. Tuvieron un hijo, José Antonio Hurtado y Villalta, prebendado del coro de Lima desde 1810.

I

Ibáñez de Segovia Peralta y Cárdenas, Luis: Nacido en Madrid en 1638, primer marqués de Corpa y Caballero de la Orden de Santiago. Era hijo de Mateo Ibáñez de Segovia y Elvira de Peralta y Cárdenas. Fue rector de la Universidad de Salamanca. Fue al Perú en 1662 como corregidor del Cuzco y a raíz de la toma de Panamá por los ingleses en 1670, el virrey conde de Lemos le nombró maestre de campo. Vuelto a Lima fue nombrado gobernador de la provincia de Guancavélica y superintendente de la mina de azogue.

Mujer: **María Josefa de Orellana y Luna,** su legítima esposa, con la que casó en Lima y con la que tuvo 9 hijos, entre ellos al Dr. Gaspar Ibáñez y Orellana, nacido en Lima en 1669, que fue catedrático de la Universidad de San Marcos y Caballero de la Orden de Calatrava. Fue, además, inquisidor decano del tribunal del Santo Oficio del Perú.

Ibáñez de Segovia y Orellana, Luis, conde de Torreblanca, título conferido por el virrey duque de Palata en 1683, conforme a autorización real. Nacido en Lima, e hijo de Luis Ibáñez de Segovia y Josefa Orellana y Luna, primeros marqueses de Corpa. El hermano de Josefa, el oidor Alonso Orellana, mandó fundar el mayorazgo de Orellana en 1681 a favor de su sobrino Luis, quien murió en 1752 sin sucesión. Le sucedió en el título su sobrino, Mateo Ibáñez, pasando por fallecimiento de éste a su hermana Nicolasa Ibáñez, casada con el capitán José Gayan-gos, y sis dejar sucesión. En 1793 poseía el título Mercedes Ibáñez.

Illanes, Juan de: Natural de la villa de Illanes, en Asturias. Militó con Gonzalo Pizarro en la jornada de los Quijos, Zumaco y el País de la Canela, y después se halló con Francisco de Orellana en el descubrimiento del Amazonas. Posteriormente regresó a Quito uniéndose al capitán Rodrigo de Salazar en el asesinato de Pedro de Puelles y continuando con él hasta la batalla de Jaquijahuana. Se avecindó definitivamente en Quito. Se decía que junto Francisco de Orellana había fundado a Guayaquil.

Mujer: **Beatriz Díaz de Pineda,** su legítima esposa, con la que casó en Quito, viuda de Francisco de Campos

Illescas, Fernando de: Conquistador de México.

Mujer: **Leonor Farfano,** su legítima esposa, con la que tuvo dos hijos cuyos nombres se desconocen.

Illescas, Francisco de: Nacido en Torrejón de Velasco hacia 1508. Marchó a Santo Domingo hacia 1527 y después al Perú sirviendo en el castigo de los cimarrones. Luego pasó a la región de Quito y se halló en las batallas de Quisquis y Chambo, dirigiéndose de ahí a Lima con Diego de Almagro el Viejo. En 1536 estuvo en el socorro de Lima y luego en las batalla de las Salinas por el bando almagrista, así como con Hernando Pizarro en la del Desaguadero y en la de Chupas, y junto a la Gasca en la Jaquijahuana. El virrey marqués de Cañete le concedió varias encomiendas, entre ellas las de Puná y Ciama.

Mujer: **Inés de Fuentes**, su legítima esposa, hija del conquistador Antón Cuadrado y nieta del conquistador Francisco de Fuentes por línea materna.

Iparraguirre, Agustín de: Minero de Potosí a mediados del siglo XVII.

Mujer: **Damiana**, su legítima esposa; se desconoce su apellido, aunque su padre se llamaba José de Mugaburu, soldado de las milicias reales del Perú. Casaron en Lima en 1652. Al enviudar volvió a casar con Francisco de Ribero, matrimonio que fue anulado poco después. Casó por tercera vez con Diego Pardo, maestre de campo, en 1668 y se trasladaron a Yauyos.

Irazábal, Francisco de: Conquistador de Chile o Panamá.

Mujer: **Lorenza de Zárate**, su legítima esposa, vecina por muchos años de Chile. Esta valerosa mujer salió al encuentro del pirata inglés Francisco Draque cuando se disponía a capturar Panamá. Haciéndose conducir en una silla por estar baldada, arengó al pueblo para que no abandonase la ciudad y se uniese a las tropas del general Alonso de Sotomayor en su defensa y así se hizo.

Iricio, Martín de: Conquistador de México; participó también en las conquistas de Pánuco, Colima, Chiapa y Guatemala. Sus padres fueron Pedro Sánchez de Iricio y María Jimena de Ribafrecha.

Mujer: **María Ponce de León**, su legítima esposa, hija de Manuel Ponce de León y Guzmán, conde de Bailén, y Beatriz Vanegas; tuvieron una hija cuyo nombre se desconoce. Aquí hay cierta discrepancia, pues según él mismo certifica en la obra de Francisco de Icaza (véase bibliografía), su mujer se llamaba María de

Mendoza, hermana del virrey. Puede ser, también, que se trate de otro Martín Iricio, aunque los nombres de los padres son los mismos. También parece haber discrepancia en su apellido, pues aparece escrito de tres formas distintas: "Dircio", "Ircio" e "Iricio". Icaza lo transcribe "Dircio", pero el nombre del padre lo escribe "Yrzio" ("Ircio"). No hemos podido encontrar otra fuente que lo aclare. De una u otra mujer tuvo varios hijos.

Isásaga, Pedro de: Nacido en Vizcaya. Marchó al Perú en 1534 con Pedro de Alvarado. En 1544 se hallaba en la Plata y posteriormente pasó a Lima y se halló en la rendición del virrey Núñez Vela y se halló también en la tomo del Cuzco con el capitán Diego Centeno, y en la batalla de Jaquijahuana junto al presidente Gasca; falleció hacia entre 1550 y 1560 debido a una paliza y cuchilladas dadas por su suegro y criados.

Mujer: **Teresa de Avendaño**, su legítima esposa, quien al enviudar volvió a casar con Pedro de Córdoba sobrino del virrey marqués de Cañete.

Iturrizarra y Mancilla, Bernardo: Nacido en 1608 en Azcaray, Vizcaya Cursó sus estudios de licenciado en la Universidad de Alcalá de Henares, siendo después catedrático de la misma. Era alcalde de corte de la real audiencia de Lima de la que fue luego oidor, y también gobernador y capitán general del Perú. Falleció en 1678.

Mujer: **Paula Antonia Gómez del Castillo Henríquez Herrera**, su legítima esposa. Su hija, Manuela Iturrizarra, casó con Pedro Vallejo y Cañiego, Caballero de la Orden de Alcántara, regidor de Valencia y de Lima, así como corregidor del Cuzco y otras provincias y encomendero de Piura. Tuvieron de hijo a José Vallejo, nacido en Lima, conde de Viruega.

J

Jara de la Cerda, Agustín: Avecindado en el Cuzco y primer marqués de Casa Jara en 1744

Mujer: **J. Mollinedo**, su segunda legítima esposa, con la que tuvo a Úrsula de la Jara, casada con Matías Mendoza, padres de Eugenio Mendoza y Jara que llegó a ser obispo del Cuzco. Agustín tuvo otras hijas, posiblemente con su primer esposa, entre ellas: Margarita, casada con el marqués de San Ignacio; Antonia, marquesa de Casa-Sola; y Josefa que heredó el título de Casa Jara y casó con Juan Antonio Mendive, padres de Antonia que casó con el marqués de Rocafuerte. Su hermana, Manuela, casó con Faustino Álvarez Foronda, padres de Francisca, condesa de Valle Hermoso y marquesa de Casa Jara, que casó con Manuel Plácido Berriozaval, oidor del Cuzco y Lima.

Jaramillo, Diego: Natural de Badajoz y conquistador de Santo Domingo, Cuba y Puerto Rico, trasladándose después a México donde descubrió las minas de Zumpango.

Mujer: **Cecilia Lucero**, su legítima esposa, que quedó viuda; cuidaba en su casa a dos nietos hijos de un tal Valdés, el cual no se sabe si fue en efecto su segundo marido.

Jaramillo, Juan: Sobrino de Diego Jaramillo; sirvió en Italia y Túnez y pasó después a México y fue soldado de la expedición de Francisco Vázquez de Coronado a Cíbola.

Mujer: **Ana de Andrada**, su legítima esposa; dos de sus tíos fueron conquistadores de México.

Jáuregui, García de: Se desconocen datos de este señor.

Mujer: **Catalina de Oria**, su legítima esposa; fueron los padres de Martín de Jáuregui Oria, vizcaíno. Tomó el hábito de los jesuitas en 1613 y donó parte de su fortuna para mantener un colegio en el Callao, del que fue luego nombrado fundador. Posteriormente se vendieron todos sus bienes y se compró la hacienda de Bocanegra en el valle de este mismo nombre. Falleció en 1635.

Jerez, Hernando de: Pasó a México con Pánfilo de Narváez y después se unió a Cortés en la conquista de México; se halló también en Pánuco y Honduras.

Mujer: **Ana Rodríguez**, su legítima esposa, natural de Jerez de la Frontera, con la que tuvo una hija de nombre homónimo. Fueron sus padres Pero Flores y Marina Rodríguez, suegra de Juan de Saso el joven. Al fallecer Hernando, que le había dejado el pueblo de Atlauca, volvió a casar con Pedro de Funes.

Jiménez de Lobaton y Azaña, Nicolás: Marqués de Rocafuerte, título concedido por Felipe V en 1746. Fue presidente de Charcas y allí falleció en 1757.

Mujer: **Constanza Costilla y Cartagena**, su legítima esposa, hija del marqués de San Juan de Buenavista. Sucedió en el título su hijo el teniente coronel Manuel Antonio Jiménez de Lobaton, Caballero de la Orden de Santiago, alcalde ordinario de Lima en 1760 y alferez real del Cuzco. Estaba casado con Rosa Závala Vásquez de Velasco, recayendo el título en su hijo el coronel Juan Nicolás de Lobaton, nacido en el Cuzco, corregidor de Urubamba y casado con Antonia Mendive hija y sucesora de los marqueses de Casa Jara. Juan Nicolás fue el último marqués de Rocafuerte.

Jiménez de Morales, Bernardo: Hijo de Diego Jiménez de Morales, marqués de Santa Rosa, título conferido por Felipe V en 1719; residente en Lima.

Mujer: **Mercedes Risco y Ciudad,** su legítima esposa, natural de Lima; al enviudar casó en segundas nupcias con el general Gabriel de Avilés, marqués de Avilés y después virrey del Perú.

Jiménez de Rivera, Juan: Conquistador de México y fue encomendero en el pueblo de Tiltitlán.

Mujer: **Leonor Gutiérrez,** su legítima esposa, con la que tuvo un hijo y una hija.

Jiménez, Llorente: Natural de Aragón, hijo de Llorente Jiménez y Catalina de Zúñiga; se halló en la conquista de Jalisco.

Mujer: **Juana Ruiz,** su legítima esposa, viuda de Antón Anguiano, conquistador de México, con el que tuvo un hijo y dos hijas y que era encomendero en el pueblo de Pungarauato.

José, Tomás: Indio avecindado en Lima a principios del siglo XVII.

Mujer: **Juana Rossa,** india también y su legítima esposa; su padre era Francisco Domingo. El matrimonio se disolvió pues, según ella declaró, el padre la había obligado a la fuerza a casarse con José.

Juárez, Lorenzo: Natural de Ébora, conquistador de Cuba y después de México, adonde llegó con Hernán Cortés, y por lo que recibió una encomienda en el pueblo de Talhoacopán.

Mujer: **María de Salazar,** su legítima esposa, natural de Santa Gadea; tuvieron un hijo de nombre Gaspar Juárez.

L

Labazares (o Lavazares), Guido de: Natural de Sevilla; pasó a México con Pánfilo de Narváez y después se incorporó a las huestes de Cortés formando parte de la conquista de esta ciudad y otras provincias. Parece haber hecho una relación de su viaje.

Mujer: **Inés Álvarez de Gibraleón,** posiblemente su mujer, aunque no lo declara en su memoria. Dice que él tenía una hija, y que después o antes de fallecido era casada con Francisco Rodríguez Zacatula que tenía un hijo, sin especificar si era ella la madre del mismo. Uno de los dos maridos le dejó un repartimiento de indios.

Lagos Mexía, Esteban de: Capitán y conquistador de Cuba; era regidor y alcalde ordinario de Bayamo (Cuba), e hijo de García de Lagos y Francisca Pérez.

Mujer: **Teresa de la Cerda Sotomayor y Casenda,** su legítima esposa, hija de Vasco Porcallo de Figueroa. Nacida en Puerto Príncipe, Cuba, con la que tuvo ochos hijos, Lorenzo Lasso de la Vega, Gonzalo de la Cerda, Ana de Lagos, Elvira de Lagos y Teresa de Lagos, García Mejía de la Cerda, María de Mendoza y Esteban de Mendoza. Según su testamento, Teresa pidió que se le enterrase al lado de su padre.

Lamadriz, Tomás de: Conquistador de México.

Mujer: Se desconoce su nombre, pero era natural de Lamadriz, residente de Guajaca, e hija de Gonzalo de Castañeda;

tuvieron tres hijas y al fallecer el marido le dejó el pueblo de Tequiastlán.

Larrea y Villavicencio, Juan José Clemente de: Nacido en Quito, Caballero de la Orden de Carlos III y hermano del marqués de San José. Se educó en España graduándose abogado y sirvió en la guardia del rey. Llegó al Cuzco con el cargo de contador oficial.

Mujer: **Eulalia de la Cámara,** su legítima esposa. Tuvieron dos hijos, Mercedes, casada el mariscal de campo Juan Tena, y Juan José Larrea, general de la confederación del Perú y Bolivia y ministro del Estado Sud-Peruano, quien casó con Juliana Mendoza y Beingolea, y por segunda vez con María Manuela Farfán de los Godos, descendiente de la inca Beatriz Yupanqui. Eulalia de la Cámara, que quedó viuda, volvió a casar con Pedro Antonio de Cernadas Bermúdez que fue oidor de la Audiencia del Cuzco y cuya hija, Francisca, casó con el general Andrés Santa Cruz, presidente de Bolivia.

Larriva, Vicente de: Nacido en Lima, persona distinguida y cabeza de una extensa familia, y tenía fama de ser muy caritativo.

Mujer: **Ignacia Ruiz,** su legítima esposa, con la que tuvo un hijo llamado Vicente Benito que llegó a ser director del estanco de tabaco. De su segundo matrimonio con Petronila González tuvo una hija llamada Carmen, casada con Fernando López Aldana que fue vocal de la alta cámara de justicia y posteriormente de la corte suprema. Otros hijos fueron: Josefa

Larriva y Ruiz, casada con el teniente coronel Pascual Roig; Rosa, casada con Ángel Tomás de Alfaro; Josefa, con Miguel Antonio Vertiz, ambos comerciantes, y cuyos hijos fueron los militares Juan Antonio y Gaspar y el Dr. José Joaquín.

Lavalle, José Antonio de: Conde de Premio Real, título conferido por Carlos III en 1782. Nacido de Trujillo y avecindado en Lima. Era Caballero de la Orden de Santiago y coronel de milicias, así como prior del tribunal del consulado; fallecido en 1815.

Mujer: **Mariana Zugasti**, su legítima esposa, hermana de la condesa de San Antonio. Tuvieron varios hijos, entre ellos al teniente coronel Simón de Lavalle, fallecido en 1813 que tuvo varios hijos, desconociéndose sus nombres así como el de su mujer.

Lavalle, Simón de: Nacido en 1706 en Vizcaya, contador del Banco Real de Trujillo, Perú, e inspector de Cajamarca y otros pueblos.

Mujer: **María del Carmen Cortés**, su legítima esposa, con la que tuvo tres hijos y dos hijas. Nacida en 1712 en Trujillo, Perú. Era descendiente de Francisco Roldán, uno de los tripulantes de Cristóbal Colón en su segundo viaje. Uno de sus descendientes, el general Juan Lavalle González, fue figura prominente en la formación de la República Argentina en 1852.

Leiva, Antonio de: Avecindado en Lima a principios del siglo XVIII.

Mujer: **Constanza Rojas**, su legítima esposa, con la que tuvo varios hijos; el matrimonio culminó en divorcio debido a diferencias y constantes peleas entre los cónyugues.

Lerena, García de: Natural de Burgos, hijo de Juan de Lerena; fue conquistador de Pánuco y tuvo una encomienda en Tetiquipac.

Mujer: **María de Pineda**, su legítima esposa, hija de Juan de Pineda y Leonor Hernández; tuvieron cinco hijos.

León, Diego de: Miembro de la expedición científica francesa de Charles Marie de la Condamine, Bouger y Godin de mediados del siglo XVIII, a la que se había unido el español Antonio de Ulloa.

Mujer: **Manuela Quesada**. Estaba comprometido con ella pero después casó con otra, la hija del alcalde de Cuenca, en Quito. El médico de Manuela, el francés Jean Senierges, trató de intervenir en reclamo del derecho de Manuela y salvar su honor, y confrontó a Diego en un duelo. Intentó darle una estocada pero falló y cayó al suelo. Luego, el 29 de agosto de 1739, durante una corrida de toros, surgió de nuevo una confrontación entre ambos rivales, pereciendo el doctor víctima de la multitud que apoyaba a Diego.

León Garabito, Francisco de: Médico avecindado en Lima a principios del siglo XVII y de la prominente familia de los Garabito-Illescas.

Mujer: **Isabel de Illescas**, su legítima esposa, perteneciente a la alta sociedad limeña, con la que tuvo tres hijas llamadas Eufrasia, Casilda y e Isabel, todas ellas monjas en el convento de la Encarnación.

Lescano, capitán Francisco Pérez: Natural de Sevilla, descendiente de Lope García, Señor de los Lescano de Guipuzcoa. Llegado al Perú, fue encomendero en Cherrepe de la intendencia de Trujillo. Mandó a fabricar una gran iglesia en Pascamayo, en la que colocó la copia de una imagen de la Vírgen de Guadalupe que había mandado a hacer en España según promesa que había hecho si le salvaba de la condena a muerte impuesta por el corregidor de Trujillo, su enemigo. La iglesia fue arruinada por el terremoto de 1619, y luego se reedificó en un convento cerca de allí en el que hoy se venera a la Vírgen de Guadalupe.

Mujer: **Luisa de Mendoza**, su legítima esposa, cuya hija, Graciana, casó con Diego García de Chávez, encomendero de Pascamayo.

León y Garabito Dr. Andrés: Nacido en Lima, Caballero de la Orden de Santiago. Cursó sus estudios en el colegio de San Martín y fue oidor de las audiencias de Panamá y Charcas en 1643. Se le nombró también gobernador del Paraguay. Era hijo de Francisco de Leó y Garabito, natural de Sevilla y regidor de Lima, así como rector de la Universidad de San Marcos en 1601.

Mujer: **Constanza Messía**, su legítima esposa, hermana de Diego Cristóbal, primer conde de Sierra Bela y oidor de Lima. Sus hijos fueron Francisco León y Garabito, y Leonor María, casada con Lope Antonio Munive y Axpe, oidor de Lima, y cuyos hijos fueron José, primer marqués de Valdelirios y Andrés, arcediano de Lima.

Lisperguer, Pedro: De distinguida y acaudalada familia radicada en Chile en el siglo XVII.

Mujer: **Agueda Flores**, su legítima esposa, abuela de la que se llamaba "la Quintrala" por fama de encantadora o bruja. Tuvieron tres hijas, María, Catalina y Magdalena sospechosas del mismo oficio de la madre. Una de estas hijas, Catalina (por nombre completo Catalina Lisperguer y Flores) era la madre de "la Quintrala", cuyo nombre era Catalina de los Ríos y Lisperguer. La madre de "la Quintrala", o sea, Catalina, casó con Gonzalo de los Ríos, hijo de María de Encio. "La Quintrala" casó con Alonso Campofrío de Carvajal, capitán de las milicias reales, falleciendo en 1665. Tenía fama de mujer infame y cruel, además de hechicera, por infligir torturas a sus sirvientes indios. Una de las hijas de la Quintrala llamada Águeda casó con Blas de Torres Altamirano.

Lizana, Juan de: Conquistador de México.

Mujer: **Catalina de Garay**, su legítima esposa, con la que tuvo varios hijos.

Llano Valdés, Juan: Nació en 1599 y falleció en Lima en 1657, hijo del corregidor Juan Llano Valdés y de Violante Santa Pau, y sobrino de Juan González de Uzqueta y Valdés, Caballero de la Orden de Santiago y consejero de cámara de Indias.

Mujer: **Gabriela López Olivares y Olmedo**, su segunda legítima esposa, pues había enviudado de la primera. Era viuda de Alonso Castillo de Herrera, oidor de Quito. De Gabriela tuvo una hija llamada Juana, la que casó con el maestre de campo Bartolomé Sánchez Azaña Palacio, Caballero de la Orden de Santiago y alcalde de Lima.

Llano Zapata, José Eusebio: Nacido en Lima, de distinguida familia madrileña y aragonesa, de la antigua casa de los condes de Barajas, entroncada a la vez con la de los marqueses de Estepa. Era hijo de Pedro Llano Zapata, Caballero de la Orden de Santiago y alcalde de Lima en 1690 y 1708, y de Gabriela Jiménez de Lobaton y Azaña, hija del oidor Juan

L

Jiménez de Lobaton y Francisca Azaña Valdés. Escribió varias obras de literatura, medicina y física, así como "Filosofía moral de Séneca" y varias cartas críticas en latín y español. Estudió a fondo la flora y fauna sudamericana con grandes sacrificios, desplazándose de un lugar a otro con enorme esfuerzo, todo ello contenido en su "Memorias histórico-físicas, crítico-apologéticas de la América Meridional", muy alabada por el padre Galván. En el segundo tomo de esta obra describe en detalle la genealogía de los incas y sus descendientes. Fue autor prolijo de importantes y utilísimas obras, muchas de las cuales abarcan no menos de dos siglos de la dominiación española en el Perú. Sentía gran aprecio por los indígenas, por su talento y disposición para el estudio. En la edición del "Mercurio Peruano" del 26 de mayo de 1791 se hace una reseña interesante de su persona y obra.

Mujer: Se cree que fue casado pero se desconocen detalles.

Llanos, Antonio: Avecindado en el Perú, posiblemente en Arequipa.

Mujer: **María Cermeño,** su legítima esposa, viuda de Tomás Farelle con quien vino al Perú. Antonio y María fueron grandes contributentes de varias obras benéficas, entre ellas la iglesia y colegio de jesuitas de Arequipa, fundado por Diego Hernández de Hidalgo en 1578. María falleció en 1587. En la iglesia existían un retrato de San Ignacio de Loyola y una lámina de Nuestra Señora de Loreto obsequiados por San Francisco de Borja.

Llerena, García de: Natural de Burgos y conquistador de México.

Mujer: **Leonor de Pineda,** su legítima esposa, con la que tuvo varios hijos.

Loa, Guillén de: Conquistador de México.

Mujer: **Isabel de Alvarado,** su legítima esposa, sobrina de Pedro de Alvarado. Tuvo varios hijos y una hija. Tres de los hijos fueron Julián de la Loa, Gómez de Alvarado y Tristán de Loa, y la hija Julia de la Loa.

Loayza (o Loaisa), Alonso de: Avecindado en el Cuzco, sobrino del arzobispo de Lima Gerónimo de Loayza. Tomó parte en la campaña de 1538 contra Diego de Almagro y estuvo presente en la batalla de las Salinas. Después hizo guerra contra Francisco Hernández Girón en el ejército del mariscal Alonso de Alvarado.

Mujer: **María de Castilla,** su legítima esposa, con la que contrajo matrimonio en el Cuzco en 1553. Era hija de Lorenzo Mejía de Figueroa, yerno del conde de la Gomera por estar casado con su hija Leonor Bobadilla, la cual casó con Nuño de Tovar, teniente general de Hernando de Soto en la conquista de la Florida. Leonor era hermana de Baltasar y Sebastián de Castilla. Alonso y María tuvieron un hijo llamado Francisco que fue encomendero en el Cuzco.

Loayza Calderón, Juan de: Nacido en Trujillo, España; se graduó de licenciado en cánones de la Universidad de Salamanca. Fue oidor en Charcas primero y después en Lima donde falleció en 1630.

Mujer: **Mariana de Quiñones,** su legítima esposa, con la que se casó en 1607, hija de Francisco Quiñones, hermano del arzobispo Santo Toribio, y de Grimanosa Mogrobejo. Fueron los padres de Pedro de Loayza, Caballero de la Orden de Calatrava, que estaba casado con Antonia de Esquivel y Cueva, y de Mariana de

Loayza, casada por segunda vez con Francisco Messía Ramón.

Loayza Calderón, Quiñones y Mogrobejo, Pedro: Nacido en Lima y Caballero de la Orden de Santiago, hijo del oidor Juan de Loayza.

Mujer: **Antonia Gregoria Esquivel,** su legítima esposa, de distinguida familia. Fueron los padres de Toribio, corregidor de Larecaja; Grimanesa, nacida en el Cuzco y casada con el general Fernando de Castilla, alcalde ordinario de Lima en 1642 y 1662, y cuyo hijo primogénito heredó el mayorazgo de Quiñones y Mogrobejo; Constanza que casó con el general Sebastián de Navarrete, Caballero de la Orden de Calatrava y alcalde ordinario de Lima en 1661; Mariana, casada con el general Francisco Messía Ramón, encomendero en Lima y alcalde ordinario en 1670, quien estaba casado antes con Francisca de Bedoya Campusano, parienta asimismo de Santo Toribio.

Lobaton, Juan Jiménez de: Nacido en San Lúcar de Barrameda en 1634 y estudió en la Universidad de Salamanca. Caballero de la Orden de Calatrava y oidor de Lima. Era hijo de Juan, Caballero de la Orden de Santiago. Antes de serlo en Lima fue oidor de Charcas y después presidente y capitán general en esta ciudad. Falleció en Lima en 1693.

Mujer: **Francisca Ventura de Azaña y Valdés,** su legítima esposa, con la que casó en 1675. Era natural de Lima e hija del maestre de campo Bartolomé Sánchez de Azaña, Caballero de la Orden de Santiago, y de Juana Bernarda Llano y Valdés, natural de Quito e hija del oidor de esta ciudad Juan Llano Valdés y de Gabriela López Olivares y Olmedo, madrileña. Hijos de Juan y Francisca

fueron Gabriela, casada primero con Pedro Llano Zapata, Caballero de la Orden de Santiago y alcalde ordionario de Lima en 1690 y 1708, y después con Antonio de Querejazu, Caballero de la Orden de Santiago y padre del oidor Antonio Hermenejildo; María Jiménez de Lobaton y Azaña, casada primero con Sancho Castro Izazaga, alcalde en 1682, cuyo hija fue Brianda Castro, casada con Antonio Sancho Dávila, y después con Nicolás Ontañón y Lastra, Caballero de la Orden de Santiago y primer conde de las Lagunas, gobernador de Popayán; José, casado con Josefa de la Cueva y Mendoza, hermana de la condesa de Castillejo y de la marquesa de Santa Lucía de Conchán; el Dr. Bartolomé, Caballero de la Orden de Calatrava; Enrique, maestre de campo y rector del colegio Real de San Felipe, quien casó con Juana Errasquín, hermana de la marquesa de Casa Concha; Ventura, alcalde de Lima y casado con Isabel Salazar, hermana del primer conde de Monteblanco; y Nicolás Jiménez de Lobaton y Azaña, primer marqués de Rocafuerte, presidente y capitán general de Charcas.

Lobaton, Juan Nicolás Jiménez de: Nacido en el Cuzco y tercer marqués de Rocafuerte, hijo de Manuel Antonio Jiménez de Lobaton y de Rosa Zavala Vásquez de Velasco. Fue corregidor en Urubamba y coronel del ejército en su ciudad natal.

Mujer: **Antonia Mendive,** su legítima esposa, hija y sucesora de los marqueses de Casa Jara.

Lobaton y Azaña, Nicolás Jiménez: Nacido en Lima, primer marqués de Rocafuerte, alcalde ordinario en el Cuzco, corregidor de Urubamba y presidente y

L

capitán general de Charcas. Falleció en Chuquisaca en 1757.

Mujer: **Constanza Costilla**, su legítima esposa, nacida en el Cuzco, hija de Pablo, marqués de San Juan de Buenavista, natural del Cuzco y alferez mayor, y de María CartagenaVela y Mioño, limeña. Fueron sus hijos Leandra, casada con Fernando Moscoso y Venero, marqués de Buenavista y cuya hija Juana fue viuda de Miguel Martínez Escobar, fiscal de la audiencia de Charcas; Manuel, Caballero de la Orden de Santiago y alferez mayor del Cuzco, casado con Rosa de Zavala Vásquez de Velasco; y Constanza Jiménez de Lobaton y Costilla, casada con el oidor Melchor de Santiago Concha.

Lobaton y Azaña, Ventura: Nacido en Lima y capitán de infantería. Era también corregidor y alcalde ordinario en 1745-46 y 50.

Mujer: **Isabel de Salazar y Muñatones**, su legítima esposa, hermana del primer conde de Monteblanco. Fueron sus nietos Tomás Muñoz y Lobaton, Caballero de la Orden de Alcántara, primer marqués de Casa Muñoz, casado con María del Carmen Bravo de Castilla, y Juan Micheo cuya hermana, Juana, era mujer de José Rozaval y Ugarte, oidor del Cuzco y regente de Chile.

Lope de Aguirre, Juan: Conquistador de Cuba y Santo Domingo; tomó parte después en las conquistas de Higueras y Cipotecas y recibió el pueblo de Guazacualco.

Mujer: **Beatriz de Chaves**, su legítima esposa. Al fallecer su marido se acogió en la casa de Juan de Lazo.

López, Andrés: Natural de Burgos y conquistador de México, hijo de Andrés López de Céspedes y Marigómez de Salazar.

Mujer: **Catalina López**, su legítima esposa, con la que tuvo dos hijos llamados Andrés López y Martín López, y una hija de nombre Catalina López.

López de Aguirre, Juan: Estuvo en las conquistas de Santo Domingo y Cuba, quedándose allí por más de cuarenta años; quiso después venir a México con Cortés pero éste no se lo consistió, pasando luego allí y tomando parte en las conquistas de las Higueras y Cipotecas. Se le dio una encomienda en Guazacualco.

Mujer: **Beatriz de Chávez**, su legítima esposa; al morir su marido, la recogió en su casa con su familia e hijos Juan de Jazo.

López de Cárdenas, García: Soldado de la expedición de Francisco Vázquez de Coronado. Fue el que primero en observar el Cañón de Colorado, al que llamó río del Tizón, en 1540.

Mujer: **Ana de Mendoza**, su legítima esposa, hija de un conde español, y parienta lejana del virrey Mendoza. Se desconoce si hubo descendencia.

López de Cazalla, Pedro: Se cree que era secretario de Francisco Pizarro en 1541, aunque Herrera y otros historiadores mencionan como tal a Antonio Picado. Estaba presente cuando mataron a Pizarro el 26 de junio de 1541. Fue después secretario del gobernador Cristóbal Vaca de Castro a quien acompañó en varias batallas, entre ellas la de Chupas en 1542.

Mujer: **Francisca de Zúñiga**, su legítima esposa, con la que se casó en el Cuzco; era viuda del conquistador Alonso de Toro. Más tarde, en compañía de su marido y de un hermano de ella, Sebastián Cazalla, huyeron del Cuzco ante la revolución encabezada por Francisco Hernández posiblemente en Lima.

López de Legazpi, Miguel: Nacido en Zumárraga, Guipúzcoa hacia 1510, y fallecido en Manila en 1572. De hidalga familia; su padre había militado en las guerras de Navarra e Italia. Partió hacia la Nueva España en 1528, ocupando, entre otros cargos, el de escribano mayor del cabildo municipal. Por orden de Felipe II, el virrey Luis de Velasco organizó una expedición al archipiélago malayo, la cual puso bajo el mando de Legazpi, el cual aceptó en 1563. Zarpó del puerto de Navidad el 19 o 21 de noviembre de 1564 con cinco buques y 380 tripulantes. Al año siguiente arribaron a las islas de los Barbudos (Marshall), y poco después a las de los Ladrones (Marianas), tomando posesión de Guam. El 13 de febrero llegaron a las Filipinas, y tomaron posesión de varias islas, entre ellas Sámar. Después se dirigió Legazpi a Cebú y allí fundó la villa de San Miguel de Cebú, primera ciudad española de Filipinas. Volvió a ella después y fundó definitivamente la villa de Nombre de Jesús de Cebú, dejándola bajo el mando de Guido de Lavezares. En 1571 zarpó de nuevo para la conquista de Luzón, arribando primero a Cavite y después a Manila, la cual fundó el 24 de junio de 1571. Fue, pues, Legazpi, el que introdujo en Filipinas el cristianismo así como la cultura española.

Mujer: **Isabel Garcés**, su legítima esposa, hermana de fray Julián Garcés, primer obispo de Tlaxcala; tuvieron cinco hijos y cinco hijas.

López de Lisboa y León, Diego: Portugués de nacimiento; al enviudar, se hizo sacerdote y mayordomo y confesor del arzobispo de Lima Fernando Arias de Ugart, cuya vida escribió y publicó en Lima en 1638.

Mujer: **Mariana Gutiérrez**, su legítima esposa; tuvieron varios hijos, entre ellos al célebre Dr. Antonio de León Pinelo, nacido en Córdoba de Tucumán, y a Juan y Diego. Los tres estudiaron en la Universidad de San Marcos y luego, Diego y su hermano Juan fueron a España donde el primero cursó estudios historia universal y de América. Fue nombrado relator del Supremo Consejo de Indias y en 1618 publicó un libro sobre la congregación de la Purísima Concepción de Lima. En 1634 el Consejo admitió su "Discurso acerca de la importancia, forma y disposición de la recopilación de las leyes de Indias", cuya revisión confió a Juan de Solórzano. Trató luego de reducir en un sólo volumen su monumental obra titulándola "Política de las Indias" la cual se piensa indujo a Solórzano a escribir su "Política Indiana". Otras de sus importantes obras fueron el epítome de la "Biblioteca Oriental y Occidental", publicada en Madrid en 1629 y reimpresa en 1737, "Historia de la villa imperial de Potosí", "Aparato político de las Indias Occidentales", "Historia eclesiástica y política de las iglesias de América", y "El paraíso en la Nuevo Mundo". En 1658 se le nombró Cronista Mayor de Indias, sustituyéndole luego don Antonio de Solís el afamado autor de la "Conquista de México". Su otro hermano, Diego, fue rector de la Universidad de San Marcos en 1656 y 1657, fiscal protector de los indios y asesor general del virreinato. Fue también escritor de varias obras, hallándose entre las primeras "Panegírico de la academia limense en 1648". Su otro hermano, Juan, más conocido por el nombre de Rodríguez de León, estudió en Lima y fue fraile en Potosí. Se trasladó más tarde

L

a la ciudad de Los Ángeles en California y fue canónigo de su catedral. Fue como sus dos hermanos también escritor, publicando en 1638 "El predicador de las gentes, San Pablo" y en 1639 "Panegírico de Felipe IV".

López de Ocampo, Fernando: Se desconocen datos de este señor.

Mujer: **María de Santa Gadea,** su legítima esposa; tuvieron un hijo llamado Dr. Gonzalo de Ocampo, graduado de la Universidad de Salamanca y fundador del colegio de la Concepción en Sevilla. Fue nombrado arzobispo de Lima en 1623, llegando a esta ciudad en 1625. Dedicó gran parte de su tiempo a bautizar a los negros y plebe, y escribió una cartilla en español y quechua, así como un tratado religioso del gobierno del Perú. Recorría habitualmente los monasterios y hacía cambios y mejoras y consagró la catedral de Lima en 1625. Falleció en 1626, según se cree envenenado por un indio en venganza por haberle separado de su mujer.

López de Ximena, Juan: Conquistador de México; después de la conquista se le dieron los pueblos de Izcatlán, Vtlatlequiztla y Tlacuacintepec.

Mujer: **Francisca de Nava,** su legítima esposa, con la que tuvo siete hijos; volvió a casar después siendo viuda con Antonio Jiménez de Herrera.

López, Martín: Natural de Sevilla y conquistador de Nueva Galicia, hijo de Cristóbal Díaz de Narices y Estefanía Rodríguez.

Mujer: **Juana Hernández,** su legítima mujer; había casado antes con Inés Ramírez de la que enviudó. Ambas eran sevillanas.

López, Román: Natural de Toro, España, alferez de Cortés en México. Estuvo también en las conquistas de Pánuco, Guazaqualco y Guatemala. Fueron sus padres Cristóbal López y María de Solís.

Mujer: **Inés de Guzmán,** su legítima esposa, con la que tuvo seis hijos.

Loriaga, Juan: Natural de Galicia, coronel del ejército de Chile; se trasladó después al Callao con el cargo de jefe del Estado Mayor del Ejército. Por último fue a La Habana donde falleció.

Mujer: **Juana de la Pezuela y Cevallos,** su legítima esposa, hija del ex-virrey Pezuela. Se desconoce si hubo descendientes.

Loyola, Martín García Oñez de: sobrino del santo español San Ignacio de Loyola y Caballero de la Orden de Santiago. Se desconoce su fecha de nacimiento, que fue en Guipúzcoa, y fallecido en 1598 en Chile. Marchó al Perú con el virrey Francisco de Toledo, como capitán de su guardia. Fue gobernador de Potosí y en 1592 gobernador y capitán general de Chile.

Mujer: **Beatriz Clara Coya (o también Beatriz Clara Sayri Túpac),** su legítima esposa, inca sobrina del príncipe Túpac-Amaru y heredera del señorío de Urubamba, con la que casó en el Cuzco en 1572. Tuvieron una hija legítima llamada María Coya de Loyola, nacida en el Cuzco y después enviada a España en 1622 por ser de la casa real de los incas. Fue nombrada por Felipe III marquesa de Oropesa. Casó con Juan Henríquez de Borja, hijo de Juan Henríquez de Almanza, tercer marqués de Alcañices, y de Juana de Borja y Aragón, hija de Francisco de Borja, duque de Gandía y de la duquesa Leonor de Castro y Melo. Ana y Juan tuvieron tres hijos que fueron: Juan Henríquez de Borja Inca Loyola, marqués de Alcañices, conde de Almanza y marqués de Oropesa, Grande de España y Caballero de la Orden de Calatrava; Álvaro, Caballero de la Orden de Santiago, nacido en el Cuzco y estudiante de la Universidad de Salamanca; y Francisca, dama de la reina, que casó con el marqués de Peña Alba. El primogénito Juan casó con Ana de la Cueva y Henríquez, hija de los duques de Alburquerque, y hermana del conde de Castellar, virrey del Perú. Sus hijos fueron: Francisco, Antonio, Henrique, Isabel, y Ana Henríquez de la Cueva Inca de Loyola, quien casó con el conde de Belchite. El referido Juan casó en segundo matrimonio con Juana de Velasco, hija y heredera de los condes de Castilla, cuyos hijos fueron Teresa y Francisca Henríquez Velasco Coya de Loyola, dama de la reina. Teresa casó con Luis Henríquez de Cabrera y Toledo, segundo hijo del almirante de Castilla. Sus hijos fueron Pascual y Mariana.

Loyola, Pedro José: Nacido en Lima, hijo del contador Ignacio de Loyola y de Josefa Rojas y Acevedo, hija del fiscal de la audiencia de Quito Gregorio Rojas y Acevedo y de María de León, de la familia del célebre historiador Antonio de León Pinelo. Fue corregidor de la provincia de Huamalíes y coronel de milicias y desde 1812 hasta 1821 tuvo el cargo de administrador del Tribunal de Minería.
Mujer: **Luisa de Estrada Cevallos**, su lgítima esposa, con la que casó en 1763 y en segundo matrimonio con María Antonia de Loyola, su sobrina. Josefa era hermana de Alejo Fernando, obispo de la Paz, y de Miguel Núñez de Sanabria, oidor de la audiencia de Lima.

Loza Bravo de Lagunas, Diego: Natural de Alcalá de los Gazules (Cádiz), hijo de Francisco Bravo, nombrado por el rey

alcalde mayor de las minas de Potosí, y de María Montero. Era regidor del cabildo de Lima donde residió desde 1624; falleció en 1663.
Mujer: **Ana Carreño**, su legítima esposa, con la que casó en Huaura, hija del corregidor de ese pueblo. Murió sin descendencia. Dispuso en su testamento la fundación de un hospital con dineros propios. Casó en segundo matrimonio con Antonio Sandoval, viudo de Ana Salazar. El retrato de Diego y Ana se conserva en el hospital de Huaura.

Lozano, Pedro: Conquistador de México.
Mujer: **María Pereles**, su legítima esposa, con la que tuvo dos hijos.

Lucio, Dr. Marcos: Rector de la Real Universidad de Lima en 1576.
Mujer: **Leonor de Quesada**, su legítima esposa, que volvió a casar con Martín Jiménez de Sotomayor. Se desconoce si hubo descendencia.

L

Luna, J. Álvarez de: Conquistador de Chile. Se le conocieron más de sesenta hijos mestizos que tuvo con varias mujeres en una semana aproximadamente; no se conocen los nombres de ninguna de ellas.

Luna y Arellano, Tristán de: Nacido en 1510 y fallecido en México en 1573; era primo del virrey Antonio de Mendoza y de Juana de Zúñiga, esposa de Hernán Cortés. Fue a México con Hernán Cortés en 1530, y nuevamente con dicho virrey en 1536. Tomó parte de la expedición de Francisco Vázquez de Coronado, de la que fue nombrado capitán en 1540, luego maestre de campo y finalmente teniente general. Por orden de Felipe II, el virrey Velasco le encomendó la conquista de la Florida. Partió de Veracruz en 1559 con

1.500 soldados y colonos, 240 caballos y
13 barcos. Mucha de la gente que le
acompañaba había estado anteriormente
con Hernando de Soto. Llegaron a la
bahía de Tampa, luego a Mobila, y después estableció un fuerte en Pensacola
(Ichuse); prosiguió después hasta llegar a
Manipacana (río Alabama). Mientras
tanto mandó tres buques a explorar Santa
Elena, en la actual Carolina del Sur, pero
no pudieron continuar por las tormentas
que se les presentaron, regresando a la
Nueva España. Enfermó Luna y abandonó el mando en 1560; fue a España y
después volvió a México donde murió.

Mujer: **Isabel de Rojas**, su legítima
esposa, hija del factor Gonzalo de Salazar,
con la que casó en 1545, y con la que
tuvo dos hijos. Isabel era la viuda de Juan
Velázquez y Francisco Maldonado.

Luza y Mendoza, Juan: Caballero de la
Orden de Santiago; lo llevó al Perú su tío
el general Bernardo Hurtado de Mendoza
cuando tenía unos 12 años. Fue nombrado por el virrey Mancera capitán de la
compañía de mar y guerra del Callao, y
fue posteriormente a Valdivia en 1644
con la escuadra al mando de Antonio de
Toledo, hijo del virrey. Más tarde se le
hizo general del mar del Sur.

Mujer: **Gregoria Yáñez de Almonte**, su
legítima esposa, hija de ilustres padres
madrileños que se avecindaron después
en Lima. Tuvieron una hija, Antonia de
Luza y Mendoza, casada con Francisco de
Herboso y Asunsolo, Caballero de la
Orden de Santiago.

M

Macías, Alonso: Natural de Palos de Moguer, hijo de Bartolomé Macías y Leonor Peinada; pasó a México con Pánfilo de Narváez y después se unió a Cortés en la conquista de México.

Mujer: **Francisca de Silva,** su legítima esposa, con quien tuvo tres hijas y un hijo.

Madaleno, Juan: Natural de Sevilla, conquistador de Pánuco y Nueva Galicia con Nuño de Guzmán; hijo de Antonio Rodríguez Vanegas y Ana de Ramírez.

Mujer: **María de Anguiano,** su legítima esposa, hija de Antonio de Anguiano, conquistador de México; tuvieron dos hijos.

Maeda, Cristóbal de: Natural de Sevilla. Marchó con Pánfilo de Narváez a México y después se unió a Cortés en la conquista de esta ciudad; se halló también en las conquistas de Michoacán y Colima y después marchó con Cortés a la Baja California. Antes de pasar a América fue soldado por más de diez años en Italia.

Mujer: **Isabel Martínez,** su legítima esposa, padres de Juan de Maeda, nacido en Sevilla. (Nota: Hubo otro Cristóbal de Maeda, también de Sevilla y conquistador de México, pero casado con Isabel Núñez, padres de Telmo de Maeda que se halló con su padre en las mismas conquistas del otro. Puede que se trate del mismo pero no no es seguro).

Magallanes, Fernando de: Se incluye por haber hecho su viaje al servicio de España bajo el emperador Carlos V y por haber casado con una española. Célebre marino portugués, descubridor del estrecho que lleva su nombre; fallecido en Filipinas en 1521. Completó la vuelta al mundo el no menos célebre marino español Sebastián Elcano regresando a Sevilla en 1523. fueron sus padres Rodrigo de Magallanes y Alda de Mesquita. Le tocó la gloria de haber encontrado el paso del Atlántico al Pacífico (que él mismo así nombró), haber atravesado por primera vez este océano y descubierto Oceanía y las Filipinas.

Mujer: **Beatriz Barbosa,** su legítima esposa, con quien casó en Sevilla en 1518, hija de Diego Barbosa que formó parte de la expedición de Juan de Nova en 1501 a la India; tuvieron un hijo que murió de niño.

Maldonado, Baltasar: Conquistador de Colombia.

Mujer: **Leonor Carvajal;** posiblemente su amante con quien tuvo varios hijos ilegítimos.

Maldonado, Diego: Nacido en Salamanca y uno de los primeros conquistadores del Perú, hijo de Francisco Maldonado y Elvira Maldonado. Marchó al Perú con Francisco Pizarro y se halló presente en la prisión del emperador Atahualpa tocándole una buena parte del botín adquirido, por lo que se le apodó "el rico". Era corregidor en el Cuzco y participó activamente en los disturbios del Perú después de asesinado Francisco Pizarro. Fundó un mayorazgo en Lima, Nasca y el Cuzco; falleció de una herida en 1564 ó 1565 de la que nunca se curó.

Mujer: Se desconoce su nombre, pero con ella tuvo dos hijos mestizos, Juan Arias Maldonado y Cristóbal, a quienes se les deportó a España por participar en una confabulación. Uno de sus descendientes, Francisca Salazar, era hija de Manuel Salazar y Mansilla y de Carmen Pino Manrique, naturales de Lima. Después heredó el mayorazgo el general Gaspar José Arias Maldonado, casado con Ana Apolinaria de Alarcón, sucediéndoles en el mismo su hija Inés Josefa Arias Maldonado Hijar y Mendoza que casó con Francisco José Muñatones de Robles, natural de Lima y fallecido en 1737.

Maldonado y Buendía, Juan de: Sobrino de Diego Maldonado, compañero de Francisco Pizarro en Cajamarca, quien recibió parte el rescate de Atahualpa. Poseía una hacienda en el valle de Paucartano y una casa solariega en el Cuzco.

Mujer: Se desconoce su nombre. Tenía sangre inca y era en extremo hermosa; no se sabe si casó con ella ni si hubo sucesión.

Malo de Molina, Melchor: Marqués de Monterrico, título conferido por Carlos II en 1687, maestre de campo, alguacil mayor y regidor perpetuo de la Audiencia de Lima. Caballero de la Orden de Santiago y alcalde de Lima en 1681-1682; hijo de Melchor Malo de Molina y de Mariana Ponce de León, nacida en Huamanga e hija del capitán Juan Ponce de León y de María Ana de la Torre Isásaga, hija ésta a su vez de Francisco de la Torre y de Catalina Pérez.

Mujer: **Mencia Espinola,** su legítima esposa, hermana fue la mujer de Diego Esquivel y Navia, marqués de San Lorenzo de Valle Umbroso, y de la segunda mujer de Álvaro Navia Bolaños, conde de Valle-Oselle. Recayó el título en su hijo el brigadier Melchor Malo de Molina y Espinola, nacido en Lima, Caballero de la Orden de Calatrava y alcalde ordinario de Lima en 1723, casado con Catalina Carvajal, condesa de Castillejo y del Puerto, sin dejar sucesión. Pasó el título entonces a su hermana que lo renunció. Más tarde pasó el mayorazgo a Manuel Gutérrez Quintanilla, casado con Manuela Ríos y Salazar Muñatones.

Manrique de Lara, Francisco: Alcalde ordinario de Lima en 1585, hijo de Rodrigo y Catalina López de Zúñiga, prima del virrey conde de Nieva.

Mujer: **María Cepeda,** su legítima esposa, con quien casó en Lima en 1572, hija del capitán Hernán González de la Torre y de Juana Cepeda. Fueron los padres de Jorge Manrique de Lara, presidente de Charcas; María, casada con Diego Teves, ascendiente del marqués de Casares; y Luisa, esposa de Francisco de la Cueva, Caballero de la Orden de Alcántara y alcalde ordinario de Lima en 1601. Jorge, nacido en Lima, Caballero de la Orden de Santiago y oidor de la Audiencia de Panamá, casó con Mencia de Silva Córdoba y Salinas, quien fabricó para ella y su familia la capilla de Buenaventura en la iglesia de San Francisco de Lima.

Manzanilla, Juan de: Conquistador de México.

Mujer: **Leonor de Villanueva,** su legítima esposa, padres de una hija; Juan había casado antes y tenía varios hijos de su primera mujer.

Marco, Antón: Conquistador de México y de otras provincias.

Mujer: **Madona Francina,** su legítima esposa, hija de un conquistador; fueron los padres de Juan Marco nacido en Barcelona.

Marín, Luis: Uno de los principales capitanes de Hernán Cortés en la conquista de México, hijo de Francisco de Marín y de María Bernal Guillén.

Mujer: **María de Mendoza**, su legítima esposa, padres de once hijos.

Marmolejo, Antonio: Conquistador de México.

Mujer: Se desconoce su nombre, pero tuvo con ella una hija legítima llamada Guiomar Marmolejo; al morir sus padres se encargó de ella Alonso del Castillo, entre los supervivientes de la expedición de Pánfilo de Narváez y uno de los tres compañeros de Álvar Núñez Cabeza de Vaca. (Para otros detalles véase a éste).

Martín Aguado, Pedro: Marchó a México con el tesorero Julián de Aldarete y se halló en las conquistas de México y Pánuco; tuvo varias encomiendas que después se las quitó el gobernador Nuño de Guzmán.

Mujer: **Catalina Martínez**, su legítima esposa, de noble familia, padres de Diego Agúndez y de una hija cuyo nombre se desconoce.

Martín Camacho, Cristóbal: Natural de Huelva; marchó a México con Francisco de Garay y después se unió a Cortés.

Mujer: **Catalina Martín**, su legítima esposa, padres de Cristóbal Martín, nacido en Huelva o de Moguer. Este Martín Camacho puede haber casado también con Marina Vélez de Ortega, natural de Guadalcanal, e hija de Antón Ruiz de Ortega y de Catalina Martín. En realidad no se sabe si es él o el hijo, del cual no aparece un segundo apellido. Marina Vélez de Ortega estaba avecindada en la ciudad de Los Ángeles, México, donde se dedicaba a criar y educar a varias donce-llas, entre ellas a su propia hija que pudo haber engendrado con otro hombre llamado Juan Gómez de Peñaparda. Por más que hemos indagado este asunto aún no queda claro.

Martín de Eraso y Sarasa, Pedro: Esta familia era originaria de Pamplona. Fue bautizado en Pamplona en 1680 y pasó a Chile en 1712 como comisario de la Caballería de este país.

Mujer: **Gregoria de Leiva**, su legítima esposa, natural de Santiago, con quien casó en la catedral de esa ciudad en 1713. Pedro falleció en Santiago en 1730 dejando sucesión.

Martín, Francisco: Estando en Venezuela como soldado de las tropas de Alfinger, llegó al pueblo de Tamalameque, en el valle de Chinacota, donde fue salvado por los indios al casi ahogarse en un río. Hizo pronta amistad con el cacique llegando a ser uno de sus líderes y compartiendo con los indios.

Mujer: Aunque se desconoce su nombre, casó con la hija del cacique de dicho pueblo y fueron padres de varios hijos. Con el tiempo fue rescatado por el capitán Pedro de San Martín pero poco después volvió a los brazos de la india e hijos a los que adoraba. Esta historia nos recuerda la del otro español Gonzalo Guerrero en Cozumel.

Martín, Hernán: Herrero de profesión durante la conquista de México.

Mujer: Casó con una mujer que llamaban "la Bermuda". Se desconoce si hubo sucesión.

Martín Millán de Gamboa, Cristóbal: Conquistador de México.

Mujer: **María Coronado**, su legítima esposa, padres de dos hijos y dos hijas.

M

Martín, Nuflo: Piloto; se perdió en el mar al transportar un cargamento de oro para el rey.

Mujer: **Inés de Ojeda,** su legítima esposa, padres de dos hijos y una hija; un hermano de ella, Alonso de Ojeda, fue conquistador de México (nota: no se trata este Ojeda–que también se escribía "Hojeda"– del gran descubridor de la Guayana y del oeste de Venezuela).

Martín, Pedro: Conquistador de Colombia.

Mujer: **Catalina de Barrionuevo,** su legítima esposa; tuvo además una amante india con la que tuvo un hijo y de la que se desconoce su nombre.

Martín Román, Francisco: Conquistador del Perú, donde falleció.

Mujer: **Ana López,** su legítima esposa, natural de Sevilla e hija de Alonso López y de Elvira Sánchez; Ana marchó a México en busca de su marido donde se enteró que había fallecido en el Perú. Era costurera y puede haber sido la primera española que enseñó en México a las indias a coser y tejer. Tuvieron cinco hijos, dos de ellos hijas casadas.

Martínez de Irala, Domingo: Conquistador, nacido hacia 1512 en Vergara y fallecido en 1556 en La Asunción. Fue gobernador del Paraguay y duro en su mandato, así con los españoles como con los indios. Se le considera el creador de la nacionalidad paraguaya. Tiene que haber tenido muchas amantes pues, según consta en su propio testamento, dejó diez hijos mestizos, entre ellos a Diego que llegó a ser teniente gobernador, y a Úrsula de Irala, casada con Alonso Riquelme de Guzmán, cuyo hijo fue el futuro cronista criollo Ruy Díaz de Guzmán.

Martínez, Rodrigo: Capitán avecindado en Lima a principios del siglo XVII.

Mujer: **María Cortés,** su legítima esposa. Estando casada, se enamoró de Diego de Robles que también era casado con Leonor de Amaya. María y Diego se hicieron amantes y estuvieron juntos por más de tres años. Al morir Rodrigo y Leonor, los amantes se casaron hasta que María reveló su secreto y fue anulado el matrimonio, parando Diego en la cárcel y María confinada en su casa. Ambos prometieron nunca más verse.

Martínez Vegaso, Lucas: Natural de Trujillo; se halló con Francisco Pizarro en la conquista del Perú y le tocó parte del botín de Cajamarca. Permaneció en el Perú por más de 35 años como comerciante, dedicándose a la venta de caballos, a prestar dinero y a la explotación de las minas de plata. Fue encomendero en Arequipa y miembro del Ayuntamiento del Cuzco. Nunca casó ni tuvo hijos legítimos, dejando como herederas de su fortuna y bienes a sus hermanas Isabel y Lucía.

Mujer: **Isabel Yupanqui,** india noble de la que poco se sabe; tuvo otra mujer, la morisca Beatriz con la que tuvo varios hijos, uno de ellos probablemente Francisco Martínez Vegaso que poseía una encomienda en Chile, y otro Lucas Martínez Vegaso.

Mata, Alonso de: Natural de las Montañas, hidalgo y conquistador de México.

Mujer: **Elvira de Porras,** su legítima esposa, natural asimismo de las Montañas, padres de Diego Pérez de los Ríos, casado con una mujer de Castilla con la que tuvo dos hijos.

Mata Ponce de León, licenciado Mateo de la: Caballero de la Orden de Santiago y oidor de Lima, presidente de Quito en 1689 y miembro del Consejo de Indias, cargo para el que fue nombrado en 1701. Se le estimaba mucho por sus muchos servicios, en especial por parte de los indios a quienes socorría con sus propios dineros, principalmente después de los terremotos de Quito de 1693 y 1694.

Mujer: **Luisa de Céspedes y Toledo**, su legítima esposa, hija del presbítero Juan Antonio. Se desconoce si hubo sucesión.

Matienzo de Peralta, licenciado Juan de: Oidor de las Audiencias de Charcas y de Lima y posteriormente presidente de la primera. Colaboró con el virrey Francisco de Toledo en las ordenanzas que se dictaron para el gobierno del Perú, y fue autor de una obra en cuatro tomos que se halla en la biblioteca del Consejo de Indias.

Mujer: Se desconoce su nombre, pero con ella tuvo una hija llamada Catalina, casada con el general Juan Salcedo de Rivera, conquistador de los Chichas y emparentado con la Casa de los duques de Alcalá.

Maza, Gonzalo de la: Natural de Burgos; marchó al Perú en 1601 como encargado de varias comisiones de la Real Hacienda. En España había ocupado antes los importantes cargos de contador de fábrica del Monasterio del Escorial y ordenador de la Contaduría Mayor de Castilla; falleció en 1628.

Mujer: **María Usategui**, su legítima esposa, natural de Madrid, padres de varias hijas, entre ellas Micaela de la Maza casada con Andrés de Zavala; María falleció en 1644.

Mecina, Francisco de: Natural de Mecina, hijo de Antonio Llutín y de Ana (se desconoce su apellido). Marchó a Tierra Firme y se halló en el Darién con Vasco Núñez de Balboa cuando éste descubrió el Pacífico o Mar del Sur, y al poco tiempo sirvió bajo el nuevo gobernador Pedrarias Dávila. Se halló también en el Perú durante las Guerras Civiles ocasionadas por la pugna entre Diego de Almagro y Gonzalo Pizarro, y posteriormente pasó a México donde se radicó definitivamente.

Mujer: **Catalina de Piña**, su legítima esposa, viuda de un tal Colmeiro, conquistador de México. Se desconoce si hubo sucesión.

Medina, Juan de: Conquistador de México, hijo de Juan de Medina y de Catalina Díaz.

Mujer: **Juana Clavijo**, su legítima esposa. Se desconoce si hubo sucesión.

M

Medina y Sánchez, Tristán de Jesús: Nacido en la ciudad de Bayamo, Cuba, en 1833; se trasladó después a Santiago de Cuba y más tarde estudió en La Habana y en Filadelfia, Estados Unidos, concluyendo sus estudios de latín y griego en Madrid. Al fallecer su mujer, se tomó los hábitos sacerdotales y se dedicó a escribir en varios periódicos habaneros. Vuelto a Madrid colaboró en la "Revista Hispano-Americana"; fue gran orador y poeta y se le asignó dar un discurso en el aniversario de Cervantes. Aunque fue autor de varias obras, muchas se quedaron inéditas.

Mujer: **Magdalena de Junquera**, su legítima esposa, con quien casó en Santiago de Cuba siendo ella muy joven; al enviudar, quedó a cargo de una hija.

Medina y Vega, Dr. Agustín: Nacido en Lima, Caballero de la Orden de Santiago, hermano del obispo Cipriano Medina y sobrino del arzobispo de México Feliciano de Vega, también limeño; fue nombrado fiscal de la Real Audiencia en 1642.

Mujer: **Magdalena de Agüero**, su legítima esposa, nieta del conquistador Diego de Agüero. Se desconoce si hubo sucesión.

Medrano, Martín de: Clérigo secular del Perú.

Mujer: **María de Alarcón**, su amante, esclava mulata con la que tuvo una hija natural; su amo era el capitán Cristóbal de Alarcón.

Mejía de Figueroa, Lorenzo: Se hallaba al servicio de Gonzalo Pizarro cuando se rebeló contra el virrey Vela.

Mujer: **Leonor de Bobadilla**, su legítima esposa, viuda de Nuño Tovar, teniente general de Hernando de Soto en la conquista de la Florida. Era hermana de Isabel de Bobadilla, esposa de Hernando de Soto. Tuvieron dos hijos, María, que casó con Alonso Loayza, sobrino del primer arzobispo de Lima, y Gonzalo, que falleció muy joven.

Mendaña de Neira, Álvaro de: Célebre navegante, nacido en Galicia hacia 1542 y fallecido en la Isla de Santa Cruz en 1595. Fue nombrado capitán de la expedición para el descubrimiento del Pacífico, en la que le acompañaban los grandes marinos Sarmiento de Gamboa, Hernán Gallego, y Fernández de Quirós, la cual zarpó del Callao en 1567. El 21 de julio descubrieron el Archipiélago de las Marquesas de Mendoza y las Islas de Santa Cruz, al este de las de Salomón. De no haber variado el rumbo en 1568, hubiesen descubierto a Australia. Mendaña falleció en la bahía Graciosa el 18 de octubre de 1595, después de haber sofocado una rebelión de la tripulación.

Mujer: **Isabel Barreto y Quirós:** Su legítima esposa, natural de Galicia o posiblemente de Portugal, con quien casó hacia 1586. Esforzada mujer que le acompañó en su segunda expedición al Pacífico y que, al fallecer éste, asumió el mando nombrándosele Adelantada del Mar Océano, la primera mujer almiranta de la Marina Española. Con inusitada valentía se hizo cargo de la nave capitana y la dirigió a Manila. Era hija (según ella misma declaró en su testamento) de Nuño Rodríguez Barreto y de Mariana de Castro. Tenía tres hermanos y tres hermanas, dos de ellas monjas de la Concepción. Fallecido su marido, casó en segundas nupcias en Manila con el general Fernando de Castro, sin dejar sucesión de ninguno de los cónyugues. Falleció Isabel en la ciudad de Castrovirreina en el Perú, el 3 de septiembre de 1612, sepultándose su cuerpo en la catedral de esta ciudad y trasladándose después a la iglesia del Monasterio de Santa Clara en Lima.

Mendiburu y Orellana, Dr. Manuel de: Nacido en el Cuzco, hijo del capitán de milicias Juan Miguel de Mendiburu y Arzac, vizcaíno, comerciante de Lima y propietario de varios buques, y de María Josefa Marcelina de la Rosa Orellana y Rodríguez de Centeno. Sus abuelos paternos fueron Miguel de Mendiburu y Josefa de Arzac, poseedora esta última del mayorazgo de su familia. La familia Orellana era de las primeras que poblaron al Perú. El padre de María Josefa fue Nicolás de Orellana, capitán del ejército. Uno de sus sobrinos, José Urrutia y Mendibiru, estaba casado con María Luisa Manzano con la que tuvo varias hijas llamadas Nieves, Ignacia, Mariana y Luisa. Manuel de Mendiburu estudió en el colegio-seminario de Santo Toribio donde su tío, el Dr. Francisco Orellana, era vice-rector. En

1781 se graduó de leyes y en 1812 fue nombrado oidor del Cuzco y en 1817 de Chile; falleció en 1836.

Mujer: **Gertrudis Bonet**, su legítima esposa, hija de Joaquín Bonet y Abascal, contador mayor del Tribunal de Cuentas, y de Bernarda Peláez del Junco y Hernríquez de Guzmán. Sus hijos fueron José, ministro de Hacienda, casado con María Ureta y Oyague; Manuel, ministro de Guerra y Hacienda, casado con Margarita Rey y Riesco; y Juan, coronel del ejército, casado con Mariana Guzmán.

Mendiburu y Medrano, Juan Manuel: Hermano o hermanastro del Dr. Manuel Mendiburu y Orellana. Nacido también en Lima, brigadier del Ejército Real, cargo que obtuvo en 1815, y Caballero de la Orden de San Hermenegildo. Era hijo de Juan Miguel de Mendiburu pero de distinta madre llamada Mariana Medrano y Sarmiento, también limeña. Juan Manuel se trasladó a España en 1803 para continuar sus estudios, hallándose luego en la Guerra de Independencia. En 1815 le nombró el rey gobernador y comandante general de Guayaquil; falleció en 1820.

Mujer: **Rosa Cortés y Azúa**, su legítima esposa, nacida en Santiago de Chile, nieta del marqués de la Cañada-Hermosa, y hermana de Constanza, baronesa de Nordenflich, esposa de Francisco José Rocabarren Maestrante de Ronda. La hermana de Juan Manuel, Andrea de Mendiburu, estaba casada con un tal Mendizábal, general de ingenieros. Juan Manuel y Rosa fueron los padres del coronel Juan de Mendiburu, casado con Mercedes de Haro, padres a su vez de tres hijas que fueron Águeda, monja de la Concepción; María, que casó con el coronel Manuel José Palacios, hijo de José Ignacio Pala-

cios, Caballero de la Orden de Calatrava y de Ignacia Urrutia y Mendiburu; y Mercedes que casó con el capitán de navío Benjamín Mariátegui, hijo de Francisco Javier, vocal de la Suprema Corte de Justicia.

Mendivi, Juan Antonio: Avecindado en el Cuzco.

Mujer: **Josefa Jara**, su legítima esposa. Heredó de su padre, Agustín Jara de la Cerda, vecino del Cuzco, el título de marquesa de Casa Jara conferido por Fernando VI el 2 de agosto de 1744. Les sucedieron su hija, Antonia Mendivi, que casó con Juan Nicolás Lobaton, tercer marqués de Rocafuerte; luego recayó el título en Francisca Álvarez de Foronda y Mendivi, condesa de Valle-Hermoso, quien casó con Manuel Plácido Berriozábal, oidor del Cuzco y de Lima. En 1821 se trasladaron ambos a España donde radicaron.

Mendoza. Se desconoce su primer nombre, pero era de una familia en la que había muchos hermanos. Se le incluye por haber sido uno de los conquistadores de Nuevo México, Norteamérica, y por las relaciones que sostuvo con Ana de Velasco, sirvienta primero en la casa de Diego López de Mendizábal, y después en la de la distinguida familia Domínguez de Mendoza. Con este Mendoza tuvo Ana un hijo ilegítimo llamado José Domínguez de Mendoza, quien casó en 1682 con Juana López, hija del sargento Diego López Sembrano y de María de Suaso, de Nuevo México. José Domíguez casó en segunda nupcias con Gerónima Varela de Losada Perea.

Mendoza, Alonso Hurtado de: Natural de Aragón, hijo del tesorero Gerónimo Hurtado de Mendoza y de Leonor Cos-

M

caya Antillón y Viamonte. Fue nombrado corregidor del cabildo de Lima en 1661, habiendo servido antes en Chile como auditor de Guerra, juez de Santiago y fiscal de la Inquisición. Pertenecía a la familia de los marqueses de Cañete, virreyes del Perú.

Mujer: **Isabel Jaraquemada y Gómez de Silva**, su legítima esposa, nacida en Santiago de Chile en 1616, con quien casó en esta ciudad en 1643. Era hija de Juan de Jaraquemada, natural de las Islas Canarias, nombrado por el virrey de Montesclaros presidente de Chile en 1611. Falleció Isabel en Lima en 1692. Fueron sus hijos el maestre de campo Diego Hurtado de Mendoza; Clara e Isabel, ambas solteras; María, casada con Diego Pérez de Lescano; y Leonor, casada con el maestre de campo Pedro de Ortega y Luján. De este enlace nació una hija llamada Teresa de Ortega y Mendoza, casada con Francisco de la Puente y Sandoval, abuelos de Teresa de la Puente y Sandoval, casada con el canciller mayor Juan José Agüero de los Santos; de Leonor Tomasa de la Puente, casada con Mateo Ibáñez de Orellana, marqués de Corpa; de Francisco José de la Puente, teniente coronel de milicias, Caballero de la Orden de Santiago, casado con Joaquina de Salazar y Gaviño, hija de los condes de Monteblanco. Diego Hurtado de Mendoza fue rector del Colegio de San Felipe, regidor y alcalde de Lima en 1688, y corregidor de Parinacochas; casó con Catalina de Iturrizarra, nacida en Lima, hija del Dr. Bernardo, catedrático de la Universidad de Alcalá, alcalde y oidor de Lima, gobernador y capitán general del Perú. Diego y Catalina tuvieron a Diego Hurtado de Mendoza, nacido en Lima, catedrático de la Universidad de San Marcos.

Mendoza, Diego: Hidalgo, conquistador de Cuba.

Mujer: **Inés Farfán**, su legítima esposa, padres de Gonzalo de Mendoza, cuyo tío, Juan Farfán de Gaona, fue conquistador de México.

Mendoza, Francisco: Acompañó a Pedro de Mendoza en su fracasada expedición al Río de la Plata.

Mujer: **María de Angulo**, su amante o esposa, quien acompañó a su marido con otras mujeres en dicha expedición; fueron los padres de dos hijas llamadas Juana y María.

Mendoza, Lope de: Capitán de las expediciones a las Higueras y Honduras; fue encomendero de Paciyuca.

Mujer: **Francisca del Rincón**, su legítima esposa, hija del licenciado Antonio Ruiz de Medina, fiscal de la Audiencia de México; marchó a México con su padre y varias hermanas.

Mendoza, Pedro: Conquistador del Río de la Plata.

Mujer: **María Dávila**, su amante, que le acompañó en todas sus expediciones; se desconoce si era española o india.

Mendoza, Rodrigo de: General avecindado en Lima a mediados del siglo XVII.

Mujer: **Petronila de Guzmán y Tovar**, su legítima esposa, padres de Jordana de Mendoza y Guzmán. Juntas frecuentaban el Convento de La Encarnación.

Mendoza y Argüedes, José Carlos de: Avecindado en Moquegua, hermano de Blas Antonio de Mendoza de una familia distinguida de Moquegua.

Mujer: **Martina Fernández Cornejo y Fernández de Córdoba**, su legítima esposa, natural de Locumba y vecina de

Moquegua, hija de José Fernández Cornejo y Rendón y de Manuela Fernández de Córdoba. Su hermana, María Bernarda, estaba casada con el coronel Tomás Moreno Chocano. Martina pertenecía a una familia muy distinguida de aquellas tierras, donde sufragó varias obras pías como la edificación del templo de Santo Domingo y la iglesia del hospital de Belén y una farmacia que mandó eregir el rey en 1743. En este hospital, bajo el cuidado de los religiosos Beletnitas, se asistió a los enfermos pobres y se educaron gratuitamente a los niños.

Mendoza Zapata y Bécquer, Dr. Gregorio Hurtado de: Natural de Lima, conde de Cumbres Altas. Estudió en el Colegio de San Martín de Lima y se graduó en leyes en la Universidad de San Marcos; fue después tesorero en Arequipa y oidor de la Audiencia de Quito en 1750.

Mujer: **Catalina Matheu Villamayor y Henríquez de Guzmán**, su legítima esposa, hija de Gregorio Matheu, Caballero de la Orden de Calatrava y marqués de Maenza, y de Mariana Henríquez de Guzmán y Ayesa. Fueron sus hijos Gregorio Hurtado de Mendoza y Zapata, nacido en Moquegua en 1695, y Cipriana Josefa Bécquer, nacida en Lima. La familia descendía de los conquistadores Martín Bueno y Juan de la Torre; éste último se halló en la Isla de Gallo.

Menéndez de Avilés, Pedro: Nacido en Avilés en 1519 y fallecido en Santander en 1574. Conquistador y marino de familia noble. Durante el reinado de Carlos V militó en el mar Cantábrico contra los corsarios franceses. Era muy estimado por Felipe II que le llevó a su matrimonio con María Tudor en 1554. En 1556 se le nombró general de la Flota de Indias. Al presentarse los hugonotes franceses en la Florida al mando de Juan Ribaut en 1562 donde pretendían fundar una colonia, Felipe II envió a Menéndez de Avilés con órdenes de expulsarlos de la región, nombrándole adelantado y gobernador de la Florida en 1565. Partió de Cádiz el 28 de junio de 1565 con ocho barcos y 2.600 hombres, arribando a la Florida en 28 de agosto. Después de vencer a los franceses, tomó posesión del territorio y fundó a la ciudad de San Agustín, la primera ciudad de Norteamérica. A pesar de su derrota, Ribaut intentó llevar a cabo otro ataque pero fue nuevamente derrotado en el lugar llamado río de la Matanza. Eliminados los franceses, Avilés marchó a explorar la costa atlántica de los actuales Estados Unidos hasta la bahía de Chesapeake y apoderarse de la pesquería de Terranova y el paso desde el norte hacia el Pacífico. Pasó después a La Habana regresando a la Florida en 1566. Estando en España fue nombrado gobernador de Cuba, adonde se dirigió. Vuelto a llamar a España para organizar una escuadra contra Inglaterra, falleció en Santander el 17 de septiembre de 1574.

M

Mujer: **María de Solís**, su legítima esposa, a quien llevó a América cuando fue nombrado gobernador de Cuba. Tuvieron un hijo (se desconoce su nombre) que naufragó, posiblemente en las Bahamas y al que el propio Avilés intentó encontrar sin saberse si lo logró. Estando entre la tribu de los Guales, el cacique Carlos le ofreció a Avilés a su hermana por esposa, a quien bautizó con el nombre de "Antennae", siendo llevada después a Cuba. Se dice que Avilés la rechazó "por fea y por vieja" (tenía 35 años de edad); no se sabe con exactitud la relación que hubo entre ambos.

Mercado de Sotomayor, Gregorio de: Natural de Carmona y conquistador de México, hijo de Francisco Hernández de Bigue y de Juana Díaz de Sotomayor.

Mujer: **Elvira de Salcedo**, su legítima esposa, viuda de Diego de Castañeda, conquistador de México, del que heredó una encomienda. Se desconoce si hubo sucesión.

Mérida, García de: Natural de Badajoz y conquistador de México, de la Villa Rica y Pánuco, adonde pasó con el capitán Diego de Camargo; falleció en 1547.

Mujer: **Inés Hidalgo**, su legítima esposa. Se desconoce si hubo sucesión.

Mesa, Alonso de: Conquistador del Perú; se halló en Cajamarca y fue uno de los que tomó prisionero a Atahualpa, llegando luego a ser principal encomendero del Cuzco. Provenía de una familia noble de Toledo. En su testamento de 1544 declaró ser padre de cinco hijos indios que tuvo con una mujer del Cuzco, aunque después añadió que en realidad tenía seis hijos y seis mujeres, todos los cuales vivían en su casa.

Mujer: **Catalina Huaco Ocllo**. Una de las amantes conocidas, de sangre inca, con la que tuvo varios hijos naturales.

Mesa, Antonio: Una de las familias reclutadas para fundar una colonia agrícola en California. (Véase a Camero, Manuel, para más detalles).

Mujer: **Ana Gertrudis López**, su legítima esposa, hija de María Paula y de Antonio María.

Mesa, Francisco: Artillero de Hernán Cortés en México.

Mujer: **Inés de Herrera**, su legítima esposa, padres de siete hijos; una de las hijas, Ana, casó con Alonso Gómez Hidalgo.

Messía, Diego Cristóbal: Conde de Sierra-Bella, título que le confirió Carlos II en 1695. Fue presidente de la audiencia de Charcas, oidor decano de Lima y consejero de Indias.

Mujer: Se desconoce su nombre, pero con ella tuvo un hijo llamado Cristóbal nacido en Quito. Fue Caballero de la Orden de Santiago y paje del rey. El tercer conde fue Diego Messía y Torres, casado con Ana Munive y Tello, hermana del 4o. marqués de Valdelirios. Su hijo, Cristóbal Messía y Munive, nacido en Lima, heredó el título, y casó con Josefa Aliaga y Colmenares, hermana del conde de San Juan de Lurigancho. Tuvieron una hija, Josefa Messía, que casó con José de la Fuente y Carrillo de Albornoz, nacido en Lima, marqués de San Miguel de Hijar. Fueron los padres de Josefa, esposa de José Matías Vásquez de Acuña, conde de la Vega de Ren, y de José María de la Fuente y Messía, nacido en Lima y último marqués de San Miguel, fallecido en 1823 en un naufragio.

Miranda, Ignacio: Caballero de la Orden de Santiago y conde de Villa Miranda.

Mujer: **Magdalena Navia Solisvango**, su legítima esposa, una de las hijas de Álvaro Navia Bolaños y Moscoso, oidor de Lima y primer conde de Valle-Oselle.

Miranda, Juan: Natural de Soria y vecino de la Villa Rica, hijo de Sancho de Miranda y de Catalina González de Saravia, ambos de familia hidalga. Marchó de España al Perú y formó después parte de la expedición de Hernando de Soto a la Florida.

Mujer: **Francisca de Mexía (o Mejía)**, su legítima esposa, viuda de Diego Marmolejo, conquistador de México. Se desconoce si hubo sucesión.

Molino, Juan Manuel del: Conocido notario de Lima.

Mujer: **Melchora Clara de Avendaño**, su amante o esposa; es probable que hayan sido los padres de Melchora María de Atocha; estudió en el colegio de Santa Cruz de Lima y en 1729 fue novicia en Convento de La Encarnación.

Montalvo y O'Farrill, Juan: Nacido en La Habana en 1778; estudió idiomas en Madrid adonde se lo llevó su padre. Tomó parte en la guerra contra los franceses bajo las órdenes del general Ricardós, ascendiéndoles por sus servicios a capitán de infantería. Se dirigió después a Guantánamo, Cuba, para fundar allí una colonia de blancos y posteriormente regresó a España pues había muerto su padre. En 1800 volvió a Cuba como comandante del Regimiento de Cuba y más tarde se dedicó a la medicina y a la agricultura, administrando el ingenio San Ignacio. Se le considera haber sido el primero en introducir en Cuba el buque de vapor entre Matanzas y La Habana y por aclimatar al camello. Llegada la independencia, se mantuvo al lado del gobierno español, llegando a ocupar el cargo de mariscal de campo y se le premió con la Orden de Isabel la Católica; falleció en 1844.

Mujer: **Antonia Calvo y Peñalver**, su legítima esposa. Se desconoce si hubo sucesión.

Montejo, Francisco de: Conquistador y después gobernador de la península de Yucatán; participó en las expediciones de Juan de Grijalva y Hernán Cortés. Nacido hacia 1479 en Salamanca y fallecido en 1553 en Sevilla. Después de la

conquista de México se le dio el pueblo de Azcapotzalco.

Mujer: **Beatriz Álvarez de Herrera**, su legítima esposa, noble y rica dama con quien casó en Sevilla y con la que tuvo una hija llamada Catalina, quien sucedió al padre como Adelantada de Yucatán. Tuvo también una amante llamada Ana de León, muy conocida por ser la hija del abogado Pedro de León. Con ella tuvo un hijo natural llamado Francisco que fue el fundador de Mérida. Se cree también que fue el verdadero conquistador de Yucatán por la labor realizada al cedérsela su padre. Ana, residía en Sevilla donde conoció a Montejo. Aunque legitimado, a Francisco no se le reconocieron los títulos y cargos de su padre que pasaron a su yerno Alonso de Maldonado.

M

Montellano, Martín de: Avecindado en Potosí a mediados del siglo XVII.

Mujer: **Ana Rebelledo (o Rebolledo)**, su legítima esposa, con quien casó siendo una niña de diez años. Debido a su juventud, reclamó no poder satisfacer sexualmente a su marido, añadiendo además que se había casado por insistencia de sus padres. El matrimonio terminó disolviéndose.

Montero del Águila, Dr. Diego: Nacido en Chile, hijo de Diego González Montero, presidente de la Audiencia de este país, y sobrino del primer obispo de Santiago Rodríguez González Marmolejo. Estudió en el colegio de San Martín de Lima y después fue catedrático de leyes en la Universidad de San Marcos, así como obispo de la Concepción, haciéndose cargo de la diócesis en 1712; falleció en 1718.

Mujer: **Lorenza Zorrilla**, su legítima esposa, de quien enviudó haciéndose

entonces presbítero. Fue después obispo
de la Concepción tomando posesión de la
diócesis en 1718; falleció en 1718. Sus
restos fueron trasladados a la Catedral de
Trujillo en 1720. Tuvieron un hijo, Victo-
rino Montero del Águila, capitán de la
Guarnición de Lima. Pasó después a
España donde sirvió en la guerra concluida con la paz de Utrech.

Montoya, Domingo Chupul: Cacique o
principal de Taulí que llegó a vivir más de
112 años; era arriero de profesión.

Mujer: **María Vicencia Huamán,** no se
sabe si amante o esposa, con quien tuvo
dos hijas, diez nietos y seis biznietos.

Mora, Cristóbal: Maestro de Lima a finales del siglo XVIII.

Mujer: **María Josefa de Atocha y
Machado,** su legítima esposa, con quien
casó en 1776.

Mora, Diego: Uno de los conquistadores
del Perú que entraron con Diego de
Almagro. Trató de salvarle la vida a Atahualpa en Cajamarca y fue uno de los
fundadores de Trujillo así como su primer gobernador. Fue también encomendero en los valles de Chimo y Chicama.
Cedió parte de sus terrenos para la erección del Convento de Santo Domingo.
En una de sus haciendas se cultivó por
primera vez la caña de azúcar que él
mismo trajo de México. Fue figura principal en las Guerras Civiles del Perú.

Mujer: **Ana de Valverde,** su legítima
esposa; su hermano, Juan de Valverde,
casó con la hermana de Diego de Mora.
Diego y Ana tuvieron una hija llamada
Florencia casada con Juan de Sandoval,
encomendero en Guamachuco, mujer de
grandes virtudes y muy cuidadosa de sus
indios a los que vestía y calzaba.

Morales, Agustín: Avecindado en Lima a
finales del siglo XVIII.

Mujer: **María Florentina de Atocha y
Ayamar,** su legítima esposa, con quien
casó en 1787. Se desconoce si hubo sucesión.

Morales, Juan Antonio de: Natural de
Ecija, Sevilla, y avecindado en Quito a
principios del siglo XVII.

Mujer: **Juana de Aroza,** su legítima esposa,
a quien abandonó, marchando a Potosí.
Estando aún casado con Juana, y procla-
mando ser soltero, casó con otra mujer,
Marcela de Aguirre, y se adueñó indebida-
mente de su dote. Descubierta la treta, se
le enjuició y fue declarado culpable de
bigamia, quedando anulado el nuevo
matrimonio y azotándosele como castigo
por la Inquisición en las calles de Potosí.

Morales, Juan de: Conquistador de
México, hijo de Diego Morales y de Ana
de Morales.

Mujer: **Ana de Agüero,** su legítima
esposa, No hubo sucesión.

Morales, Miguel: Conquistador de
México, Honduras, Guatemala y Nueva
Galicia.

Mujer: **Elvira Gutiérrez,** su legítima
esposa, padres de García Ramírez nacido
en Mérida.

Morcillo, Alonso de: Conquistador de
México.

Mujer: **Catalina García,** su legítima
esposa. No hubo sucesión.

Morcillo (o Morsillo), Francisco: Conquistador de México.

Mujer: **Catalina Vergara,** su legítima
esposa, padres de Gaspar Morcillo (o
Morsillo) que casó con la hija de Pedro
Pantoja, conquistador de México, y con
quien tuvo un hijo.

Moreno de Nájera (o Nájara), Pedro: Marchó a México con Pánfilo de Narváez y se unió después a Cortés.

Mujer: **Leonor de Nájera**, su legítima esposa india, con quien tuvo cuatro hijos y una hija.

Moreno, José: Una de las familias reclutadas para fundar una colonia agrícola en California. (Véase Camero, Manuel, para más detalles).

Mujer: **María Gertrudis Pérez**, su legítima esposa. Se desconoce si hubo sucesión.

Moreno, Juan: Conquistador de México; fue encomendero en Alpizagua, en la provincia de Guajaca.

Mujer: **Catalina Rodríguez**, su legítima esposa. Se desconoce si hubo sucesión.

Moreno, Pedro: Natural de Galicia y vecino de Michoacán, hijo de Pedro Mabrino y de Constanza López de Miranda. Marchó a América con Hernando de Soto y se halló en la conquista de la Florida a cargo de los arcabuceros.

Mujer: Se desconoce su nombre, pero era la hija de Diego Calero, conquistador de México, y de Leonor de Ayala.

Moreyra y Matute, Francisco: Nacido en Lima, teniente coronel de Caballería en 1813, alcalde ordinario en 1815-1816 y regidor del Cabildo, aparte de otros cargos. Era hijo del capitán José Moreyra Bermúdez de Castro y Moscoso y de María Mauricia Matute y Melgarejo. La familia procedía de la Casa Real de León. Su madre era hija de Pablo Matute de Vargas, corregidor de la provincia de Paruro, y de Mauricia Cano Melgarejo, hija de Félix Cristóbal y de Catalina Meléndez y Valladolid, de origen sevillano. Al finalizar la guerra de independencia del Perú Francisco fue miembro de la Sociedad Patriótica en 1822 y consejero de estado.

Mujer: **Mariana Avellafuertes y Querejazu**, su legítima esposa, hija del coronel Juan José Avellafuertes Sierra y Navia, Caballero de la Orden de Santiago, procedente de una distinguida familia asturiana, y de Francisca Querejazu y Santiago de Concha, hija del Dr. Antonio Hermenegildo de Querejazu y Mollinedo, Caballero de la Orden de Santiago, oidor de la Audiencia de Lima y presidente de Charcas, y de Josefa de Santiago Concha, hija del marqués de Casa Concha y Caballero de la Orden de Calatrava, oidor de Lima, gobernador de Huancavelica y presidente de Chile, y de Inés Errazquin Ilzarve Torres y Zavala, hija de Pedro Matías, Caballero de la Orden de Santiago, y de Josefa Torres Zavala. Francisca Querejazu era hermana de José, conde de San Pasenal; del capitán Agustín, Caballero de la Orden de Carlos III y fundidor de la Casa de la Moneda; de Antonio, Caballero de la Orden de Santiago; y del Dr. Matías, maestre-escuela de la Iglesia Metropolitana de Lima. Hijos de Francisco y Mariana fueron José que casó con la primogénita del marqués de Torre-Tagle; Francisco de Paula, vocal superior del Tribunal de Justicia de Lima, casado con Amelia Riglos y Díaz de Ravage; Juan José; Mariano, cónsul del Perú en España; Juana Rosa, casada con el general Nicolás Freyre, ministro de guerra; María, casada con Stanhope Prevost, cónsul de Norteamérica en Lima; y Mariana, casada con Carlos Hulsembock, cónsul de los Países Bajos en Lima. Tuvo Francisco, además, otra tres hijas que nunca casaron llamadas Josefa, Manuela y Joaquina.

Morgrovejo de Quiñones, Juan: Conquistador del Perú. Tuvo un hijo ilegítimo llamado Francisco, probablemente mestizo, del que se hizo cargo Francisco de Godoy a su muerte llevándoselo a España (Cáceres). A la muerte de éste, la familia de Morgrovejo abandonó a Francisco y nunca más se supo de él. Se desconoce el nombre de la madre.

Moscoso, Juan de: Natural de Zafra, Badajoz, hijo de Gonzalo Rodríguez, "el romano", y de Beatriz de Moscoso; sirvió primero en Santa Marta y en Cartagena, después marchó a Cuba, y de ahí a México donde tomó parte en la conquista de Jalisco. Era encomendero de Tultitlán.

Antonia Hernández, su legítima esposa, viuda de Miguel de Guémez, conquistador de México; antes había casado con Baltasar Rodríguez, también conquistador de México, y después con Bartolomé de Perales, de los cuales enviudó. No se da noticia de haber tenido ningún hijo.

Moscoso, Luis de: Una de las principales figuras de la expedición de Hernando de Soto a la Florida, natural de Zafra, España; se había hallado antes en la conquista del Perú. Fallecido de Soto, se hizo cargo del resto de la hueste marchando a Pánuco y posteriormente a México. Fueron sus padres Alonso Hernández de Diosdado e Isabel de Alvarado.

Mujer: **Leonor de Alvarado** (no relación con la hija de Pedro de Alvarado); era su prima, por lo que en México se le acusó de haber tenido con ella relaciones ilícitas.

Moscoso, Sebastián de: Conquistador de México.

Mujer: Casó con una india noble con la que tuvo dos hijas y un hijo llamado Juan; se desconoce su nombre.

Moscoso y Peralta, Juan Manuel: Nacido en Arequipa en 1723; estudió en el cole-

gio de San Martín de Lima y se graduó de doctor en la Universidad del Cuzco. Fue regidor y alcalde ordinario de Arequipa en 1749, haciéndose después sacerdote y llegando a ser obispo de Tucumán en 1773. Pasó después a España donde el rey le nombró arzobispo de Granada en 1789; falleció en 1811 a la edad de 88 años.

Mujer: **Nicolasa de Rivero y Salazar**, su legítima esposa, con la que tuvo un hijo que falleció poco después que la madre.

Mota, Francisco de: Natural de Burgos y conquistador de Nueva Galicia.

Mujer: **Catalina de Mena**, su legítima mujer esposa, padres de tres hijos, uno de ellos de nombre homónimo del padre, encomendero en Copala y radicado en Nueva Galicia.

Motrico, Diego de: Conquistador de México.

Mujer: **Isabel Muñoz**, su legítima esposa, natural de Sevilla; no hubo sucesión.

Mudarra y Roldán, Miguel: Hijo de Martín José Mudarra, marqués de Santa María de Pacoyán; nació en Lima y fue alcalde ordinario en 1743-1744.

Mujer: Se desconoce su nombre, pero con ella tuvo una hija llamada Rosa que heredó el título. Estaba casada con el coronel Fernando Carrillo de Córdoba, natural de Lima y alcalde ordinario en 1726 y 1746. Fueron los padres del coronel Fernando Carrillo y Mudarra, alcalde de Lima en 1770 y 1800. El último en poseer el título fue Fernando Carrillo yh Mudarra, regidor del Cabildo Constitucional en 1813-1814, casado con María del Carmen Rosas, descendiente del conde de Castell-Blanco.

Nájera Batihoja, Juan de: Conquistador de México, hijo de Juan Gaeta de Leiva y de Catalina de Leiva.

Mujer: **Juana Clavijo,** su legítima segunda esposa, viuda de Juan de Medina. Se desconoce si hubo sucesión.

Narváez, Pánfilo de: Nacido en Valladolid en 1470 ó 1480 y fallecido en 1528. Marchó a Jamaica con Juan de Esquivel y después a la conquista de Cuba con Diego Velázquez de Cuéllar en 1512. En 1520 le envió Velázquez a prender a Hernán Cortés, siendo después su prisionero hasta que le puso libertad en 1523. Regresó a España donde le fue dada una capitulación para la conquista de la Florida en 1526, cediéndoseles las tierras de Juan Ponce de León y Francisco de Garay, excepto Pánuco que se le dio a Nuño de Guzmán. Zarpó de Sanlúcar de Barrameda en 1527, encontrándose entre la tripulación Álvar Núñez Cabeza de Vaca. Llegó a Santo Domingo y después marchó a Cuba. De ahí partió a la Florida y al doblar el cabo de San Antón un vendaval le lanzó a la costa de la Florida, cerca de Tampa, en 1528. Hallándose en la desembocadura del río Mississippi, una tormenta hundió las barcas que habían construido y pereció Narváez en noviembre de 1528. Su expedición se considera una de las más desastrosas del Nuevo Mundo.

Mujer: **María de Valenzuela,** su legítima esposa. Se desconoce si hubo sucesión.

Navamuel de los Ríos, Álvaro Ruiz de: Hijo de Francisco Santiago Rodríguez de los Ríos y de Inés de Navamuel, descen-dientes del rey Pelayo de la Reconquista española. Fue secretario de cámara y escribanía mayor de gobierno y guerra y de la Audiencia y miembro de la Inquisición; falleció en 1613.

Mujer: **Ángela Ortiz de Arbildo y Berriz,** su legítima esposa, natural de Vizcaya con quien casó en 1578. Tuvieron una hija llamada Inés de Nuevamuel que casó con el capitán y su primo hermano Gerónimo Aliaga, y un hijo llamado Juan de los Ríos, casado con Floriana de Santa Cruz y Padilla. De dos de sus hermanos provienen las familias de los Aliaga y Presas, condes de Lurigancho, y los de Montemayor y Monteblanco. Una parienta, Andrea de los Ríos, casó con el Dr. Joaquín Mendoza Ladrón de Guevara; era hija de Luis José, nieto de Juan y de Rosa de Miranda y Caballero. El segundo mayorazgo fue fundado en 1632 por Juan Caballero de Tejada, regidor de Lima, y su esposa Ana de Cáceres y Ulloa, hija del secretario del virrey marqués de Guadalcázar.

Navarro, José Antonio: Una de las familias reclutadas para fundar una colonia agrícola en California. (Véase Camero, Manuel, para más detalles).

María Regina Dorotea Gloria de Soto y Rodríguez, su legítima esposa, padres de Mariana Josefa, José María Eduardo y José Clemente.

Navarro, Juan: Conquistador de México.

Mujer: **María Rodríguez**, su legítima esposa; tuvieron un hijo de nombre homónimo del padre.

Navia Bolaños Moscoso, Álvaro: Natural de Asturias y Caballero de la Orden de Santiago, hijo del capitán Álvaro que fue Señor de las Casas de Navia de Lienes y de los Valles de Oselle, Landrove y Galicia; descendiente por el lado materno de Álvar Fáñez de Minalla, pariente del Cid Campeador, de los marqueses de Astorga, condes de Altamira y del de Lemos, grandes de España. Su madre, Lorenza Castro y Ulloa, pertenecía a la Casa de Noceda en Galicia. Álvaro fue superintendente de la Casa de la Moneda en Lima hacia 1742, después oidor de esta Audiencia, y ocupó otros cargos importantes en distintos años. Fernando VI le confirió el título de conde de Valle-Oselle en 1750.

Mujer: **Gerónima Solisvango**, Natural de Lima, su legítima y primera esposa, hija de Bernardo Solisvango, Caballero de la Orden de Santiago, prior del Tribunal de Cuentas en 1701. Fueron los padres de Antonio, maestre de campo del Callao, Caballero de la Orden de Santiago, heredero de condado, y militar en África y Orán; Manuel, coronel del Regimiento de Valencia; el padre Mateo, obispo de Nicaragua; Magdalena, que casó con Ignacio Miranda, conde de Villa Miranda y Caballero de la Orden de Santiago; y de Juan de Navia y Solisvango, también Caballero de la Orden de Santiago y consjero de Hacienda, todos naturales de Lima. Álvaro casó después con Isabel Espinola Villavicencia y Pardo de Figueroa, limeña, hija de Nuño Espinola, Caballero de la Orden de Alcántara y general del Mar del Sur, y de Juana María Pardo de Figueroa. Los hijos del segundo matrimonio fueron José María, conde de

Bolaño; María Lorenza, madre de Pedro José Zárate, marqués de Montemira; Juana, casada con el conde de Velayos y marqués de Santiago; Joaquín y Manuel que fueron militares en el Regimiento de Granada en España. Todos ellos nacieron también en Lima.

Negreiros y Silva, Jorge: Marqués de Negreiros, título que le confirió Felipe V en 1721.

Mujer: Se desconoce su nombre, pero con ella tuvo un hijo llamado Domingo Negreiros y Condra, nacido en Lima, en quien recayó el título, casado con Mariana Ruiz Galiano, hermana del marqués de Soto Florido. Tuvieron una hija llamada Mercedes Negreiros. Domingo falleció en 1787 y se cree que la hija mantuvo el título hasta alcanzar la mayoría de edad.

Niño, Alonso: Conquistador de México.

Mujer: **Beatriz Núñez de Caravallo**, su legítima esposa, viuda de Rodrigo de Paz, hija de Juan de Manzanilla (o Manila), conquistador de México; tuvieron en total cuatro hijos.

Noriega, Pedro Alejandro: Natural de Asturias y avecindado en Lima.

Mujer: **María Rosa de Chávez**, su legítima esposa, padres de José Martín Noriega y Chávez, Caballero de la Orden de Santiago, capitán del Regimiento Real de Lima en 1790 y gobernador de Mainas desde 1813 hasta 1821.

Núñez, Andrés: Marchó a México en la armada de Francisco de Garay y se halló en las conquistas de México y Nueva Galicia; fue encomendero de Tequisquiac.

Mujer: **Mari Hernández**, su legítima esposa; una de sus hijas casó con el indio Gonzalo Portillo a los que les pasó la encomienda al casarse y a la que Gonzalo posiblemente pertenecía.

Núñez de Bonilla, Francisco: Conquistador del Perú, hijo de Diego de Yllescas y de Blanca Núñez de Bonilla.

Mujer: Estaba casado con una india nicaragüense con la que tuvo un hijo natural llamado Gonzalo Núñez. En su testamento estipuló que al morir se le pusiese en libertad.

Núñez de Guzmán, Alonso: Natural de Portillo; murió en al travesía de España a América en 1527 junto con su mujer e hijo.

Mujer: **Juana Ferreira**, su legítima esposa, también natural de Portillo; tuvieron dos hijos, uno llamado Rodrigo de Guzmán, conquistador de Jalisco siendo gobernador Nuño de Guzmán, y el otro Esteban de Guzmán, soldado de la expedición a las Higueras. Rodrigo trató o fue después al Perú, por lo que pueda ser el mismo Rodrigo Núñez de Guzmán que sigue.

Núñez de Guzmán, Rodrigo: Avecindado en Lima a mediados del siglo XVII.

Mujer: **Juana de Almansa**, su legítima esposa, mujer de buena posición con la que casó siendo una niña. Terminó anulándose el matrimonio por engaño del marido que aseguraba ser pariente del caballero Fernando Niño de Guzmán, lo cual resultó ser falso.

Núñez de Sanabria, Dr. Miguel: Natural de Lima, hijo de Miguel Núñez de Cabaña y de María de Sanabria. Cursó sus estudios en el Colegio de San Martín y fue luego catedrático de leyes en la Universidad de San Marcos, abogado y oidor de la Audiencia de Lima en 1695. Al fallecer el virrey marqués de Castell-dosrius en 1710, fue presidente y capitán general del Perú durante ese año. También se le nombró patrón del Santuario de Santa Rosa de Lima y a su hermana política, Catalina de Rojas Acevedo, se le confirió el título de co-fundadora de dicha institución; Miguel falleció en 1729. Fueron sus hermanos el presbítero Vicente y el jesuita Andrés Núñez de Sanabria, fallecido este último en 1672.

Mujer: **Gregoria de Rojas**, su legítima esposa, padres de Miguel Núñez y Rojas; Gregorio, oidor de Charcas y de Lima; y el Dr. Andrés. Miguel fue Caballero de la Orden de Santiago y célebre abogado. Falleció en Madrid en 1731.

Núñez Gallego, Juan: Conquistador de México.

Mujer: **María de Torquemada**, su legítima esposa; una de sus hijas casó con Cristóbal de la Puebla.

Núñez, Juan: Conquistador de México, fallecido en Guajaca de una herida que recibió en un brazo.

Mujer: **Leonor Gómez**, su legítima esposa, padres de Martín Núñez, natural de Higuera de Zalamea, en el maestrazgo de Alcántara, casado en Guajaca desconociéndose el nombre de su mujer.

Núñez, Pedro de: Avecindado en México; era casado y tenía tres hijos y una hija legítimos y tres hijas naturales. Se desconocen los nombres de la madre e hijos.

Núñez, Pedro de: Natural de Burgos y conquistador de Nueva Galicia, hijo de Alonso Muñoz y de Catarina Bermúdez.

Mujer: **María de Chaves**, su legítima esposa. Se desconoce si hubo sucesión.

O

Ocelli, Francisco: Panadero de profesión en Lima a finales del siglo XVIII.

Mujer: **María Casimira de Atocha y Cáceres**, su legítima esposa, con la que casó en 1776. Se desconoce si hubo sucesión.

Ochoa, Ignacio de: Capitán del ejército de Lima.

Mujer: **María Núñez de León**, su legítima esposa, padres de Ignacia María del Salvador Ochoa, nacida en Lima en 1660. Tomó los hábitos de monja en el Monasterio de la Encarnación en 1690. Tenía fama de muy virtuosa y santa; falleció en 1735.

Ochoa Lexalde, Juan: Conquistador de México, nacido en Vizcaya en 1490, hijo de Martín de Lexalde y de María de Belitequi. Marchó primero a Santo Domingo en 1508 y se halló en la conquista de Puerto Rico en 1509; en 1511, pasó a Cuba y poco después marchó a México con Pánfilo de Narváez, y al ser detorrado éste se unió a Cortés en 1520, acompañándole después en su expedición a la Baja California.

Mujer: **Catalina Fernández Endrino**, su legítima esposa, padres de cuatro hijos y tres hijas.

O'Farrill y Casas, Alejandro: Nacido en Madrid en 1769 y padre el irlandés Alejandro O'Farrill. Ocupó varios cargos militares de alto rango y pasó varios meses en Melilla durante la guerra contra el rey de Marruecos. Vuelto a España después de casarse, participó en la guerra contra Francia. En Cuba fue alcalde ordinario entre 1796 y 1803 y más tarde ocupó el cargo de brigadier y mariscal de campo; falleció en 1832.

Mujer: **María Rosa Calvo**, su legítima esposa, matrimonio concertado en 1792 por poderes a cargo del tío de Alejandro, el gobernador de Cuba Luis de las Casas; María era de familia noble y acaudalada y sobrina del conde de Buenavista. Se desconoce si hubo sucesión.

Ojeda, Diego de: Natural de Sevilla. Marchó a México con el oidor Matienzo; fueron sus padres Juan de Candamo e Isabel de Merquita; ocupó los cargos de factor, tesorero y contador de Veracruz.

Mujer: **María de Perales**, su legítima esposa, hija de Bartolomé de Perales, conquistador de México, y viuda de Pedro Lozano, también conquistador de México.

Olavide, Martín de: Capitán del ejército de Lima.

Mujer: **María Ana Teresa de Jáuregui**, su legítima esposa, padres del Dr. Pablo Antonio José Olavide y Jáuregui que cursó sus estudios en el colegio de San Martín de Lima, graduándose después de doctor en cánones de la Universidad de San Marcos. Era sobrino de la condesa de Villanueva del Soto y Domingo Antonio Jáuregui, gobernador de Huancavelica. El Dr. Pablo fue un hombre muy singular, pues en su casa de Lima había eregido un teatro donde se representaban óperas y se reunían jóvenes con aspiraciones literarias. Fue autor de varias óperas, comedias y de varias obras religiosas, entre ellas "Poemas cristianos" y "Salterio español", esta última publicada en Madrid en 1800, reimprimiéndose en Lima en 1803. El conde de Aranda le encargó que fuese a España y desarrollase un plan de educación para la juventud del Perú, nombrándole posteriormente síndico de Madrid y director del Hospicio de San Fernando. Más tarde fue nombrado por el rey superintendente de las colonias de Sierra Morena, desempeñando además otros cargos importantes dentro y fuera de la Península.

Olea, Domingo: Capitán, Caballero de la Orden de Santiago y alcalde de Lima en 1637.

Mujer: **Constanza Aquinaga,** su legítima esposa, padres del fraile Nicolás de Olea, nacido en Huánuco en 1635; estudió en el Colegio de San Martín de Lima y en 1652 entró en la Compañía de Jesús, haciendo sus votos en 1655 y ordenado sacerdote en 1658. Fue catedrático de gramática, artes y teología en el Colegio de San Pablo, del que luego fue rector y aprendió a hablar quechua en el Cuzco. Escribió varias obras, entre ellas "Curso de artes" publicada en Lima en 1693, y "Teología escolástica", también publicada en Lima en 1694. Su persona y obras fueron muy alabadas por los limeños Peralta y Llano Zapata; falleció en 1707.

Olid, Cristóbal de: Uno de los más destacados lugartenientes de Cortés en la conquista de México al que luego traicionó en Honduras. Nació en Baeza o Linares hacia 1488 y falleció en Naco, Honduras, en 1524.

Mujer: **Felipa de Arauz o Zarauz,** su legítima esposa, portuguesa de nacimiento. Tuvo también una amante que fue una de las doncellas que se le obsequiaron a Cortés en Tlaxcala cuyo nombre, aunque bautizada, se desconoce. También se le obsequió una hija de Moctezuma. Se desconoce si hubo sucesión de cualesquiera de estas mujeres.

Olivares, Francisco de: Se radicó en México despues de haber participado en la conquista de Guatemala; después formó parte de la expedición de Francisco Vázquez de Coronado a Norteamérica.

Mujer: Casó legalmente con la hija de Cristóbal Romero; se desconoce su nombre y otros detalles.

Olmos, Francisco de: Conquistador de México.

Mujer: **Beatriz Bermúdez de Velasco,** su legítima esposa, mujer resuelta y de excepcional bravura. Al ver que los españoles huian espantados ante la arremetida de los mexicanos, les arengó a no abandonar la plaza con estas palabras: "¡Vergüenza, catellanos, volved contra gente tan vil y si no queréis, no pasará hombre de aquí que no le mate!" Todos guardaron sus puestos y salieron vencedores.

Olvera (u Olbera, Diego de: Natural de Utrera, Sevilla, hijo de Hernando de Olvera, que había servido en la guerra de Granada, y de Antonia de Saavedra. Diego marchó a América con Pánfilo de Narváez y se unió después a Cortés en la conquista de México; fue encomendero de Chicobasco.

Mujer: **Juana Ruiz,** su legítima esposa, padres de tres hijos y cuatro hijas, una de las cuales casó con Alonso Calvo. Nuño de Guzmáz le pasó a ella las encomiendas de Jalapa y Acatlán.

Ontañón y Lastra, Nicolás: Conde de las Lagunas, título que le fue conferido por

Felipe V en 1714. Era vecino de Lima, Caballero de la Orden de Santiago y gobernador de Popayán.

Mujer: **María Jiménez de Lobaton,** su legítima esposa, viuda de Sancho Castro Izazaga e hija de Juan Jiménez de Lobaton, oidor de Lima y presidente de Charcas. Heredó el título su hijo Simón Ontañón y Jiménez de Lobaton, natural de Lima y regente del Tribunal de Cuentas, casado con Josefa Valverde y Ampuero. Al morir, pasó el título a su hija, Nicolasa Ontañón, casada con Pablo Vázquez de Velasco y Quirós, alcalde ordinario en 1761. Recayó luego el título en José Vázquez de Veslasco, Caballero de la Orden de Santiago, natural de Lima, quien casó con Mariana de la Puente, sobrina del marqués de Corpa e hija de Luisa Carrillo de Albornoz, hermana del conde de Montemar y Monteblanco.

Oñate, Cristóbal de: Conquistador de Nueva Galicia, hijo de Juan Pérez de Oñate y de Osana González, ambos de familia hidalga. En Nueva Galicia fue gobernador y capitán general, así como encomendero de Tacámbaro, Michoacán, y de Culiacán.

Mujer: **Catalina de Salazar,** su legítima esposa, hermana del factor Salazar e hija de Gonzalo de Salazar.

Oñate, Juan de: Nacido probablemente hacia 1550 y fallecido en 1625 en Zacatecas, hijo de Cristóbal de Oñate Narria y de doña Catalina de Salazar. Fue capitán de Nuño de Guzmán con quien se halló en la conquista de Nueva Galicia. Por haber descubierto él y unos compañeros las minas de plata de Zacatecas en 1548 llegó a ser hombre rico. A cargo de una gran expedición partió hacia la conquista de Nuevo México, Norteamérica, en 1598, donde fundó San Francisco en 1599, llamada después se San Gabriel, pasando por Zuñi, Acoma y Moqui. En 1601 llevó a cabo una segunda expedición a Kansas en busca de la mítica Quivira, y en 1604 emprendió una tercera expedición a través de Arizona, llegando un año después a la desembocadura del río Colorado. Evidentemente, fue uno de los grandes exploradores de la América del Norte. Gaspar Pérez de Villagrá escribió un poema que narra estas aventuras, titulado "Historia de la Nueva México", que se publicó en 1610.

Mujer: **Isabel Tolosa Cortés Moctezuma,** su legítima esposa, hija de Juan de Tolosa y de Leonor Cortés de Moctezuma, hija de Hernán Cortés y de Isabel Moctezuma (Tecuichpochtzin), hija a su vez del emperador azteca. Oñate e Isabel tuvieron dos hijos, Cristóbal de Narriahondo Pérez Oñate y Cortés Moctezuma, nacido en la ciudad de México hacia 1550, y María de Oñate y Cortés Moctezuma, nacida en Pánuco en 1598 ó 1599.

Ordóñez, Rodrigo: Nacido en Oropesa, considerada una de las figuras claves de la conquista del Perú. Posiblemente pasó allí desde Guatemala con Pedro de Alvarado, aunque puede haber sido también con Diego de Almagro. Fue militar en España y se halló en las guerras de Italia y en el saqueo de Roma. Le fue siempre fiel a Almagro y enemigo acérrimo de los Pizarro. Terminó siendo asesinado por un criado de Hernando Pizarro llamado Fuentes, llevándose su cabeza al Cuzco y exhibiéndose en la Plaza Mayor.

Mujer: **María Valverde,** su legítima esposa, hermana del obispo Vicente; tuvieron una hija llamada Teresa casada con el capitán Diego Silva Guzmán con quien fundó en el Cuzco el Colegio de la Compañía de Jesus.

Orduña, Francisco: Conquistador de México, hijo de Juan López de Barriaga e Inés de Velasco.

Mujer: **Catalina Vélez Razcona**, su legítima esposa, con la que casó al enviudar de su primera esposa. Se desconoce si hubo sucesión.

Ore y Río, Antonio de: Corregidor de Guamanga.

Mujer: **Luisa Díaz de Rojas**, su legítima esposa; ambos fueron encomenderos y avecindados en la ciudad de Guamanga en el siglo XVI. Sus cuatro hijos, Luis, Antonio, Dionisio y Pedro, fueron frailes fransciscanos que se distinguieron en la educación de los indios y por sus dotes musicales. Tuvieron también cinco hijas llamadas Leonor, Ana, María e Inés, todas ellas monjas del Monasterio de Santa Clara en Huamanga, construido por su padre en 1563. La otra hija profesó más tarde bajo el nombre de María de la Purificación. Fue por aquel entonces que Antonio padre descubrió la mina de Chumbilla que le permitió llevar a cabo muchas de sus obras religiosas, entre ellas la construcción de dicho monasterio. Algunas de las hijas se trasladaron después a Trujillo donde edificaron el Monasterio de Santa Clara en 1587.

Orellana, licenciado Alonso de: Nacido en Chile, Caballero de la Orden de Santiago y oidor de la Real Audiencia de Chile y después de la de Lima. Fue hijo del capitán Sebastián Alonso Martín de Orellana y Meneses y de Gertrudis Godines de Luna, casada nuevamente al enviudar en 1654 con Felipe de la Puente, Caballero de la Orden de Alcántara y contador mayor del Tribunal de Cuentas. Fundó a favor de su sobrino, Luis Ibáñez, el mayorazgo de Orellana que pasó después a su hermana Josefa Orellana y Luna. Se desconoce si era casado; falleció en 1681.

Orellana, Francisco de: Afamado descubridor del río Amazonas, nacido en 1511 y fallecido en 1546; era pariente de Francisco Pizarro y marchó a América siendo muy jove. Fue uno de los conquistadores del Perú y del pueblo de Puerto Viejo en Quito en 1535. Combatió en la batalla de las Salinas en 1538 al lado de los Pizarro. En este mismo año fundó a Guayaquil y se le nombró gobernador de esta ciudad. Al llegar Gonzalo Pizarro al Perú se le unió en busca del legendario "Dorado", partiendo en 1541. El 11 de febrero Orellana y su hueste arribaron a la confluencia del Napo y el Marañón o Amaznos, siguiendo su corriente y tomando posesión de aquel país. Decidieron renunciar a la autoridad de Gonzalo Pizarro y se eligió a Orellana capitán. El 3 de junio descubrieron la confluencia del río Negro, una de las más importantes del Amazonas, donde confrontaron una gran batalla contra un grupo de mujeres de donde surgió la Leyenda de las Amazonas. Después de soportar infinidad de terribles trabajos y sacrificios, arribaron por fin al Atlántico el 26 de agosto de 1542. Vuelto a España, Orellana, a pesar de su gran descubrimiento, no logró que se le otorgara permiso para llevar a cabo una nueva expedición, mayormente por temerse infringir en territorio portugués, aunque esa región del valle de Amazonas le correspondía a España. Aún así, se le concedió una capitulación en 1544 para conquistar a la Nueva Andalucía, zarpando el 11 de mayo de 1545; la expedición resultó en un gran fracaso. Falleció Orellana a orillas del Amazonas en 1546.

Mujer: **Ana de Ayala**, su legítima esposa con quien casó al regresar a España; era ella muy joven, quizá de catorce años de edad, y pobre. Se la llevó en su segunda expedición al Amazonas en 1545 y, al fallecer Orellana, volvió a casar con Juan de Peñalosa y se trasladaron a Panamá donde se radicaron. A pesar de su corta edad, tiene que haber sido mujer muy valiente y resuelta, pues fue capaz de afrontar muchos de los peligros y calamidades junto a su marido, además de dirigir a un grupo de mujeres supervivientes a la isla de Margarita. Al llegar a Panamá reclamó los bienes que le había dejado su marido en Guayaquil.

Orellana, Hernando de - Hijo de Juan Pizarro de Orellana, primo del conquistador Francisco Pizarro.

Mujer: **Francisca Pizarro**, hija ilegítima de Hernando Pizarro e Isabel Mercado. No se trata de la de nombre homónimo, hija de Francisco Pizarro e Inés Huayles. No se sabe si llegó a casar ni si tuvo sucesión.

Oro, Francisco de: Pulpero de Lima a finales del siglo XVIII.

Mujer: **Paula de Atocha Inclán**, su legítima esposa, con quien casó en 1781. Se desconoce si hubo sucesión.

Orozo de Villaseñor, Juan: Conquistador de Nueva Galicia, hijo de Diego de Burgos y de Guiomar de Orozco.

Mujer: Casó legalmente con la hija de Leonel de Cervantes, cuyo nombre se desconoce.

Ortiz, Antonio: Conquistador de México.

Mujer: **Isabel Ortiz**, su legítima esposa, nacida en Tlaxcala, y viuda de Melchor de Villacorta, conquistador de México, con el que tuvo dos hijas. Con Antonio tuvo otras dos hijas y heredó del primer marido varias encomiendas que después se le quitaron.

Ortiz Caballero, Álvaro: Alcalde de los Hijosdalgo en el Perú; aspiró después a ser corregidor basándose en los méritos de su suegro Juan Esteban Silvestre.

Mujer: **Catalina Rodríguez Silvestre**, su legítima esposa, hija del mencionado Juan Esteban Silvestre, natural de Extremadura, alcalde y regidor de Huánuco. Se desconoce si hubo sucesión.

Ortiz de Gatica, Diego: Nació hacia 1500 en Jerez de la Frontera y falleció en Osmo, Chile, en 1571. Militó contra Gonzalo Pizarro en el Perú, y en 1551 marchó a Chile con Francisco de Villagrá donde fue nombrado alcalde de la ciudad de Valdivia.

Mujer: **María Marmolejo**, su legítima esposa, con quien casó en Santiago de Chile en 1554, viuda de Francisco Caracol e hija de Rodrigo González de Góngora y de Isabel González de Marmolejo; falleció en Osmo en 1577. Tuvieron dos hijos, Luis Ortiz de Gatica y Rodrigo Ortiz de Gatica. Luis nació en Valdivia y casó en 1555 con Leonor de Valdivia, de la misma familia del conquistador Pedro de Valdivia. Francisco Carvajal había casado antes y tuvo una hija llamada María Caracol nacida en Panamá, que casó con Juan de Espinosa Rueda, nacido en España en 1530 y fallecido en Chile en 1577. Juan de Espinosa llegó a México en 1548 y en 1550 marchó al Perú y después a Chile con el virrey Antonio de Mendoza y militó contra Hernández Girón; tuvo una encomienda en Osmo y en esta ciudad ocupó el cargo de oficial real. Con María tuvo cuatro hijos, Juan de Espinosa, Francisco de Espinosa, Pedro de Espinosa Rueda, y Juan de Espinosa.

Ortiz, Juan: Fue intérprete de Hernando de Soto en la Florida; vivió siete años entre los indios y casó con una cacica a la que mucho quería por haberle salvado de la hoguera.

Ortiz de Gaete y González, Cristóbal: Esta familia de Gaete era oriunda de Extremadura. Cristóbal nació en Zalamea de la Serena y se halló en la conquista de México; luego, en 1555, se trasladó a Chile con su hermana María, radicando primero en Santiago de Chile y después en Osorno.

Mujer: **Catalina Carabantes,** su legítima esposa, padres de cuatro hijos que fueron Hernando Ortiz de Gaete y Carabantes, nacido en Osorno, presbítero de Chile en 1576, avecindándose en 1580 en Valdivia y más tarde en Villanueva de la Serena, España (1616); Cristóbal Ortiz de Gaete y Carabantes, nacido en 1554 y avecindado en Osorno en 1607; Leonor Ortiz de Gate y Carabantes, casada con el licenciado Hernando Bravo de Villalba, de la familia de Los Bravos de Villalba, corregidor de Chile en 1563 y después de Valdivia; Catalina Ortiz de Gaete y Carabantes, casada con Rodrigo de Rojas, progenitores de la familia Rojas de Osorno que radicó posteriormente en la Serena, Chile.

De esta familia de Gaete hubo la rama de la ciudad Trujillo y una línea que se radicón en la Argentina. De la misma descendieron Gaspar de Gaete y Jiménez, nacido en Trujillo, que se halló en las guerras de Flandes y después pasó a la Argentina estableciéndose en Buenos Aires de donde fue alcalde en 1637. Casó allí en 1616 con Polonia de Izarra, hija de Pedro de Izarra y de Polonia de Astor, falleciendo en Buenos Aires en 1647. Fueron los padres de Francisco de Gaete e Izarra,

nacido en Buenos Aires y comisario de la Caballería, casado en esta ciudad con María Maldonado, hija de Hernán Suárez Maldonado y de Beatriz de Rivadeneira; Pedro de Gaete e Izarra; Diego de Gaete e Izarra; María de Gaete e Izarra, que casó en 1650 con Alonso Pastor; Polonia de Gaete e Izarra, que casó con Cristóbal Guerrero; Mateo de Gaete e Izarra; y Francisco de Gaete e Izarra.

Ortiz de Zárate, Juan: De familia hidalga, nacido hacia 1521 en Orduña, Vizcaya, fallecido en 1576 en La Asunción. Marchó al Perú con Hernando Pizarro y se halló en la batalla de las Salinas, siendo hecho prisionero en el Cuzco al ser derrotado su jefe. Se encontró junto a Francisco Pizarro cuando fue asesinado, resultando herido. Se pasó luego al bando de Diego de Almagro y estuvo en la batalla de Chupas de 1542. Luego marchó a Quito bajo las órdenes de Pedro de la Gasca. Fue regidor y uno de los más ricos vecinos de Chuquisaca. Combatió después contra Hernández Girón bajo las órdenes de Alonso de Alvarado. En 1567 fue nombrado gobernador y capitán general del Río de la Plata y se le confirió el título de Caballero de la Orden de Santiago. Era tío de Juan de Garay en cuya compañía permaneció durante mucho tiempo.

Mujer: **Leonor Yupanqui,** esposa o amante, princesa inca de la familia de Manco II, hijo de Huaina-Capac. Tuvieron una hija llamada Juana de Zárate, que fue legitimada, que casó en 1577 con Juan Torres de Vera y Aragón, adelantado y gobernador del Río de la Plata; había sido antes oidor de la Audiencia de Charcas y capitán general de Chile.

Ortiz de Zúñiga, Íñigo: Natural de Sevilla y conquistador de Nueva Galicia, hijo de Íñigo de Zúñiga y de Francisca Bravo Lagunas.

Mujer: Casó con la hija de Álvaro Gallego, cuyo nombre se desconoce.

Osorio, Alonso: Avecindado en el Cuzco.

Mujer: **Agustina Soto**, su legítima esposa. Junto con su marido y su hermana Luisa contribuyeron grandemente al Colegio de la Compañía de Jesús en el Cuzco; allí fue enterrado su marido se que había fallecido en Potosí y se hicieron arreglos para la sepultura de ambas hermanas en el mismo lugar.

Osorio, Juan: Conquistador de México.

Mujer: **María de Vargas**, su legítima esposa, padres de un hijo de nombre homónimo.

Osorio, Juan: Acompañó a Pedro Hurtado de Mendoza en su expedición al Río de la Plata.

Mujer: **Elvira Pineda**, su supuesta criada, desconociéndose si fue esposa o amante; acompañó a su marido junto con un grupo de mujeres en dicha expedición.

Ovando, Nicolás de: Nacido hacia 1451 y fallecido en 1511. Era de noble linaje y protegido de Fernando el Católico quien, en 1501, le nombró gobernador de las Indias Occidentales en substitución de Bobadilla. Salió de España al año siguiente al mando de una gran flota en la que iban gran número de familias y mujeres, radicándose en Santo Domingo. Le substituyó en el cargo Diego Colón, hijo del Almirante, en 1509. Ovando adquirió negra fama por el maltrato de los indios y por haber traicionado a la cacica Anacaona.

Mujer: Se desconoce su nombre, pero con ella tuvo un hijo mestizo llamado Diego de Ovando en Santo Domingo.

Ovando Paredes, Cristóbal de: Conquistador del Perú. Se desconoce el nombre de su amante india, pero con ella tuvo una hija mestiza llamada Beatriz que mandó a España al cuidado de las monjas del Convento de Santa María de Jesús.

Oviedo Herrera y Rueda, Luis Alonso de: Primer conde de la Granja y Caballero de la Orden de Santiago, nacido en Madrid en 1636 y graduado de la Universidad de Salamanca. Fueron sus padres Antonio de Oviedo, Caballero de la Orden de Santiago, secretario del rey y canciller del Consejo de Indias, y Luisa Ordóñez de Rueda. Se halló en la guerra de Flandes y después se trasladó al Perú donde ocupó el cargo de gobernador de Potosí. Se le considera persona muy erudita, autor, entre otros, de un poema heroico en el que refiere la vida de Santa Rosa de Lima, publicado en Madrid en 1711; falleció en 1716.

O

Mujer: **Sinforosa López de Chaburu y Cívico**, su legítima esposa, natural de Lima, padres de Luis Aniceto de Oviedo, nacido en Lima y estudiante del Colegio de San Martín; fue alcalde ordinario de Lima en 1748 e invistió el condado. Era casado con Lorenza Díez de San Miguel y Solier. Por no haber tenido sucesió, recayó el título en su hermana Josefa Oviedo, casada con el general Domingo de Chávez y Mena, sin sucesión. Josefa volvió a casar con Juan de Vergara y Pardo, nacido en Lima e hijo de Lucas Vergara Ponce de León y de Francisca Ramírez del Castillo.

Oviedo, Lope de: Compañero de Álvar Núñez Cabeza de Vaca en tierras de Norteamérica. En Malhado prefirió quedarse junto a una india que había conocido y de la que se enamoró, a pesar de la insistencia de Cabeza de Vaca de que la dejara y marchase con él. Se desconoce su nombre así como otros detalles. Otro caso que nos recuerda al de Gonzalo Guerrero en Cozumel.

Oviedo Sigonei y Luján, Francisco: Nacido en Madrid en 1588, hijo de Juan de Oviedo, nacido en Bruselas, ayuda de cámara de Felipe II, y de María de Luján. Fue como su padre ayuda de cámara de Felipe II y procurador en Cortes por Madrid. Marchó luego al Perú con el cargo de gobernador de Cailloma y después de Huancavelica.

Mujer: **María Recaldo**, su legítima esposa, nacida en Lima e hija de Juan Fernández de Recaldo, oidor de la Audiencia de Lima y presidente de la de Quito. Fueron los padres de Francisco, nacido en Lima y maestre de campo de esta ciudad; Constanza, casada con Juan de Urdanegui, primer marqués de Villafuerte; y Catalina que casó con Alonso de Ortega y Robles, Caballero de la Orden de Santiago.

P

Pacheco, Juan: Natural de Montejo, Salamanca, hijo del maestre de campo Francisco y de Catalina Pacheco; marchó a México con el licenciado Maldonado y se radicó en compañía de Juan de Alvarado en Michoacán. Se halló también en la conquista de Nueva Galicia junto a Pedro de Alvarado.

Mujer: **Beatriz de Castilleja**, su legítima esposa, hija de Francisco de Castilleja y de doña María. Se desconoce si hubo sucesión.

Pacheco, Melchor: Conquistador de Yucatán, hijo de Gaspar Pacheco cuyo hermano, Melchor Pacheco, fue también conquistador de Yucatán, casado y con la hija de Hernando de Castro Polanco. Gaspar Pacheco casó con la hija del gobernador Francisco de Solís, o sea, la madre de Melchor, cuyo nombre se desconoce.

Mujer: **Ana Dorantes**, hija del capitán Andrés Dorantes de Carranza. Se desconoce si hubo sucesión.

Padilla, licenciado Juan de: Nacido en Lima, oidor de la Real Audiencia del Nuevo Reino de Granada en el siglo XVI y alcalde del crimen en Lima. Se esforzó por proteger a ayudar a los indios, según consta en carta dirigida a Felipe IV el 20 de julio de 1657 en la que detalla su padecimiento e injusticias; el rey reaccionó a su favo conforme a las órdenes transmitidas al virrey conde de Alba. Se le ofreció la plaza de oidor de la Audiencia de México que rechazó por su avanzada edad.

Mujer: **Constanza de Mendoza**, su legítima esposa. Se desconoce si hubo sucesión.

Padilla, Diego: Natural de Jerez de la Frontera y conquistador de México.

Mujer: **Teresa de Villalobos**, su legítima esposa, natural también de Jerez de la Frontera; fueron los padres de Gregorio de Villalobos quien, por órdenes de Cortés, permaneció en la Villa Rica para suministrarle bastimentos y otras cosas necesarias. Se halló también en la conquista de Jalisco; casó con la viuda de Miguel de Zaragoza, conquistador de México, con quien tuvo dos hijos y una hija; fue también encomendero de Aguatlán.

Palencia, Fernando de: Natural de Palencia y conquistador de Nueva Galicia, hijo de Fernando Villegas y de María de Mena.

Mujer: Casó con la hija de Alonso López, desconociéndose su nombre y si hubo sucesión.

Palma, Juan o Pedro de: Conquistador de México; murió ahorcado por orden de Gil González de Ávila o Francisco de las Casas, por alborotador cuando se dirigía desde Naco a México cuando fue degollado Cristóbal de Olid, del que era partidario.

Mujer: **Elvira López,** *la Larga,* su legítima esposa, que luego volvió a casar con un tal Argueta.

Pantoja, Hernando de: Encomendero del Perú.

Mujer: **Bernardina de Heredia**, su legítima esposa. Se desconoce si hubo sucesión.

Paradinas, Francisco de: Capitán en la conquista de México.

Mujer: **Mari Ángel**, su legítima esposa, natural de Toledo, hija de Pedro Zapata y de María de Guzmán, con la que tuvo dos hijos y dos hijas; al quedar viuda volvió a casar con Bartolomé López Cabeza, conquistador de México.

Paradinas, Juan de: Era sastre en la expedición de Francisco Vázquez de Coronado a la América del Norte.

Mujer: **María Maldonado**, su legítima esposa; heroica mujer que se dedicada a curar a los heridos y a remendarles la ropa. Es todo lo que se sabe de ella.

Pardo de Figueroa, José Agustín: De la Casa de los Pardo de Figueroa, hijo de Bernardo Pardo de Figueroa, Caballero de la Orden de Santiago, y de Margarita Luján y Acuña, ambos naturales de Lima. Su abuelo, Baltasar Pardo de Figueroa, era Caballero de la Orden de Santiago y general del Mar del Sur en 1670, casado con Juana de Sotomayor y Ondegardo, nacida en Chuquisaca y nieta del licenciado Polo de Ondegardo, asesor del virrey Francisco de Toledo. El licenciado Polo de Ondegardo nació en esta misma ciudad y fue su padre el general Polo Ondegardo, nacido en Valladolid y perteneciente a una ilustre familia. Bernardo Pardo de Figueroa fue hermano del marqués de Figueroa y de la Atalaya y de Juana María, casada con Nuño Espinola, Caballero de la Orden de Alcántara, cuyas hijas, Josefa Espinola, casó con Diego Esquivel y Navia, 2o. marqués de Valle-Umbroso; Isabel Espinola que casó con Álvaro Navia Bolaños, primer conde de Valle-Oselle; y Mencia, esposa de Melchor Malo de Molina, marqués de Monterrico. La madre de José Agustín Pardo de Figueroa, Margarita Luján, era hija del maestre de campo Francisco Luján y Rocaldo, natural de Lima, y nieta de Francisco Oviedo Sigoney de Luján, hermano de Constanza, casada con Juan Urdanagui, Caballero de la Orden de Santiago y marqués de Villafuerte, y de María Rocaldo. La abuela de Margarita fue Josefa Vázquez de Acuña y Bejarano, natural de Lima, hija de Juan Caballero, Caballero de la Orden de Calatrava y gobernador de Huancavelica. Juan Caballero tuvo también a José, Diego, Juan e Íñigo, marqués de Escalona, todos ellos Caballeros de la Orden de Alcántara, y a Ventura, Caballero de la Orden de Santiago.

Pardo y Riva, José Antonio de: Conde de Casa Pando, Caballero de la Orden de Carlos III; fue enviado por el rey al Perú en 1772 como administrador general de correos. Fallecido en 1802.

Mujer: **Teresa Ramírez de Laredo**, su legítima esposa, hermana del conde de San Javier y de Francisca, esposa del teniente general Antonio de Ulloa. Fueron los padres de José María, Manuela, casada con el capitán Perdo de la Puente y Querejazu, hermano del marqués de Villafuerte. Teresa falleció en Madrid en 1816.

Paredes y Polanco, Dr. Andrés: Nacido en Lima; estudió en el Colegio de San Martín y en la Universidad de San Marcos de la que fue catedrático y rector en 1684-8585; fue fiscal y oidor de la Real Audiencia de Quito.

Mujer: **Catalina de Armendáriz**, su legítima esposa, de prestigiosa familia limeña.

Su hijo, el Dr. Nicolás Paredes Polanco y Armendáriz, nació en Lima y fue Caballero de la Orden de Santiago. Se graduó de la Universidad de San Marcos contando sólo 15 años de edad y después se trasladó a España donde fue catedrático de la Universidad de Salamanca. Posteriormente el rey le nombró oidor supernumerario de la Real Audiencia de Lima. Se destacó por su profunda humildad y devoción y por el socorro que prestaba siempre a los pobres. Fue autor de varias obras, entre ellas "Materias espirituales" y "Noticias sobre la vida del padre Messía". Falleció en 1712 a los 35 años de edad. Se dice que antes de morir ingresó en la Compañía de Jesús.

Pastor de Velasco, Mateo: Boticario de Lima, hombre de bien y muy piadoso.

Mujer: **Francisca Vélez Michel,** su legítima esposa, natural de Lima. Ambos emplearon gran parte de su dinero en la construcción de una casa para educar a las niñas huérfanas. Francisca falleció en 1655, poco después de su marido. No tuvieron sucesión.

Payo, Lorenzo: Conquistador de México.

Mujer: **Marina Rodríguez,** su legítima esposa, con la que tuvo una hija.

Paz, Lorenzo de: Conquistador de Colombia.

Mujer: **Catalina de Belalcázar,** su legítima esposa, a quien mató a estocadas por infidelidad. Se desconocen otros detalles.

Paz Soldán, Manuel: Nacido en Panamá en 1760, hijo de Manuel Antonio Paz y Castro, capitán del batallón de esta ciudad, y de María, hija de Diego Paz Soldán. Estudió en Lima en 1774 y luego sirvió en el Tribunal de Cuentas hasta 1790; fue también oficial de las Cajas

Reales de Chile y después de Arequipa en 1793. Falleció en esta ciudad en 1833.

Mujer: **Gregoria Ureta,** su legítima esposa, hija de Lucas de Ureta y de Francisca Araníbar Fernández Cornejo. Tuvieron varios hijos, entre ellos Mateo, matemático y autor de la obra "Geografía del Perú", publicada en París en 1862; Pedro; José Gregorio; y Mariano Felipe, todos ellos ministros de estado de su país.

Pedrarias Dávila: Su nombre propiamente era Pedro Arias Dávila. Era hermano del primer conde de Puñónrostro y nieto de Diego Arias, contador de Enrique IV. Se le llamaba comúnmente "el Galán" o "el Justiciero". En 1513 se le nombró gobernador de Castilla del Oro, o el Darién, cargo que se suponía le correspondía a Núñez de Balboa. Llevó a cabo una de las primeras y más importantes expediciones que se hicieron a América, la cual zarpó con una flota de 20 barcos y más de 2.000 hombres el 11 de abril de 1514, entre los que se hallaban figuras tales como Hernando de Soto, Bernal Díaz del Castillo, Benalcázar y otros. Como resultado de esta expedición, se descubrieron el istmo de Panamá y la zona meridional de Centroamérica y se oyó mencionar por primera vez al "Birú", después Perú. Se cree que nació a mediados del siglo XV y falleció en 1531.

Mujer: **Isabel de Bobadilla,** su legítima esposa, distinguida dama y madre de dos excepcionales mujeres: Isabel de Bobadilla, esposa de Hernando de Soto, y María de Peñalosa, esposa de Rodrigo de Contreras. Pasó a América acompañada de un gran séquito de damas y doncellas que llegaron a establcer algunas de las primeras familias del continente. Era hermana de Beatriz de Bobadilla, marquesa de Moya. Se supone que haya sido hija de Francisco

P

de Bobadilla, el gran adversario de Cristóbal Colón, pero puede haber sido también hija del que fue maestrala de la reina Isabel, de nombre homónimo. Tuvieron un hijo, Diego Arias, del que poco se sabe.

Pedraza, Diego de: Conquistador de México, hijo de Hernán Pérez de Tiedra y de Catalina Sepúlveda.

Mujer: **Ana Hernández**, su legítima esposa, padres de doce hijos.

Penagós, Juan de: Conquistador de Colombia.

Mujer: **Francisca**, amante india con la que tuvo cuatro hijos naturales; no se sabe si llegó a casar con ella así como tampoco su nombre o el de los hijos. Tuvo también otra amante india llamada Isabel con la que tuvo otros dos hijos naturales.

Peña, Juan de la: Conquistador del Nuevo Reino de Granada.

Mujer: **Beatriz de la Reina**, su legítima esposa, con la que tuvo doce hijos. Se le conoció a otra mujer india llamada Luisa con la que tuvo un hijo natural.

Peña Parada, vizconde de: Conquistador, sin saberse cuándo o de dónde.

Mujer: **Luisa Montenegro Bravo de Paredes**, su legítima esposa, nieta de Hernando Montenegro, uno de los primeros conquistadores del Perú; había casado en primeras nupcias con Juan de Arévalo, Comendador de la Orden de Alcántara y alguacil mayor del Tribunal de Inquisición de Lima.

Peñafiel, Alonso: Capitán y corregidor de Quito y Riobamba.

Mujer: **Lorenza Araujo**, su legítima esposa, padres del fraile Alonso Peñafiel y Araujo, natural de Riobamba, catedrático de filosofía y teología del Colegio de San Pablo y de la Universidad de San Marcos. Fue autor de la obra "Filosofía universal" publicado en Lyon en 1653, y de otra de metafísica publicada en la misma ciudad en 1670. Otro de sus hijos fue el jesuita Leonardo Peñafiel nacido como su hermano en Riobamba y asimismo catedrático de la Universidad de San Marcos. Fue también autor de varias obras, entre ellas "Virtud de la fe divina"; falleció en 1637.

Peñalver, Juan de: Conquistador de las provincias de Zipotecas y Mixes y encomendero en Agila.

Mujer: **Isabel Benítez**, su legítima esposa, residente de Guajaca y con la que tuvo tres hijos.

Perales, Bartolomé de: Natural de Medellín y conquistador de México; era encomendero en Tultitlán.

Mujer: **Mari Jiménez**, su legítima esposa, natural de Alba, con quien tuvo un hijo llamado como el padre y que se halló en la conquista de Jalisco; Bartolomé padre había casado antes con Antonia Hernández.

Peralta, Diego de: Se desconocen detalles de este señor.

Mujer: **María Robles**, su legítima esposa, padres del Dr. Alonso Peralta, natural de Arequipa. Estudió en Salamanca cánones y leyes y fue inquisidor de México.

Peralta, Felipe: Se desconocen detalles de este señor.

Mujer: **Isabel Iruegas**, su legítima esposa, padres del fraile José Peralta que escribió un tratado sobre la esencia de Dios que quedó inédito.

Peralta, Martín de: Parece haber sido corregidor en México en tiempo de la conquista.

Mujer: **Beatriz de Zayas,** su legítima esposa; sus abuelos sirvieron a los Reyes Católicos y su madre fue criada de la reina Isabel y casada en Granada después de conquistada. A su padre se le hizo caballero (no se sabe de qué orden militar) y por sus servicios recibió el pueblo de Santa Fe. Con Tuvieron tres hijas y un hijo.

Peralta y Ríos, Pedro: Conde de Laguna de Chancacaye, título conferido por Carlos II en 1687; era vecino del Cuzco.

Mujer: **Luisa de Nava,** su legítima esposa, hermana de Doña Guiomar casada con Diego Esquivel y Jarava, marqués de San Lorenzo de Valle-Umbroso. No hubo sucesión.

Perea, Francisco: Se desconocen detalles de este señor.

Mujer: **Catalina Díaz de Medina,** su legítima esposa, padres del agustino Pedro Perea, nacido en Calahorra. El rey le nombró obispo de Arequipa en 1617 adonde llegó dos años después; falleció en 1630 y su cuerpo fue enterrado en la Iglesia de San Agustín.

Pereira, Antonio de: Natural de Portugal y conquistador (no se sabe cuándo o de dónde).

Mujer: **Ana de la Peña,** su legítima esposa. Tuvo también amoríos con su sirvienta india Francisca de la que se había enamorado. Al enterarse Ana de esta relación, en un ataque de celos azotó a Francisca y le rapó el pelo. Enfurecida y con ansias de vengarse, Francisca pidió socorro a la tribu de los "Tupe", sus parientes y, tras seducir al cacique, logró que mata-

sen a los españoles que se encontraban en el pueblo de Valledupar, incluyendo a muchos hombres y mujeres.

Pereyra, Rodrigo Báez: Por ser judío se le quemó en Lima en 1639.

Mujer: **Isabel Antonia Morón y Luna,** su legítima esposa; tanto ella como familia fueron muy acosadas por la Inquisición; no se sabe si al final Isabel siguió la misma suerte de su marido.

Pérez, Alonso: Soldado de la expedición de Francisco Vázquez de Coronado; su padre, Alonso Pérez, había marchado con Pánfilo de Narváez a México.

Mujer: Casó con la hija del capitán Diego Gutiérrez, cuyo nombre se desconoce.

Pérez, Alonso, el Mainte: Conquistador de México.

Mujer: Vino a México casado con una india muy hermosa de Bayamo, Cuba, cuyo nombre se desconoce.

Pérez de Arrubla (o Rubla), Juan Pablo: Hijo de Juan José Pérez de Arrubla y de Josefa de Arbiru y Beaumont. Pasó con su hermano a Antioquia, Colombia, hacia medidaos del siglo XVIII.

Mujer: **Rita Martínez,** su legítima esposa, padres de el Dr. José María, nacido en 1780 que pasó en 1794 a estudiar en el Colegio San Bartolomé en Bogotá, donde casó con Ignacia de Herrera Galvis, fallecido en 1816; Manuel Antonio, casado en Caracas, Venezuela; Juan Manuel, también casado en Caracas; y Pedro que casó con Estanislao González que dejaron extensa sucesión.

Pérez de Arteaga, Juan: Conquistador de México, hijo de Antón Pérez Arteaga y de Beatriz Pérez.

P

Mujer: Su primera esposa o amante fue una india con la que tuvo siete hijos, desconociéndose su nombre.

Pérez de Herrera, Juan: Conquistador de México, hijo de Garci Hernández y de Elvira Hernández; era casado con catorce hijos legítimos y cuatro hijos naturales, desconociéndose los nombres de ambas madres.

Pérez de los Ríos y Rivero, Alonso: Vizconde de San Donás, natural de Lima y teniente general del ejército de esta ciudad.

Mujer: **Isabel Clois de Guistolo y Aremberg,** su legítima esposa de quien probablemente obtuvo el título. Fueron los padres de Alonso Pérez de los Ríos, que casó con Clara Corral y con la tuvo a Alonso Sebastián, avecindado en Lima y tercer vizconde de San Donás. Falleció sin sucesión en Huaylas. Heredó el título su hermana, María Pérez de los Ríos, que contrajo matrimonio con Pedro Vega y Celda y después renunció al título pasándolo a su nieto, el capitán Juan Antonio Palomares, alcalde ordinario de Lima en 1759, cuyos padres fueron Juan Palomares y Córdova y Clara Vega y Ríos. Juan Antonio estaba casado con Rosa Salazar y Robles, y al morir pasó el título a Josefa Palomares y Salazar que casó con Juan Félix de Berindoaga, teniente general del ejército. Rosa Salazar volvió a casar con el teniente coronel Juan Pedro Saldías.

Pérez de Mondéjar, Antonio: Poseía un mayorazgo en Lima.

Mujer: **Lucía Guerra de la Daga,** su legítima esposa, natural de Lima e hija del capitán Alonso Guerra de la Daga y de Agustina Calderón de Vargas, ambos de buena posición. Su hermana casó con Sebastián de Sandoval, oidor de Panamá y su sobrina, nieta de Juana Guerra de la Daga, con el coronel Gerónimo Boza y Solís, Caballero de la Orden de Santiago. Tuvo con Antonio cuatro hijos cuyos nombres se desconocen. Se dice que entabló amistad con Santa Rosa de Lima quien le vaticinó que algún día fundaría un convento o monasterio, lo cual se cumplió con la ayuda de su hermana. Se fundó el monasterio de Santa Catalina el 17 de enero de 1624. También le había vaticinado Santa Rosa que llegaría a ser religiosa, lo cual también se cumplió haciéndolo junto con su hermana en 1625. Cambió su nombre a Lucía de la Santísima Trinidad y de la Cruz. Falleció en 1649 asistiendo al entierro el virrey y otros dignatarios. En las exequias, habló de la vida de esta singular mujer Diego de Córdoba, autor de una historia franciscana, y fray Cipriano Herrera en el prólogo de una obra sobre la vida de Santo Toribio.

Pérez de Silva, Domingo: Avecindado en Lima.

Mujer: **Catalina María Pérez de Silva,** su legítima esposa; nació en Italia y quedó huérfana, pasando luego a España con su protectora, Brianda de Guzmán, esposa del gobernador español de Milán, donde se casó. En su casa, se dedicaba a educar a los hijos de las mejores familias de Lima, como las hijas de Francisco de la Cueva, Caballero de la Orden de Alcántara. Junto a su marido fueron los fundadores del Colegio de Nuestra Señora de las Carmelitas, uno de los más destacados de Lima al que asistían estudiantes de todo el continente.

Pérez de Vargas, Diego: Se desconocen detalles de este señor.

Mujer: **Dominga Jácome,** su legítima esposa, padres del jesuita del Perú José

Pérez de Vargas. Fue catedrático de teología en Chuquisaca y prefecto de estudios en el Colegio de San Martín de esta ciudad y de otros colegios en Arequipa y Potosí. Fue también provincial en 1767 y autor de varias obras de derecho canónico, entre ellas "Habitibus"; falleció en 1772.

Pérez Jarada, Pero: Conquistador de Cuba y México.

Mujer: **Isabel Álvarez**, su legítima esposa; al enviudar casó con Sebastián Rodríguez y tuvieron tres hijos, uno de ellos llamado Juan Rodríguez que tuvo una hija.

Pérez Manrique, Dionisio: Marqués de Santiago, título conferido por Felipe IV en 1660. Caballero de la Orden de Santiago, oidor de la real audiencia de Lima y presidente de Charcas en 1646. Fue, además, gobernador-presidente del Nuevo Reino de Granada en 1654.

Mujer: **Constanza de Rojas y Sandoval**, su legítima esposa. Posteriormente recayó el título en el capitán Carlos Fernando Torres Messía Pérez Manrique de Lara, natural de Lima y alcalde ordinario de esta ciudad en 1727 y 1754. Falleció sin sucesión en 1780 de su mujer Juana Navia Bolaños, hija de Álvaro, primer conde de Valle-Oselle, oidor de la Real Audiencia de Lima. Heredó el título su sobrino, Juan Félix Encalada Tello de Guzmán y Torres, Caballero de la Orden de Santiago, conde de la Dehesa de Velayos y último marqués.

Pérez, Martín: Residente del valle de la Puana, México, a finales del siglo XVI.

Mujer: **Magdalena Martínez**, mestiza y legítima esposa, hija de Juan Martín de Guadalcanal.

Pérez, Martín: Conquistador de Pánuco y Michoacán; se le dio la encomienda de Xalancingo.

Mujer: **Juana Rodríguez**, su legítima esposa. Se desconoce si hubo sucesión.

Perlín, Gabriel: Fue familiar de la Inquisición de Lima.

Mujer: **Mariana Venegas**, su legítima esposa, padres del jesuita Juan Perlín, nacido en Madrid, admitido a esta orden en 1586 y hecho sacerdote en 1595. Manejaba con soltura varias lenguas clásicos como el griego, latín y hebreo, y fue catedrático de teología en los colegios del Cuzco, Lima y Quito. Falleció en 1638. Tuvieron otro hijo, también jesuita llamdo Gabriel, dedicado al ejercicio misional y a cuidar de los negros esclavos. Ayudó al fraile agustino Vadillo a fundar el hospital de San Bartolomé de Lima en el que los socorría.

P

Picado, Antonio: Asumió este nombre, pero en realidad era un cacique de Huarochirí que había tomado el nombre de su jefe y encomendero.

Mujer: **Ana Suárez**, su legítima esposa, que heredó la encomienda a su muerte; después volvió a casar con Sebastián Sánchez de Merlo que administró la encomienda. Al fallecer Ana, Sebastián casó en segundas nupcias con Beatriz Marroquí que se hizo cargo de la encomienda al fallecer su marido. Muerto Sebastián, Beatriz casó con Diego Carvajal.

Picoaga y Arbiza, Francisco: Nacido en el Cuzco en 1751, hijo del general José Picoaga y de Juana Arriola. Cursó sus estudios en el colegio seminario de San Antonio y tenía fama de ser gran literato. Fue mariscal de campo y teniente coronel del ejército hacia 1786. Se destacó en los movimientos revolucionarios ocurridos

en el Alto Perú bajo las órdenes del brigadier Manuel de Goyeneche, y participó
después en la derrota del ejército argentino que había intentado invadir esta
región.

Mujer: **Antonia Suárez**, su legítima
esposa, natural de Madrid, hija de Antonio Suárez, fiscal de la Audiencia del
Cuzco y luego oidor de Quito. Fueron sus
hijos Mercedes, casada con el coronel
Ramón Nadal, y Julián, coronel del ejército de la República, quien fue fusilado
por orden del general Santa Cruz que
intentó invadir el Perú. Mercedes Picoaga
tuvo una hija llamada Antonia Nadal que
casó con su primo Francisco Garmendía.

Picón, Juan: Conquistador de Nueva
Galicia, pariente de los hermanos Pinzón;
falleció en 1547.

Mujer: **Ginesa López**, su legítima esposa,
natural de Palos de Moguer, con la que
tuvo un hijo y dos hijas.

Picón y Bicueta, Juan Andrés: Avecindado en Panamá a principios del siglo
XVII.

Mujer: **Juana Maldonado del Aro**, su legítima esposa, con quien casó siendo muy
joven en Lima. Debido al estar ausente
más de veinte años, Juana solicitó el
divorcio el cual le fue otorgado al tras una
larga y reñida pelea con los tribunales
limeños.

Pilar, García del: Conquistador de
México y Nueva Galicia; tuvo una hija
natural, desconociéndose el nombre de la
madre.

Pineda, Juan de: Pertenecía a la alta
nobleza sevillana.

Mujer: **Juana Mendoza**, su legítima
esposa, padres de Juan de Pineda.
Durante las Guerras Civiles del Perú

militó al servicio del gobernador Cristóbal Vaca de Castro y después en contra de
Gonzalo Pizarro cuando era gobernador
Pedro de la Gasca. Después marchó a
Chile como soldado de Pedro de Valdivia
y Francisco de Villagrán, siendo entonces
virrey García Hurtado de Mendoza. Se le
hizo luego prisionero junto al poeta
Alonso de Ercilla, autor de "La Araucana", debido a una rencilla habida entre
ambos y por la que se les desterró al
Callao. Mientras se dirigían a este lugar,
decidieron renunciar a las armas y hacerse
sacerdotes, profesando juntos en 1560.
En 1571 Pineda fue vicario en Conchu-
cos donde se dedicó a instruir a los indios,
y posteriormente ocupó el mismo cargo
en Cotabambas; falleció en 1606.

Pineda y Tavares, José: Caballero de la
Orden de Santiago y oidor de Guatemala.

Mujer: **María Josefa Ramírez y Maldonado**, su legítima esposa, padres de Antonio Pineda y Ramírez natural de Guatemala. Estudió idiomas en el colegio de
nobles de Madrid y fue guardia en
Gibraltar. Se destacó como botánico por
lo que el rey le envió junto con Alejandro
Malaspina en 1789 a explorar las costas
de América y Asia y a hacer un estudio de
su naturaleza. Recorrió desde Chile hasta
California, internándose en las selvas y
subiendo a varios volcanes en Ecuador,
México y Filipinas. Falleció en Filipinas
en 1792 donde se le erigió un mausoleo
en el Jardín Botánico.

Pinelo Farfán, Francisco: Avecindado en
México en tiempos de la conquista, hijo
de Juan Bautista Pinelo y de Catalina Farfán de los Godos.

Mujer: **Ana de Esquivel**, su legítima
esposa. Se desconoce si hubo sucesión.

Piñeda, Rodrigo de: Capitán y encomedero del Perú.

Mujer: **Beatriz de Santillana,** su legítima esposa; al fallecer Rodrigo, volvió a casar con Pedro de Villagra que se encargó de la encomienda.

Pino y Trigosa, Salvador del: Se desconocen detalles de este señor.

Mujer: **Josefa Manrique de Lara y Soto,** su legítima esposa, los padres de Juan del Pino y Manrique de Lara. Fue al Perú de fiscal de la Audiencia de Charcas y gobernador de Potosí, y en 1789 fue nombrado alcalde del crimen de Lima. Ocupó además los cargos de presidente del Tribunal de los Cinco Gremios en 1801 y asesor de la Renta de Correos en 1810. Era casado con Concepción de la Jaraquemada y del Águila, hija de Antonio de Jaraquemada y Cisternas y de Josefa del Águila y Reyes. Una de sus hijas casó con el mayorazgo Manuel Salazar y Mansilla, y la otra con Juan Bautista Valdeavellano. Juan del Pino falleció en 1814.

Pinzón, Martín Alonso: Fallecido en 1493, desconociéndose su fecha de nacimiento. Célebre marino. Posiblemente conoció a Cristóbal Colón en 1491 cuando estaba en La Rábida, aunque también es probable que lo conociera en 1492 al recibir Colón las Capitulaciones de Santa Fe por medicaión del fraile Juan Pérez. Partió con Colón en el primer viaje con dos hermanos suyos, Vicente Yáñez Pinzón y Francisco Martín Pinzón, como capitán de La Pinta; Vicente lo era de La Niña. Después del descubrimiento, lamentó Pinzón su papel secundario en duante el viaje y se separó de Colón con su carabela el 21 de noviembre en busca de la Isla de Bebeque (quizás Inagua Grande) donde se creía que abundaba el oro, dirigiéndose después a Haití. Al vorverse a encontrar con Colón el 6 de enero de 1493, regresaron juntos a España pero por una tempestad volvieron a separarse y llegó Pinzón a Galicia antes que Colón a Lisboa. Arribó a Palos el 15 de marzo, poco después que Colón, y falleció a los pocos días de sífiles. Con sus hermanos, principalmente con Vicente Yáñez, fueron figuras claves y de enorme valía en el descubrimiento de América. Los tres hermanos eran naturales de Palos de Moguer y bien dueños o socios de dos de las carabelas y, según se argumenta, prestaron a Colón medio millón de maravedís para costear el viaje.

Mujer: **María Álvarez,** su legítima esposa, con quien casó en Palos de Moguer probablemente en 1469. Tuvieron varios hijos, entre ellos el primogénito Arias Pérez Pinzón, y a Juan Martín, Diego Martín, Leonor, Mayor, Catalina y Francisco; una de las hijas padecía de epilepsia. Después de fallecer su primera mujer, María, casó en segundas nupcias con Catalina Alonso.

Pisueta, Martín de: Hidalgo; marchó a México con Luis Ponce de León y era hijo de Martín de Pisueta y de Juana de Olea.

Mujer: **Gerónima de Artiaga,** su legítima esposa. Se desconoce si hubo sucesión.

Pizarro, Bartolomé: Conquistador del Perú; no se sabe con certeza si era pariente de los afamados Pizarro.

Mujer: **Isabel Corvacho,** su legítima esposa, natural de Cáceres; al fallecer su marido se hizo cargo de la hacienda.

Pizarro y Orellana, Fernando: Nieto de Hernando Pizarro y en quien recayó el Marquesado de la Conquista por concesión de Felipe IV. Autor, entre otras obras, de "Varones ilustres del Nuevo Mundo",

P

publicada en Madrid en 1639; falleció en esta ciudad en 1644.

Mujer: **Teresa Velasco**, su legítima esposa, hija de los condes de Revilla. Se desconoce si hubo sucesión.

Pizarro, Francisco: Conquistador del Perú, nacido en 1476 en Trujillo, Extremadura, y fallecido en Lima en 1541. Uno de los más afamados conquistadores de América y considerado por muchos, entre ellos, Raúl Porras Barrenechea, como el fundador de la nación peruana. Murió asesinado a estocadas por los almagristas el 26 de junio de 1541. Pizarro era hijo natural del capitán Gonzalo Pizarro el Largo y de Francisca Morales, hija de los labradores Juan Mateos y María Alonso. Gonzalo padre había casado con Isabel de Vargas, con quien tuvo a Hernando, el único hijo legítimo. Los otros hijos ilegítimos, además de Francisco, habidos con Francisca Morales u otra mujer, fueron Gonzalo y Juan. Marchó a América en la expedición de Nicolás de Ovando en 1502. Murió soltero pero tuvo dos princesas incas amantes con quienes engendró a cuatro hijos mestizos.

Mujer: **Inés Huayles Yupanqui** (Quispe Sisa antes de bautizarse, llamada también Inés Coya). Era hija de Huayna Cápac y por tanto hermana de Huáscar y Atahualpa; el nombre de Inés se lo puso Pizarro en recuerdo de su hermana. El propio Atahualpa se la entregó a Pizarro en Cajamarca. Empezó como sirvienta del marqués en su casa, pero al poco tiempo la hizo su amante, llamándola cariñosamente con el apodo de "Pizpita", recordando a un pájaro de su tierra natal. Inés fue compañera inseparable de Pizarro, a quien acompaño al Cuzco y luego a Jauja. Con Inés tuvo dos hijos, Francisca, nacida en Jauja en 1534, y Gonzalo que murió

muy joven. Después de la muerte de Pizarro, casó Inés con Francisco de Ampuero, paje de Pizarro, y se trasladaron a España donde tuvieron un hijo que murió siendo niño. Pizarro tuvo otras amantes, entre ellas Angelina , hija de Atahualpa, con la que tuvo dos hijos naturales, Gonzalo, nacido en el Cuzco en 1537, y Juan, que murió también joven. Angelina casó después con el cronista Juan de Betanzos. La otra amante fue Isabel con la que tuvo dos hijos naturales. Se habla también de otro hijo natural de Pizarro llamado Martín Pizarro que trajo con él al Perú y que se halló en la prisión de Atahualpa. Fue encomendero de Guamantanga y de Taena, y en 1535 se le nombró alguacil mayor del Cabildo de Lima, siendo el primero en ocupar tal cargo. En 1540 se le nombró alcalde ordinario y en 1544 pasó al servicio de Gonzalo Pizarro. Era casado con Beatriz Casillas, cuyo padre fue también conquistador.

Pizarro, Gonzalo: Hermano natural de Francisco Pizarro, nacido en 1511 o 1513 en Trujillo, Extremadura, y fallecido en Jaquijaguana (Cuzco) en 1548. Hijo asimismo de Gonzalo Pizarro el Largo, pero quizás de madre distinta, María Viedma. Su vida realmente se perfila con la misión que le fue dada de encontrar el país de la canela en 1540, desatándose entonces una gran aventura a través de las selvas amazónicas. Después de muchas vicisitudes regresó al Perú donde les espera la triste noticia del asesinato de Francisco, convirtiéndose entonces en el presunto gobernador. Al enterarse de la publicación de las Leyes Nuevas, cuyo cumplimiento se le había ordenado al nuevo virrey Blasco Núñez Vela, Gonzalo se manisfestó en contra de ellas y fue derrotado en la batalla de Jaquijaguana y luego ejecutado.

Mujer: Gonzalo Pizarro murió soltero, como su hermano Francisco. De una o de varias indígenas tuvo varios hijos naturales, quizás cuatro, cinco o más. Una de ellas puede haber sido la mujer del inca Manco Cápac, Cura Ocllo, a quien le arrebató. Al preguntársele por qué no se casaba contestó que "no estaba para pensar en tales cosas y que ya estaba casado con sus armas y caballo". Uno de estos hijos naturales fue amigo de infancia del Inca Garcilaso de la Vega, y a una hija, Inés, la llevó a España su tío Hernando. Al regresar a Lima, Inés fue pretendida por dos españoles, Lorenzo de Cepeda Ahumada, hermano de Santa Teresa, y Baltasar de Contreras pero terminó casándose con otro. Otra de las amantes de Gonzalo fue María de Ulloa que después intentó casar con un compatriota suyo llamado Pizarro de la Rúa.

Pizarro, Hernando: Hermano o hermanastro de Francisco Pizarro e hijo legítimo (el único) de Gonzalo Pizarro el Largo. Nacido posiblemente en 1478 en Trujillo, Extremadura, y fallecido en 1557 en España a la edad de ochenta años (en cuanto a esto hay discrepancia puesto que no se sabe con certeza sus fechas de nacimiento y muerte; unos dan esta última en 1557 mientras que otros en 1578). Marchó al Perú con Francisco y sus otros hermanos en 1530. Estando en España como mensajero de su hermano, se le acusó del asesinato de Diego de Almagro y por ésta y otras causas se le encarceló en el castillo de la Mota donde permaneció recluido por muchos años.

Mujer: **Francisca Pizarro,** su sobrina, hija natural de Francisco Pizarro. No se sabe llegaron a casarse, canónicamente, aunque así parece por una autorización real de Felipe II (1571-1577), mediante la

cual se fundó el mayorazgo de los Pizarro. Lo cierto es que vivieron juntos durante muchos años y que ella le cuidó quizá más como madre que como esposa. Francisca fue una de las primeras y más célebres mestizas de América, manteniéndose siempre muy leal y apegada a los Pizarros. Se casó con su tío a los 17 años en el castillo de la Mota en 1552. Tuvieron en total cuatro hijos, tres varones y una hembra, Francisco, Juan, Gonzalo e Isabel. Francisca casó después con Pedro Arias Dávila Portocarrero. También tuvo Hernando relaciones amorosas con Isabel Mercado con quien había tenido antes dos o tres hijos naturales, entre ellos Francisca Pizarro que casó con el hijo y heredero de Juan Pizarro de Orellana.

Pizarro, Martín: (no vinculado por sangre con ninguno de los hermanos Pizarro). Su nombre de cristiano era Martín a solas, intérprete de los Pizarro, también llamado "la lengua" y Martín Pizarro por estar bajo la protección de los Pizarro. Martín se proclamaba él mismo libre y de casta, sobrino, según afirmaba, del cacique de Chincha. Fue a España con Francisco Pizarro en 1529 y vuelto al Perú se distinguió como soldado. Por sus servicios recibió del Marqués una encomienda en 1535 ó 1537. Carlos V le hizo caballero y le otorgó un escudo de armas. Martín llegó a hablar español con inusitada perfección.

Mujer: **Luisa de Medina,** su legítima esposa, mujer española que le dio Francisco Pizarro.

Plaza, Antonio: Agricultor de buena posición, probablemente en el Perú.

Mujer: **Catalina Paredes,** su legítima esposa, padres del misionero Manuel Plaza, nacido en Riobamba en 1772. Profesó en el convento de San Francisco de

P

Quito, ordenándose joven a los 23 años. Mientras predicaba solo entre los indios cerca de la frontera del Brasil hacia 1821, se dedicó a varios cultivos y hasta fabricó azúcar, todo lo cual cambiaba por herramientas y otros artículos con los portugueses. Luego se internó por las selvas brasileñas y llegó al río Amazonas donde logró fundar varios pueblos.

Ponce de León, Juan: Afamado descubridor de la Florida, nacido en Santervás de Campos, Valladolid, y fallecido en Cuba en 1521. Era de noble familia y fue paje de Fernando el Católico siendo aún príncipe. Se hizo a la mar en el segundo viaje de Colón y volvió con Nicolás de Ovando en 1502 ayudando en la conquista de La Española. Por intercesión de Ovando fue nombrado gobernador de Puerto Rico en 1510. El 23 de febrero de 1512 obtuvo una capitulación para buscar la Isla de Bimini situada al norte de Cuba en la cual, de acuerdo con una leyenda india, existía una fuente prodigiosa que rejuvenecía. Embarcó en dos carabelas el 3 de marzo de 1512 y el 27 de ese mes vio una isla y el 2 de abril descubrió a la Florida, llamada así por haberla visto el 27 de marzo, día de Pascua. Si bien la Florida ya había sido vista unos diez años antes, pues aparece claramente en los mapas de Cantino de 1502 y Caverio, fue Ponce de León fue el que la dio a conocer definitivamente. En 1514 obtuvo una segunda capitulación para regresar a la Florida pero fue derrotado por los indios y regresó a Cuba.

Mujer: **Leonor Ponce de León**, su legítima esposa, padres de cuatro hijos. Tuvo también una amante llamada Juana Jiménez que le acompañó a la expedición de la Florida. Uno de sus hijos, de nombre homónimo, casó con Francisca de Ordaz,

hermana del capitán de Hernán Cortés, Diego de Ordaz. Según parece, de este matrimonio nació otro Juan Ponce de León (supuestamente nieto del descubridor de la Florida), que se halló en la conquista de México y fue encomendero de Tecama. A Leonor le cabe el honor de haber sido la primera mujer española en arribar a Puerto Rico.

Ponce de León, Luis: Fue enviado a México como juez de residencia para resolver los cargos hechos contra Hernán Cortés en 1526. Falleció poco después afligido por una alta fiebre, aunque se dice que fue envenenado por Cortés. Le sucedió primero Marcos de Aguilar y luego Alonso de Estrada.

Mujer: **Francisca Ponce de León**, su legítima esposa, mujer hábil para los negocios y propietaria de los barcos San Telmo y San Cristóba que había comprado con su propio dinero.

Ponce de León, Luis (no parece estar relacionado con el otro Luis Ponce de León, aunque no lo descartamos). Se desconocen datos de este señor.

Mujer: **Leonor Vázquez de Mella**, su legítima esposa, padres de Alonso Ponce de León que se halló en la pacificación de varios pueblos, entre ellos Cipotecas, y a quien se le dio la enmienda de Oxomulco; después pasó al Perú y nunca se casó.

Porcallo de Figueroa, Vasco: Conquistador, nacido hacia 1484 en Cáceres, Extremadura, y fallecido en Puerto Príncipe, Cuba, en 1550. Se halló en la conquista de Cuba con Diego Velázquez donde fundó varias ciudades, entre ellas Trinidad y Sancti Spiritus. Fue lugarteniente de Hernando de Soto en la Florida donde permaneció hasta regresar nuevamente a

Cuba, radicándose en Camagüey. Fue hombre importante así como encomendero.

Mujer: Hay dos teorías, una que casó con la española Elvira de Mendoza, y la otra con una india llamada Tinima, hija del cacique Camagüebax con la que tuvo varios hijos, entre ellos Elvira, Leonor, Gómez Juan de Figueroa, Vasco, Cristóbal, Lorenzo, y Teresa. Se dice que también progenitó a más de 100 hijos mestizos entre las varias mujeres y amantes que tuvo, y hasta ha llegado a decirse que progenitó asimismo a más de 300 hijos mulatos. En Puerto Príncipe tuvo dos hijas (no se sabe con quién) que casó con hombres principales. Fue, sino el primero, entre los primeros que llevó esclavos negros a Cuba.

Porras, Bartolomé: Conquistador de México.

Mujer: **Cerrana Núñez Mancheno,** su legítima esposa, quien al enviudar casó con Pedro de Valenciano Garao con el que tuvo dos hijas.

Porras, Diego de: Natural de Cáceres y conquistador de México; era casado con cuatro hijas y tres hijos naturales, uno de ellos llamado Gaspar de Porras Olguín. Se desconoce el nombre de la esposa.

Porras, Juan de: Caballero de la Orden de Alcántara avecindado en Lima.

Mujer: **Ana Velázquez,** negra criolla panameña, con quien tuvo un hijo natural llamado Martín de Porras nacido en Lima en 1579. El padre, que nunca renunció de su hijo a pesar de ser bastardo y de la obscura condición de la madre, se lo llevó a Guayaquil donde aprendió a leer y escribir. Ingresó luego en Convento de Santo Domingo en el que profesó. Hombre en extremo virtuoso y sufrido, cuya vida

dedicó en gran parte a curar a los enfermos. Fue beatificado en 1837 por bula expedida el 8 de agosto por el Papa Gregorio XVI.

Porras (o Porres) Sagredo, Diego de: Natural de Sevilla, conocido como valiente soldado, hijo de Diego Ruiz Porras y de Isabel de Sagredo. Fue alferez general de las tropas del mariscal Alvarado en las guerras contra Francisco Hernández Girón en 1554, regidor del Cabildo de Lima y alcalde ordinario de la misma ciudad en 1572, 1575 y 1580, y pasó luego al servicio del virrey Francisco de Toledo; falleció en 1588.

Mujer: **Ana de Sandoval,** su legítima esposa, quienes juntos contribuyeron a la fundación de la iglesia y convento de los jesuitas en 1568 y al Colegio de San Pablo de Lima. Se desconoce si hubo sucesión.

P

Portillo, Francisco: Sastre de profesión durante la conquista de México.

Mujer: **María Jiménez,** su legítima esposa, padres de tres hijos y dos hijas; él fue padre también varios hijos ilegítimos.

Portillo, Francisco de: Conquistador de México.

Mujer: **Mari Ximénez (o Jiménez),** su legítima esposa, padres de tres hijos y dos hijas.

Portocarrero, Pedro: Avecindado en el Perú en tiempos de la conquista y posiblemente encomendero.

Mujer: **María de Escobar,** su legítima esposa, entre las mujeres más ricas del Perú. Se desconoce si hubo sucesión.

Poveda y Urdanegui, José María de: Hijo de Tomás Marín de Poveda, Caballero de la Orden de Santiago, presidente y capitán general de Chile, a quien Felipe IV confirió el título de marqués de la Poveda en 1702, y de Juana, hija del general Juan Urdanegui, primer marqués de Villafuerte. Era hermano de Juan José Marín de Poveda y Urdanegui, catedrático y rector de la Universidad de San Marcos en 1753 y después cura de la catedral.

Mujer: **Ana de Azúa**, su legítima esposa, marquesa de la Cañada-Hermosa. Se desconoce si hubo sucesión.

Priego, Manuel: Se desconocen detalles de este señor.

Mujer: **Juana Peralta**, su legítima esposa; ambos eran vecinos de Arequipa y donaron sus bienes a la casa de huérfanos de dicha ciudad.

Pro de León, Mateo: Marqués de Colada de la Fuente y Caballero de la Orden de Alcántara.

Mujer: **Rosa Colmenares y Vega**, su legítima esposa, hermana del conde de Polentinos. Fueron los padres del jesuita Manuel Pro y Colmenares, nacido en Lima, rector del Noviciado y del colegio del Cercado; fallecio en el destierro en 1769.

Puelles, Diego de: Hidalgo, natural de Miranda de Ebro, Burgos, hijo de Alonso González de Puelles y de Sancha Hurtado, naturales del pueblo de Ircio; se halló en la guerra de Navarra y Pamplona y marchó luego a México donde fue conquistador de Nueva Galicia.

Mujer: **Juana de Frías**, su legítima esposa, padres de varios hijos.

Puente e Ibáñez, Juan José de la: Nacido en Lima, marqués de Corpa y Caballero de la Orden de Calatrava. Fueron sus padres Lorenzo de la Puente, Caballero de la Orden de Alcántara, y Mariana Ibáñez y Orellana; era nieto por su madre del primer marqués Luis Ibáñez de Segovia y Peralta, hermano del marqués de Mondéjar. Juan José fue oidor de la Real Audiencia de Lima y miembro honorario del Consejo Supremo de Indias.

Mujer: **Constanza de la Puente y Castro**, su legítima esposa, hija de los marqueses de Villafuerte. Fueron los padres de Constanza que casó con su tío, Juan Esteban de la Puente y Castro, marqués de la Puente y Sotomayor.

Puente y Larrea, Lorenzo Antonio de la: Vizcaíno; estudió en el Colegio Mayor del Arzobispo de la Universidad de Salamanca. Marchó al Perú con el cargo de fiscal de la Audiencia de Lima. Mantenía en su propia casa una academia en la que se enseñaba y practicaba la poesía.

Mujer: **Ana María de Castro y Urdanegui**, su legítima esposa, marquesa de Villafuerte, padres de Juan Esteban de la Puente y Castro, nacido en Lima, Caballero de la Orden de Carlos III, alcalde ordinario en 1776 y marqués de la Puente y Sotomayor. Era casado con su sobrina, Constanza de la Puente y Puente, hija de Juan José, marqués de la Corpa y oidor de Lima. Volvió a casar con Petronila Bravo de Lagunas y Zavala, hija de José Bravo de Lagunas y Castilla, coronel de Caballería de Chancay. La madre de Petronila fue Ana de Zavala, hija de José de Zavala y Esquivel, natural de Lima, y de Ángela Vázquez de Velasco, hija de Pablo, oidor de Lima donde nació. La hija de Juan Esteban, Grimaneza de la Puente y Bravo de Lagunas, marquesa de la Puente y Sotomayor, era casada con Pedro José Zavala, último marqués de Villafuerte.

Puerto, Juan del: Conquistador de México y capitán de uno de los bergantines de la laguna; fue encomendero de Tanquera y falleció en Pánuco.

Mujer: **Juana González**, su legítima esposa, que enviudó.

Puertocarrero, Pedro: Conquistador del Perú.

Mujer: **María de Escobar**, su legítima esposa. Pedro tuvo también una amante llamada Ana Vispa, sirvienta de su mujer, con la que tuvo un hijo de nombre Pedro Puertocarrero.

P

Q

Querejazu y Mollinedo, Dr. Antonio Hermenegildo: Nacido en Lima de una familia noble de ascendencia vasca. Hijo de Antonio de Querejazu y Uriarte, natural de Lima y maestre de campo, Caballero de la Orden de Santiago, prior del Tribunal del Consulado en 1724, y de Juana de Mollinedo y Azaña, nieta de Juana de Llano y Valdés, esposa de Bartolomé Azaña de la Orden de Santiago.

Mujer: **Gabriela Jiménez de Lobaton y Costilla,** su legítima esposa, padres de varios hijos, entre ellos José de Querejazu y Santiago Concha, creado conde de San Pascual en 1771 y alcalde ordinario en 1772; Agustín, capitán del Regimiento de la Nobleza; Antonio de Querejazu, de la Orden de Santiago, teniente general del ejército, fallecido en España; Matías, de la Orden de Carlos III que se hizo sacerdote y fue maestro del coro de Lima; Tomás, también sacerdote de Huamantanga; Micaela de Querejazu, casada con Lorenzo de Puente y Castro, 5o. marqués de Villafuerte; Francisca, casada con el coronel Juan José de Avollafuerte, Caballero de la Orden de Santiago; Juana, casada con Diego de Santa Cruz y Conteno; y Mariana, esposa de Jacinto Segurola.

Quint y Fernández, Juan Manuel: Natural de Lima, segundo marqués de San Felipe el Real, contador mayor del Real Tribunal de Cuentas desde 1769 hasta 1808; falleció en 1810.

Mujer: **Luisa Bouro Varela,** su legítima esposa. Se desconoce si hubo sucesión.

Quintanilla, Alonso: Avecindado en Lima a mediados del siglo XVII.

Mujer: **Antonia Lucía Maldonado y Verdugo (o del Espíritu Santo),** su legítima esposa. Mujer muy beata que se dedicaba a recoger limosnas para fundar un beatorio de Nazarenas. Su marido era también muy beato y accedió a que se hiciese monja mientras él se encerraba en el Convento de Descalzos, donde falleció poco después. Antonia se trasladó luego a Lima y entró en 1681 en el Convento de Santa Rosa de Viterbo. Luego fue superiora de un beaterio fundado por el capitán Sebastián de Antuñano; falleció en 1709 muy querida y considerada por sus grandes virtudes.

Quintero, Luis: Una de las familias que se reclutaron para fundar una colonia agrícola en California. (Véase Camero, Manuel, para más detalles).

Mujer: **María Petra Rubio,** su legítima esposa, padres de cinco hijos que fueron María Tomasa, María Rafaela, María Concepción, José Clemente y María Gertrudis Castelo que fue adoptada.

Quiñones, Antonio de: Avecindado en el Cuzco a mediados del siglo XVI. Militó bajo las órdenes del gobernador Cristóbal Vaca de Castro y se halló en la batalla de Chupas contra Diego de Almagro. Después fue soldado del ejército del presidente Pedro de la Gasca y se le comisionó para construir un puente sobre el río Apurimac.

Mujer: Era casado con una hermana de la segunda esposa del Inca Garcilaso de la Vega, cuyo nombre se desconoce así como otros detalles.

Quiñones y Villapadierna, Francisco: General del Mar del Sur y maestre de campo del el Perú; fue también corregidor de Lima y luego nombrado gobernador interino de Chile.

Mujer: **Grimaneza de Mogrobejo,** su legítima esposa, hermana del arzobispo Toribio con quien se trasladó al Perú y de quien Francisco fue mayordomo y limosnero. Casaron en 1572 y Francisco falleció en Lima en 1632. Fueron los padres del general Antonio Quiñones; Luis, oidor de Quito; Mariana, casada con Juan de Loayza Calderón, oidor de Lima; María, esposa de Nicolás de Mendoza y Carvajal, de la Orden de Santiago; y Beatriz, religiosa del Monasterio de Santa Clara de Lima. Antonio, el primogénito, se trasladó a España y fue el sucesor de los mayorazgos de Quiñones y Mogrobejo. Casó en Medina del Campo con Agustina de Montalvo Cabeza de Vaca, hija de Juan de Briones paje del rey Felipe II. Enviudó sin sucesión y volvió a casar con Catalina de Ulloa; tuvieron un hijo que murió también sin sucesión.

R

Ramírez de Arellano, Domingo: Natural de la Rioja, provincia de Logroño, Caballero de la Orden de Calatrava y coronel de milicias en el Perú. Fue también destacado comerciante de Lima, propietario del buque "Mercedes" y prior del Tribunal del Consulado en 1793 y 1794; falleció en 1811.

Mujer: **Josefa Baquíjano,** su legítima esposa, con quien casó en Lima, hija de Juan Bautista Baquíjano, Caballero de la Orden de Santiago y primer conde de Vistaflorida, y de María Ignacia Carrillo y Garcés. Tuvieron varias hijas, entre ellas a Josefa que casó con el oidor Gaspar de Osma.

Ramírez de Bustamante, Juan: Natural de Sevilla, hombre culto que dominaba siete idiomas indígenas; viajó numerosas veces a América y contrajo matrimonio cinco veces engendrando a 42 hijos legítimos y 9 ilegítimos. Hacia 1656, A los 99 años de edad, se hizo sacerdote diciendo misas todos los días hasta fallecer en 1678, después de haber cumplido 121 años de edad. Se desconocen los nombres de sus esposas así como los de sus hijos.

Ramírez de Laredo, Dr. Gaspar Antonio: Avecindado en Trujillo donde fue tesorero de Cruzada.

Mujer: **Josefa de Torres Toledo y Bracamonte,** su legítima esposa, padres de Francisco Ventura, Caballero de la Orden de Santiago y conde de San Javier y Casa Laredo, título conferido por el virrey Conde en 1747. Casó con Francisca Javiera Encalada, hermana del marqués de

Villa Palma, vecino de Santiago de Chile. Una hija, Francisca Antonia Ramírez de Laredo, casó con José de la Huerta, natural de Chile. Josefa era hija del capitán Juan de Torres Calderón, natural de Piura y tesorero de Cruzada en Trujillo, descendiente de Diego Torres, natural de Castilla, conquistador y encomendero en Quito. Una hija del primer conde de San Javier, Francisca Ramírez de Laredo, casó con Antonio de Ulloa, Caballero de la Orden de Santiago y teniente general de la Real Armada. Francisca fue dama de honor de la reina. Otro hijo de dicho conde fue José Ventura Ramírez de Laredo y Encalada, Caballero de la Orden de Santiago y teniente de navío de la Real Armada. Era casado con Josefa Baquíjano y Carrillo, hija de los condes de Vista Florida. Otra hija, Juana Ramírez Encalada, casó con el brigadier Joaquín Valcarce, marqués de Medina. Y otro hijo del referido conde, Gaspar Ramírez de Laredo y Encalada quien, al morir su hermano, José Ventura, heredó el título. Fue cruzado de la Orden de Santiago y alcalde ordinario de Lima en 1781. Después de viajar a España y a La Habana regresó a Lima donde falleció en 1831. Era casado con Rosa Manrique de Lara, natural de Lima, hermana del marqués de Lara. Su hija, Francisca Ramírez, casó con el teniente coronel D. Hermenegildo de la Puente y Querejazu.

Ramírez, Juan: Natural de Guadalcanal, Sevilla, avecindado en México en tiempos de la conquista.

Mujer: **Isabel de Escobar,** su legítima esposa, hija de Juan de Burgos, conquistador de México. Se desconoce si hubo sucesión.

Ramírez, Marcos: Fabricante de muebles avecindado en Lima a finales del siglo XVII.

Mujer: **María de Salas,** su legítima esposa; debido a haber cometido adulterio y por haberle robado a su marido, se disolvió el matrimonio en 1703.

Ramiro, Juan: Encomendero del Perú en tiempos de la conquista.

Mujer: **María Martel,** su legítima esposa, con quien casó en Lima; no tuvieron sucesión.

Ramón, Diego: Natural de Sevilla y conquistador de Nueva Galicia, hijo de Pedro Gómez y de María Fernández.

Mujer: Casó con la hija de Juan Pérez de Arteaga, cuyo nombre se desconoce.

Ramos, Antonio de: Uno de los primeros pobladores del Perú.

Mujer: **Catalina de Castañeda,** su legítima esposa, quienes donaron gran parte de su hacienda a la ciudad de Lima para socorrer a los pobres.

Ramos Cervantes, Álvaro: Se desconocen datos de este señor.

Mujer: **Elvira de la Serna,** su legítima esposa, quienes hicieron donaciones al Convento de San Francisco en 1611, a una hermita que habían dedicado a la Virgen de Guadalupe y en la que se construyó luego la iglesia y convento de Guadalupe que fue colegio con el nombre de San Buenaventura.

Renaud, J.P.: Oficial suizo o francés que se radicó en Cuba con su mujer.

Mujer: **Enriqueta Faver,** su legítima esposa, nacida en Lausana, Suiza, en 1791. Al quedar viuda en Alemania se disfrazó de hombre y estudió medicina bajo el nombre de Enrique Faver. Concluida la campaña de Rusia en la que fue cirujano, se trasladó a España donde se le encarceló en Miranda, logrando después fugarse. En 1816 marchó a Santiago de Cuba donde pudo desempeñar su profesión libremente. En Baracoa, se casó con una mujer llamada Juana de León en 1819 quien, al enterarse de quién era, la denunció y sed le metió en la cárcel. Declarada como mujer, se anuló el matrimonio y se le ordenó ponerse al servicio del Hospital de Paula en La Habana. Una vez cumplida la sentencia, se trasladó a la Florida donde falleció.

Rendón y Dorsuna, Juan Ignacio: Nacido en Cumaná, Venezuela. Marchó después a Santo Domingo donde estudió en la Universidad Santo Tomás de Aquino, graduándose de bachiller en jurisprudencia. Trasladado a Cuba, ocupó el cargo de juez y después de Santo Domingo. A poco de fallecer su padre, fue nombrado consultor de la Inquisición de Cartagena y llegó a ocupar otros cargos importantes, entre ellos, censor de la prensa en 1815 y después alcalde ordinario del nuevo pueblo de Güines. Falleció en 1836, y en 1839 su viuda creó los títulos de marquesa de Rendón y vizcondesa de Peñas-Altas.

Mujer: **María de las Nieves de Zuazo y Medina,** su legítima esposa, con quien casó en 1802.

Rengifo, licenciado Juan Martínez: Natural de Extremadura. En 1568 ocupó el cargo de administrador de las Rentas y Comunidades de los indios del Perú; falleció en 1595.

Mujer: **Bárbara Ramírez de Cartagena**, su legítima esposa, hija de D. Cristóbal, oidor de Lima. Entre los dos hicieron grandes donativos al padre Antonio Ruiz del Portillo, y más tarde entregaron a su sucesor, el padre José Acosta, varias propiedades, entre ellas dos haciendas y unas casas donde después se fundó el Colegio de San Pablo. No tuvieron sucesión. Al fallecer Bárbara fue patrón de dicho colegio el capitán Gonzalo Fernández de Heredia, casado con Catalina Vela Núñez, sobrina del virrey Blasco Núñez Vela. Ni ella ni su hermana, Isidora Fernández de Heredia, esposa de Fernando Isásaga y Meneses, tuvieron sucesión. Sucedió a Isidora Francisco Sosa, oidor de Charcas, padre de María de Sosa, casada con Ignacio Vázquez de Acuña.

Reynaza, Juan de la: Conquistador del Perú, perteneciente a una distinguida familia vasca. Durante las Guerras Civiles Gonzalo Pizarro le envió a Panamá en 1546 con armas y provisiones para socorrer a Pedro Hinojosa. En 1544, como miembro del partido realista, hizo una campaña contra Francisco Hernández Girón y estuvo a cargo de una compañía de infantería en el ejército del mariscal Alonso de Alvarado. Fue pariente del capitán Juan de la Reynaga Salazar que llevó al Perú por primera vez 7 camellos que vendió a Pedro de Portocarrero. Fue nombrado alcalde ordinario en 1570 y 1576. Sus dos hijos, Luis y el Dr. Leandro de la Reynaga Salazar, ambos naturales de Lima, ocuparon el mismo cargo en 1612 y 1622 respectivamente. Leandro también llegó a ser rector de la Universidad de San Marcos durante varios años. Esta familia estaba enlazada con otras de Lima de no menos notoriedad, como la de Cadahalso Salazar. Luis estaba casado con Juliana de la Serna cuya hija, Emiliana, contrajo matrimonio con Pedro Vega de la Cadena. Tuvieron un hijo, Gabriel Vega de Reynaza, alcalde ordinario en 1658, que casó con Luisa Ruiz Cañete, natural de Pisco. Una de sus hijas, Agustina, casó con Sebastián de Colmenares y cuyo hijo, Sebastián, fue el primer conde de Polentinos. Luis dejó varios hijos. Leandro tuvo al Dr. Juan de la Reynaga y Salazar, natural de Lima y Caballero de la Orden de Santiago. Estudió en el Colegio de San Felipe y fue el primer catedrático de decreto de la Universidad de San Marcos. Posteriormente se trasladó a Panamá donde fue oidor. Fue autor de una obra que tituló "Primicias del Nuevo Mundo", en la que destaca a varias figuras célebres americanas, y de un tratado sobre el oficio de protector de los indios que se publicó en 1626. También ocupó el cargo de procurador general de la Universidad de Madrid.

Reynoso, Juan de: Avecindado en Lima a principios del siglo XVII.

Mujer: **Ana de la Torre**, su legítima esposa, con quien tuvo varios hijos; debido a los crueles abusos de su marido, y a pesar de habérsele ayudado, falleció poco después de casada en casa de su amiga Elvira Bravo.

Ribera, Antonio de: Propietario de una de las más grandes encomiendas del Perú.

Mujer: **Inés Muñoz**, su legítima esposa; era viuda de un medio hermano de Francisco Pizarro.

Ribera, Nicolás de: Llamado el Mozo, hijo de Nicolás de Ribera, el Viejo, y uno de los protegido de Francisco Pizarro del que recibió algunos repartimientos menores, y de Carlos V el hábito de Santiago. Tuvo una hija, Violante de Ribera, cuya madre se desconoce. De ella se enamoró

R

el capitán Ruy Díaz que murió súbitamente en sus brazos al escalar sigilosamente su balcón.

Ribera, Salvador de: Avecindado en Cali.

Mujer: **Ana de Alarcón y Ortiz Maldonado,** su legítima esposa. Tenía otra mujer de nombre Margarita Hernández, mestiza, doncella bajo el cuidado de Alonso Pérez Manrique y su mujer, Micaela Llanos. Al sorprenderlos en sus amoríos, Alonso Pérez se lo comunicó a su mujer quien castigó severamente a la amante que terminó suicidándose. A Ribera se le castigó con el destierro y otras penas pecuniarias.

Riestra, Pedro García de la: Natural de Asturias; marchó al Perú donde fue nombrado corregidor de Huamanga, cargo que desempeñó de 1779 hasta 1785.

Mujer: **Ángela Sanior,** su legítima esposa, con quien contrajo matrimonio en las Islas Canarias. Su hija promogénita, Isabel García de la Riestra, era casada con Antonio María del Valle.

Rifareche, Martín de: Conquistador de Michoacán, Colima, Jalisco, Nueva Galicia y otras ciudades.

Mujer: **Sabina De Esquivel,** su legítima esposa, padres de una hija; él tenía tres hijos naturales de los que se hizo cargo su mujer al morir.

Río, Pedro del: Pasó a México con Pánfilo de Narváez y después se unió a Cortés; se halló también en las conquistas de Michoacán y Guatemala y recibió un repartimiento de indios. Luego se trasladó al Perú con su mujer.

Mujer: **Ana Méndez,** su legítima esposa, padres de tres hijos; dos de ellos estudiaron en Salamanca y el tercero se trasladó al Perú.

Ríos, Damián de los: Cirujano que pasó a América, desconociéndose detalles.

Mujer: **Mariana de los Ríos,** su legítima esposa, que entabló un pleito con la Casa de Contratación en Sevilla para recibir sustento de su ausente marido.

Ríos, Pedro de los: Nombrado por Carlos V gobernador de Castilla del Oro en 1525, substituyendo a Lope de Sosa, sucesor de Pedrarias Dávila. Hubo otro Pedro de los Ríos que fue conquistador del Perú.

Mujer: **Catalina Saavedra,** su legítima esposa. Se desconoce si hubo sucesión.

Ríos, Lorenzo de los: Conquistador del Perú.

Mujer: **Juana de Mora,** su legítima esposa. Tenía también una esclava mulata llamada Luisa Conga, que terminó en la cárcel por sus amores ilícitos con Lorenzo.

Riva-Agüero, Martín de la: Natural de Lima, hijo de José de la Riva-Agüero, oidor de la Audiencia de México y Caballero de la Orden de Carlos III. José fue muy joven a España y regresó a Buenos Aires en 1808, llegando a ser con el tiempo una de las figuras cimeras de la independencia del Perú, especialmente por sus escritos, entre ellos "Manisfestación histórica y política de la revolución de América", publicado en Buenos Aires en 1816. Empleó su fortuna en la lucha independentista y estuvo preso en varias ocasiones. Luego marchó a Huanura y se juntó al general San Martín. Siendo coronel del ejército, asistió a la jura de la independencia el 28 de julio de 1821 y fue el primer profecto a cargo del departamento de Lima; falleció en 1858.

Mujer: **Catalina de Loos,** su legítima esposa, de nacionalidad belga y de distinguida familia. Tuvieron un hijo llamado José de la Riva-Agüero, ministro de relaciones exteriores, casado con Mercedes Riglos y Díaz de Rávago.

Rivas, Juan de: Acompañó al virrey Francisco de Toledo en la expedición a Chiriguanos. Se ofreció a contribuir a la fundación de un colegio jesuita en la Paz, pero el virrey se lo negó. Posteriormente le fue otorgada la licencia por intercesión del padre Baltasar Piñas, siendo entonces virrey Martín Henríquez. El colegio se llamó la Santísima Trinidad y fue inaugurado en 1582.

Mujer: **Lucrecia Sansoles**, su legítima esposa. Fundó en Lima el Monasterio de las Hermanas de la Santísima Trinidad, contiguo al templo de San Marcelo. Tuvieron una hija, Mencia de Vargas, viuda de Tomás de Cuenca, hijo del oidor Gregorio González Cuenca. Lucrecia y su hija Mencia después profesaron y se hicieron monjas de este monasterio; Lucrecia falleció en 1612.

Rivera, licenciado Alonso Martínez: Natural de Medellín, corregidor de Arequipa en 1556 y fundador del hospital de esta ciudad y de la villa de San Miguel de Rivera de Camaná en 1557.

Mujer: **Isabel Contreras**, su legítima esposa, con quien tuvo una extensa descendencia de la que proceden familias notables, entre ellas la de los marqueses de Casaros.

Rivera, Juan de: Vecino de Moquegna.

Mujer: **María Blanco**, su legítima esposa, padres de tres hijos que murieron al nacer.

Rivera, Nicolás de: Uno de los Trece de la Fama que quedaron con Francisco Pizarro en la Isla de Gallo.

Mujer: **Elvira Dávalos**, su legítima esposa. Fundó en Perú en 1556 el rico mayorazgo de su marido. Era hija probablemente de José Gregorio de Cevallos y de Venancia Dávalos (véasen más datos sobre el padre en este diccionario).

Rivera y Ávalos, José: Hijo de Nicolás Rivera, uno de los antiguos conquistadores del Perú. Fue alcalde ordinario de Lima varias veces, la primera en 1582 y la última en 1629. Marchó luego a Chile donde prestó servicios importantes.

Mujer: **Catalina de Alconchel**, su legítima esposa, padres de dos hijas, María y Elvira, que casaron con Bartolomé Osnayo y Juan Antonio Vargas respectivamente; Catalina era viuda de Pablo de Montemayor.

Robledo, Jorge: Descubridor de varias provincias de la actual Colombia, entre ellas Antioquia y Cauca.

Mujer: **María de Carvajal**, su legítima esposa, descendiente de los marqueses de Jodar. Al morir su marido a manos de Sebastián de Belalcázar, volvió a casar con el tesorero de Santa Fe. María tuvo un pariente llamado Alonso de Carbajal, conquistador de Nueva Granada, a quien Robledo se la encomendó al ser ejecutado.

Robles de Melgar, Martín: Nombrado alferez del Estandarte Real por el capitán general Pedro Álvarez Holguín. Después le hizo capitán Gonzalo Pizarro y militó en su ejército llegando a dirigir una compañía de piqueros. Traicionó luego a Pizarro y fue enviado por el presidente Gasca al Cuzco para detener a sus partidarios por lo que recibió un repartimiento. Luego se le acusó de la muerte del virrey Blasco Núñez Vela y posiblemente asesinado.

R

Mujer: **Juana de los Ríos**, su legítima esposa; parece haber sido amante del corregidor Pablo de Meneses, aunque este hecho no se ha comprobado. Tuvieron una hija, María, que a los 8 años de edad le fue ofrecida en matrimonio a Meneses casándose a los 12 años. Meneses contaba entonces con 70 años de edad, a pesar de lo cual tuvieron también un hijo llamado Álvaro de Torres, que luego se trasladó a España.

Robles de Salcedo, licenciado Blas: Natural de Madrid, hijo de Pedro Robles y de Isabel de Salcedo. Fue oidor de la Audiencia de Santa Fe en 1632, fiscal de Charcas en 1638, y oidor de Lima, así como autor de la obra "Novus & Methodicus Tractatus de Representatione", publicada en Madrid en 1624.

Mujer: **Francisca Marchamalo**, su legítima esposa. Se desconoce si hubo sucesión.

Robles, Juan: Se halló en la guerra de Granada al servicio de los Reyes Católicos y marchó después a México.

Mujer: **Inés González de Gemya** (no hay seguridad de la escritura de este apellido), su legítima esposa, padres de Beatriz de Robles natural de Mérida.

Rocco, Francisco: Contador en Lima.

Mujer: **Francisca Medrano**, su legítima esposa, que enviudó; hizo donaciones a los jesuitas para el colegio de San Pablo fundado en 1639 y del que se le nombró co-fundadora.

Rodas, Agustín de: Conquistador de México.

Mujer: **Catalina de Rodas**, su legítima esposa, padres de cuatro hijos y una hija.

Rodríguez Cabrillo, Juan: Nacido hacia 1543 y fallecido en la Isla de Juan Rodríguez sin saberse la fecha exacta. Aunque portugués, estuvo al servicio de España. Marchó primero a Cuba y de ahí a México con Pánfilo de Narváez, incorporándose luego al ejército de Hernán Cortés. Se halló en la conquista de México y en la conquista de Guatemala con Pedro de Alvarado. Partió con Alvarado en una expedición a las Molucas en 1540, pero a la muerte de Alvarado el virrey Mendoza dispuso de la escuadra, y en 1542 puso a Cabrillo al frente de dos buques para explorar la costa norteamericana del Pacífico. Zarpó Cabrillo de Navidad el 27 de junio de 1542 y recorrió la costa occidental de Baja California, arribando al puerto de San Miguel en la bahía de San Diego el 28 de septiembre. Fue, por tanto, el primer europeo que llegó a este territorio y por tanto su descubridor. En este mismo viaje descubrió las islas del canal de Santa Bárbara y pasó algo más al norte de la bahía de San Francisco que no llegó a ver. Debido a mal tiempo, retrocedió hasta llegar a la Isla de San Miguel o de la Posesión, en el canal de Santa Bárbara, donde falleció a principios de 1543. Le sucedió otro portugués, Bartolomé Ferrelo, que nombró a la isla Juan Rodríguez en honor de su descubridor. Ferrelo descubrió el Cabo Mendocino, así nombrado en honor del virrey, y llegó hasta la costa del actual estado de Oregón en 1543 donde emprendió el regreso a México. Entre los dos, Cabrillo y Ferrelo, habían descubierto los actuales estados de California y Oregón.

Mujer: **Beatriz de Ortega**, su legítima esposa; casó con ella a su regreso a España en 1532 y después regresó con ella a Honduras donde se radicaron. Tuvieron dos hijos, Juan Rodríguez Cabrillo de

Medrano y Diego. Rodríguez de Medrano tuvo un hijo llamado Gerónimo Cabrillo Aldana que casó con Francisca de Solórzano y Carbajal. Beatriz casó en segundas nupcias con Juan de Aguilar y Beltrán y tuvieron un hijo llamado Esteban de Medrano y Solórzano. Además, estando en Guatemala bajo el servicio de Pedro de Alvarado, Cabrillo tuvo tres hijos naturales con una india cuyo nombre se desconoce.

Rodríguez, Blas: Comerciante de Lima a finales del siglo XVIII.

Mujer: **María de la Aunción Atocha**, su legítima esposa, con quien casó en 1781. Se desconoce si hubo sucesión.

Rodríguez de la Magdalena, Gonzalo: Natural de Sevilla y conquistador de México.

Mujer: Era casado con una india de la que se desconoce su nombre.

Rodríguez de Villafuerte, Juan: Vecino de Medellín, maestre de campo en la conquista de México y capitán de uno de los bergantines; se halló también en las conquistas de Michoacán y Colima siendo general.

Mujer: **Juana de Zúñiga**, su legítima esposa, padres de una hija.

Rodríguez, D.N.: Se desconocen datos de este señor.

Mujer: **Beatriz de Saldaña**, su legítima esposa, vecinos ambos del Cuzco donde poseían una encomienda. Donaron gran capital a la Compañía de Jesús, en cuyo templo les pertenecía una capilla en la que fueron enterrados. No se sabe si hubo sucesión.

Rodríguez, Pablo: Una de las familias reclutadas para fundar una colonia agrícola en California. (Véase Camero, Manuel, para más detalles).

Mujer: **María Rosalia Noriega**, su legítima esposa, padres de María Antonia.

Rodríguez Sanabria, Diego: Natural de Cáceres y conquistador de México, hijo de Benito de Sanabria y de Inés González.

Mujer: Era casado con una india con la que tuvo una hija natural llamada Beatriz. Se desconoce el nombre de la madre.

Rodríguez Suárez, Juan: Fundador de la ciudad de Mérida en Venezuela.

Mujer: Se desconoce el nombre de la amante o amantes, pero tuvo varios hijos mestizos hallándose en la región de los Andes.

Roelas, Diego de las: Pasó a Tierra Firme con Pedrarias Dávila y después al Perú con Diego de Almagro; era encomendero en Pánuco.

Mujer: **Isabel de Escobar**, su legítima esposa; no tuvieron hijos aunque ella cuidaba en su casa a dos sobrinos.

Rojas y Acevedo, Dr. Gregorio: Nacido en Buenos Aires, hijo del capitán Pedro Rojas y de María de la Vega. Cursó sus estudios en el Colegio Real de San Felipe donde le fue dada una beca. Fue después catedrático de varias materias en la Universidad de San Marcos donde guarda su retrato. Fue también asesor del Tribunal del Consulado y oidor de Charcas.

Mujer: **Andrea de León**, su legítima esposa, parienta del célebre León Pinelo. Fueron sus hijos Teresa, casada con el general Francisco de Villalta y Giner; Gregoria, casada con el oidor Migeul Núñez de Sanabria; Catalina, casada con José de la Fuente de la familia de los condes de Fuente Roja; Josefa, casada con Ignacio de Loyola, contador del Tribunal

R

de Cuentas; Francisco de Rojas, alcalde de Corte de la Audiencia de Lima; y Alejo Fernando, obispo de Santiago y de la Paz.

Rojo, Santos: Fue con su padre, Francisco Rojo, de los primeros pobladores de Nueva Galicia.

Mujer: **Beatriz de Ruelas**, su legítima esposa; una de sus hijas, Estefení, casó con Domingo Gil de Latur.

Roldán Dávila, Juan: Conquistador, llamado el *Pacificador*.

Mujer: **Leonor Fernández de la Reguera y Godoy**, su legítima esposa, descendiente de la ilustre familia Fernández de la Reguera de Burgos. Al enviudar, contrajo matrimonio por segunda vez con Francisco de Zamudio, padres de ocho hijos, todos con los mismos apellidos y que fueron Lorenzo; Francisco; Juan; Luisa; Beatriz; María; Ana; e Isabel. Hermana de Leonor fue María Fernández de la Reguera y Godoy que casó con el capitán Alonso Félix de Morales, uno de los conquistadores de Nicaragua, Panamá y Perú, ambos padres del licenciado Jorge de Morales Reguera casado con Ana Tinoco Tordoya, quienes procrearon a Mariana de Morales Tinoco que casó con el maestre de campo Álvaro Cabero de Henao, Caballero de la Orden de Santiago y corregidor de Guayaquil y otras ciudades, que dejaron sucesión.

Román de Aulestia, Miguel: Secretario de la Inquisición de Lima.

Mujer: **Francisca**, su legítima esposa, hija de Diego Gómez Boquete, vecino de Lima, y de Magdalena Montealegre, nacida en esta ciudad, hija a su vez de Manuel Montealegre natural de Granada. Uno de sus familiares, José Toribio Román de Aulestia, alcalde de Lima en 1762-63, casó con Catalina Loredo de la

Peña y Sagardia, falleciendo en 1786 sin sucesión. Otro familiar, Tomasa, era casada con el oidor de la Audiencia de Lima Manuel Zurbarán de Allende Salazar

Rosalino, José Antonio: Una de las familias reclutadas para fundar una colonia agrícola en California. (Véase Camero, Manuel, para más detalles).

Mujer: **María Manuela Calistra Hernández**, su legítima esposa, padres de siete hijos que fueron José, Carlos, José Máximo, José Marcelino, Antonio Rosalino, María Josefa y Juan Esteban.

Rosas, José Alejandro: Una de las familias reclutadas para fundar una colonia agrícola en California. (Véase Camero, Manuel, para más detalles).

Mujer: **Juana María Rodríguez**, su legítima esposa. Se desconoce si hubo sucesión.

Rospigliosi, Pedro Julio: Hermano del papa Clemente IX.

Mujer: **Bárbara de Candia**, su legítima esposa. Era hija del capitán Juan Andrés Candia, conquistador del Perú, y de Francisca Espinola Serrano, hija también de otro conquistador del Perú, el capitán Francisco Espinola y de Urraca Serrano. Candia era hermano del famoso capitán Pedro de Candia, el primero en desembarcar en Túmbez adonde fue enviado por Francisco Pizarro. Tuvieron un hijo, Teodoro Julio Rospigliosi, que se destacó en las guerras fronterizas de Chile, donde casó con Lorenza Vásquez Ponce de León, viuda del capitán Diego de Guzmán, descendiente de los conquistadores de Chile y de la Casa de los duques de Arcos y de Feria. Al fallecer Lorenza, casó Teodoro con Mayor Fernández de Córdoba, descendiente directa de los duques de Alburquerque.

Rosso, Marcos de: Conquistador del Perú.

Mujer: **Margarita de Argandona**, esclava mulata que después le abandonó para juntarse con Juan Antonio Serisa, su antiguo amo con quien se fue a vivir a Pisco. Con el tiempo se le alcanzó y fue metida en la cárcel. Por intervención de su marido se libró de la prisión y logró que se le recluyera en el Convento de Santa Catalina.

Roxas y Córdoba, Manuel de: Nacido en 1474 4 en Cuéllar, Segovia, primo del gobernador Diego Velázquez de Cuéllar al que sucedió como gobernador interino en 1524; había sido antes alcalde mayor de Santiago de Cuba. Después se fue a España para defender a su primo contra Hernán Cortés.

Mujer: **María Magdalena Velázquez de Cuéllar**, su legítima esposa, padres de cinco hijos que fueron Ana, Gómez, Melchor, Martín y Juan. Melchor casó tres veces, la primera con Isabel Velázquez Guijón, la segunda con Mariana de Peralta, segoviana, y la tercera con Constanza Becerra, natural de Olmedo, España.

Ruiz, Alonso: Conquistador del Perú.

Mujer: **Francisca Miranda**, su sirvienta, con quien tuvo una hija natural llamada Isabel Ruiz.

Ruiz de Azúa, Tomás: Natural de Luco, Álava, y pasó a Chile radicándose en Santiago donde fue regidor en 1638, alcalde ordinario y gobernador del castillo del puerto de Valparaíso.

Mujer: **María de Iturgoyen Amasa**, natural de Santiago de Chile, padres de Tomás de Azúa e Iturgoyen, nacido en esta ciudad, Caballero de la Orden de Santiago y protector fiscal de la Audiencia Real.

Ruiz Vallejo, Diego: Contador avecindado en Venezuela; su hijo natural, Alonso Ruiz Vallejo, vecino de Barquisimeto, se portó heroicamente en la batalla de la Quebrada contra el cacique Carapaica y, estando herido, le socorrieron dos indios amigos suyos y logró así salvarse de una muerte segura.

Mujer: Tuvo un hijo llamado Alonso con una india de las Caiquetias de Coro y cuyo nombre se desconoce.

Ruiz, Juan: Soldado de la expedición de Francisco Vázquez de Coronado a la América del Norte; radicaba antes en Santo Domingo.

Mujer: Casó con la hija de Bartolomé Sánchez, cuyo nombre se desconoce.

R

S

San Juan, Joan de: Natural de Baeza y conquistador de México, hijo de Francisco Pérez de Córdoba y de María de Ayala.

Mujer: **Elvira de Torres**, su legítima esposa, viuda de Juan Gómez de Herrera, conquistador de México, con quien tuvo cinco hijos e hijas.

San Martín, Diego de: Conquistador de México.

Mujer: **María Corral**, su legítima esposa, viuda de Antonio de Gutiérrez; con Diego tuvo dos hijos y ninguno con el segundo marido.

San Miguel de Solier, Dr. Juan Díez de: Natural de Huamanga.

Mujer: **María de Vega y Padilla**, su legítima esposa, hija de Francisco Guerra y Vega y de María de Padilla, hija a su vez de Juan de Padilla y María de Celis. Fueron los padres de Antonio Jacinto Díez de San Miguel y Solier, nacido en Lima en 1601 y oidor de la Audiencia de Charcas. Casó con María Ana Josefa Bermúdez de la Torre y tuviereon un hijo llamado Juan Francisco Díez de San Miguel, nacido en Lima, Caballero de la Orden de Santiago, casado con Bernardina de Lozada y Quiñones, natural de Arequipa, hija de Luis de Lozada y Quiñones, oidor de Quito. Hijo de Juan Francisco fue Juan Francisco Díez de San Miguel, capitán de lanzas, nacido en Lima en 1665 y casado con Inés de Vergara y Pardo; tuvieron un hijo llamado Manuel Díez de San Miguel nacido en Lima en 1713.

San Martín, Diego: Conquistador de México.

Mujer: **María Corral**, su legítima esposa, que enviudó con dos hijos; volvió a casar con Antonio de Gutiérrez, conquistador de México, y al enviudar nuevamente casó por tercera vez con Juan de Vargas con quien tuvo un hijo y una hija.

San Martín, Pedro: Vizcaíno, vecino de Huancavelica.

Mujer: **Rita de Zubizarreta**, su legítima esposa, padres de un hijo que fue franciscano y cuyo nombre se desconoce. Llevaron a cabo varias obras pías, entre ellas la edificación de un templo en el pueblo de Acoria. Ambos fueron síndicos del Convento de Huancavelica donde erigieron la gran Capilla de la Concepción.

San Pedro, Juan de: Natural de Toledo y avecindado en México en tiempos de la conquista, hijo de Juan López de Acre y de Inés Ortiz de San Pedro.

Mujer: **Catalina López**, su legítima esposa, prima hermana de Gonzalo López; tuvieron varios hijos.

San Román, Miguel Jacinto: Natural de Asturias y persona muy rica y generosa. Fue administrador y socio principal de una compañía y edificó a su costa un templo que se convirtió en la iglesia parroquial más importante de Puno.

Mujer: **María Josefa de San Román**, su legítima esposa, padres de Miguel Antonio, nacido en Puno y casado con Gregoria Antonia Cuentas y Bravo. Fueron los padres de varios hijos, entre ellos Miguel Pascual San Román, maestre de campo y que se halló en la batalla de Arequipa en 1814 a favor de la independencia del Perú. Tuvo un hijo llamado Miguel San Román que se distinguió en la Guerra de Independencia y llegó a ser presidente constitucional de su país; falleció en 1863.

Saavedra, Dr. Francisco Arias de: Nacido en Lima en 1744, hijo de Francisco Arias de Saavedra y Burlego, cuarto marqués de Moscoso, y de Narcisa Santa Cruz y Centeno, hija de José Santa Cruz y Centeno, tercer conde de San Juan de Lurigancho. Se recibió de abogado en la Universidad de San Marcos, llegando a ser fiscal interino de la Real Audiencia en 1792. Posteriormente, el virrey Manuel de Amat le nombró teniente del Regimiento de Nobles de Lima y fue también alcalde ordinario del Cabildo de Lima desde 1789 hasta 1990. Carlos IV le nombró regidor perpetuo de Lima en 1802. Fue también condecorado con la cruz de la Orden Militar de Santiago. Al proclamarse la independencia sudamericana en 1821, José de San Martín se le nombró coronel.

Mujer: **Petronia Bravo de Lagunas y Zavala**, su legítima esposa, con quien casó en Lima en 1790. Fue heredera del marquesado de Torre-Blanca que le tocó al fallecer su hermano Pedro José, primer marqués de dicho título, así como poseedora del derecho al condado de Villa-Señor como prima de Luis de Bejarano y Bravo de Lagunas. Petronia había enviudado de su primer matrimonio con Juan Esteban de la Puente, marqués de la Puente y Sotomayor. Tuvo dos hijos que murieron en su infancia y dos hijas, Petronila Arias de Saavedra, que casó con

Manuel de la Puente y Querejazu, marqués de Villafuerte, y Narcisa, que casó con Juan Bautista de Lavalle y Zugasti.

Saavedra, Lope de: Fue en México tenedor de libros de difuntos en la provincia de Pánuco y se halló en varias conquistas, entre ellas la de Tultitlán. Después se le dio el cargo de visitador de provincias y recibió del tesorero Alonso de Estrada una encomienda en Papantla.

Mujer: Se desconoce su nombre, pero era natural de Cáceres e hija de Gonzalo Gómez de Saavedra y de Leonor de Orellana; tuvieron dos hijos y dos hijas.

Saco, José Antonio: Distinguido escritor y filósofo cubano. Nació en Bayamo en 1797. De muy temprana edad pasó a La Habana donde estudió en el Seminario de San Carlos, graduándose de bachiller en filosofía y derecho. En 1821 fue nombrado diputado a Cortes, sucediéndole más tarde el venerable pensador José de la Luz y Caballero. Pasó después a Filadelfia y a Nueva York, dedicándose al estudio de la política. En Filadelfia fundó en 1828 el periódico "Mensajero Semanal". Fue autor de numerosas obras, entre ellas "Caminos de la Isla de Cuba", publicado en 1829, que alcanzó mucho éxito. Favoreció siempre la reforma política cubana, publicando en Madrid en 1837 el folleto "Protesta de los diputados electos por la Isla de Cuba". Estando en París en 1845 publicó otro folleto sobre la situación política de su país que tituló "Supresión del tráfico de esclavos en la Isla de Cuba", y después, quizás el más importante de todos, "Ideas sobre la incorporación de Cuba a los Estados Unidos", publicado en París en 1848, en el que se declaró abiertamente contrario a la anexión de Cuba a la Norteamérica y que se tradujo casi inmediatamente al inglés y francés. Falleció en Barcelona en 1879 y sus restos se trasladaron a Cuba al año siguiente.

Mujer: **Dolores Frías**, su legítima esposa, con quien casó en Londres en 1856, viuda del teniente general Narciso López. Se desconoce si hubo sucesión.

Salamanca, Diego de: Conquistador de México, hijo de Payo Gómez de la Cabeza y de Beatriz Barrientos de Salamanca; era encomendero en Atenpa y Japala.

Mujer: Se desconoce su nombre, pero tuvo con ella tres hijos naturales.

Salamanca, Pedro: Avecindado en México en tiempos de la conquista.

Mujer: **Francisca de Valenzuela**, su legítima esposa, hija de Gregorio de Valenzuela, criado de los marqueses de Mondéjar quien, en compañía de un hermano, marchó a Argelia y fue apresado por el pirata Barbarrosa durante varios años. Francisca había casado antes en España y tenía una hija.

Salazar, Cristóbal de: Comendador; sirvió en la expedición de Hernando de Soto a la Florida.

Mujer: **Francisca de Salazar**, su legítima esposa, hija de Gonzalo de Salazar. Se desconoce si hubo sucesión. (Nota: puede ser otra de las hijas del gobernador de México Gonzalo de Salazar; véase a éste).

Salazar, Francisco de: Natural de Piedrahita y conquistador de México, hijo de Francisco de Salazar y de Juana Rengifo, ambos naturales de Ávila.

Mujer: **Andrea Ramírez**, su legítima esposa, hija de Juan Tirado, conquistador de México, y de Andrea Ramírez, hija a su vez de Francisco Ramírez y Juana de Godoy, ambos naturales de Córdoba.

Salazar, Gonzalo de: Quedó al mando de la ciudad de México cuando Cortés marchó a Las Higueras.

Mujer: **Catalina de Salazar**, su legítima esposa; una hija, Magdalena de Mendoza, casó con Ruy Díaz de Mendoza, descendiente del rey Alfonso XI, "el Justiciero", y otra hija, Catalina de Salazar, con Juan de Salazar.

Salcedo, García: Veedor de Lima.

Mujer: **Beatriz de Salcedo**. Esta mujer era una morisca esclava de Salcedo con quien marchó al Perú en 1532. En un principio se llamaba Beatriz a solas, pero luego adquirió el nombre completo de Beatriz de Salcedo y terminó casándose con él.

Salcedo, José: Marqués de Villa-Rica de Salcedo, título conferido por Felipe V en 1703. Su padre, de nombre homónimo, fue el célebre minero de Icacota.

Mujer: **Micaela Meda y Mena**, su legítima esposa, padres de José Luis Salcedo que heredó el título; pasó después a su madre por no haber dejado sucesión.

Salguero, Fernando: General del ejército, sin saberse dónde.

Mujer: **Gerónima Cabrera**, su legítima esposa, descendientes ambos de los primeros conquistadores y conquistadores y probladores de Tucumán. Tuvieron un hijo llamado Diego Salguero y Cabrera, nacido en dicha ciudad en 1687 que se hizo bachiller y sacerdote. Costeó con fondos propios la fundación del Convento de Hospitalarios de Belén, así como los estudios de muchos niños pobres y desamparados. En 1762 Carlos III le nombró obispo de Quito y en 1765 ocupó la Silla de Arequipa, falleciendo en 1769.

S

Salinas, Pedro: Principal notario del Perú, nacido en Madrid hacia 1518; marchó al Perú en 1535.

Mujer: **Juana de Berrio**, de quien sospechaba que le era infiel. Por motivos desconocidos, terminó casándola con su amante y hasta les costeó el matrimonio. Libre del peso, se casó después con Isabel Arias, mujer de posición y rica.

Samano, Juan de: Natural de Burgos y conquistador de Nueva Galicia, hijo de Fernando de Samano y de Sancha Sánchez de Orpina.

Mujer: **Brianda de Quiñones**, su legítima esposa. Se desconoce si hubo sucesión.

Sanabria, Diego de: Natural de Cáceres y conquistador de México. Se desconoce el nombre de su amante pero tuvo con ella una hija mestiza llamada Isabel, según él mismo declaró en su testamento de 1528. Antes de morir, rogó a unos amigos suyos que la llevasen a Castilla y cuidasen de ella y, si no, que se la diesen a su madre quien la cuidaría.

Sanabria, Juan de: Adelantado del Río de la Plata.

Mujer: **Mencia Calderón**, su legítima esposa, madrastra de un tal Diego. Esta mujer se portó valientemente al dirigir parte de una flota al Brasil y luego al Paraguay; en el camino fue atacada por corsarios pero logró arribar a salvo a la Asunción. El resto de la otra flota la dirigió su hijo a Santo Domingo.

Sánchez, Alonso: Soldado de la expedición de Francisco Vázquez de Coronado a la América del Norte.

Mujer: **Francisca de Hoces**, su legítima esposa, padres de un hijo cuyo nombre se desconoce.

Sánchez Bilbao, Cristóbal: Capitán avecindado en Lima.

Mujer: **María Esquivel**, su legítima esposa, quienes se dedicaron al socorro de los pobres empleando en ello gran parte de su fortuna. Fueron también los fundadores del Hospital de San Diego cuya construcción comenzó en 1596 y cuya capilla se estrenó en 1591 según licencia otorgada por Felipe II. En 1606, fallecido su marido, María cedió este establecimiento a los frailes de San Juan de Dios que edificaron su convento. También fundó María en 1592 una casa que llamó Santa María Magdalena para albergar a mujeres, la cual tuvo tanto éxito que hubo que cerrarla ante la multitud de mujeres que a ella acudieron.

Sánchez de Araya, Antón: Natural del lugar de Ribera donde nació a fines del siglo XVI, llamdo el Gordo. Pasó a América y se radicó en Santiago de Chile, propietario de la mitad de la heredad del Salto; falleció en 1572.

Mujer: **Leonor García Gallardo**, su legítima esposa, natural asimismo de Ribera donde se casaron; falleció ella en 1597. Fueron los padres de Francisco de Araya y de María Ortiz de Araya, casada con Alonso Pérez de Ayala, su tío carnal. Francisco, que también nació en Ribera, se casó allí con Francisca de San Juan, y pasaron ambos después a América radicándose en Santo Domingo en 1544. Fueron los padres de Juan Cano de Araya, bautizado en Santo Domingo en 1544 que marchó a Chile como soldado en 1565, donde fue fraile de la parroquia de Choapa en 1578-1579 y ocupó varios cargos sacerdotales; falleció en esta ciudad en 1609. Francisco y María fueron padres también de Diego Núñez de Araya, nacido en Santo Domingo que pasó al

Perú donde radicaba en 1598. Alonso Pérez de Ayala, ya mencionado arriba, nació también en Ribera y su esposa, su sobrina, era hija de su hermano Antón y de Leonor García. Marchó a Chile junto a Pedro de Valdivia en 1540 y asistió a la fundación de Santiago. Fueron los padres de Antón Sánchez de Araya y de Inés de Araya, nacida en Ribera, que pasó a Chile con su familia donde casó con en 1558 con Marcos Veas, natural de Cáceres, España, hacia 1510, que había pasado al Perú en 1537 y a Chile en 1540 con Pedro de Valdivia, siendo después encomendero en Lampa y alguacil mayor y alcalde de esta ciudad; falleció en 1581. Fueron sus hijos Tomás Veas Durán, natural de Santiago de Chile, casado con María de la Vega Barros, su sobrina, hija de su hermana María; Alonso Veas Durán, nacido en Santiago de Chile, casado en Valdivia con Isabel de la Puebla; Marcos Veas Durán; Juan Ortiz de Araya, nacido en Santiago de Chile, casado en 1600 con María de Barros, nacida asimismo en Santiago, hija de Juan Barros y de Mayor de Padilla. Juan Ortiz de Araya y su esposa fallecieron hacia 1646 y fueron enterrados en el Convento de Santo Domingo de Santiago; María Araya, nacida en Santiago de Chile donde casó con Juan de Barros, hermaano paterno de la mujer de su hermano Juan. El hijo primogénito, Antón Sánchez de Araya, casó en Santiago con Inés Durán, padres a su vez de Diego Sánchez de Araya, nacido en esta ciudad, secretario del gobernador de Chile Alonso de Ribera; Antón Sánchez de Araya, nacido en Santiago y fallecido hacia 1649; y Leonor de Araya, nacida en la misma ciudad que falleció en 1619 sin sucesión. Un miembro fundador de esta familia en Ribera, Rodrigo de Araya, nació en este

lugar entre 1497 y 1507, y marchó al Perú con su hermano Alonso en la expedición de Pedro de Valdivia, casado con Magdalena Fernández, nacida en Valdepeñas, padres de Úrsula de Araya, casada con Alonso Álvarez Berrio, con sucesión.

Sánchez de Olea, Juan: Natural de Valladolid y conquistador de Nueva Galicia, hijo de Pedro Sánchez de Olea y de Inés de Belmonte.

Mujer: **Beatriz Hernández,** su legítima esposa. Se desconoce si hubo sucesión.

Sánchez de Sopuerta, Diego: Conquistador de México.

Mujer: Casó con una india de la que se desconoce su nombre y con la que tuvo dos hijos naturales llamados Diego y Miguel.

Sánchez, Diego: Avecindado en México en tiempos de la conquista.

Mujer: **Juana Agustina,** su legítima esposa, padres de cuatro hijos y dos hijas.

Sánchez Farfán, Pero (o Pedro): Conquistador de México y avecindado antes en Trinidad, Cuba; a su cargo estuvo apresar a Pánfilo de Narváez cuando arribó a México en busca de Cortés. Al casarse recibió en dote de su mujer el pueblo de Tetela.

Mujer: **María de Estrada,** su legítima esposa, con quien casó siendo ya de avanzada edad; había casado antes con Alonso Martín, natural de Carmona, hijo legítimo de Álvaro Íñiguez de Zamudio y de Isabel Gómez; tuvo con Alonso dos hijas, una casada con el conquistador Álvaro de Sandoval y la otra con Hernando de Villanueva. También tuvo Farfán un sobrino llamado Juan Bezos, hijo de Cristóbal Bezos y de Ana Gómez que fue conquistador de Santo Domingo. Este

S

sobrino marchó a México con Luis Ponce de León. Es probable que Farfán haya tenido un hermano que fue conquistador de Tierra Firme y Santa Marta y del que se desconoce su nombre.

Sánchez Galindo, Juan: Natural de Carmona, Andalucía y conquistador de México; se halló también de la expedición a la Florida. Hijo de Antón Sánchez de Rueda y de Catalina Domínguez Galindo. Después de la conquista de México y la Florida, se le dio el pueblo de Nestalpa, en la provincia de Tula. Fue el descubridor de los ríos Pánuco, Espíritu Santo, San Pedro y San Pablo y de la Isla de Lobos; se halló también en el Pacífico y en otros lugares sirviendo de ballestero.

Mujer: **Elvira Rodríguez,** su legítima esposa, padres de un hijo y tres hijas; él tenía también tres hijos naturales desconociéndose el nombre de la madre.

Sánchez, Luis: Natural de Ledesma, Salamanca, y soldado de las huestes de Cortés en la conquista de México; se halló también en las conquistas de Michoacán y Colima. Fue encomendero en Pungarauato.

Mujer: **Catalina de Santa Cruz,** su legítima esposa, hija de Francisco de Santa Cruz, con quien tuvo dos hijos y dos hijas; uno de los hijos se llamaba igual que el padre.

Sánchez Madaleno, Francisco: Conquistador del Perú.

Mujer: **Catalina Hernández,** propietaria de una panadería en Lima; se desconoce si era o no española y si estaban casados.

Sancho-Dávila Isásaga (o Isázaga), Juan Pedro: De familia ilustre, descendiente de los marqueses de Volada y de San Román, Grandes de España. Era hijo de Antonio Sancho-Dávila Barrientos y Guevara, Caballero de la Orden de Santiago que marchó al Perú en 1670 como maestre de campo del presidio del Callao. Juan Pedro era también Caballero de la Orden de Santiago.

Mujer: **María Josefa Bermúdez y Castilla,** su legítima esposa, con quien casó en Lima, padres de Antonio Sancho-Dávila y Bermúdez, nacido en esta ciudad y alcalde ordinario en 1733. Fue su hijo Juan Sancho-Dávila y Castro, Señor de Valero, que casó con Tomasa Salazar, su sobrina, y cuyos hijos fueron Juan, cura de Huamantanga; Antonio, alguacil mayor de la Real Audiencia; Felipe, primer marqués de Casa Dávila; y José María, último en obtener el título. Antonio casó en Lima con Brianda de Castro Vargas y Carvajal, descendiente de Manuel Castro y Padilla, oidor de Lima. Su nieto fue el maestre de campo José de Castro Isásaga, alcalde ordinario en 1676, que casó con la hija de Sancho de Castro y Rivera y de Jordana de Vargas Carvajal. La ya citada María Josefa fue biznieta de Gabriel de Castilla, que se destacó por sus servicios en el Perú y Chile. Tomasa era hija de Francisco Javier de Salazar Castejón y Mendoza, nacido en Logroño que fue alcalde de Corte de la Real Audiencia de Lima, casado con Josefa Sancho-Dávila y Bermúdez, hermana del ya citado Antonio. José María casó en primeras nupcias con María Manuela Salazar y Carrillo, y en segundas con Andrea Mendoza y Sánchez Boquete.

Sandoval, Gonzalo de: Uno de los capitanes más allegados y de más confianza de Cortés; nacido en 1497 en Medellín y fallecido en 1527 en Palos. En México fundó el pueblo de Medellín y el puerto

Coatzacoalcos o Espíritu Santo. También acompañó a Cortés a Honduras y España.

Mujer: En Tlaxcala se le obsequiaron a Cortés cinco doncellas indias, una de las cuales se la pasó a Sandoval; aunque bautizada se desconoce su nombre.

Sandoval, Juan: Capitán y uno de los pobladores más sobresalientes de Trujillo, encomendero la provincia de Huamachuco; acompañó al obispo Gerónimo de Loayza a verse con Gonzalo Pizarro para que desistiese de su rebelión. Fue luego nombrado gobernador de Piura por Pedro de la Gasca, y luego se distinguió en la batalla de Pucará contra Francisco Hernández de Girón. Donó parte de su dinero al Convento de San Agustín y adjudicó propiedades para el culto de iglesias. Fundó, además, varios hospitales para los indios e hizo otras obras benéficas.

Mujer: **Florencia de Mora**, su legítima esposa, hija del conquistador Diego de Mora, primer gobernador de Trujillo, y de Ana de Valverde.

Sandoval, licenciado Rodrigo: Natural de Valladolid; después de residir mucho tiempo en Granada, marchó a México y fue teniente gobernador de Guatemala y Santa Marta, donde falleció un hermano suyo.

Mujer: **María de Zúñiga**, su legítima esposa, padres de dos hijos, uno de ellos llamado Rodrigo de Zúñiga.

Santa Clara, Bernardino de: Natural de Salamanca y conquistador de México; era judío converso pero puede haberse cambiado el nombre y llamarse Pedro Gutiérrez de Santa Clara. Le prestó dineros a Cortés para la conquista cuando ejercía el cargo de notario en Baracoa, Cuba. Fue también tesorero de Narváez pero después se pasó al bando de Cortés. Acompañó a Pedro de Alvarado a Guatemala y posteriormente regresó a México. Se casó en Cuba con Teresa Cervantes y tuvo con ella tres hijas; una de ellas, Magdalena, se hizo monja.

Mujer: **Teresa Cervantes**, su legítima esposa, con quien casó en Cuba. Volvió a casar o fue su amante una india llamada Juliana, con quien tuvo dos hijos de nombre María y Vicente, y con otra un hijo llamado Pedro Gutiérrez de Santa Clara que fue cronista.

Santa-Cruz y Gallardo, José: Conde de San Juan de Lurigancho, título que heredó de su padre, el maestre de campo Luis de Santa-Cruz y Padilla. Era Caballero de la Orden de Santiago y primer tesorero de la Casa de la Moneda. Nació en Carabaya.

S

Mujer: **Mariana Centeno de Chávez y Mendoza**, su legítima esposa, padres de José de Santa-Cruz y Centeno, Caballero de la Orden de Santiago. A su muerte, pasó el título a su hermano Diego de Santa Cruz y Centeno, que casó con Juana de Querejazu y Santiago Concha, hija del oidor Antonio Hemenegildo de Querejazu, Caballero de la Orden de Santiago y natural de Lima. De este matrimonio nació María Mercedes de Santa-Cruz, heredera del título, que casó con Sebastián de Aliaga y Colmenares, natural de Lima, hijo de Juan José Aliaga y Sotomayor y de Josefa Colmenares y Fernández de Córdoba, hija del conde de Polentinos.

Santa-Cruz y Padilla, Hernando: Hidalgo nacido cerca de Talavera de la Reina, Toledo; murió en la conquista del Perú.

Mujer: **María Pérez de Isásaga**, su legítima esposa, que enviudó; fueron los padres de María Celis que contrajo matrimonio con Juan de Padilla y cuyos hijos fueron Baltasar, primer canónigo del coro de Lima; el licenciado Juan, oidor de Lima; María, de la que descendió la familia de Díez de San Miguel y Solier; Feliciana, madre del arzobispo de México Feliciano de Vega, nacido en Lima; Marcela que casó con José de Agüero, hijo del capitán Diego de Agüero, conquistador del Perú, y de Gerónima de Padilla y Celis. Fueron los padres de Hernando de Santa-Cruz y Padilla, nacido en Lima en 1583, que casó con María de Hinojosa, hija de Alonso Martín Cano y de Inés de Hinojosa, cuyo hijos fueron el capitán Alonso de Santa-Cruz, nacido en Lima en 1613 que casó con Dorotea de Vera; Luis de Santa-Cruz y Vera; el maestre de campo Luis de Santa-Cruz Padilla y Galindo, natural de Lima, casado con Juliana Gallardo nacida en Concepción, Chile, e hija del capitán Diego Fernández Gallardo; José de Santa-Cruz y Gallardo, Caballero de la Orden de Santiago, que casó en 1698 con Mariana Centeno Machado de Chávez y Mendoza, hija de Antonio Centeno, que tuvieron a José de Santa-Cruz y Centeno. Su hermano, Diego de Santa-Cruz y Centeno, nacido en Lima en 1707, casó en 1761 con Juana de Querejazu y Santiago de Concha, padres a su vez de Mercedes de Santa-Cruz y Querejazu que contrajo matrimonio con Sebastián de Aliaga; Luis de Santa-Cruz y Centeno, Caballero de la Orden de Santiago y oidor de las Audiencias de Quito y Chile; Narcisa de Santa-Cruz y Centeno, marquesa de Moscoso; Mariana, marquesa de Otero; Julia, marquesa de Castellón; Isabel, esposa del Dr. Manuel Tinoco Cavero y Roldán; Teresa,

esposa de Diego Melchor de Morales y Aramburu; y Josefa casada con Francisco Hurtado de Mendoza, alcalde ordinario de Lima en 1758.

Santiago, José: Hijo de José Santiago Concha, marqués de Casa Concha, título que le fue concedido por Felipe V el 8 de junio de 1718; fue fiscal protector de la Real Audiencia de Lima.

Mujer: **Teresa Traslaviña**, su legítima esposa, padres de José Santiago Concha quien casó con María Ana Salazar y cuyo hijo, Pedro Santiago Concha y Salazar, fue el último heredero del marquesado.

Santillán, capitán Pedro de: Avecindado en Lima, alguacil mayor de Corte en 1589 alcalde ordinario en 1589.

Mujer: **Mencia Cepeda y Villarroel**, su legítima esposa, hija de Hernán González de la Torre y de María Cepeda de donde procedieron varias familias notables

Sanz de Varea, Juan: Conquistador del Perú.

Mujer: **Ana Roelas**, su legítima esposa. Hallándose una vez en una iglesia tuvo un pleito con una tal Magdalena Téllez a quien le dio una bofetada un tal Sanz de Varea; el marido de Magdalena, Pedro Arechuna, juró vengar de este agravio pero nunca lo llevó a cabo enfureciendo así a su mujer que terminó matándolo. Cuenta un cronista que de tanta rabia que tenía le arrancó el corazón a su marido después de muerto. Finalmente fue agarrotada Magdalena para lo cual no valieron las súplicas del arzobispo Villarroel o la oferta que se le hizo a audiencia de 200 mil pesos para salvarle la vida.

Sanz, Hernán: Natural de Trujillo y conquistador de México.

Mujer: **Leonor Márquez**, su legítima esposa, padres de Francisco Marquez que marchó a México con Francisco López. Se halló en las Higueras con Hernán Cortés y fue uno de los primeros pobladores de Veracruz. Después se unió al capitán Alonso Valiente cuando se alzaron los pueblos de Hoscón y Xalcoya, luego al capitán Pablo Mejía cuando se alzó la provincia de Chapultepec, y más tarde al capitán Diego de Marmolejo cuando se alzó el de Naolingo; se halló también en la conquista de Cipotecas junto al capitán Diego de Figueroa y tuvo a su cargo varias minas, siempre acompañado de su hermano Miguel Márquez. Casó con una mujer de Castilla con quien tuvo un hijo y una hija.

Sarmiento de Sotomayor, Agustín: Vizconde de Portillo, título conferido por Felipe IV en 1642, Caballero de la Orden de Santiago y avecindado en Lima; nació en Cartagena de Indias.

Mujer: **María Gutiérrez de los Ríos**, su legítima esposa, padres de Francisco Sarmiento, corregidor y teniente de capitán general de Cajamarca y capitán de infantería del Presidio del Callao. Carlos II le hizo conde de Portillo en 1670. Después heredó el título Nicolás Sarmiento, nacido en Lima y corregidor de la provincia de Cañete, y luego rector de la Universidad de San Marcos en 1778. Era casado con Francisca Cevallos, hermana del conde de las Torres, sin sucesión.

Sarmiento de Sotomayor, Diego: Señor del Valle de las Hachas y procedente de una de las familias más ilustres de España, vinculada con el rey Ramiro II de León, de Fernán González, primer conde de Castilla, y del Cid Rodrigo Díaz de Vivar, cuya hija, Elvira, casó con el infante Ramiro de Navarra y cuya hija, Elvira,

contrajo matrimonio en 1153 con el 5o. conde Rodrigo Gómez Salvadores que usó el apellido de los Sarmiento.

Mujer: **Ángela Pimentel**, su legítima esposa, de muy ilustre familia, padres de Francisco, Caballero de la Orden de Santiago que fue en América gobernador del Cuzco, Potosí y Cartagena en 1606 y de Popayán en 1609. Era casado con Catalina Peláez de la Guerra, nieta de los antiguos conquistadores del Nuevo Reino de Granada, padres de Agustín Sarmiento y Sotomayor, nacido en Cartagena y después residente de Lima, Caballero de la Orden de Santiago y corregidor de Callaguas. En 1642 Felipe IV le confirió el título de vizconde de Portillo y posteriormente Carlos II erigió el condado de este nombre en favor de su hijo Francisco, nacido en Lima, corregidor de Cajamarca, y alcalde ordinario de Lima en 1714, 1715, 1718 y 1721. Hija también de Agustín fue Mariana en la que recayó el condado por fallecimiento de su hermano. Mariana falleció en 1809. Su madre, María, era hija de Juan de los Ríos, descendiente del conde de Fernán Núñez, y de Mariana Cornejo Maldonado, hija del gobernador Juan Álvarez Maldonado, conquistador del Perú. Mariana hija estaba casada con Domingo de Oyague y Beingolea, Caballero de la Orden de Santiago y coronel del Ejército Real. Pasó después el título de conde del Portillo a José Joaquín Sarmiento, capitán de la Sala de Armas de Lima, y posteriormente a su hermano Nicolás, nacido en Lima y corregidor de Cañete, casado con Francisca Ceballos, hermana del conde de las Torres, sin sucesión.

Sarmiento de Valladares, José: Conde de Moctezuma y de Tula, virrey de México entre 1691 y 1701. Uno de los principales

S

impulsadores de las misiones españolas en California, como la del jesuita Juan María Salvatierra. Nacido hacia 1650 en España y fallecido en 1717 en el mismo lugar. El nombre de Tula proviene del pueblo de la principal esposa del emperador Moctezuma, Teotalco.

Mujer: **María Andrea Moctezuma Jofre de Loaisa**, su legítima esposa, cuarta nieta del emperador acteca por su hijo Pohualicahualt. Con ella tuvo dos hijas, Fausta Dominga, 4a. marquesa de Moctezuma, y Melchora Juana Sarmiento Moctezuma, 5a. condesa de Moctezuma.

Sedeño, Juan: Conquistador de México y luego avecindado en Veracruz.

Mujer: **Isabel Sedeño**, su legítima esposa india, padres de Francisco Sedeño, García Sedeño y Beatriz Sedeño quien casó con Luis Hernández de Portillo, hijo de Álvaro Hernández y Mari Sánchez.

Segurola, Sebastián de: Hijo de Rafael de Segurola y de María Clara de Oliden. Nacido en Guipúzcoa en 1740 y Caballero de la Orden de Calatrava. En la rebelión de Tupac-Amaru tomó el mando de la plaza en 1781 y sostuvo enérgicamente el sitio. Posteriormente fue nombrado por el virrey de Buenos Aires, Juan José de Vertiz, gobernador de la Paz y se le ascendió a coronel. En 1782 obtuvo el cargo de brigadier. Despues de muerto se recibió en esta ciudad el nombramiento de mariscal de campo y presidente de la Real Audiencia de Charcas así como el título de Caballero de la Orden de Santiago; falleció en La Paz en 1789.

Mujer: **María Josefa de Rojas y Foronda**, su legítima esposa, con quien casó en 1786; tuvieron dos hijas llamadas Isidora y Antonia. Falleció en 1788.

Sepúlveda, Martín de: Conquistador de México; contribuyó a la construcción del acueducto, un templo y varias casas. Era encomendero en Dexcatempa.

Mujer: **María de Guzmán**, su legítima esposa, padres de Baltasar de Sepúlveda.

Serrano, Juan: Conquistador de México.

Mujer: **Catalina de Escobar**, su legítima esposa, nacida posiblemente en México; sin sucesión, aunque él tuvo probablemente varios hijos naturales.

Sierra de Leguizamo, Mencia: Uno de los primeros conquistadores del Perú. Asistió a la fundación del Cuzco en 1534. Cuando se repartió el botín adquirido en el Cuzco, le tocó una gran pieza de oro que representaba al sol y que perdió en un juego de naipes. El Cabildo del Cuzco se interesó en sacarle de este vicio y así le eligió alcalde, cargo que desempeñ a cabalidad. Después se unió al virrey Blasco Núñez Vela contra Gonzalo Pizarro.

Mujer: **Beatriz Coya**, su legítima esposa, hermana de Manco-Inca, padre de Sayri-Tupac y nieto de Huaina-Capac. Sayri-Tupac era casado con Cusi Huarcay, nieta de Huáscar Inca. Al bautizarse, Sayri-Tupac adquirió el nombre de Diego. Su hija, Beatriz Clara Coya, casó con Martín García Oñes de Loyola, Caballero de la Orden de Alcántara, sobrino de San Ignacio de Loyola y capitán general de Chile. Con Beatriz Coya Mencia tuvo un hijo llamado Juan.

Sierra, Hernando de: Tesorero de Veracruz.

Mujer: **María de Vargas**, su legítima esposa, hija de Juan Martínez y de Isabel de Vargas, entre los primeros pobladores de México; Hernando y María fueron padres de dos hijos y una hija.

Silva Guzmán, capitán Diego: Hijo de Feliciano de Silva de la familia de los duques de Pastrana y Medina Sidonia. Vecino y regidor del Cuzco y encomedero en Aymaraes. Se desconoce si llegó al Perú con Diego de Almagro o con Pedro de Alvarado en la expedición a Guatemala. Tuvo mucho que ver con la pugna que existía entre Diego Almagro hijo y el gobernador Cristóbal Vaca de Castro.

Mujer: **Teresa Orgóñez,** su legítima esposa, hija de Rodrigo, general del ejército de Almagro el Viejo, y de María, hermana del obispo Vicente Valverde. Su hijo, Tristán, era casado con María Hurtado de Mendoza, hija de Gación de Torres y Mendoza, natural de Guadalajara, relacionado con los duques del Infantado, y de Ana de Mena y Saldaña, natural de Madrid, avecindados en la Paz. Diego y Teresa contribuyeron a muchas obras caritativas como la fundación del colegio del padre Gerónimo Ruiz del Portillo en 1576. Teresa falleció en 1578, un año después que su marido. Tristán fue regidor del Cuzco y también encomendero en Aymaraes y tuvo un hijo llamado Diego que fue también alcalde del Cuzco. Era casado con Gerónima de Berrío Córdoba Guzmán, hija del capitán Miguel Berrío Manrique y de Ángela de Córdoba, hija de Pedro de Córdoba Guzmán, Caballero de la Orden de Santiago, y de Teresa Avendaño. Pedro era hijo de Sancho de Córdoba y Rojas, señor de Casa Palma, y de Leonor de Guzmán, hija del marqués de Algaba. Diego de Silva y Gerónima Berrío fueron los padres de Bernardino de Silva, capitán de infantería del Cuzco y varias veces alcalde. Era casado con María de Ovando y Peralta y tuvieron varios hijos, entre ellos, Bernardo, que se hizo jesuita y tres más que hicieron carrera en el Colegio de San Bernardo. Una hija, Catalina, era religiosa en el Convento de Santa Clara.

Silvestre Pérez, Tomás: Se desconocen detalles de este señor.

Mujer: **Josefa Armendaris,** su legítima esposa, padres del Dr. José Pérez y Armendaris, nacido en el Cuzco en 1729. Estudió en el colegio de San Antonio Abad y en 1769 se le nombró rector de la Pontificia Universidad de San Antonio y en 1806 fue elegido obispo, consagrándose en Lampa en 1809; falleció en 1819.

Solís, Gabriel: Vendedor ambulante en Lima a finales del siglo XVIII.

Mujer: **María Josefa de Atocha y Pacheco,** su legítima esposa, con quien casó a finales del siglo XVIII. Se desconoce si hubo sucesión.

Solís, Gómez de: Gobernador de Trujillo por poco tiempo; estuvo después al servicio de Gonzalo Pizarro en Lima. En su repartimiento de Tapacari fundó el Convento de San Agustín.

Mujer: **Luisa Vivar,** su legítima esposa. Al enviudar, casó nuevamente con Fernando de Zárate, Caballero de la Orden de Santiago.

Solórzano Pereyra, Dr. Juan: Nacido en Madrid y bautizado en 1575. Caballero de la Orden de Santiago, hijo de Hernando Pereyra de Castro y de Catalina de Solórzano y Vera. Fue estudiante y profesor de la Universidad de Salamanca. En 1609 Felipe III le envió a Lima como oidor. Pasó luego de gobernador a Huancavelica. Regresó a España en 1633 donde Felipe IV le nombró fiscal del Consejo de Castilla. Fue autor de varias obras, entre ellas la muy conocida "Política Indiana", publicada en dos tomos en 1776; falleció en 1654.

S

Mujer: **Clara Paniagua de Loayza**, su legítima esposa, natural de Chuquisaca e hija del general Gabriel Paniagua de Loayza, Caballero de la Orden de Calatrava. Tuvieron siete hijos, todos ellos caballeros de distintas órdenes militares. El arzobispo de Santa Fe, Bernardino de Almanza, les cedió a Juan y Clara el patronato del Monasterio de San José llamado Caballero de Gracia. Se les dio sepultara a ambos en dicho monasterio y se les erigió a cada uno una estatuta.

Solórzano y Velasco, Pedro: Nacido en Lima; se distinguió en las guerras de Chile donde pereció en una batalla. Era hijo del oidor Pedro Álvarez de Solórzano y de Antonia Ortiz de Velasco y hermano de Florencia, nacida también en Lima, casada con Pedro Lisperguer, natural de Chile y corregidor de Santiago. Su hijo, de nombre homónimo, casó con Águeda Flores, natural de Chile, hija del capitán Bartolomé Flores Weleer, de Baviera, y de Elvira Talagante. Bartolomé pasó a Chile con Pedro de Valdivia; aunque era casado, se desconoce el nombre de la esposa.

Soria, Luis de: Natural de Lima.

Mujer: **Josefa Muñoz**, su legítima esposa, hija de Tomás Muñoz y Lobaton, natural de Lima y marqués de Casa Muñoz, título que le fue conferido por Fernando VII en 1817, Caballero de la Orden de Alcántara, alcalde ordinario de Lima en 1795-96 y regidor perpetuo del Cabildo de Lima desde 1797. Era viuda de Francisco Manrique de Lara y heredó el título de su padre.

Sosa, Lope de: Residía en Córdoba con su mujer, de familia hidalga. Fue después gobernador de Islas Canarias y por orden de Carlos V pasó hacia 1519 a Castilla del Oro con el cargo de gobernador con su hijo y doscientos hombres casados y sus familias, donde falleció antes de desembarcar.

Mujer: **Inés de Cabrera**, su legítima esposa, padres de Juan Alonso de Sosa que se hizo cargo de la expedición de su padre al fallecer éste en Castilla del Oro. Se le ordenó que entregase a Pedrarias Dávila las provisiones que traía que así cumplió; por orden del rey se le nombró luego tesorero de México.

Soto, Hernando de: Nacido hacia 1500 en Bancarrota, Badajoz, y fallecido en la América del Norte en 1542. Una de las figuras cimeras de la conquista de América, célebre no sólo por su destacada participación en la conquista del Perú, sino principalmente por su expedición a la América del Norte. Fue un verdadero héroe, encarnando todas las cualidades de descubridor, conquistador y colonizador. A él se deben, entre otros grandes triunfos, el descubrimiento del río Mississippi y haber recorrido a pie una extensa región a través de las llanuras del sur de Estados Unidos, así como el descubrimiento y exploración de muchos de sus estados actuales, tales como los Florida, Carolina del Norte, Carolina del Sur, Alabama, Mississippi, Arkansas, Oklahoma y Texas. Carlos V le confirió el título de Adelantado de la Florida y gobernador de Cuba.

Mujer: **Isabel de Bobadilla**, su legítima esposa, hija de Pedrarias Dávila y de Isabel de Bobadilla, hermana de la marquesa de Moya, con la que casó en 1537 en España. No hubo sucesión de este matrimonio. Su mujer, a quien nombró gobernadora de Cuba al partir a la Florida, fue su leal compañera que le prestó valiosa ayuda durante su famosa expedición. Se cree que de Soto tuvo también dos amantes indias mientras se hallaba en la América Central, posiblemente en Nicaragua, cuyos nombres se desconocen. También se habla de sus relaciones en la Florida con una cacica de Cofachique quien le obsequió un hermoso collar de perlas y cuyo nombre también se desconoce. De Soto se la llevó consigo y, según se cuenta, la hizo prisionera pero luego logró escaparse. No nos consta que haya habido relación amorosa entre ambos, pero sí que era pretendida por muchos españoles por su mucha hermosura y donaire. Aun siendo cierto, no cabe duda que quería entrañablemente a Isabel. La madre de la cacica le criticó el obsequio del collar y el habérselo colgado en el cuello a de Soto, considerándolo acto de mucha liviandad y falta de juicio. También consta que a de Soto le fueron obsequiadas varias mujeres, dos de ellas hijas del cacique de Pacaha llamadas Macanoche y Mochila, y la otra hija del cacique de Casqui, quien le suplicó que la tomara por esposa por la mucha honra que representaba para él mezclar su sangre con la de tan alto señor.

También consta que de Soto se casó en el Perú con una hermosa india llamada Estrella del Oro o Estrella Dorada, amante o mujer de Huáscar, uno de los hijos de Atahualpa. Esta india se enamoró de Quilacou, embajador de Huayna Capac, y abandonó a Huáscar cambiando su aspecto para no ser reconocida. Al morir Quilacou, de Soto se casó con ella. Era hija de un rico señor de Túmbez y poseía una rica dote que compartió con de Soto. Después de partir de Soto del Perú nunca más se supo de ella.

Soto, Dr. Juan de: Rector de la Universidad de San Marcos en 1615.

Mujer: **Luisa Melgarejo de Soto**, su legítima esposa, mujer muy devota y de grandes virtudes, querida por todos. Un fraile de la Compañía de Jesús escribió una obra sobre su vida y a su entierro, en 1651, concurrieron el virrey conde de Salvatierra y otros señores principales. A pesar de todo esto, o debido a ello, Luisa tuvo varios roces con la Inquisición de Lima, según se dice por las visiones y revelaciones que según ella experimentaba, hasta el punto de que se confiscaron sus papeles y se le declaró culpable aunque luego se le absolvió.

Sotomayor, Cristóbal de: Conquistador de Puerto Rico.

Mujer: Se desconoce su nombre; era hermana del cacique de Agueybana y tanto quería a Cristóbal que le avisó de la rebelión que contra él tenía tramada su hermano.

Suárez de Carvajal, licenciado Benito: Nacido en Talavera de la Reina, hermano de Juan Suárez de Carvajal, obispo de Lugo. Pasó al Perú en 1534 junto con Hernando Pizarro. Hombres de letras y militar a la vez, habiendo combatido contra Almagro el Mozo en Chupas e Iñaquito. Tenía fama de enamorado en Lima donde las mujeres le llamaban "el Galán". Pidió la mano a Gonzalo Pizarro de la hija de su hermano, doña Francisca, pero le fue negada. Posiblemente debido a ello se pasó al bando de La Gasca quien le nombró alferez general del ejército y luego corregidor del Cuzco.

S

T

Tagle, Nicolás: Parece haber sido el heredero del título de conde de Casa Tagle, conferido por Fernando VI el 25 de agosto de 1744 al capitán Juan Antonio Tagle y Bracho, posiblemente que puede su padre. Sin embargo, se entiende que el conde murió sin sucesión por cuanto no queda claro el parentesco. Sí aparece como titulado en 1752 en la obra escrita por el oidor Rezabal. Juan Antonio Tagle y Bracho era sobrino del primer marqués de Torre Tagle avecindado en Lima.

Mujer: **María Ana Gutiérrez Cossío**, su legítima esposa, hermana de la condesa de San Isidro. Se desconoce si hubo sucesión.

Tamayo y Mendoza, Francisco: Marqués de Villa Hermosa de San José, título conferido por Carlos II en 1696, avecindado en Lima. Falleció sin sucesión y pasó el título a su sobrino el coronel Bernardo de los Ríos Tamayo de Mendoza, y posteriormente a su hermano Francisco, casado con Mauricia Salazar Muñatones y Cuervo. Después recayó en el hijo de éstos, Francisco de los Ríos Salazar y Tamayo, casado con Josefa Gallegos, hija de los condes de Casa Dávalos.

Tapia, Andrés de: De familia hidalga, uno de los capitanes más allegados y de más confianza de Hernán Cortés; Se halló en la "Noche Triste"; había sido antes caballerizo de Cristóbal Colón. Después de la conquista se le dieron los pueblos de Cholula y Tucapán.

Mujer: **Isabel de Sosa**, su legítima esposa, padres de Inés Tapia Sosa. Andrés tuvo también un hijo natural llamado Hernando de Tapia, a quien se le conocía con el nombre de "el indio Hernando de Tapia", aunque no era indio sino mestizo.

Tapia, Cristóbal de: Veedor de las fundiciones que se hacían en San Domingo; después pasó a México de donde el arzobispo de Burgos Juan Rodríguez de Fonseca le quiso nombrar gobernador.

Mujer: **Petronila de Fonseca**. Con ella le quiso casar el arzobispo Fonseca, no sabiéndose a ciencia cierta si se llevó a efecto el matrimonio.

Tapia, Gaspar de: Natural de Cáceres y conquistador de Nueva Galicia, hijo de Diego de Tapia y de Inés Gutiérrez.

Mujer: Casó con la hija de Hernán Ruiz de la Pena, cuyo nombre se desconoce.

Tarazona, Bartolomé: Encomendero del Perú.

Mujer: **Isabel de Figueroa**, su legítima esposa; casó en segundas nupcias con el licenciado Diego Álvarez. Manuel Antonio Valdizán, natural de Huánuco, asegura que era hermana de la poetisa Amarilis pues así se lo contó ésta a Lope de Vega quien, por su belleza y linaje, la llamó "Belisa", anagrama del nombre Isabel.

Tebes Manrique de Lara, Diego: Regidor y alcalde ordinario de Lima en 1686.

Mujer: **María de Torres Padilla y Pastrana**, su legítima esposa; heredó el título de marquesa de Casares creado por Felipe IV en 1635 y conferido a Juan de Pastrana. Le sucedió a éste su hermano Gaspar y después por falta de heredero masculino a la familia de Alomoguera y Pastrana, recayendo en 1675 en María Sarmiento y Pastrana. Fallecidos Manrique de Lara y María de Torres Padilla así como su primogénito, heredó el marquesado su segunda hija Isabel que casó con Pedro de Peralta Mesía de Figueroa, padres de Pedro Peralta casado con Mayor de Roelas, padres a su vez de José Eulalio de Peralta y Roelas, nacido en Arequipa, coronel del ejército, casado con Isabel Panizo y Remírez; fue el último marqués.

Téllez, Francisco: Conquistador y comerciante de México.

Mujer: Se sabe que casó con una mestiza, cuyo nombre se desconoce.

Tello y Espinosa, Agustín: Natural de Lima, hijo de Juan Tello de Lara, natural de Huánuco y alguacil mayor de la Inquisición. Era nieto de Fernando Tello de Contreras nacido en Lima en 1566 y capitán de Caballerías, hijo del conquistador Juan Tello de Sotomayor, casado con Constanza de Contreras, hija de Rodrigo, natural de Segovia, que fuera yerno del gobernador Pedrarias Dávila. La madre de Agustín era Ana María de Arévalo, hija de Juan de Arévalo, comendador de la Orden de Alcántara, natural de Madrid y alguacil mayor de la Inquisición de Lima, y de Luisa Montenegro Bravo de Paredes, natural de Lima. Era ésta hija de Hernando de Montenegro, natural de Lima, hijo del conquistador de nombre homónimo. Luisa casó de nuevo con el vizconde de Peña Parada, padres de Pedro Alonso Flores, Caballero de la Orden de Santiago. Ana Bravo de Paredes era la hermana de Francisco Bravo de Paredes, encomendero del Cuzco, y sobrina del licenciado Pedro Sánchez de Paredes,

oidor de Lima. La esposa del susodicho Fernando Tello de Contreras era Eufracia de Lara, nacida en Huánuco, hija del capitán Gómez Arias Dávila y de María Castellón de Lara, natural de Santo Domingo.

Tenas Cabeza, Alonso de: Capitán avecindado en Lima en el siglo XVII.

Mujer: **María Prieto,** novicia del Convento San José de Lima bajo el nombre de María de San Juan. Esta mujer, según ella misma testificó después, entró en el convento forzada por su padre sin tener la más mínima vocación de hacerse religiosa. Así, tramó su propio secuestro para salir del convento y casarse con Alonso, desconociéndose si el matrimonio se consumó.

Terrazas, Francisco: Conquistador de México y luego de Pánuco y Honduras. Después de la conquista se le dio el pueblo de Tulancingo y parte del de Igualtepeque.

Mujer: **Ana de Castro,** su legítima esposa, padres de tres hijos; también tenía él tres hijos naturales, desconociéndose el nombre de la madre.

Tévez Brito, Diego: Corregidor de Arequipa.

Mujer: **Isabel Manrique de Tévez,** su legítima esposa, padres de fray Diego de Tévez, natural de Arequipa y rector del Colegio de San Idelfonso de Lima.

Tirado, Juan: Se cree haber sido uno de los conquistadores de México.

Mujer: **Andrea Ramírez,** su legítima esposa, hija de Francisco Ramírez, natural de León, y de Juana Godoy, natural de Córdoba. Al fallecer su marido, volvió a casar con Juan Blázquez. Su padre y un hermano pasaron a México con Miguel

Díaz de Aux y se hallaron en la conquista de Pánuco; un tío de ella fue conquistador de Guatemala.

Tobar (o Tovar), Nuño de: Conquistador; acompañó a Hernando de Soto en la expedición a la Florida.

Mujer: Tuvo relaciones amorosas con una hija del gobernador de la Gomera, doncella de Isabel de Bobadilla, mujer de Hernando de Soto, con quien llegó a casarse por haber tenido un hijo; luego se la llevó en la expedición a la Florida. Se desconoce su nombre.

Toledo, Antonio de: Avecindado en Lima en tiempos de la conquista.

Mujer: **Francisca Suárez, llamada "la Valenciana"**, su legítima esposa, al menos en América. Expliquemos. Lo cierto es que Antonio había dejado una esposa en España que nunca declaró, quizás por ser plebeya. Al llegar a América se casó con Francisca manteniendo en secreto su matrimonio anterior. Sin embargo, pronto saltó a relucir su delito y se le acusó de bígamo y condenado al exilio. Durante aquel tiempo Francisca ejercía la profesión de curandera y, según se cree, era también propietaria de varias casas de libre placer en Lima. También se cree que Francisca era casada en España y que tenía hijos, habiendo fallecido el marido en España poco poco después de arribar ella a América. Complicada situación.

Tolosa, Juan de: Conquistador de Nueva Galicia.

Mujer: **Leonor Cortés**, su legítima esposa. (Para más detalles véase a Oñate, Juan de).

Tomás, Maese: Conquistador de Michoacán y Guatemala.

Mujer: **Leonor Rodríguez de Orozco**, su legítima esposa, padres de Diego Rodríguez, conquistador de Jalisco que heredó de su padre la encomienda de Tututepec.

Tordesillas Villanueva, Alonso: Conquistador de México.

Mujer: **Ana Cervantes**, su legítima esposa, hija de Leonel de Cervantes, padres de varios hijos, entre ellos Alonso de Villanueva Cervantes.

Toro, Tomás de: Nació en Jerez de los Caballeros y fue capitán de Infantería. Pasó a Chi;e en 1596 distinguiéndose en la guerra de Arauco, y regidor del Cabildo de Santiago en 1624.

Mujer: **Baltasara de Astorga**, su legítima esposa, hija de Juan de Madrid y de María Álvarez Malaver. Al enviudar en 1630, se hizo fraile franciscano. Fue los padres de Alonso de Toro Zambrano, y María que casó con Andrés Illanes de Quiroga, de Galicia, y que tuvieron a María de Quiroga, que casó con Pedro de Ugalde y Uriona. Alonso de Toro Zambrano nació en Santiago de Chile y fue capitán y Justicia Mayor de la provincia de Quillota. Casó por primera vez en 1624 con María de Reinoso, natural de Santiago de Chile, hija del capitán Juan Ruiz de Toro y de Juana Reinoso, y en segundas nupcias en dicha ciudad en 1627 con Sebastiana de Ugalde, hija de Juan de Ugalde y Luisa López de Oriona. No hubo sucesión del primer enlace, pero del segundo nacieron María de Toro Zambrano y Ugalde, que casó con el capitán Martín de Zavala, y Alonso, que casó con Josefa Fernández Romo, padres de Alonso, sin sucesión; Pedro, jesuita en 1702; Diego, fraile; José, canónigo de la catedral de Santiago y obispo de la ciudad de Concepción en 1744; Agustina, monja; y Clara Rosa, Juana, Beatriz y Francisca, todas ellas

T

monjas; Ana y Luisa, monjas del convento de Santa Clara; Baltasara, Antonio y Pedro de Toro Zambrano. Otro hijo del segundo enlace fue Tomás de Toro Zambrano y Ugalde, que fue capitán y corregidor del Cabildo de Santiago en 1681, falleciendo en 1707. Había casado con Luciana de Escobar y Lillo, y fueron los padres de Carlos de Toro Zambrano y Escobar; Tomás, alcalde de Santiago en 1740, soltero; Miguel, sin descendencia; y Juan y Francisco, ambos frailes mercedarios.; Nicolás, jesuita; Ana, Luciana, y María de Toro Zambrano y Escobar. Carlos de Toro Zambrano y Escobar, citado arriba, fue regidor de Melipilla en 1740, y casó con Jerónima de Ureta y Prado, hija del capitán José de Ureta Pastene y de Francisca Prado y Lorca, naciendo de este enlace Mateo de Toro y Zambrano y Ureta; Andrés, corregidor de La Serena, Chile, que casó en 1763 con Manuela de Aldunate y Santa Cruz, hija de Manuel Martínez de Aldunate y Barahona y de Mercedes de Santa Cruz, y cuyo hijo único fue Pedro Nolasco de Toro y Aldunate, educado en la Universidad de Alcalá de Henares, en España, y capellán del Monasterio de Religiosas de Calatrava en Madrid. Mateo de Toro Zambrano y Ureta, mencionado arriba, nació en Santiago en 1727. Fue capitán del Regimiento Real de Caballería en 1749 y gobernador de Chiloé en 1750, así como alcalde ordinario de Santiago en 1761 y después conde de la Conquista según cédula otorgada por Carlos III en 1770. Fue, además, presidente de Chile en 1810 y presidente de la Primera Junta de Gobierno en ese mismo año. Casó con Nicolasa Valdés y Carrera, hija de Domingo de Valdés y González de Soberal y de Francisca de la Carrera Elguea, y padres, entre otros, de Joaquín que sirvió

en el ejército de la Península y Caballero de la Orden de Santiago, que casó en Chile con María del Carmen de Irarrázabal y Solar, hija de los marqueses de la Pica, naciendo de este enlace José Ramón de Toro Irarrázabal, que casó con Dominga Donoso y Rojas, padres de Dominga y Antonio de Toro y Donoso, que casó con Isabel de Ovalle Correa, hija de Rafael de Ovalle Bezanilla y de Adelaida Correa y Toro, hija a su vez de la tercera condesa de la Conquista; José Domingo de Toro y Zambrano y Valdés, Caballero de la Orden de Alcántara, que casó con María Mercedes de Guzmán y Lecaroz, hija de Alonso de Guzmán Peralta, oidor de la Real Audiencia de Chile, y de Nicolasa de Lecaroz, con estos hijos: Juana, que casó con Rafael de Vicuña y Larraín; María Luisa, que casó con el general Benjamín Viel Gometz; Nicasio, que casó con Mercedes Necochea y Gogay, padres de Nicasio que casó con Julia Hormann Soruco, y Victoria que casó con Enrique Moller García de la Huerta, con sucesión; Bernardo, que casó con Mercedes Calvo de la Cuadra; y Domingo, que casó con Emilia Herrera y Martínez, hija de Francisco Rafael de Herrera y Rojas y de Mercedes Martínez y Jaraquemada, y cuyos hijos fueron: Emilia, que casó con José Manuel Balmaceda, presidente de la República de Chile; Domingo, senador de la República, con extensa descendencia, y Catalina de Toro Herrera, que casó con Toribio Larraín Prieto; Mariana de Toro Zambrano y Valdés, que casó la primera vez con José Antonio de Armaza con una sola hija llamada Josefa de Armaza y Toro, y la segunda con Marcos Alonso Gamero de Toro que murió en 1813 durante la guerra de Independencia; María Inés de Toro Zambrano y Valdés, que casó en 1782 con el teniente coronel Pedro de Junco, asturiano; María Mercedes de Toro y Valdés, que casó la primera vez en 1780 con el superintendente de la Casa de la Moneda Carlos Virgil de Miranda, asturiano, y la segunda con Santiago de Aldunate, con sucesión de ambos enlaces; María Josefa de Toro y Valdés, que casó con el coronel Pedro Flores de Cienfuegos, asimismo asturiano, con sucesión. Otro de los hijos de Mateo de Toro Zambrano y Ureta y Nicolasa Valdés y Carrera fue José Gregorio de Toro Zambrano y Valdés, bautizado en la catedral de Santiago en 1758, segundo conde de la Conquista y Caballero de la Orden de Santiago, que casó con Josefa Dumont, hija de Teodoro Dumont y de Mariana Miquel, ambos de la nobleza de Aragón. Fueron los padres de Manuel de Toro y Dumont que murió en la batalla de Maipo, sin sucesión, y Nicolasa de Toro y Dumont, tercera condesa de la Conquista, que casó en 1822 con Juan de Dios Correa de Saa, con extensa sucesión.

Al juntarse las familias extremeñas Toro y Vargas, oriundas de Badajoz, se creó el apellido compuesto Toro-Vargas, de donde descendió Pedro de Toro Vargas, nacido en Burgillos de Zafra en 1540, pasando luego al Perú en compañía de su madre Isabel Hernánez de Vargas, radicándose en la ciudad de Trujillo. Su madre falleció de avanzada edad en esta ciudad en 1602. Pedro casó en Trujillo en 1564 con Francisca Jiménez de Esquivel Verero, nacida en Ecija, con sucesión.

Toro Mazote, Ginés de: Nació en Madrid y pasó a Chile en 1565 donde se le nombró capitán distinguiéndose en la guerra de Arauco. Se le hallaba de escribano en Santiago en 1582.

Mujer: **Elena de la Serna,** su legítima esposa, hija de Andrés Hernández y de Magdalena de la Serva. Fueron los padres de Andrés de Toro Mazote y de la Serna; Ginés de Toro Mazote y de la Serna; Luis de Todo Mazote y de la Serna, que casó con Inés de Córdoba; Manuel de Toro Mazote y de la Serna, que fue escribano en 1606; María Magdalena de Toro Mazote y de la Serna, que casó con el capitán Tomás de Olavarria, nacido en Guipúzcoa y familiar del Santo Oficio en Santiago; Elena de Toro Mazote y de la Serna, monja de la Limpia Concepción; Isabel de Toro Mazote y de la Serna, que casó por primera vez con Diego de Galleguillos, y la segunda con Ambrosio del Pulgar; Juana de Toro Mazote y de la Serna, que casó con Fernando Bravo de Naveda, corregidor en Santiago en 1633; Teresa de Toro Mazote y de la Serna; Domingo de Toro Mazote y de la Serna, fraile franciscano; Bernardo de Toro Mazote y de la Serna, fraile agustino; Francisco de Toro Mazote y de la Serna, que casó con María de Losada y Gálvez, padres de Isabel, casada con Tomás Hernández; Lorena, casada con Bartolomé de Figueroa; María, que casó con Bartolomé Fernández Guerra; y Juan, nacido en 1594 y fraile agustino. Andrés de Toro Mazote y de la Serna, mencionado arriba, nació en Santiago y se educó en Lima, llegando a ser licenciado en Cánones y alcalde ordinario de Santiago en 1616, y casado con Luisa de Zelada, hija del oidor de la Real Audiencia Gabriel de Zelada y de Francisca de Montalbán. Andrés y Luisa fueron los padres de Pedro de Toro Mazote y Zelada; Gabriela, que casó con José de Riveros Figueroa y Aguirre; Francisca, que casó con Pedro de Salinas y Córdoba; Elena y Josefa, ambas monjas clarisas; Magdalena, que casó con Juan de

T

Velasco; y Ana, María, Gracia, Antonia y Teresa de Toro Mazote y Zelada. Pedro de Toro Mazote y Zelada, mencionado arriba, casó la primera vez con María de Arcaya y Córdoba, y la segunda con María de la Cerda y Contreras, hija de Alonso Mesía de la Cerda y Pobleta y de Teresa Méndez de Contreras. Del segundo matrimonio fueron hijos: Andrés de Toro Mazote y de la Cerda, que casó con María de la Arriagada, hija de Nicolás de Arriagada y Gajardo y de Ana Pérez de Valenzuela, que fueron los padres de Luciana de Toro Mazote y Arriagada y de Ramón de Toro Mazote y Arriagada; María, que casó con Sebastián de Chaparro y Chumacero; Ana Teresa, que casó la primera vez con Francisco de Aragón, y la segunda con Francisco de Perochena.

Otro de los hijos de Ginés de Toro Mazote y de Elena de la Serna, el segundo, fue Ginés de Toro Mazote y de la Serna, que fue en Chile sargento mayor y que casó con Inés de Córdoba Morales, hija de Alonso de Córdoba y Merlo y de Mariana Morales. Tuvieron varios hijos, entre ellos a Luis que casó en Santiago en 1662 con Isabel Hidalgo Escobar; Vicente, que casó con Juana Margarita de Andrade y Barrientos; Matías de Toro Mazote y Córdoba, que casó con Beatriz de Herazo; y Francisca de Toro Mazote y Herazo, que casó con el capitán Martín González de la Cruz Olivares.

El cuarto hijo de Ginés de Toro Mazote y de Elena de la Serna fue Manuel de Toro Mazote y de la Serna, nacido en Santiago en 1587 y que se hallaba de escribano en esta ciudad en 1661, casado con Juana de Cifuentes y Díaz Hidalgo, padres, entre otros, de los siguientes hijos: Gabriel de Toro Mazote y Cifuentes, que casó con Leonor Zapata y Córdoba; Manuel de Toro Mazote y Zapata, que casó en 1709

con Isabel de Arbieto y Aranda, que procrearon a Josefa de Toro Mazote y Arbieto, que casó con el capitán Miguel de Garraza, y otros hijos; Andrés de Toro Mazote y Cifuentes que fundó el mayorazgo de Toro Mazote, y que casó en 1666 con Antonia Hidalgo Escobar y Aparicio, padres de Andrés de Toro Mazote y Hidalgo, alcalde de Santiago en 1718, fallecido en 1749, y que había casado dos veces, la primera con Josefa Marín y Riveros, con la que tuvo un hijo llamado Fernando, que murió de niño, y la segunda con Ignacia Hidalgo y Zavala, sin sucesión.

A otra rama de esta familia perteneció Francisco José de Toro Mazote y Sandoval, que casó con Catalina de la Portilla, nacidos en la Argentina, y padres de Eusebio de Toro Mazote y de la Portilla, que casó con Antonia de Valdovinos, padres a su vez de Francisco Javier de Toro Mazote y Valdovinos, que casó primero con Tránsito Flores, con tres hijos, y la segunda con Josefa Gómez de la Lastra; María del Rosario, que casó con Manuel Astaburuaga; y Catalina que casó con Juan de Dios Lizardi.

Una rama chilena de esta familia usó sólo el apellido Toro sin unirlo al de Mazote, y de ella procedió Tomás Toro, que casó en 1774 con María Josefa del Pino, padres de Juan Toro del Pino, que casó con Mercedes Gallardo, padres a su vez de Juan Toro Gallardo, que casó la primera vez con Josefa Piñeiro, y la segunda con Inés Carreño. Del primer matrimonio nació Gaspar Toro Piñeiro, que casó con Lorenza Fuensalida, y del segundo Pedro Pablo Toro Fuensalida, que casó con Teresa Hurtado de Mendoza y Gallardo, que tuvieron varios hijos.

Otra rama de la familia Toro se radicó en Colombia, de la que procedió Hernando de Toro, que casó con Inés Rodríguez, padres de Ana de Toro, que casó con Cristóbal Severo Bernal, y que procrearon al capitán Juan de Toro Bernal, uno de los primeros descubridores y pobladores de Colombia. Según el cronista Juan Flores de Ocariz pasó a América hacia 1567 y fue uno de los pacificadores de la provincia de Guali y Guasquia, y fue nombrado por el adelantado Gonzalo Jiménez de Quesada caudillo en las guerras contra los indios más belicosos. En 1590 pasó a Antioquia a cargo de una expedición enviada por Antonio González, presidente del Nuevo Reino de Granada. Casó dos veces, la primera con Inés de Carvajal, y la segunda con Catalina Zapata de Cárdenas, hija del capitán Luis Zapata de Cárdenas y de Mariana Valero, hija a su vez del conquistador García Valero. Tuvieron como hija única a Mariana de Toro Carvajal, que casó con el español Antonio del Pino. Del segundo enlace nacieron varios hijos, entre ellos el capitán Fernando de Toro Zapata de Cárdenas y Valero, gran minero y explorador, que casó con María Ortos y Figueroa.

Otra rama de esta familia que se apellidó Rodríguez de Toro, procedente de la Villa de Teror, en Canarias, se radicó en Caracas, Venezuela, de donde procedió Sebastián de Toro, que casó con Antonia de Heredias, padres de Catalina de Toro y Heredias, que casó con el capitán Blas Rodríguez Mayor, hijo de Pedro Rodríguez Díaz y de Agueda Mayor. Fueron los padres de Bernardo Rodríguez de Toro, nacido en Caracas, primer marqués de Toro y vizconde de San Bernardo, que casó con Paula Isturiz y Esquiel de la Guerra, hija de Íñigo de Asturiz y de María Esquiel de la Guerra, con dos hijos, uno de ellos José Rodríguez de Toro Isturiz, nacido en Caracas y Caballero de la

Orden de Calatrava en 1752; Francisco Rodríguez de Toro e Isturiz, nacido en Caracas y segundo marqués de Toro, con varios hijos; Sebastián Rodríguez de Toro, nacido en Caracas, también marqués de Toro, que casó con Brígida de Ibarra, hija de Diego José de Ibarra y de Ana de Ibarra, que tuvieron varios hijos, entre ellos a Juan Rodríguez de Toro e Ibarra, diputado al Congreso en 1811, uno de los firmantes del Acta de la Independencia de Venezuela el 5 de julio de ese año, y presidente de la República de Venezuela; y Francisco de Toro e Ibarra, nacido en Caracas que sucedió en el título de marqués del Toro y fue también Caballero de la Orden de Carlos III.

Torre, Alonso de la: Procedía de la familia de apellido Torre radicada en el pueblo de Iniesta, Cuenca; era abogado y prominente jurista. Pasó a Colombia en 1566 como fiscal de la Audiencia Real y nombrado luego oidor de las de Santo Domingo y de la de Panamá en 1586, falleciendo en 1596 en la ciudad de Trujillo, Perú.

Mujer: **Beatriz de Escobar Pereira,** su legítima esposa, con la que casó en Madrid, natural de Valladolid e hija del capitán y conquistador del Perú Francisco de Escobar y de Isabel Pereira, ambos naturales de Sahagún, provincia de León y de familias nobles. Fueron los padres de Juan, deán y vicario eclesiástico de Trujillo, Margarita y Gaspar, ambos casados con extensa descendencia.

Otra rama de esta familia de la Torre pasó a principios del siglo XVI Cuba donde dejó abundante descendencia, entre ellos a Juan de la Torre, madrileño, que casó con Juana de Heredia, padres de Pedro de la Torre y Heredia, que casó en Madrid con María de Roxas, padres a su vez de

Alonso y Juan de la Torre y Heredia, ambos madrileños; Gregorio, nacido en Hortaleza, pueblo de Madrid, que junto a sus hermanos fue otorgado ejecutoria de nobleza en 1575, pasando después a La Habana; María, nacida en Madrid, que asimismo pasó a Cuba radicándose en el pueblo de Puerto Príncipe, que casó con Diego Sifontes y tuvieron varios hijos con el apellido materno y con extensa descendencia en Cuba.

Otra familia de la Torre con casa y asiento en Tacaronte, isla de Tenerife, estableció una rama muy importante en Venezuela con los siguientes progenitores: el alférez Gonzalo de la Torre, que casó con Catalina Perera Delgado, padres de Juan Agustín y Juan de la Torre que fueron los primeros en radicarse en Venezuela. Juan Agustín casó con Isabel Álvarez con la que tuvo un solo hijo que murió ahogado; Juan casó en la ciudad de Carora en 1757 con Juana Paula de Urrieta con extensa descendencia, muchos de los cuales residieron en Arenales y Carrora y llegaron a ser destacos partícipes de la guerra de Independencia venezolana, así como en las artes y en las letras. Uno de estos descendientes, Juan de la Torre y Urrieta fue conocido jurisconsulto y desempeño el cargo de rector de la Universidad de Caracas. Durante la época colonial, estos descendientes se apellidaron de la Torre pero, después de la Independencia, pasaron a llamarse "Torres" en plural y sin "de la".

Torre, Juan de: Avecindado en el Perú.

Mujer: Casó con una india hija de un curaca de la provincia de Puerto Viejo, cuyo nombre se desconoce.

Torre, Juan de la: Nació en México después de la conquista, hijo de Juan de la Torre, natural de Ciudad Real, y de Inés de Cabrera. Su padre pasó a Santo Domingo y luego a México donde tuvo en encomienda los pueblos de Istlavaca, Tepecoacuilco y Teneyuca; engendró seis hijos, uno de los cuales tuvo encomiendas en Tlaquilultepec y Papalotiquipaque.

Mujer: **Isabel de Tovar**, su legítima esposa, hija de Domingo García de Alburquerque, conquistador de México, que tuvo en encomienda varios pueblos.

Torre, Juan de la: Uno de los "Trece de la Fama", nacido en Extremadura; fue maestre de campo general en la conquista del Perú, y posteriormente alcalde de Arequipa. Era hijo de Hernando de la Torre, conquistador de Santo Domingo. Fue fiel compañero de Francisco Pizarro por muchos años, si bien se mantuvo apartado del conflicto que hubo entre él y y Diego de Almagro; falleció hacia 1580 contando con más de cien años de edad.

Mujer: Aunque se desconoce el nombre de su primera esposa, se sabe que casó con ella en Puerto Rico donde él radicó por cinco años y que ella nunca fue al Perú, y con la que tuvo un hijo de nombre homónimo. Su segunda esposa, con la que casó hacia 1544, fue Ana Gutiérrez, sin sucesión. Su tercera y última esposa fue Beatriz de Casillas y Padilla, con la que casó en 1551, nacida en Antequera e hija del capitán Francisco de Casillas y Narváez y de Inés de Padilla. Contaba entonces con 72 años de edad. Fueron los padres de Hernando, nacido en 1553, que casó con Catalina Martínez de Rivera y Contreras, extremeña, hija del licenciado Alonso Martínez de Rivera, corregidor y justicia mayor de Arequipa y de Isabel de Contreras. El otro hijo fue Francisco que se puso el apellido de "chacón", desconociéndose la causa, y la hija Inés que casó con con el capitán Baltasar del Alcázar, alcalde ordinario de Arequipa en 1572.

Torre, Juan de la: Conquistador de Cuba, Santo Domingo y Jamaica. Pasó después a México y recibió de Hernán Cortés una encomienda en los pueblos de Tutitlán y Iztlauca.

Mujer: **Inés Cabrera**, su legítima esposa, natural de Noñes, hija de Pedro de Torrecilla, natural de Córdoba; tuvieron varios hijos.

Torre de Trassiera y de la Riva, Bernabé: Procedía del linaje Trassiera o Trasierra de la Montaña de Santander, originario del barrio con tal nombre que tomó. Nació en Comillas en 1713 y marchó al Perú donde desempeñó el cargo de gobernador y alcalde mayor de Huancavélica, marchando luego a Buenos Aires.

Mujer: **Petronila Eugenia de Tagle Bracho**, su legítima esposa, dejando sucesión en Buenos Aires.

Torres, Álvaro de: Natural de Jerez de la Frontera; cirujano de Lima en tiempos de la conquista. Llegó al Perú en 1542 y militó con Vaca de Castro con quien marchó a la campaña del Cuzco; recibió una encomienda en 1553.

Mujer: **Bernaldina de la Barrera**, su legítima esposa, natural de Utrera, hija de Catalina Jiménez.

Torres, Juan de: Se desconocen datos de este señor.

Mujer: **Catalina de Castro**, su legítima esposa, padres de Manuel de Torres que pasó a América con Hernando de Soto y se halló en la conquista de la Florida y después en la de México; casó con una hija del conquistador de México Andrés de Rozas con quien tuvo dos hijas.

Torres y Mendoza, Antonio: Se desconocen detalles de este señor.

Mujer: **Beatriz Bonifaz de Ocampo**, su legítima esposa; ambos eran vecinos del Cuzco y contribuyentes a la construcción del templo de los jesuitas de esta ciudad, del que fueron nombrados benefactores. Se desconoce si hubo sucesión.

Torres y Mesía, Fernando: Conde de la Dehesa de Velayos, título conferido por Felipe V en 1709. Avecindado en Lima y Caballero de la Orden de Calatrava. Heredó el título Miguel Torres y Mesía y a su muerte recayó en Carlos Fernando Torres Mesía Pérez Manrique, marqués de Santiago, casado con Juana Navia Bolaños, hija del primer conde de Valle-Oselle. Pasó en 1775 el título a su sobrino, Juan Félix Encalada Tello de Guzmán y Torres, Caballero de la Orden de Santiago, regidor de Lima y alcalde ordinario en 1785-1786, cuyo padre fue Pedro Encalada, sargento mayor y maestre de campo de Lima. Juan Félix era casado con Juana Cevallos, que enviudó, hija de los condes de Santa Ana de las Torres.

Torres y Vera, Juan de: Gobernador y Adelantado del Río de la Plata, nacido en Estepa, Sevilla, sin saberse la fecha, y fallecido en 1599 en Chuquisaca.

Mujer: **Juana de Zárate**, su legítima esposa, hija legitimada de la princesa inca Leonor Yupanqui, parienta de Manco II, hijo de Huaina-Cápac y de Juan Ortiz de Zárate, que fue también gobernador y Adelantado del Río de la Plata. Con Torres y Vera tuvo un hijo llamado Juan Alonso de Vera y Zárate que ostentó el título de Adelantado al igual que sus nietos pero no ya con la misma efectividad. Juana de Zárate heredó de su padre una gran fortuna, así como títulos y cargos.

T

Fue una de las más respetadas, ricas e influyentes mujeres del Río de la Plata y alrededores.

Torriente y de la Gándara, Vicente de la: Esta familia procedía del linaje de la Torriente de las montañas de Santander, una de cuyas ramas pasó a Cuba durante el siglo XIX, residiendo en Cárdenas, Matanzas y La Habana, siendo Vicente uno de sus descendientes. Fue oficial de Infantería y uno de los héroes más destacados de la Independencia española, Caballero de la Orden Militar de San Fernando. Otro de los descendientes fue María Manuela de la Torriente y de la Gándara, que casó en su pueblo natal de Hermosa en 1810 con Ramó en su pueblo natal de Hermosa en 1810 con Ramón Pelayo y de la Gándara, nacido en Valdecilla, padres de Ramón Pelayo y de la Torriente, hacendado cubano, doctor de la Universidad Central de Madrid, primer marqués de Valdecilla, y el doctor Cosme de la Torriente y Peraza, bautizado en Jovellanos, Cuba, en 1872, abogado y coronel del ejército libertador de Cuba, magistrado de la Audiencia de Santa Clara y Matanzas, secretario de Estado y senador de la República de Cuba, así como embajador cubano en Estados Unidos y en España.

Tostado, Francisco: Conquistador de Santo Domingo; según su propio testamento, tenía un hijo mestizo. Se desconocen tanto su nombre como el de la madre.

Tostado, Juan: Conquistador de Santo Domingo; tuvo una hija mestiza cuyo nombre se desconoce así como el de la madre.

Tovar Báñez y Mendieta, Manuel Felipe de: Descendiente del linaje Tovar (o Tobar) procedente de la villa de Tovar en Burgos. Manuel Felipe pasó a Venezuela con un tío suyo, el obispo Mauro de Tovar, estableciéndose en Trujillo. Fue Caballero de la Orden de Santiago en la que ingresó en 1641, y por intercesión de su tío se le concedió la perpetuidad en 1652 el patronato de la primera capilla de la Iglesia Metropolitana de Caracas.

Mujer: **Juana Pacheco Maldonado**, su legítima esposa, viuda de Francisco de la Torre Barreda. Al enviudar Manuel Felipe se trasladó a Caracas, donde casó nuevamente con María Mijares de Solórzano.

Otros de los parientes de Manuel Felipe de Tovar Báñez y Mendieta fueron: Martín de Tovar Báñez y Mendieta, su hermano, que pasó junto a él a Venezuela. Era capitán del ejército español y casó en Caracas en 1671 con Josefa de Agüero y Rojas, hija de Francisco de Agüero y de Manuela de Rojas Guerrero. Manuel Felipe y Josefa se trasladaron posteriormente a Sevilla. Otro de los parientes fue Martín de Tovar Báñez y Mejía, nacido en 1709 y casado con Josefa Antonia Ramírez de Salazar, nacida en 1730, cuya ascendencia incluia a Antonio Galeas, que casó con Beatriz de Barrios. Este Antonio Galeas descendía a su vez del conquistador Pedro Alonso Galeas, uno de los conquistadores del valle de Caracas. Otro de los parientes fue Martín de Tovar y Lange, nacido en 1893 en Caracas, donde casó en 1920 con Josefina Zuloaga y Blanco, natural de Caracas, que tuvieron varios hijos. Otro de los parientes fue el doctor Silvestre de Tovar Lange, muy destacado en la sociedad caraqueña, nacido en Caracas en 1889, que casó en Caracas en 1917 con María Antonia Escobar y Saluzzo, nacida en Maiquetía, hija de Santos Escobar Gutiérrez y María Antonia Saluzzo y D'Aubeterre, con varios hijos.

También hubo una rama de esta familia que pasó a Chile a finales del siglo XVI y que procedía de la ciudad de Talavera de la Reina, Toledo. Uno de los descendientes fue Diego Vázquez de Tovar, bautizado en Talavera de la Reina en 1519, y que marchó a Chile en el segundo viaje de Pedro de Valdivia en 1548, avencindándose en Santiago en 1649 y en La Serena en 1554; casó con Catalina Cuello, y fueron los padres de varios hijos, entre ellos Cristóbal de Tovar, bautizado en La Serena, abogado de la Real Audiencia de Charcas en 1608, que casó en 1586 con Juana González Montero; Catalina Tovar, bautizada asimismo en La Serena, que casó con Juan López de la Raigada, con sucesión; María de Tovar, bautizada también en La Serena, que casó con Martín Fernández Caballero. Hermana de Diego Vázquez de Tovar, citado arriba, fue Bernardina Vázquez de Tovar, bautizada en Talavera de la Reina, casada tres veces; la primera con Hernando de Vallejo, natural de Madrid, que pasó al Perú en 1535 hallándose en el socorro del Cuzco y conquista de Chiriguanos y las Charcas, y que llegó al Perú con Pedro de Valdivia muriendo a su lado en la batalla de Tucapel en 1553. Casó en segundas nupcias con Gregorio de Castañeda, y en terceras con el capitán Juan de Godoy. Y otra hermana del susodicho Diego Vázquez de Tovar fue Elena Vázquez de Tovar, natural de Talavera de la Reina, que casó con Juan Sánchez Alvarado, bautizado en Córdoba, España, y que pasó a Chile en 1551 con Francisco de Villagra, con sucesión.

Tovar, Pedro de: Conquistador de Nueva Galaicia.

Mujer: **Fernanda de Guzmán,** su legítima esposa. Se desconoce si hubo sucesión.

Trebuesto y Llano, Pedro Antonio: Procedía del linaje del mismo apellido, perteneciente al ayuntamiento del valle de Guriezo, provincia de Santander. Fue capitán de Caballerías de la Orden de Alcántara en 1713 y conde de Miravalles.

Mujer: **Catalina Dávalos,** su legítima esposa, padres de María Antonia Trebuesto y Dávalos, que casó en México con Pedro Romera de Terreros, primer conde de Regla.

Tría, Gerónimo: Se desconocen datos de este señor.

Mujer: **Ana de Segura,** su legítima esposa, natural de Sevilla, hija de Francisco de Segura, notario público de esta ciudad, y Antonia Maldonado; tuvo con ella varios hijos. Había casado antes con Diego Remón y después con Juan Catalán. Se le habían dado o había recibido de sus maridos los pueblos de Atitalaquia, Taualilpa y Tlamaco. Con Juan Catalán tuvo una hija llamada Juana de Acevedo que casó con Martín de Bandebena (o Bandevena), hijo de Martín de Bandebena y de Isabel Estandes, ambos naturales de Bruselas.

Troche, Pedro de: Era tataranieto de Ruy González que se halló en la expedición de Francisco Vázquez de Coronado a tierras de América del Norte.

Mujer: Casó una biznieta del emperador Moctezuma, desconociéndose su nombre y otros detalles.

Trucios y Ruiz de Alcedo, Salvador: Procedía su familia del valle de Trucios del partido judicial de Valmaseda, Vizcaya. Fueron sus padres Martín de Trucios y Umarán y de María Ruiz de Alcedo y la Quintana. Tenía un hermano que se llamaba Joaquín de Trucios y Ruiz de Alcedo que fue vecino de La Paz, Bolivia.

T

Mujer: **María Josefa de Salas y Ramírez,** su legítima esposa, con la que casó en la catedral de Santiago de Chile, con sucesión en este país.

Tupac Amaru, José Gabriel: Llamado también "Condorcanqui" o "Quint Canqui", Cacique de Tungasuca, Suramaná y Pampamarca, provincia de Tinta. Nació hacia 1740 y era hijo de Miguel Condorcanqui y de Rosa Noguera. Hablaba con perfección el español y también el quechua, y estudió en el Colegio de San Bernardo en el Cuzco, y posiblemente en el del Príncipe para indios nobles.

Mujer: **Micaela Bastidas,** con quien casó en 1760, padres de tres hijos que fueron Hipólito, Mariano y Fernando, más quizás otro llamado Marcos. También tuvo él una hija natural llamada Juana Pilcohuaco que casó con Diego Felipe Condorcanqui, jefe o cacique de Lurimaná y cuyo hijo, Blas Condorcanqui, heredó el cacicazgo y fue abuelo del susodicho José Gabriel.

U

Ufano, Gerónimo: Hidalgo avecindado en Lima.

Mujer: **Andrea Berrio**, su legítima esposa, matrimonio consumado a la fuerza. Expliquemos. Siendo una niña de escasamente doce años, la madre la obligó a casarse con Gerónimo. La noche de bodas, Andrea rehusó entregarse a su marido y fue sólo por la brutal intervención del hermano de Gerónimo que perdió su virginidad. Furiosa por lo que le había pasado, Andrea acudió a los tribunales que determinaron a su favor, anulando el enlace.

Ugarte, José Gabriel: Nacido en el Cuzco y alferez mayor del Cabildo de esta ciudad.

Mujer: **Juana Isabel de Concha y Jara**, su legítima esposa, descendiente de los incas por parentesco con Juana Azarpay, hermana del emperador Huaina-Capac y esposa del capitán Diego de Avendaño, Caballero de la Orden de Santiago. Tuvieron un hijo llamado Juan Avendaño Azarpay, casado con María Josefa Ampuero, hija del capitán Martín de Ampuero y de Inés de Huaillas Ñusta, hija del emperador, quienes tuvieron a su vez una hija llamada Lorenza Avendaño que casó con Diego Zellorigo; su hijo, Juan Pancorvo, fundó el Mayorazgo de Zelloriego que recayó en Gabriela Ugarte, casada con Mariano Campero.

Ugarte-Cortázar Igaralde, José Antonio: Procedía de una familia originaria de las Provincias Vascongadas. Fueron sus padres Andrés de Ugarte-Cortázar Iga-ralde y Margarita de Ugarte Lazcano, natural de Oñata, hija de Gabriel de Ugarte y de Luisa de Lazcano. José Antonio fue bautizado en Oñate en 1745, se avencidó en Cádiz en 1764, y posteriormente marchó a Santiago de Chile.

Mujer: **Rosa de Valdés**, su legítima esposa, padres de cuatro hijos que fueron: José Manuel, Rafaela, Mercedes y Catalina. Un hermano de José Antonio, José Baltasar de Ugarte-Cortázar, fue bautizado asimismo en Oñate en 1737, pasando luego a Santiago de Chile donde casó en 1772 con María Josefa de Sanfelices y Agüero, padres de tres hijos que fueron: Manuel José, Micaela y María Josefa de Ugarte-Cortázar y Sanfelices, todos ellos nacidos en Santiago de Chile. Otra de las personas emparentadas con esta familia fue Juan de Ugarte Urrispuru que pasó a Chile donde fue gobernador en Arica y del asiento del Espíritu Santo de Choquelimpe, y también capitán de tercio de San Carlos en 1690, comisario general de la Caballería, y secretario de Guerra. Casó en Santiago de Chile en 1690 con Bartolina de Avaria y Zavala, y falleció en 1703 en Chile dejando extensa descendencia.

Ulloa, Antonio de: Célebre marino español, nacido en Sevilla en 1716 y fallecido en Cádiz en 1795, hijo de Bernardo de Ulloa. Se le asignó junto con Jorge Juan miembro de la comisión para medir un arco de meridiano en Quito. Concluido este trabajo formó parte de la expedición francesa de La Condamine, Bouger y

Godin. En 1766 tomó posesión del territorio de Louisiana, cedido por Francia a España y en 1766 se le nombró gobernador de la Florida. Fue autor de varias obras importantes, entre ellas un tratado sobre la historia natural de América titulado "Noticias americanas", publicada en 1772, y "Noticias secretas de América" que no llegó a publicarse hasta 1826 y que puede haber escrito en colaboración con Jorge Juan.

Mujer: **Francisca Ramírez**, su legítima esposa, hija de Francisco Ventura Ramírez de Laredo, Caballero de la Orden de Santiago, avecindado en Lima y primer conde de San Javier, y de Francisca Encalada, hija del marqués de Villa Palma. Francisca era dama noble de la reina María Luisa; su hermana, Teresa, era casada con José Antonio de Pando, director del Servicio de Correos de Lima. Antonio y Francisca fueron los padres de Francisco Javier de Ulloa, teniente general de marina.

Ulloa y Cabrera Lorenzo : Avecindado en Lima a mediados del siglo XVI y gobernador del pueblo de Parinacocha.

Mujer: **María Fernández de Zúñiga**, su legítima esposa, hija de Pedro de Zúñiga, gobernador de Parinacocha que sucedió a Lorenzo. Por haber tenido una hija antes de casarse, se obligó a Lorenzo a casarse con María.

Urdanegui, Juan de: Marqués de Villafuerte, título que le confirió Carlos II en 1682, Caballero de la Orden de Santiago y avecindado en Lima.

Mujer: **Constanza de Oviedo Luján y Recalde**, su legítima esposa, tía de Margarita Luján, madre del ilustre escritor limeño Agustín Pardo de Figueroa, casado con Petronila Esquivel, marquesa de Valle-Umbroso. Heredó el título el hijo de Juan y Constanza, José Félix, alcalde ordinario de Lima en 1712, casado a su vez con Ana Antonia Teresa Delgadillo y Sotomayor, hija de los marqueses de Sotomayor. La hija de Juan y Constanza, Juana Urdanegui, era esposa de Tomás Marín de Poveda, presidente de Chile, y otra hija, Mercedes, casó con Bernardo Gurmendi. José Félix tuvo varios hijos, entre ellos a Constanza Urdanegui y Delgadillo, marquesa de Villafuerte, quien casó Baltasar de Castro, padres de Ana de Castro, heredera del título, casada con Lorenzo Antonio de la Puente y Larrea, fiscal de la Audiencia de Lima, padres a su vez de Constanza de la Puente y Castro, marquesa de Corpa; del coronel Lorenzo Puente, alcalde ordinario de Lima en 1773, fallecido en 1813; y de Juan Esteban Puente y Castro, marqués de la Puente y Sotomayor. Lorenzo era casado con Micaela de Querejazu, hija de Antonio Hermenegildo, Caballero de la Orden de Santiago y oidor de Lima, y de Josefa de Santiago Concha. El último en poseer este título fue Manuel de la Puente y Querejazu, natural de Lima, y Caballero de la Orden de Santiago, que casó con Petronila Arias de Saavedra, hija del conde de Saavedra.

Ulloa y Ulloa, Antonio: Fue uno de los conquistadores del Perú como capitán de Caballos, hallándose en la batalla de Guaringas y muriendo en Chunquinga.

Mujer: **María de Mena**, su legítima esposa, natural de Madrid con la que casó en Lima y con la que tuvo a Teresa de Ulloa y de Mena, nacida en Lima, que casó con Vasco de Contreras, mayorazgo de la casa de su apellido en Segovia. Falleció en la ciudad de La Paz y está enterrada con su marido en la capilla de San Miguel en el templo de la Compañía de Jesús. Fueron los padres de Pedro de Contreras y Ulloa, que casó con Bernarda de Zúñiga, con descendencia; Antonio, que casó con Blanca de Zúñiga, con descendencia en Lima; María, que casó con Nuño de la Cueva, Caballero de la Orden de Santiago, con descendencia en La Paz; Constanza, que casó con Alonso de Mendoza, sin sucesión; Melchora, que casó con Francisco de Valverde, Caballero de la Orden de Santiago, con descendencia en el Cuzco; Francisco, Gaspar y Gregorio, todos sacerdotes. Uno de los parientes de Antonio de Ulloa y Ulloa fue Francisca de Ulloa, segunda esposa de Antonio de Lemos y Cadórniga, gallego, padres de Lope de Ulloa y Lemos que se radicó en México en 1595, donde ocupó los cargos de comisario de la expedición a Nuevao México, protector de los indios en México, general de la Mar del Sur y del virrey del Perú, conde de Monterrey, y presidente y gobernador de Chile; casó en Lima con Francisca Lucero, falleciendo en Concepción en 1620.

Undúrraga y Yávar, José Ramón de: Nacido en Bilbao en 1759, pasando a Chile donde se hizo ciudadano en 1819; falleció en Illapel en 1833.

Mujer: **Juana Gallardo y Vera**, su legítima esposa, con la que casó en Santiago de Chile en 1788, padres, entre otros de Pedro Francisco de Borja de Undárraga y Gallardo, nacido en Santiago de Chile en 1790 y fallecido allí en 1832; José Agustín, bautizado en Santiago de Chile en 1794 y que casó en esta ciudad en 1822 con Ana Josefa del Solar Gorostiza, con descendencia; Rafael, también bautizado en el mismo lugar, que casó dos veces, la primera con Carmen de Herrera Astorga,

y la segunda con María Berganza y Fernández de Lorca.

Urbina, Gabriel José Fernández de: Esta familia procedía de la villa de Ábalos, del partido judicial de Logroño, una de cuyas ramas se avencidó en Ecuador. Gabriel José nació en la villa de Ávalos en 1751 y fue secretario del Despacho Universal de Indias, siendo nombrado posteriormente oficial segundo de la Contaduría Mayor de Quito, y más tarde contador oficial interino de las Reales Cajas de Guayaquil. Sus padres fueron Félix Agustín Fernández de Olarte, y María Josefa de Urbina y López.

Mujer: **María de la Luz de Llaguno y Lavayen**, su legítima esposa, con la que casó en primeras nupcias en Guayaquil en 1758, fallecida en Quito en 1795. Era hija del capitán Pablo de Llaguno y Larrea, nacido en Vizcaya, alcalde ordinario de Guayaquil, y de Gerónima de Lavayen y Santistevan, bautizada en en Guayaquil en 1730, y casados en la misma ciudad en 1752. La segunda mujer de Gabriel José fue Rosa Sáenz de Viteri Iturralde, nacida en Latacunga en 1775 y fallecida en Ambato, Ecuador, en 1855. Tuvieron muchos hijos, entre ellos los siguientes: Josefa Jerónima de Urbina y Llaguno, bautizada en Guayaquil en 1779 y falleciendo poco después; María Josefa de la Ascensión, nacida en Guayaquil en 1783 y fallecida en esta ciudad en 1861. Era mujer de Manuel Mauro de Jado y Goenaga, con quien casó en Guayaquil en 1804, natural de Portugalete, Vizcaya, donde se le bautizó en 1769, alcalde ordinario del Cabildo de Guayaquil, hijo de Francisco Antonio de Jado y de la Riva, y de Josefa de Goenaga, natural de Bilbao, padres de Teresa Josefa de Jado y Urbina, nacida en Guayaquil en

U

1819 y fallecida en Lima, Perú, en 1910, y que casó en Guayaquil en 1849 con su tío carnal el general José María Urbina y Viteri; María Teresa Gerónima, bautiza en Quito en 1785 y fallecida en Guayaquil en 1876, donde había casado en 1809 con su primo Sebastián José de Izaguirre, nacido en Guayaquil, con descendencia; Petrona Jacinta, bautiza en Quito en 1790 y fallecida en Guayaquil en 1868, que había casado en Guayaquil en 1817 con Juan Antonio de Vivero y Toledo, nacido en Pujilí, Ecuador, con hijos; Gabriel, bautizado en Quito en 1801 y fallecido en Guaranda, Ecuador, en 1819, que fue general de los Ejércitos de la República y ministro de Guerra y Marina durante el gobierno de Francisco Robles desde 1856, y que casó en Ambato, Ecuador, en 1837 con Isabel Baca, natural de esta ciudad, sin hijos.

Otro de los descendientes de esta familia fue José María Mariano de Urbina y Sáenz de Viteri, a quien se le conoce en la historia del Ecuador como José María de Urbina y Urbina, nacido en Quito en 1808, quien ocupó cargos muy importantes militares y políticos en su país, entre ellos ministro general del presidente Roca a partir de 1845, y presidente constitucional de la República en 1852 y 1878. Le cabe la honra de haber abolido la esclavitud en el Ecuador, por lo que fue llamado "Libertador". Falleció en Guayaquil en 1891, y había casado en Guayaquil con su sobrina Teresa Josefa de Urbina y de Jado, padres de varios hijos, entre ellos: María Mercedes de Urbina y Jado, nacida en Guayaquil en 1850, que casó en esta ciudad en 1877 con Antonio Lapierre y Cucalón, y que falleció en dicha ciudad en 1878 sin hijos; María Ana de Jesús, nacida en Quito en 1856, que casó en Guayaquil en 1882 con Juan Gregorio

Sánchez y Carbo, nacido en dicha ciudad en 1856 y fallecido allí en 1923, padres de la unigénita María Sánchez y Urbina, nacida en Guayaquil en 1883, que casó en Lima, Perú, en 1909, con su primo Otton Enrique de Aguirre y Overweg, nacido en Guayaquil en 1882 y fallecido allí en en 1960, hijo del doctor Francisco Xavier Jacinto de Aguirre y Jado, nacido en Guayaquil en 1853 y embajador del Ecuador en el Perú, y de Carolina de los Ángeles Overweg y Wright, bautizada en Guayaquil en 1857. Del matrimonio de María Sánchez y Urbina y Otton Enrique de Aguirre fue el unigénito José de Aguirre y Sánchez, nacido en Guayaquil, que casó la primera vez con en Toulon, Francia, con Andrée Favre, que divorciaron, sin hijos, y la segunda en París con Monique Parant, con descendencia. Otros de los hijos de José María Mariano de Urbina y Sáenz de Viteri y de Teresa Josefa de Urbina y de Jado fueron: Francisco de Urbina y Jado, nacido en Guayaquil en 1859, gerente del Banco Comercial y Agrícola y senador de la República, y fallecido en Valparaíso, Chile, en 1926, y que casó en primeras nupcias en Lima, Perú, en 1907 con Evangelina Caamaño y García, natural de Guayaquil, hija de Carlos Luis Caamaño y Gómez Cornejo, hermano del presidente del Ecuador, José María Plácido Caamaño y Gómez Cornejo, y de Carmen García y de Avilés, sobrina del presidente del Ecuador, el doctor Gabriel García Moreno, y en segundas nupcias en Guayaquil en María Vicenta Ortiz y Robles, nacida en esta ciudad en 1895, hija de Francisco Esteban Ortiz y Romero, nacido en Panamá en 1863 y fallecido en Guayaquil en 1947, y de Dolores Robles y Macías, nacida en Guayaquil en 1871 y fallecida allí en 1943. María Vicenta casó nuevamente en Niza, Francia en 1931 Con José María Gandolfo Bettinelli, banquero en Génova, Italia, en 1889 y fallecido en Niza sin hijos en 1940. hijo de Antonio Gandolfo y de Ángela Bettinelli, ambos nacidos en Génova. Con Francisco de Urbina y Jado tuvo María Vicenta varios hijos que nacieron a principios del siglo XX.

Otra rama de la familia Urbina se radicó en Venezuela, siendo uno de sus descendientes Manuel Ortiz de Urbina, que casó con María Márquez de Cañizares, radicados en La Habana, Cuba a principios del siglo XVII, padres de Manuel de Urbina y Márquez de Cañizares, que marchó a Venezuela donde fue el fundador de esta familia, y donde casó en la Guaira, Venezuela, con Catalina de Landaeta y Farfán de los Godos, de hidalga descendencia, que tuvieron dos hijos. Otro de los descendientes del apellido Urbina fue Andrés Manuel de Urbina y Landaeta, primer marqués de Torrecasa y vizconde de Palmar, títulos que se crearon a finales del siglo XVII o principios del XVIII, que casó en Caracas en 1704 con Francisca María de Arteaga; Ignacio de Urbina y Hurtado de Mendoza, segundo marqués de Torrecasa y vizconde de Palmar, que casó en Caracas con María de Arteaga y Landaeta, hija de José Felipe de Arteaga, regidor perpetuo de Caracas, y de Isabel de Landaeta, que tuvieron dos hijos; Miguel José de Urbina y Arteaga, tercer marqués de Torrecasa y vizconde de Palmar, que se radicó en Coro casándose dos veces: la primera en 1766 con María Francisca Manzanos y Campurano, sin hijos, y la segunda en 1773 con María Isabel Chirino, con cuatro hijos; y Manuel de Urbina Chirino, que sucedió en los títulos de marqués y vizconde, que

casó con su prima María Josefa Chirino, con la que tuvo tres hijos.

Urdaneta Barrenechea y del Campo, Martín de: Procedía de una familia hidalga oriunda de la villa de Legorreta, en Guipúzcoa que estableció una rama en Venezuela. Martín nació en Izcaray y pasó a Venezuela radicándose en Maracaibo.

Mujer: **María de la Vega Palacio**, su legítima esposa, con la que casó en 1659, padres de Martín de Urdaneta y de la Vega, nacido y avecindado en Maracaibo, que casó con María Gregoria de Matos, naciendo de este enlace Juana Catalina de Urdaneta y Matos, que casó con José Antonio Troconis y Cubillán, y Nicolás de Urdaneta y Matos que fue alferez Real en Maracaibo, y que casó en 1707 con Francisca Rosa Suárez de Acero, padres de Sebastián de Urdaneta y Acero, que casó con Bárbara Troconis y Urdaneta, padres a su vez de Luis de Urdaneta y Troconis, y Miguel Gerónimo de Urdaneta y Troconis, que casó con Alejandrina Faría. De este matrimonio nacieron Rafael Urdaneta Faría, general en jefe del Ejército Libertador de Venezuela, senador en el Congreso de Colombia y Venezuela, y secretario del Despacho de Guerra y Marina. Falleció en París en 1845 cuando se dirigía a Madrid a tratar de las negociaciones con España en el Tratado de Reconocimiento de Paz y Amistad.

Otros descendientes de esta familia fueron: Luis de Urdaneta y Troconis, nacido y radicado en Maracaibo, que casó con Isabel de Granadillo, padres de Felipe de Urdaneta y Granadillo, que casó con María Lucía Montiel, padres a su vez de Juan Nepomuceno, Prócer de la Independencia de Venezuela, y Luis Felipe Urdaneta y Montiel, nacido en Maracaibo y avecindado en Trujillo, que casó con

U

Jacinta Maya de la Torre, con dos hijos; Senén Urdaneta Maya, nacido en Trujillo, que casó con Dolores Baptista Briceño, padres del abogado Leónidas Urdaneta Baptista, que casó con Francisca María Uzcátegui Escovar, padres a su vez de Francisca Hercilia Urdaneta Uzcátegui, que casó con su primo José Buenaventura Uzcátegui Monreal, que tuvieron a Senén Urdaneta Uzcátegui, que casó con María Teresa Escobar Sánchez, padres de Lilia Josefina Urdaneta Escobar, que casó con su primo hermano Marciano Uzcátegui Urdaneta, con hijos, Ana Teresa Urdaneta Escobar, que casó con el doctor César Paredes Briceño, con hijos, y Carlos Leónidas Urdaneta Escobar. Miembro de la esta familia fue el conquistador de Chile Pascual de Urdaneta, uno de los acompañantes de Pedro de Valdivia.

Ureta y Ayala, Juan Bautista de: Esta familia procedía de la villa de Eneriz, del partido judicial de Pamplona. Una rama de esta familia pasó a México, Perú y Chile. A esta pertenece Juan Bautista, nacido en Burgos en 1572. Después de pasar unos cuantos años en Madrid sirviendo en la Cámara de Castilla, pasó a México en 1595 como secretario del conde de Monterrey, virrey de México, ocupando también los cargos de visitador de Obras Públicas y juez de Indígenas de dicho virreinato. Marchó luego al Perú también como secretario del conde de Monterrey, al que se le había nombrado virrey del Perú, desempeñando el cargo de tesorero de la Real Hacienda de Arica por tres años. Posteriormente, en 1617, el virrey le envió a Chile con el cargo de visitador general y contador de la Real Hacienda de Santiago, nombrándosele además regidor de esta ciudad en 1622.

Mujer: **María Hoces y Ordóñez**, su legítima esposa, con la que casó en Puebla de Los Ángeles, México, y tuvieron tres hijos. Uno de éstos fue Juan Bautista de Ureta y Ordóñez, nacido en Santiago de Chile y capitán y alcalde ordinario de esta ciudad en 1669, que casó en 1640 con Jerónima de Pastene y Justiniano, hija de Francisco de Pastene, licenciado en cánonces y leyes en la Universidad de San Marcos de Lima, alcalde de Santiago en 1590 y justicia mayor en 1593, y de Catalina de Justiniano y Pascual. Juan Bautista y Jerónima tuvieron en total cinco hituvieron en total cinco hijos, entre ellos José de Ureta y Pastene, nacido en Santiago en 1658, que casó en 1682 con Francisca de Prado y Lorca, hija de Pedro Prado de la Canal, alcalde y regidor del Cabildo de Santiago, y de María de Lorca y Chumacero. Fueron los padres de once hijos, entre ellos Juan de Ureta y Prado, nacido en Santiago, que casó en esta ciudad con Inés de Ugarte y Avaria, hija de Juan de Ugarte y Urrispuru, y de Bartolina de Avaria y Zavala. Fueron los padres de tres hijos, entre ellos José de Ureta y Ugarte, nacido en Santiago y maestre de campo y alcalde ordinario de Santiago en 1755, que casó en Santiago con María Dolores de Aguirre y Díaz de Asendegui, hija de Juan Nicolás de Aguirre y de Ignacia Díaz de Asendegui. Fueron los padres de cuatro hijos, entre ellos José de Ureta y Aguirre, nacido en Santiago, que casó con Petronila de la Carrera y Cuevas, nacida en Santiago, hija de Ignacio de la Carrera y Ureta, y de Javiera de las Cuevas y Pérez de Valenzuela. Fueron los padres de doce hijos, entre ellos Baltasar de Ureta y Carrera, que casó con María Mercedes de Urriola y Balbontin, hija de Luis de Urriola y Echéverz, oidor de la Real Audiencia de Santiago, y de Josefa de Balbontin y de la Torre, sin descendencia; y padres también de Miguel de Ureta y Carrera, nacido en Santiago, que casó con Carmen de Urriola y Balbontin, padres a su vez de dos hijos, entre ellos a Miguel de Ureta y Urriola, que casó dos veces: la primera con su prima Mercedes Carvallo y Ureta, y la segunda con Elena Fornes y García Reyes, con un hijo de cada matrimonio. Del primer matrimonio nació Emeterio de Ureta y Carvallo, que casó en Santiago con Josefina Echazarreta Pereira, hija de Raimundo Echazarreta e Irigoyen, y de Mercedes Pereira y Andia Varela, padres de tres hijos, entre ellos José de Ureta Echazarreta, nacido en Santiago, que casó con Elisa Valdés, hija de Alberto Valdés y Lecaros, y de Elisa Errazuriz y Ovalle, que tuvieron doce hijos.

El quinto hijo de Juan Bautista de Ureta y Ordóñez y de Jerónima de Pastene y Justiniano, fue Fadrique de Ureta y Pastene, nacido en Santiago en 1656, donde casó en 1682 con Petronila de la Carrera y Cuevas, hija de Ignacio de la Carrera e Iturgoyen, y de Catalina Ortiz de Elguea. Fueron los padres de seis hijos, entre ellos José de Ureta y Carrrera, que fue alcalde ordinario de Santiago y que casó dos veces: la primera en 1724 con Melchora de Mena y Zapata, hija de José de Mena y Elguea, y de Micaela de Zapata, y la segunda con Josefa de Andia Irarrázabal y Agüero, hija de Francisco de Andia Irarrázabal, y de Josefa de Agüero y Salinas. Del primer matrimonio nacieron cinco hijos, y del segundo dos.

El último hijo de José de Ureta y Pastene y de Francisca de Prado y Lorca, fue Pedro de Ureta y Prado, alcalde ordinario de Santiago de Chile en 1726 y 1727, y corregidor de esta ciudad en 1728, que casó con Javiera Pérez de Valenzuela, padres de siete hijos, entre ellos Pedro José de Ureta y Pérez de Valenzuela, nacido en Santiago, que contrajo matrimonio con Magdalena de Guzmán, hija del maestre de campo Martín Núñez de Guzmán, y de María de Labra y Roa, padres a su vez de dos hijos, entre ellos Isidoro de Ureta y Guzmán, nacido en Santiago, que casó la primera vez con Ana Josefa Gamboa, con dos hijas, y la segunda con Josefa Andonaegui y Blanco, naciendo de este enlace Mercedes y Carmen de Ureta y Andonaegui, que casó con Diego Lavaqui, con sucesión.

Uricoechea y Vitoria, Juan Antonio de: Esta familia procedía del barrio de Larrauri, del Ayuntamiento de Munguía y del partido judicial de Guernica, Vizcaya. Una rama de ella, procedente de Bilbao, se radicó en Santa Fe de Bogotá, Colombia a mediados del siglo XVII. Juan Antonio nació en Bilbao en en 1750 y pasó después a Colombia estableciendo allí una distinguida familia. En Bogotá ocupó el cargo de capitán de Milicias y alcalde ordinario.

Mujer: **María de la Concepción Zornoza y Peñalver,** su legítima esposa, de noble familia y descendientes de conquistadores y pobladores de Colombia, con la que casó en Bogotá en 1788, padres de José María de Uricoechea Vitoria y Peñalver, nacido en Bogotá en 1795, considerado como uno de los próceres de la Independencia de Colombia, en la que se distinguió como capitán, y que casó en Bogotá en 1822 con Mariana Rodríguez y Moreno, de familia muy noble; y de Nicolás de Uricoechea Zornoza Vitoria y Peñalver, nacido en Bogotá en 1789, que casó con Josefa Navarro y Rocha, padres de Juan Agustín de Uricoechea Zornoza y Rocha, nacido en Bogotá en 1822, distinguido jurisconsulto y presidente de

U

Colombia, que casó Jacoba Cuéllar, padres a su vez de Juan de Urocoechea Cuéllar, que casó en la ciudad de Vélez con Mercedes Herrera Franco, con descendencia. José María de Urichoechea Zornoza Vitoria y Peñalver y Mariana Rodríguez y Moreno fueron los padres de Sabas de Uricoechea Rodríguez, nacido en Bogotá en 1822, que se dedicó principalmente a las labores del campo, y que casó en Bogotá en 1847 con Margarita Rovira y Caicedo, de ilustre familia, siendo los padres de José María de Uricoechea Rovira Rodríguez y Caicedo, nacido en Bogotá en 1858, que estudió en Alemania, y que al regresar a su país fue cónsul de Colombia en Málaga, senador de la República, y otros cargos; casó en Bogotá en 1887 con María Aquilina Montoya y Lorenzana, de distinguida familia colombiana, con sucesión.

Urmeneta, Francisco Javier de: De esta familia hubo dos ramas en Guipúzcoa; la que pasó a Chile provenía de Legazpia, villa del partido de Vergara. Francisco Javier fue bautizado en Legazpia en 1744, pasando después a Chile.

Mujer: **María de Loreto Astaburuaga y Pizarro,** su legítima esposa, con la que casó en Quillota en 1781, casando por segunda vez en Illapel en 1791 con María Manuela García Abello, fallecida en Santiago en 1795. Hubo sucesión de ambos matrimonios. También pasó a Chile Juan de Urmeneta Ordaneta, hijo de Pedro de Urmeneta y de María de Ondaneta, que casó en Legazpia en 1666 con María de Corcostegui y Goya, padres de José de Urmeneta Corcostegui, natural de Legazpia, que casó con Josefa Galarza, padres a su vez de José Manuel de Urmeneta Galarza, natural de Legazpia, que casó con Inés Guerra. Fueron los padres de

Julio y Tomás de Urmeneta Guerra, ambos nacidos en Legazpia y que después pasaron a Chile. Julio casó en Santiago con María de Urrutia del Manzano, y Tomás, que fue regidor del Cabildo de Santiago, con María Manuela García Abello, que había enviudado de su primo Francisco Javier.

Urquiza y Abraga, José de : La familia Urquiza procedía de Vizcaya. Los padres de José fueron Manuel de Urquiza y de Acha y María Francisca de Abraga y Labrado, natural de Castro Urdiales. José marchó a Buenos Aires siendo joven dando origen a la familia Urquiza de la Argentina. Casó en Buenos Aires en 1874 con María Cándida García González, de familia hidalga, siendo uno de sus hijos el general Justo José de Urquiza y García, nacido en La Concepción, Uruguay, que sentó las bases de la Constitución de su país hacia 1851.

Urquizu, Dr. Juan Pérez de: Nacido en Lima y oidor de su real audiencia.
Mujer: **Beatriz Ibáñez y Orellana,** su legítima esposa, hija del primer marqués de Corpa. Fueron los padres de Gaspar Urquizu Ibáñez, natural de Lima y oidor de la Real Audiencia.

Urréjola e Izarza, Esteban de: La familia Urréjola procedía de Vizcaya. Esteban nació en Ochandiano, Vizcaya y pasó después a la Argentina.
Mujer: **Josefa de Peñalosa y Alfaro,** su legítima esposa, bautizada en Santiago del Estero, Argentina, naciendo allí su hijo Alejandro de Urréjola y Peñalosa, alcalde ordinario de Concepción, Chile, que casó con Isabel Leclerc de Bicourt y Yanci.

Urries de Castilla, Manuel: Conde Ruiz de Castilla, corregidor de Chilques; posteriormente fue presidente de Quito adonde llegó en 1808.

Mujer: **María Casazus**, su legítima esposa. Se desconoce si hubo sucesión.

Urriola, Juan de: Esta familia procedía de Vizcaya y pasó a América radicándose en en la ciudad de Panamá, donde Juan fue alcalde, justicia mayor, y capitán.

Mujer: **Antonia de Echeverz**, su legítima esposa, padres de Luis de Urriola y Echeverz, bautizado en Panamá en 1748, oidor de la Real Audiencia de Chile y Caballero de la Orden de Carlos III, en la que ingresó en 1796, que casó en Santiago de Chile en 1788 con María Josefa Balbontin de los Reyes, padres de Pedro, coronel de la Independencia; José María, fraile; Mercedes, Carmen y Francisca.

Urrutia y Las Casas, Ramón: Capitán del ejército; llegó al Perú hacia 1791 como subdelegado de Piura; en 1795 se le nombró intendente de Tarma; falleció en 1812.

Mujer: **Águeda Arnao**, su legítima esposa, nacida en Ica. Se desconoce si hubo sucesión.

Ursúa, Pedro de: Natural de Bozates, Navarra, nacido en 1525 y fallecido hacia 1561. Fue nombrado por su tío, Miguel Díaz de Armendáriz, teniente gobernador del Nuevo Reino de Granada y luego gobernador de la ciudad de Pamplona que él mismo fundó en 1549. Quiso organizar una expedición a El Dorado pero Carlos V no le dio autorización. Pasó después a Panamá bajo las órdenes del virrey marqués de Cañete que le envió a explorar las ricas tierras de Omagua y El Dorado en 1559, encontrándose entre los expedicionarios Lope de Aguirre que en 1561 asesinó a Ursúa en el pueblo de Mocomoco, a orillas del Amazonas.

Mujer: **Inés de Atienza**, su amante mestiza, natural de Lima, hija de Blas de Atienza, uno de los compañeros de Vasco Núñez de Balboa en el descubrimiento del Pacífico, mujer, según se decía, de extremada belleza. Era casada con un tal Pedro de Arcos y tuvo amoríos con Francisco de Mendoza, pariente del marqués de Cañete. Ante el agravio, ambos hombres defendieron su honor en un duelo en el que resultó muerto Arco, quedándose entonces Inés con Mendoza. Posteriormente conoció a Ursúa en Trujillo en la víspera de su expedición. Al obligarle el virrey Cañete a que se separase de Inés, Ursúa decidió llevársela consigo en la expedición reuniéndose en Huallaga. Esta hermosa y codiciada mestiza tuvo también otros amantes, entre ellos Cristóbal Hernández y Juan Alonso de la Bandera. También se la disputaban Baltasar de Miranda, Juan Alonso y Pedro Hernández. Inés y su nuevo amante, Lorenzo de Zalduendo, murieron asesinados por orden de Lope de Aguirre el 21 de mayo de 1561. (Véase también Atienza, Blas de).

Uruburu y Basterrechea, José de: Este apellido de "Uruburu" tuvo originalmente dos modalidades que fueron Uriburu y Urraburu. Correspondía a un linaje de distinguida hidalguía del Señorío de Vizcaya, procedente de la villa de Ajanguiz del partido de Guernica, con ramas en Bilbao, Guipúzcoa, la baja Navarra y Argentina. José nació en Mendata en 1766, pasando después al Perú donde se le declaró "Patriota en grado heroico y eminente", según decreto emitido en Buenos Aires en 1810. A pesar de ser su apellido "Uruburu" lo cambió después de llegar a América a "Uriburu", e igual hicieron sus descendientes.

U

Mujer: **Manuela de Hoyos y Aguirre**, su legítima esposa, con la que casó en Salta en 1792, descendiente de Francisco de Aguirre, primer gobernador y capitán general de Santiago del Estero. Tuvieron en total diez hijos, entre ellos Evaristo de Uriburu y de Hoyos, nacido en Salta en 1796, nombrado gobernador y capitán general de Salta, falleciendo en Buenos Aires en 1885, que había casado con María Josefa Álvarez de Arenales, padres de diez hijos, entre ellos José Evaristo de Uriburu y Álvarez de Arenales, nacido en Salta en 1831, que llegó a ser presidente de la República de Argentina, y por su grandes méritos militares la Reina Regente de España le concedió la Gran Cruz de la Orden de Mérito Militar.

Falleció en Buenos Aires en 1914, y había casado dos veces: la primera con Virginia de Uriburu Cabero, y la segunda con Leonor de Tezanos Pinto, matrimonio que se efectuó en Lima mientras permanecía allí como ministro de la República Argentina en el Perú. Del primer matrimonio nacieron cinco hijos, y del segundo dos, siendo el primogénito José Evaristo de Uriburu y Tezanos Pinto, nacido en Lima, Perú, en 1880, y que fue embajador de su país en la Gran Bretaña; casó en Buenos Aires en 1903 con Agustina Eloísa Roca y Funes, nacida en Buenos Aires, hija del general y presidente de la Argentina Julio Argentino Roca y de Clara Funes y Díaz, con ocho hijos.

V

Vadillo, Pedro de: Conquistador de Santo Domingo; según consta en su propio testamento, tuvo varios hijas mestizas, desconociéndose sus nombres y el de la madre o madres.

Valadés, Diego, el Viejo: Conquistador de México; se halló en el sitio de Tenochtitlán, siendo además su alguacil y mayordomo del cabildo. Fue también encomendero en Tenampulco. Natural de Villanueva de Barcarrota, Badajoz, hijo de Alonso Valadés y de Catalina de Retamosa. Fue uno de los que destacó la labor de doña Marina en la conquista.

Mujer: **Catalina Rodríguez,** su legítima esposa, padres de seis hijos, de los cuales cuatro eran naturales no sabiéndose si de él o de ella.

Valbuena (o Balbuena), Alonso de: Conquistador de Cuba, donde tenía repartimientos de indios, y de México; falleció en Guatemala.

Mujer: **Isabel Jiménez,** su legítima esposa, natural de Utrera, hija de Juan Jerez de la Alcantarilla y de Lucía de Ayllón; tuvieron una hija.

Valcarce, Joaquín: Marqués de Medina; militó en el ejército de Chile y en 1794 fue nombrado por el rey brigadier haciéndole después marqués y luego presidente y gobernador de Chile.

Mujer: **Juana Ramírez y Encalada,** su legítima esposa, con quien casó en Lima, hermana del conde de San Javier. Se desconoce si hubo sucesión.

Valderrama, Cristóbal: Natural de las Montañas; marchó con su padre a México y se halló en las conquistas de Michoacán, Colima y Zacatula y se le dieron los pueblos de Tarinaro y Ecatepeque.

Mujer: Aunque se desconoce su nombre, era una de las hijas de Moctezuma. No dejaron sucesión.

Valderrama, Miguel: Conquistador de Nueva Galicia, hijo de Miguel de Valderrama y de Juana Gutiérrez.

Mujer: Casó con la viuda de Gaspar Dávila, cuyo nombre se desconoce.

Valdivia, Pedro de: Conquistador de Chile y fundador de sus primeras ciudades, entre ellas Santiago. Se halló también en la conquista de Venezuela y fue leal soldado de Francisco Pizarro. Nacido en 1497 en Villanueva de la Serena, Extremadura, y fallecido en 1553 en Tucapel, Chile.

Mujer: **Marina Ortiz de Gaete,** su legítima esposa, con quien casó en Zalamea, Extremadura, sin sucesión. Tuvo también una célebre amante llamada Inés Suárez, valiente y fiel compañera en todas sus empresas chilenas. Nacida en Plascencia, España, hacia 1507, y fallecida en Chile en 1580. Gobernó a este país cuatro veces, distinguiéndose siempre por su prudencia y sabiduría. Antes de conocer a Valdivia y marchar con él a América (tendría entonces unos 35 años) casó en Málaga pero enviudó al poco tiempo. La unión con Inés le resultó dolorosa a Valdivia pues la Gasca le obligó a separarse de ella y traer a su legítima mujer de España, mientras que forzó a Inés a casarse con Rodrigo de Quiroga, alcalde ordinario de Santiago. En el campo de batalla se dedicaba a socorrer a los heridos y en agradecimiento Valdivia le concedió varias encomiendas y una estancia. En la batalla de Santigo de 1541, cuando Valdivia y sus huestes se vieron acosados por los fieros araucanos, Inés puso en práctica un plan macabro que consistió en degollar a varios caciques presos y lanzar sus cabezas al paso del enemigo para aterrarlos. Espantados ante tal espectáculo, todos arrojaron sus armas y se dieron a la fuga. En los últimos años de su vida Inés se dedicó a hacer varias obras de caridad. Poco más se sabe de su vida o de su familia. Pedro de Valdivia tuvo también otra amante llamada Juana Jiménez, que casó después con Gabriel de Cifontes. (Véase a éste).

Valdivia, Pedro de: (No vinculado con el afamado conquistador de Chile, pues éste falleció en Argel). Sólo se sabe que era hidalgo.

Mujer: **Inés Álvarez de Contreras**, su legítima esposa, con quien casó en Sevilla; pasaron ambos a América acompañados de una hija y un hijo llamado Andrés de Valdivia y se avecindaron en México.

Valenciano, Pedro: Marchó a México con Pánfilo de Narváez y después se unió a Cortés.

Mujer: **Beatriz Fernández**, su legítima esposa. Se desconoce si hubo sucesión.

Valera, Juan Andrés: Conquistador del Nuevo Reino de Granada.

Mujer: **Violante Arias**, su legítima esposa, padres de un hijo; con una amante india llamada Inés tuvo otro hijo llamado Juan Andrés.

Valera, Luis: Conquistador del Perú.

Mujer: **Francisca Pérez**, su legítima esposa, noble doncella inca de la corte de Atahualpa; tuvieron dos hijos, uno Blas Varela, jesuita e historiador latino de los incas y autor de la obra "Historia Universalis", y el otro fray Jerónimo de Valera, autor de unos comentarios.

Valiente, Alonso: Conquistador de México.

Isabel de Rodríguez, su legítima esposa, mujer de singular valor según demostró ampliamente durante la guerra de Tlaxcala. Se desconoce si hubo sucesión.

Valverde y Mercado, Fernando: Nacido en Madrid en 1590, hijo de Francisco, gobernador y capitán general de Tierra Firme y presidente de la Audiencia de Panamá, y de María de Solórzano Pereira. Fue Caballero de la Orden de Santiago y almirante de la Armada del Mar del Sur.

Mujer: **Bernardina Valverde y Contreras**, su legítima esposa, con quien casó en el Cuzco de donde era natural, hija de Francisco Valverde y Maldonado, Caballero de la Orden de Santiago, y de Melchora de Contreras. Fueron los padres de Francisco, capitán y maestre de campo.

Valle, Antonio: Natural de Málaga y de familia noble. Arribó al Perú en 1775 y en 1811 le nombró el virrey sucesor del coronel Manuel de Arrendondo en Guayaquil. Se le nombró más tarde gobernador intendente de la Paz y se halló en la batalla de Apacheta.

Mujer: **Isabel García de la Riestra**, su legítima esposa, hija del teniente coronel Pedro García de la Riestra, corregidor de Guainanga. Fueron los padres de Francisco, teniente coronel del ejército y posteriormente ministro de guerra del Perú;

Domingo, contra-almirante de la Marina del Perú; y Juana que casó con el inglés Martín Jorge Guisso, vicealmirante del Perú.

Valle y Postigo, Dr. Manuel María: Natural de Málaga y descendiente de noble familia. Era hijo de Francisco del Valle Quesada y Vida y de Ana del Postigo Guzmán y Gálvez, prima de José de Gálvez, marqués de Sonora y presidente del Consejo de Indias, y tía de Bernardo de Gálvez, conde de Gálvez, Caballero de la Orden de Carlos III y virrey de México. Se graduó de Artes y Filosofía en la universidad de Granada en 1775, recibiéndose de abogado en Sevilla en 1780. Establecido en el Perú, fue nombrado en 1790 agente asesor del virreinato. En 1794 se le confirieron los cargos de licenciado y doctor en sagrados cánones. Posteriormente se le nombró alcalde del crimen de Lima y después oidor; falleció en 1835.

Mujer: **Josefa García Robina**, su legítima esposa, natural de Lima, hija del capitán Juan Vicente García Racillo, y de Mariana de Robina y Gallegos, hija del general Juan José de Robina Jáuregui, corregidor de Lucanas y visitador de las Reales Cajas de Panamá y Portobelo, y de Rosa Gallegos y Castro. Fueron los padres de Manuel, abogado de la Real Audiencia de Lima; Lorenzo, teniente general del ejército; José María, coronel de la Guardia Nacional; Tomás, vocal de la Corte Superior de Lima; Carmen, que casó con José María Varela, hombre acaudalado de Lima; Mercedes, que casó con el coronel argentino Francisco de Erescano. Un hermano de Josefa, Clemente, teniente del regimiento de milicias de Cañete, era casado con Petronila Salazar y Buendía, nieta del marqués de Castellón.

Vallejo, Francisco: Conquistador del Perú.

Mujer: **Francisca**, su sirvienta negra, con la que se supone tuvo una hija llamada Beatriz y posiblemente un hijo llamado Diego, ambos naturales. Francisca era el ama de casa y Diego compañero inseparable de Francisco. Se cree, sin embargo, que Francisca tenía relaciones con otros pretendientes fuera del hogar.

Vallejo y Cañiego, Pedro de: Caballero de la Orden de Alcántara; arribó al Perú en 1667 con el virrey conde de Lemos. Fue encomendero en Piura y corregidor de esta provincia; falleció en 1705.

Mujer: **Juana Manuela de Iturrizarra**, su legítima esposa, natural de Lima, hija del oidor Bernardo de Iturrizarra y de Paula Antonia Gómez del Castillo Henríquez y Herrera, limeña también. Fueron los padres de José Vallejo e Iturrizarra, conde de Brihuega.

Vanegas, José: Una de las familias que se reclutaron para fundar una colonia en California. (Véase Camero, Manuel, para más detalles).

Mujer: **María Bonifacia Aguilar**, su legítima esposa, padres de un tal Damién y de una hija adoptada llamada María Antonia Josefa Piruelas.

Vargas, Alonso: Hidalgo, natural de Sevilla y vecino de Zacatula, hijo de Juan de Vargas y de Juana Méndez de Valdés. Pasó a México en 1521 y se halló en la conquista de Pánuco recibiendo una encomienda en Chicayán. Después se halló junto con Gonzalo de Sandoval en la conquista de Colima y le fueron dadas encomiendas en Caquistle, Ahualulco y Acicatipán, y pasó luego con Francisco Cortés a la costa de Colima hasta Jalisco, y al regresar le dio Francisco de Orduña la ter-

V

cera parte de los pueblos de Dávalos, y Marcos de Aguilar en Michoacán los pueblos de Pamo, Guanajo y Timangaro y en Zacatula las encomiendas de Tequepa y Cigua.

Mujer: **María Ruiz**, su legítima esposa, padres de cuatro hijos y cuatro hijas.

Vargas Carvajal, Diego Domingo: Caballero de la Orden de Alcántara en 1624.

Mujer: **Usenda Loayza Valdés y Bazán**, su legítima esposa, quien casó posteriormente en segundas nupcias con Álvaro Cervantes y Carranza, Caballero de la Orden de Calatrava en 1628, y en terceras nupcias con Diego Gómez Sandoval, Caballero de la Orden de Santiago en 1639. Usenda era natural del Cuzco y pertenecía a la familia del arzobispo Gerónimo de Loayza. En su testamento dejó gran parte de sus propiedades en el valle de Cupina al Convento de la Merced en el Cuzco. Era hija de Francisco de Loayza y de Catalina Chávez, patrones del Convento de San Agustín en el Cuzco.

Vázquez de Acuña, José Matías: Nacido en Lima, Caballero de la Orden de Santiago y conde de la Vega del Ren, patrón de la Capilla de Todos los Santos de la catedral de Lima y del Convento de San Pedro, así como alcalde ordinario de esta ciudad en 1791, 1792 y 1810. Se mostró siempre muy partidario de las ideas liberales e independentistas del Perú, razón por la cual se le vigilaba constantemente. Lograda la independencia, se le nombró consejero de Estado.

Mujer: **Josefa Messía y Aliaga**, su legítima esposa, hija de los condes de Sierra Bella.

Vázquez de Coronado, Francisco: Célebre descubridor de gran parte del suroeste de Norteamérica, nacido en 1510 y falle-

cido en 1550, posiblemente en Salamanca. Siguiendo la ruta trazada por Marcos de Niza llegó en 1540 a la primera ciudad Zuñi que llamaron Granada. Fue en esta expedición en la que García López de Cárdenas (fines del verano de 1540) vio por primera vez el Cañón de Colorado que llamaron río del Tizón, y Hernando de Alarcón descubrió la boca del río Colorado. Coronado y su hueste llegaron por fin a la anhelada Quivira que resultó ser una simple aldea de indios. Desilusionado, Coronado, regresó a México en la primavera de 1542. A pesar del fracaso de su expedición, descubrió el Far West, las Montañas Rocosas, las Praderas, el río Colorado, el Cañon de Colorado, el fondo del golfo de California, Nuevo México, Arizona, Kansas, el Llano Estacado, y las cultura de los Pueblos, es decir, que desde el punto de vista geográficos, su expedición fue una de las más exitosas de la época.

Mujer: **Beatriz Estrada**, su legítima esposa, hija del tesorero de México, Alonso de Estrada y de Marina Estrada, con quien casó a los dos años de llegar a México (hacia 1537). Se dice que era mujer hermosa y rica y a la que por sus muchas virtudes se le llamaba "la Santa". Según consta en las crónicas de la época, Coronado estaba locamente enamorado de ella y, durante su ausencia, añoraba verse nuevamente en su compañía.

Vázquez de Velasco y Quirós, Pedro Pascual: Conde de San Antonio de Vista Alegre, título conferido por Carlos III en 1771, vecino de Lima, Caballero de la Orden de Alcántara y gobernador de Potosí.

Mujer: **Josefa Zugasti**, su legítima esposa, hermana de la condesa de Premio Real. Por no dejar sucesión, pasó el título al sobrino de Josefa, el coronel Juan Bautista de Lavalle en 1816.

Vázquez, Andrés: Conquistador del Reino de Granada.

Mujer: **Catalina de Quintanilla**, su amante, viuda de Francisco Gómez que había sido su compañero en Nueva Granada.

Vázquez de Acuña, Matías José: Segundo conde de la Vega, nacido en Lima en 1675, capitán de Caballería en Chile y gobernador de Valparaíso en 1707.

Mujer: **Catalina Iturgoyen y Lisperguer**, su legítim esposa, condesa de la Vega del Ren, nacida en Santiago en 1685. Era hija de Pedro de Iturgoyen, corregidor de Santiago, maestre de campo y gobernador de Valparaíso, y de Catalina Lisperguer Andia e Irrazábal, descendiente de los duques de Sajonia. Su hermana María Yturgoyen estaba casada de Tomás Ruiz de Azúa, regidor y alcalde de Santiago, maestre de campo y gobernador de Valparaíso. Sus hijos fueron Pedro, obispo de Concepción y arzobispo de San Fe; Tomás, Caballero de la Orden de Santiago y fiscal de la Audiencia de Chile; y Ana, marquesa de la Cañada Hermosa que casó con José Marín de Poveda y Urdanegui.

Vedia, Diego de: Capitán de Lima.

Mujer: **Ana de Robles**, su legítima esposa, que enviudó. En 1674 fundó y fue superiora del Beaterio de Nerias, cerca de la iglesia de San Pedro, que luego se convirtió en monasterio. Posteriormente fue elegida ministra bajo el nombre de Ana de la Santísima Trinidad; falleció en 1707 a la edad de 89 años.

Vega, Francisco Félix de: Primer marqués de Cruzat y Munive, título conferido por Felipe V en 1740, maestre de campo en el Perú.

Mujer: **Teresa Cruzat y Munive**, su legítima esposa, marquesa de Feria, nacida en Guamanga. Era mujer de gran talento y muy estudiosa, versada en varios idiomas, incluyendo el latín. Fueron los padres de Josefa de Vega y Munive, vecina también de Guamanga, casada con Juan Carrillo de Albornoz, hermano de los condes de Montemayor de Monteblanco y de la marquesa de Lara, y cuyo hijo fue Gaspar Carrillo que casó con su prima Josefa Carrillo de Albornoz y Salazar. Gaspar fue brigadier, contador mayor del Tribunal de Cuentas y presidente de Charcas. Además de poseer el título de marqués de Feria era marqués de Valdelirios.

V

Vega, García de: Natural de Llerena, Badajoz, hijo de Lope de Vega y de Elvira de las Casas, ambos de familia hidalga; su padre sirvió en la Guerra de Granada como soldado de Alonso de Cárdenas. Se halló también en la jornada del Motín con el capitán Pedro Sánchez, en los Yepes con el capitán Juan Rodríguez de Villafuerte, y descubrió un tesoro en oro y plata que le robaron los franceses. Sostenía en su casa a dos hermanas con sus hijos.

Mujer: **Catalina Osorio**, su legítima esposa, hija de Luis de Castilla.

Vegel, Benito de: Conquistador de México.

Mujer: Estaba casado con una tal fulana Gómez. Se desconocen otros detalles.

Vejer, Benito de: Músico de profesión durante la conquista de México.

Mujer: **Ana Gómez**, su legítima esposa, padres de Benito Méndez y de una hija que casó con Juan Bravo.

Vejerano (o Bejerano), Serván: Soldado de las huestes de Cortés en México, hijo de Antón de Puelles y de Catalina Sánchez Bejarano.

Mujer: **Francisca Calderón**, su segunda legítima esposa, padres de ocho hijos.

Velarde y Cevallos, Gaspar de: Conde de Torre Velarde; natural de Lima y alcalde ordinario de esta ciudad en 1747.

Mujer: **Serafina Tagle**, su legítima esposa, padres de José Velarde y Tagle, alcalde ordinario de Lima en 1776 y heredero del título. Al fallecer en España recayó en Agustín Quijano Velarde, nacido en Lima y Caballero de la Orden de Calatrava, último conde.

Velasco, Francisco de: Avecindado en Lima a principios del siglo XVIII.

Mujer: **Feliciana Barreto de Castro**, su legítima esposa. Por no compaginar con el marido y por tratar de humillarlo, tuvo relaciones amorosas con un tal Juan de Dios de Lumbreras; en varias ocasiones intentó matar al marido y al final se divorciaron.

Velasco, Hernando de: Conquistador del Nuevo Reino de Granada.

Mujer: **Catalina de Bohórquez**, su legítima esposa, padres de un hijo. Tuvo también una amante india llamada Leonor con la que tuvo un hijo natural cuyo nombre se desconoce.

Velasco y Castañeda, Gerónimo: Marqués de Villa-Blanca, título que le confirió Carlos II en 1692, avecindado en Lima. Pasó después el título al general Martín Zamudio, que lo renunció, luego a su nieto Andrés Mena y Zamudio, miembro de la Inquisición, y más tarde a su hijo Juan Antonio de Mena y Roldán, regidor perpetuo de Lima hacia 1760, que casó con Teresa Villalta, hija de José Villalta y Núñez, oidor de Lima, y de de Juana Rosa de Santiago Concha, cuyo hijo Manuel Mena fue el último marqués.

Velasco y Lara, Juan Fernando de: Una de las familias reclutadas para fundar una colonia agrícola en California. (Véase a Camero, Manuel, para más detalles).

Mujer: **María Antonia Campos**, su legítima esposa, padres de seis hijos que fueron José, Juan, Julián, Jesús, María y María Faustina.

Velázquez de León, Juan: Uno de los principales conquistadores de México, muy querido y admirado por Cortés. Nacido en Cuéllar a finales del siglo 15 y fallecido en México en 1520. Era sobrino del gobernador de Cuba, Diego Velázquez de Cuéllar.

Mujer: **Doña Elvira:** Una de las cinco doncellas indias obsequiadas a Cortés por los caciques de Tlaxcala, hija del cacique Xaseescassi, cuyo nombre era Tolquequetzaltzin (las otras cuatro fueron entregadas a los capitanes Pedro de Alvarado, Cristóbal de Olid, Gonzalo de Sandoval y Alonso de Ávila).

Velázquez, Juan de: Conquistador de México.

Mujer: **Isabel de Rojas**, su legítima esposa; sin sucesión.

Ventura Calderón, Ángel: Marqués de Casa Calderón, título conferido por Felipe V según cédula de 12 de enero de 1734, Caballero de la Orden de Santiago y regente del Tribunal de Cuentas de Lima.

Mujer: **Teresa Vadillo**, su legítima esposa, padres de Juana de Calderón que casó con Gaspar Cevallos, Caballero de Santiago; Juan Evangelista, sacerdote; y Gaspar

Cevallos y Calderón natural de Lima y oidor de la Real Audiencia. Heredó el marquesado de su padre.

Vera, Alonso de: Hidalgo; marchó con su hijo en la expedición de Hernán Cortés a la Baja California.

Mujer: **Catalina de Terrazas**, su legítima esposa, padres de Francisco de Terrazas que marchó con Francisco de Ulloa en la expedición al Pacífico.

Vera Montoya, capitán Pedro de: Avecindado en Pisco en el siglo XVII.

Mujer: **Juana Luque de Alarcón**, su legítima esposa, ambos benefactores del colegio jesuita de San Ignacio, fundado en 1629. Se desconoce si hubo sucesión.

Verazátegui, Juan de: Conde de Olmos, título conferido por Carlos II en 1689, avecindado en Potosí, maestre de campo y corregidor de la Paz. El título pasó después a Tomasa de Viniegra y Verazátegui, después a Nicolás de Moncada y por último a Francisca Moncada, madre de Luis José Orbogoso, general y presidente del Perú.

Verdugo, Francisco: Natural de Sevilla y conquistador de México, hijo de Francisco Verdugo y de Inés de Cuélar, cuñada de Diego Velázquez de Cuéllar, gobernador de Cuba, y sobrina de Diego de Ordaz, capitán de Hernán Cortés.

Mujer: Se desconoce su nombre, pero una hija casó con Alonso de Bazán.

Vergara y Pardo, capitán Lucas: Natural de Sevilla y avecindado en Lima, Caballero de la Orden de Calatrava y alcalde ordinario de Lima en 1698-1699; falleció en 1708.

Mujer: **María de Cárdenas Ponce de León**, su legítima esposa, con quien casó

en Lima en 1652; nacida en esta ciudad y descendiente de los duques de Arcos. Era hija del capitán Juan de Cárdenas Verdugo y de Juana Zapata, hermana de Luis Zapata de Cárdenas, arzobispo de Santa Fe. Tuvieron gran descendencia, entre ellos Lucas Vergara y Pardo, Caballero de la Orden de Calatrava y regidor perpetuo de Lima, que casó con Francisca Ramírez del Castillo; el Dr. Juan, Caballero de la Orden de Calatrava que estudió en España la carrera de abogacía, casado con Josefa Oviedo, condesa de la Granja; el jesuita Francisco Javier, fallecido en 1746, y otros hijos casi todos religiosos. Lucas y Francisca fueron los padres de Lucas Vergara y Pardo, Caballero de la Orden de Calatrava y regidor de Lima, casado con Rosa de Rosas, padres a su vez de Lucas Vergara Pardo de Rosas, nacido en 1740, Caballero de la Orden de Santiago, teniente coronel de Milicias y regidor de Lima, casado con Hermenegilda de Guisla, marquesa de Guisla.

Vernal (posiblemente Bernal), Clemente: Soldado del ejército de Pedro Menéndez de Avilés en la Florida.

Mujer: **María Meléndez**, cacica que ayudó mucho a los españoles cuando Francisco Drake incendió el presidio de San Agustín en la Florida en 1586, y también a combaitir a los indios. Se desconoce si llegaron a casarse.

Vespucio, Américo: Como en los casos de Magallanes y Sebastián Caboto, se le incluye por haber estado al servicio de España y haberse casado con una española. Nacido en Florencia en 1454 y falleció en Sevilla en 1512. Primero se dedicó al comercio y se puso al servicio de los Médicis, llegando a Sevilla en 1492 como agente de esta casa. Desde ese momento demostró amplios conocimientos cosmo-

V

gráficos y naúticos sin llegarse a saber cómo los había adquirido. En 1499 realizó un viaje con Alonso de Hojeda y Juan de la Cosa siguiendo la ruta trazada por Colón en su tercer viaje. En este viaje penetró un caudaloso río, que parecer haber sido el Amazonas, y vieron las bocas de los ríos Orinoco y Essequibo; después llegaron al golfo de Paria y recorrieron su costa, la isla Margarita, parte del litoral de la actual Venezuela y el golfo de Maracaibo al que bautizó con el nombre de Venezuela o pequeña Venecia. También se le atribuye el descubrimiento de la Florida, en la América del Norte, y de seguro el del río de la Plata, catorce años antes del viaje hecho por Díaz de Solís. Después de haber estado en Portugal y tomado parte de la expedición de 1501 para explorar el ya descubierto Brasil, regresó a España hacia 1504 donde se le hizo ciudadano de los reinos de Castilla y León y, a partir de este momento, figuró al servicio de España. Luego se le nombró piloto mayor de la Casa de Contratación. Gran parte de su fama obedece al haberse nombrado al continente con su nombre, es decir, América, aunque en realidad se debió mayormente a un error del editor alemán Martin Waltzemüller que lo popularizó en una obra de los trabajos de Tolomeo publicada en 1507. Posteriormente reconoció su error y se disculpó dándole la gloria a Colón.

Mujer: **María Cerezo**, su legítima esposa, con quien casó en España.

Victoria, Juan González de: Nacido en Extremadura y avencindao en el Cuzco, de cuya ciudad fue regidor y alguacil mayor. Hombre destacado por sus muchas obras caritativas.

Mujer: **Francisca de Vargas**, su legítima esposa, hija de Pedro Vázquez de Vargas y

de Paula Solier, nacida en Arequipa e hija del conquistador Alonso de Cáceres y de María Solier. Los abuelos de Francisca fueron el capitán Tomás Vázquez y Teresa Vargas, hermana de Gerónimo Costilla, Caballero de la Orden de Santiago. Juan González y Francisca fueron benefactores del colegio y templo de los jesuitas al que donaron una suma respetable de dinero en barras de plata y otros bienes y propiedades, entre ellos la construcción del monasterio de Santa Clara del Cuzco. Tuvieron un hijo de nombre homónimo del padre, declarado luego fundador del monasterio como sus padres.

Vicuña, Matías de: Sacerdote avecindado en Lima a mediados del siglo XVII.

Mujer: **Ana María de los Reyes**, mulata, hija de Catalina María de Medina que era su concubina. Descubiertos sus amores, paró él en la cárcel y ella en un convento.

Villacastín, Francisco de: Conquistador del Perú, muy allegado a Francisco Pizarro que le confirió varios honores en el Cuzco y le hizo Señor de Ayaviri.

Mujer: **la ñusta doña Leonor**, hija de Huayna-Cápac; al casarse, Villacastín adquirió una encomienda de más de ocho mil indios y se convirtió en uno de los grandes potentados del Cuzco.

Villacorta, Juan de: Conquistador de México.

Mujer: **Ana González**, su legítima esposa; al enviudar, volvió a casar con Pero González. El primer marido le había dejado un pueblo en el valle de Aguatán.

Villafañe, Ángel de: Nacido hacia 1504, hijo de Juan de Villafañe y de Catalina de Valdés, naturales de León, España, servidores de los Reyes Católicos. Marchó a América junto con su padre a la edad de nueve años en la expedición de Pedrarias Dávila al Darién. Después marchó a Pánuco con Francisco de Garay y se unió a Cortés en la conquista de México, hallándose también en las de Michoacán y Colima. Acompañó más tarde a Cortés a la Baja California y posteriormente formó parte de la expedición de Tristán de Luna a quien sucedió por orden del virrey Luis de Velasco que le nombró gobernador de la Florida y Punta de Santa Elena (actual estado de Carolina del Sur en Estados Unidos). Pasado el tiempo se trasladó a Santo Domingo, luego a Cuba, y finalmente regresó a México.

Mujer: **Inés de Carvajal**, su legítima esposa, parienta de Pedro de Alvarado. Se desconoce si hubo sucesión.

Villagrán, Juan de: Conquistador de Pánuco.

Mujer: **María de Solís**, su legítima esposa, con quien tuvo dos hijas.

Villalobos, Marcelo de: Oidor de la audiencia de Santo Domingo.

Mujer: **Isabel Manrique**, su legítima esposa. Gobernadora de la isla Margarita en 1535, de la que nombró heredera a su hija Aldonza Manrique, que casó con Pedro Ortiz de Sandoval recién llegado a Santo Domingo del Perú. En 1539 el Consejo de Indias le autorizó el cargo pero no lo asumió junto con su marido hasta 1542. Fallecido el marido en 1546, pasó el título a su hija Marcela que casó con Juan Gómez de Villandrando. Aldonza nació hacia 1520 y falleció en 1575.

Villalpando Cortés, Moliner y Heril, Alonso: Conde de Torres Secas, título conferido por Carlos II en 1678; fue coronel y corregidor de Jauja.

Mujer: Se desconoce su nombre, pero con ella tuvo un hijo que heredó el título y que en 1813 fue teniente y gobernador de las fortalezas del Callao. Era casado con Inés Valdivieso y Merino que pasó a España donde vivía en 1824.

Villalta y Núñez, Dr. José Antonio: Alcalde del crimen y corregidor de Lima.

Mujer: **Juana Rosa de Santiago Concha y Errasquín**, su legítima esposa, hija del primer conde de Casa Concha, presidente de Chile y oidor de Lima. Fueron los padres de José Miguel Villalta, rector de la Universidad de San Marcos; Manuel, mariscal de campo; Bernardino, presbítero; Teresa, casada con Juan Antonio Mena y Roldán, marqués de Villablanca; Inés de Villalta, casada con José Leonardo Hurtado y Alzamora, contador mayor del Real Tribunal de Cuentas; Inés; y Josefa Villalta y Santiago Concha, que casó con Matías de la Torre y Tagle, regidor perpetuo y alcalde ordinario de Lima.

Villanueva, Fernando: Natural de Jaén y conquistador de México, hijo de Diego de Villanueva y de Leonor Rodríguez.

Mujer: **Isabel Rodríguez**, su legítima esposa, padres de cinco hijos varones.

Villanueva, Pedro: Natural de Baeza y conquistador de México.

Mujer: **Leonor Rodríguez**, su legítima esposa, hija del conquistador Pero Pérez Jarada, conquistador de Cuba, con la que tuvo dos hijos, uno llamado Diego de Villanueva que casó y tuvo tres hijas, y otro Hernando de Villanueva que casó con la hija de Alonso Martín, viuda de Cristóbal de Soto y con la que tuvo un hijo.

V

Villar y Andrade, José: Conde del Villar, título conferido por Carlos III en 1761, avecindado en Lima.

Mujer: **Rosa de la Fuente,** su legítima esposa. Al fallecer el conde heredó el título su única hija, Mariana Villar, casada con Manuel González Gutiérrez, Caballero de la Orden de Santiago. Al morir Mariana recayó el título en su madre, acto que ocasionó un litigio. Posteriormente pasó a su hijo, el coronel José González y Fuente, Caballero de la Orden de Santiago, habido en segundo matrimonio con José González Gutiérrez, conde de Fuente González.

Villarroeal, Antonio de: Marchó a Tierra Firma con Pedrarias Dávila, después a Cuba con Diego Velázquez, y finalmente a México con Hernán Cortés, hallándose además en las conquistas de Pánuco y Michoacán. Después parece que se cambió el nombre llamándose Antonio Serrano de Cardona.

Mujer: **Isabel de Ojeda,** su legítima esposa. Se desconoce si hubo sucesión, pero vivían en su casa unos sobrinos y sobrinas que se esforzó por casar.

Villegas, Gerónimo de: Hidalgo, natural de Burgos, según él mismo afirmaba, nacido hacia 1504 y fallecido en Lima en 1555. Poseía una pequeña encomienda en el Cuzco y otra mayor en Arequipa, Tarapacá, que le fue dada por La Gasca. Militó con el cargo de teniente con Gonzalo Pizarro durante las Guerras Civiles del Perú y se le dio la referida encomienda en 1545; en 1553 fue corregidor en Arequipa.

Mujer: **María Calderón,** su legítima esposa, heredera de la encomienda al fallecer su marido. Fueron los padres de Ana de Villegas que casó con un sobrino de un magistrado de la Audiencia de Lima. Villegas tuvo un hijo mestizo llamado Pedro Ruiz de Villegas. (Véase también a Carvajal, Francisco de).

Villegas, Luis de: Avecindado en México en tiempos de la conquista.

Mujer: **Ana de Estrada,** su legítima esposa, hija de Francisco de Estrada, conquistador de México. Se desconoce si hubo sucesión.

Villela y Larrondo, Dr. Andrés de: Nacido en Santa Fe, Bogotá en 1594, hijo de Andrés de Villela y Arciniega, vasco, y de Magdalena de Larrondo, vasca también. Estudió y fue catedrático de la Universidad de Salamanca y rector del Colegio de Toledo en 1633, así como oidor de la Real Audiencia de Lima.

Mujer: **Antonia de Esquivel y Jarava,** su legítima esposa, con quien casó en el Cuzco de donde era natural, hija de Rodrigo Esquivel y Cáceres, Caballero de la Orden de Santiago, nacido en esta ciudad, y hermana de Diego Esquivel y Jarava, primer marqués de Lorenzo de Valle-Umbroso. Fueron los padres de Teresa de Villela y Esquivel, casada en 1664 con Martín de Zavala y de la Maza; falleció en 1679.

Vizcaíno, Sebastián: Célebre marino, nacido hacia 1550 y fallecido hacia 1628. Explorador de las costas de California por orden real impartida por el virrey de México Luis de Velasco. Zarpó del puerto de Acapulco en 1596 con tres buques ya siendo virrey el conde de Monterrey. Entró en el golfo de California y tomó en nombre de España la península a la que llamó Nueva Andalucía. Se esforzó por fundar el pueblo de La Paz y dedicarse al comercio de perlas, empresa que pronto abandonó regresando a México en 1597.

Zarpó de nuevo en otra expedición en 1602 en busca del puerto de California y el hipotético estrecho de Anian. Al cabo de ocho meses llegó al cabo Mendocino y reconoció minuciosamente la costa de la Alta California que había descubierto muchos años atrás Rodríguez Cabrillo y Ferrelo. Exploró la bahía de San Diego y descubrió la bahía de Monterrey. Al regresar a México, una de las naves arribó al cabo Blanco en el actual estado de Oregón. Debido a sus descubrimientos, y a la relación del viaje que hizo el cosmógrafo que le acompañaba fray Antonio de la Ascensión, el ingeniero Enrico Martín hizo un mapa de las costas que le valió el elogio de Humboldt. Luego, en 1604, el virrey Monterrey le dio el mando del galeón de Manila que anuló el nuevo virrey el marqués de Montesclaros y le nombró alcalde mayor de Tehuantepec. En 1611 se le envió en una embajada al Japón que resultó infructuosa. Fue, no obstante, el primer embajador de España en ese país. Volvió a pedir una nueva expedición a California en 1613 que se le negó, dedicándose entonces a la pesquería de perlas confrontando a los holandeses. Hallándose al mando del galeón Santa Ana en 1597, fue robado por el pirata inglés Cavendish. A él se deben los nombramientos de San Diego, Santa Catalina, Santa Bárbara y Monterrey, este último en honor al virrey.

Mujer: **Magdalena Martínez Orejón**, su legítima esposa. De noble familia, según confirmación del representante del rey en 1598. Tal documento, o "Carta de hidalguía" se utilizó como prueba a favor de su hermano y cuñado de Vizcaíno, Francisco Martínez Orejón, al que se le había encarcelado por deudas. La probanza de hidalguía le eximía de tal castigo. Esta "Carta de hidalguía" se publicó en México en 1600 en una hermosísima edición que actualmente se encuentra a la venta en una librería anticuaria de Filadelfia por $22,500.

V

Vosmediano, González de Sepúlveda: Natural de Madrid, general del ejército y corregidor de las provincias de Otavalo y Riobamba de Quito.

Mujer: **Josefa Frías y Manzano**, su legítima esposa; fueron los padres de Antonia que casó con el teniente general José de Vallejo, natural de Lima y conde de Brihuega.

Y

Yáñez, Diego: Uno de los primeros pobladores de Los Ángeles, México.

Mujer: **Leonor Díaz**, su legítima esposa, padres de cuatro hijas y tres hijos.

Yupanqui, Carlos Inca: Nieto de Huayna Cápac.

Mujer: **María de Esquivel**, su legítima esposa, proveniente de una distinguida familia de Extremadura. Se desconoce si hubo sucesión.

Y

Zaldívar, Juan de: Conquistador de Nueva Galicia, hijo de Ruy Díaz de Zaldívar y de María Pérez de Oñate.

Mujer: **María de Mendoza,** su legítima esposa. Se desconoce si hubo sucesión.

Zaldívar, Vicente de: Conquistador de Nueva Galicia, hijo de Ruy Díaz de Zaldívar y de María Pérez de Oñate.

Mujer: **Magdalena de Mendoza,** su legítima esposa. Juan de Zaldívar y Vicente de Zaldívar pueden haber sido sido hermanos, casados con las hermanas María de Mendoza y Magdalena de Mendoza.

Zamora, Alonso de: Avecindado en México en tiempos de la conquista, hijo de Alonso Pérez de Zamora, conquistador de México.

Mujer: **María de Serpa,** su legítima esposa, hija de Juan Ruiz, conquistador de México. Se desconoce si hubo sucesión.

Zamudio, Juan de: Conquistador de México.

Mujer: **Isabel de Olmos,** su legítima esposa, hija de Francisco de Olmos; al fallecer su marido casó con Alonso Velázquez, uno de los primeros pobladores de la Nueva Galicia.

Zaragoza, Miguel de: Marchó a México con Juan de Grijalva en 1518 y después con Cortés.

Mujer: **Beatriz García de la Fuente,** su legítima esposa, que enviudó; tuvieron un hijo llamado Juan.

Zavala y Urquizu, Andrés: Avecindado en Lima en el siglo XVII.

Mujer: **Micaela de la Maza y Uzategui,** su legítima esposa, hija de Gonzalo de la Maza. Entre ambos fundaron el Mayorazgo de Zavala en 1644. Fueron los padres de Martín de Zavala y de la Maza, Caballero de la Orden de Santiago, nacido en Lima, casado con Teresa Villela y Esquivel, hija de Andrés de Villela, padres a su vez de Francisco de Zavala y Villela, también limeño y Caballero de la Orden de Santiago, casado con Rosa de Esquivel y Navia, natural del Cuzco, padres del capitán José de Zavala y Esquivel, nacido en 1690, casado con Ángela Vázquez de Velasco Tello y de la Cueva, hija del oidor Pablo Vázquez de Velasco, padres de Tadeo Martín de Zavala Vázquez de Velasco, casado con Mariana Pardo de Figueroa y Esquivel, marquesa de San Lorenzo de Valle-Umbroso. Finalmente, pasó el mayorazgo al hijo de estos últimos, Pedro Nolasco de Zavala, marqués de Valle-Umbroso, nacido en el Cuzco en 1761 y casado con Ana Micaela Bravo del Rivero y Zavala, hija del oidor Pedro Bravo del Rivero y Correa.

Zárate y Verdugo, licenciado Pedro Ortiz de: Marchó al Perú con el virrey Blasco Núñez de Vela en 1543, y luego Carlos V le nombró oidor de la Audiencia de Lima; había sido antes alcalde de Segovia en España.

Mujer: **Catalina de Uribe y Salazar,** su legítima esposa, con quien pasó al Perú. Fueron los padres del capitán Pedro de

Zárate, que les acompañó en el viaje, casado con Lucía de Luyando, padres de Pedro de Zárate. Una de sus hijas llamada Ana casó con Blas de Soto, hermano o hermanastro de Gonzalo Pizarro.

Zela y Neyra, Francisco Antonio: Nacido en Lima en 1768, hijo de Alberto Zela y Neyra, natural de Galicia, y de María Mercedes Arizaga Hurtado y Mendoza, natural de Lima. Al concluir la invasión argentina de la Paz, hacia 1811, cayó prisionero y luego se le expatrió al Morro de La Habana y posteriormente a Panamá donde falleció en 1819.

Mujer: **María Siles y Antequera Lazo de la Vega,** su legítima esposa, con quien casó en 1793; tuvieron en total nueve hijos, uno de ellos llamado José Santos.

Zevallos (o Ceballos), Alonso de: Natural de Burgos y conquistador de México.

Mujer: **María de Leiva,** su legítima esposa, padres de Francisco Zevallos e Isabel Zevallos.

Zuazo y Villarroel, Gaspar: Caballero de la Orden de Santiago y secretario de los virreyes conde de Castelar y el duque de la Pala; falleció en 1692.

Mujer: **Beatriz,** su legítima esposa, hija de Felipe de Espinosa y Mieses, alcalde ordinario de Lima en 1641. Fueron los padres de Juana Zuazo que casó con Lorenzo Fernández de Córdoba, padres a su vez de Mariana Fernández de Córdoba, casada con Sebastián de Colmenares y Vega, primer conde de Polentinos.

APÉNDICE

En el apéndice se incluyen el Índice Onomástico A y el Índice Onomástico B en los que se encontrarán a todas las mujeres que aparecen en el diccionario. En el primero se incluyen a las esposas o compañeras principales, y en el segundo a todas las demás mujeres, como madres, hermanas, hijas, etc. A cada una de ellas se le encontrará bajo el hombre del varón que le sigue.

Índice Onomástico A

A

Ambulodi y Arriola, Josefa Gabriela de. v. Arredondo y Perelli, Antonio de.

Andrada, Ana de. v. Jaramillo, Juan.

Andrade, Leonor de. v. Cervantes, Leonel de.

Ángel, Mari. v. Paradinas, Francisco de.

Anguiano, María de. v. Madaleno, Juan.

Angulo, María de. v. Mendoza, Francisco.

Añasco, Catalina de. v. Enríquez de Guzmán, Alonso.

Añasco, Isabel de. v. Añasco, Juan de.

Aquinaga, Constanza. v. Olea, Domingo.

Arana, Inés de. v. Barba Cabeza de Vaca y Coronado, Cristóbal.

Arana, Jerónima de. v. Bueno de Zea, Hernán.

Aranda, María de. v. Cid, Pero.

Arango, Olaya de. v. Gallón, Toribio.

Arangua, Dolores. v. Casariego, José María.

Araujo, Lorenza. v. Peñafiel, Alonso.

Arauz o Zaraúz, Felipa de. v. Olid, Cristóbal de.

Araúz, Inés de. v. Espinar, Manuel de.

Arévalo, Elvira de. v. Garrido, Pedro de.

Argame, Ana de. v. Avendaño, Pedro de.

Argandona, Margarita de. v. Rosso, Marcos de.

Argumedo, Ana de. v. Doncel, Ginés.

Arias de Ugarte, Isabel. v. Cotrina Topete, Juan de.

Arias, Isabel. v. Fernández Montiel, Alonso. v.

Arias, Violante. v. Valera, Juan Andrés.

Armendaris, Josefa. v. Silvestre Pérez, Tomás.

Armendáriz, Catalina de. v. Paredes y Polanco, Dr. Andrés.

Arnao, Águeda. v. Urrutia y Las Casas, Ramón.

Aroza, Juana de. v. Morales, Juan Antonio de.

Arroyo, Isabel. v. Galeano, Martín.

Artiaga, Gerónima de. v. Pisueta, Martín de.

Astorga, Baltasara de. v. Toro, Tomás de.

Atahualpa, Isabel (o Beatriz). v. Gómez, Blas.

Atienza, Inés de. v. Ursúa, Pedro de.

Atocha Inclán, Paula de. v. Oro, Francisco de.

Atocha, María de la Asunción. v. Rodríguez, Blas.

Atoya y Ayamar, María Florentina de. v. Morales, Agustín.

Atocha y Azcona, Juana de. v. Carro, Rosendo.

Atocha y Cáceres, María Casimira. v. Ocelli, Francisco.

Atocha y Coronel, María Dolores. v. Caycedo (o Gaicedo), Gregorio.

Atocha y Machado, María Josefa. v. Mora, Cristóbal.

Atocha y Pacheco, María Josefa de. Solís, Gabriel.

Ávalos, Isabel de. v. Delgadillo, Francisco.

Avellafuertes y Querejazu, Mariana. v. Moreyra y Matute, Francisco.

Avendaño, Melchora Clara de. v. Molino, Juan Manuel del.

Avendaño, Teresa de. v. Isásaga, Pedro de.
Ayala, Ana de. v. Orellana, Francisco de.
Ayala, Ana de. v. Dávalo de Ayala, Luis.
Ayala, Isabel de. v. González, Pedro.
Ayala, Juana de. v. Añasco, Pedro de.
Ayala Ponce de León, Juana de. v. Hurtado de Arbieto, Martín.
Azúa, Ana de. v. Poveda y Urdanegui, José María de.

B

Baquijano, Josefa. v. Ramírez de Arellano, Domingo.
Barbosa, Beatriz. v. Magallanes, Fernando de.
Barrera, Bernaldina de. v. Torres, Álvaro.
Barreto de Castro, Feliciana. v. Velasco, Francisco de.
Barreto y Quirós, Isabel. v. Mendaña de Neira, Álvaro de.
Barrionuevo, Catalina de. v. Martí, Pedro.
Bastidas, Micaela. v. Tupac Amaru, José Gabriel.
Bautista, Juana. v. Aguilar, Fernando de.
Bazán, María de. v. Ercilla y Zúñiga, Alonso de.
Becerra, Isabel. v. Garay, Juan de.
Becerra, Teresa. v. Díaz del Castillo, Bernal.
Becerra y Mendoza, Isabel de. v. Garay, Juan de.
Belalcázar, Catalina de. v. Paz, Loernzo de.
Belzunce, Mariana. v. Dávalos y Rivera, Juan.
Benavides, María de. v. Calancha, Francisco de la.
Benítez, Ana. v. Bosque, Gabriel.
Benítez, Isabel. v. Peñalver, Juan de.
Bermúdez y Castilla, María Josefa. v. Sancho-Dávila Isásaga (o Isázaga), Juan Pedro.
Bernández, Marina. v. Florencia, Martín de.
Berrío (o Berrio), Andrea. v. Ufano, Gerónimo.
Berrío, Juana de. v. Salinas, Pedro.
Betanzos, Catalina de. v. Castellanos, Alonso de.
Betanzos, María de. v. Calle, Martín de la.
Bilbao, Josefa. v. Cansino, Pedro.
Blanco, María. v. Rivera, Juan de.
Bobadilla, Isabel de. v. Soto, Hernando de.
Bobadilla, Isabel de. v. Pedrarias Dávila.
Bobadilla, Leonor de. v. Mejía de Figueredo, Lorenzo.
Bobadilla, Leonor de. v. Bustamante, Blas de.
Bobadilla, María. v. Bobadilla, Pedro de.
Bohórquez, Catalina de. v. Velasco, Hernando de.
Bolaños, Isabel de. v. González, Alonso.
Bonet, Gertrudis. v. Mendiburu y Orellana, Dr. Manuel de.
Bonifaz, Beatriz. v. Delgado, Francisco.

Bonifaz de Ocampo, Beatriz. v. Torres y Mendoza, Antonio.

Borja, Ana Francisca de. v. Fernández de Castro, Pedro Antonio.

Bosave, Teresa. v. Aróstegui y Larrea, Martín de.

Bouro Varela, Luisa. v. Quint y Fernández, Juan Manuel.

Bravo de Lagunas y Zavala, Petronia. v. Saavedra, Dr. Francisco Arias de.

Bravo del Rivero, Ángela. v. Azaña Palacio y Maldonado, Pedro.

Briand de la Morandais y Cagigil del Solar, Francisca Javiera. v. García Huidobro, Francisco.

Brun y Carvajal, Joaquina. v. Carvajal y Vargas Chávez y Sotomayor, Fermín.

C

Cabeza de Vaca y Montalvo, Magdalena. v. Escobar de la Fuente, Diego.

Cabrera, Gerónima. v. Salguero, Fernando.

Cabrera, Inés. v. Torre, Juan de la.

Cabrera, Inés de. v. Sosa, Lope de.

Cáceres, Catalina de. v. Borges, Pedro

Cáceres y Solier, Petronila de. v. Cazalla, Sebastián de.

Calderón, Francisca. v. Bejerano, Serván.

Calderón, Inés. v. Gálvez Segura, Rodrigo.

Calderón, María. v. Villegas, Gerónimo de.

Calderón, Mencia. v. Sanabria, Juan de.

Calderón y Vadillo, Juana. v. Ceballos, Gaspar.

Calvo de Encalada Recabarren, Teresa. v. Gorbea y Vadillo, José Lucas de.

Calvo, María Rosa. v. O'Farrill y Casas, Alejandro.

Calvo y Peñalver, Antonia. v. Montalvo y O'Farrill, Juan.

Cámara, Eulalia de la. v. Larrea y Villavicencio, Juan José Clemente de.

Camberos Hurtado de Sotomayor, Juana . v. Pérez Manrique, Dionisio.

Campofrío y Riveros, María. v. Fuica y Ladrón de Cegama, Gabriel de.

Campos, María Antonia. v. Velasco, José Fernando de.

Cancio y Loaces, María de. v. Fuentes de Sierra, Domingo.

Candia, Bárbara de. v. Rospigliosi, Pedro Julio.

Carabantes, Catalina. v. Ortiz de Gaete y González, Cristóbal.

Caravantes, María de. v. Cádenas, Hernando de.

Carbajal Beatriz de. v. Barreda, Benito de la.

Carbajal, Isabel de. v. Díaz de Pineda, Sebastián.

Cárdenas, Lucía de. v. Cevallos, Antonio.

Cárdenas, Manuela de. v. Colina, José Antonio de la.

Cárdenas, María de. v. Barrientos, Lope de.

Cárdenas Ponce de León, María de. v. Vergara y Pardo, capitán Lucas.

Cardoso, Juana. v. Gaona, Pedro de.

Carmona, Josefa. v. Armas, Francisco.

Carreño, Ana. v. Loza Bravo de Lagunas, Diego.

Carrillo y Garcés, María Ignacia. v. Baquijano, Bautista.

Carrión, Isabel. v. Díaz de Aux, Miguel.

Cartagena Vela y Mioño, María. v. Costilla, Pablo.

Castañeda, Catalina de. v. Ramos, Antonio.

Carvajal, Inés de. v. Villafañe, Ángel de.

Carvajal, Leonor. v. Maldonado, Baltasar.

Carvajal, María. v. Robledo, Jorge.

Carvajal, María de. v. Briceño, Pedro de.

Carvajal, María Josefa. v. Dávila, José Joaquín.

Casas, Inés de las. v. Enríquez de Villalobos, Luis.

Casazus, María. v. Urries de Castilla, Manuel.

Castaño, Francisca. v. Espíndola, Cristóbal de.

Castellón de Lara, María. v. Arias Dávila, Gómez.

Castilla, María de. v. Loayza, Alonso de.

Castilleja, Beatriz de. v. Pacheco, Juan.

Castillejo, Leonor de. v. Alonso de Badajoz, Juan.

Castillo, María Concepción. v. Gallegos y Dávalos, Manuel.

Castro, Ana de. v. Terrazas, Francisco.

Castro, Ana María de. v. Puente y Larrea, Lorenzo Antonio de la.

Castro, Catalina de. v. Torres, Juan de.

Castro, Isabel de. v. Álvarez Cabral, Pedro.

Cavero, Catalina. Cueva, Diego de la.

Ceballos, Isabel de. v. García, Cosme.

Ceballos, María de. v. Aliaga, Lorenzo de.

Celis, María de. v. Burgos, Juan de .

Centeno de Chávez y Mendoza, Mariana. v. Santa-Cruz y Gallardo, José.

Centeno, Luciana. v. García Remón, Alonso.

Cepeda y Villarroel, Mencia. v. Santillán, capitán Pedro de.

Cepeda, Juana de. v. González, Hernán.

Cepeda, María. v. Manrique de Lara, Francisco.

Cerda Sotomayor y Casenda, Teresa de la. v. Lagos Mexía, Esteban de.

Cerda, Leonor de la. v. Díaz de Lagones, Luis.

Cerda, Violante de la. v. Hernández Gómez.

Cerezo, María. v. Vespucio, Américo.

Cermeño, María. v. Llanos, Antonio.

Cermeño, María. v. Faler, Tomás.

Cervantes, Ana. v. Tordesillas Villanueva, Alonso.

Cervera, María de. v. Díaz, Juan.

Cervera y Benavides, Claridiana. v. Castillo y Velasco, Luis del.

Céspedes y Toledo, Luisa de. v. Mata Ponce de León, licenciado Mateo.

Cevallos, Juana. v. Encalada Tello de Guzmán y Torres, Juan Félix.

Cianca, Petronila de. v. Badajoz, Alonso de.

Cigüenza, Inés de. v. Camboa, licenciado.

Clara Coya, Beatriz. v. Loyola, Martín García Oñez de.

Clavijo, Juana. v. Medina, Juan de.

Clavijo, Juana. v. Nájera Batihoja, Juan de.

Clois de Guistolo y Aremberg, Isabel. v. Pérez de los Ríos y Rivero, Alonso.

Colmenares y Vega, Rosa. v. Pro de León, Mateo.

Concha y Jara, Juana Isabel de. v. Ugarte, José Gabriel.

Contreras, Isabel. v. Rivera, licenciado Alonso Martínez.

Contreras, María de. v. González de Cuenca, Gregorio.

Corneja, Inés. v. Becerra, Juan.

Cornejo, Ana. v. Álvarez Maldonado, Juan.

Coronado, María. v. Martín Guillén de Gamboa, Cristóbal.

Corral, María. v. San Martín, Diego de.

Corral, María. v. Gutiérrez de Almodóvar, Antonio.

Corral, María. v. San Martín, Diego de.

Cortés, María. v. Martínez, Rodrigo.

Cortés y Azúa, Rosa. v. Mendiburu y Medrano, Juan Manuel.

Cortés, Leonor. v. Tolosa, Juan de.

Cortés, María del Carmen. v. Lavalle, Simón de.

Corvacho, Isabel. v. Pizarro, Bartolomé.

Costilla y Cartagena, Constanza. v. Jiménez de Lobaton y Azaña, Nicolás.

Costilla, Constanza. v. Lobaton y Azaña, Nicolás Jiménez.

Coya, Beatriz. v. Sierra de Leguizamo, Mencia.

Coya, Bárbola Yupanqui. v. Díaz de Castro, Garci.

Coya de Loyola Inca, Ana María. v. Henríquez de Borja, Juan.

Cruzat y Munive, Teresa. v. Vega, Francisco Félix de.

Cueva, Francisca de la. v. Flores, Francisco.

Cueva, Isabel de la. v. Bastidas, Alonso de.

Cuevas, María de las. v. Ferrer, Juan.

Cusi Huarcay, María. v. Fernández Coronel, Juan.

Ch

Chacón, Ana. v. Cuéllar. Miguel de.

Chacón Cajal y Vargas, Catalina. v. Calvo de Encalada y Orozco, Diego.

Chacón y Torres, Tomasa. v. Bayona y Chacón, José de.

Chaves, Beatriz de. v. Lope de Aguirre, Juan.

Chaves, Isabel de. v. Gavilán, Diego.

Chaves, María de. v. Núñez, Pedro de.

Chávez, Beatriz de. v. Lope de Aguirre, Juan.

Chávez, María Rosa de. v. Noriega, Pedro Alejandro.

Chimbo Coya, Leonor. v. Bautista, Juan.

D

Darrigrande Mendivil, María Rosa. v. Gana y Amézaga, Juan Francisco de.

Dávalos, Catalina. v. Trebuesto y Llano, Pedro Antonio.

Dávalos, Elvira. v. Rivera, Nicolás de.

Dávalos, Venancia. v. Cevallos, José Gregorio de.

Dávila, María. v. Mendoza, Pedro.

Daza, Catalina. v. Ávila, Alonso de.

Delgado, Juana. v. Antesana, Gerónimo de.

Díaz de Medina, Catalina. v. Perea, Francisco.

Díaz de Pineda, Beatriz. v. Illanes, Juan de.

Díaz de Rojas, Luisa. v. Ore y Río, Antonio de.

Díaz Delgado, Elvira. v. González de la Torre Remusgo, Hernán.

Díaz, Francisca. v. Aranda, Juan de.

Díaz, Juana. v. Elizalde, Antonio.

Díaz, Leonor. v. Yáñez, Diego.

Díaz, María. v. Baez de Francia, Juan.

Díaz, Mencia. v. Acuña, Francisco.

Díaz Portillo, Catalina. v. Hernández, Pero.

Díaz y Menéndez, Clara Josefa. v. Gálvez y Alba, Andrés Ramón de.

Docampo, Isabel. v. Carvajal, Francisco.

Dorantes, Ana. v. Pacheco, Melchor.

Doria, María Catalina. v. Gómez de Silva, Domingo.

E

Echeverz, Antonia de. v. Urriola, Juan de.

Encina y Sáenz de Baños, Eloísa. v. González Cortina y Pando Bento, José Restituto.

Enciso, Catalina. v. Gutiérrez, Felipe de.

Enríquez, Teresa. v. Bravo, Diego.

Escalase, Teresa de. v. Gache, Cayetano.

Escobar, Catalina de. v. Serrano, Juan.

Escobar, Inés de. v. Caicedo, Juan.

Escobar, Isabel de. v. Roelas, Diego de las.

Escobar, Isabel de. v. Ramírez, Juan.

Escobar, María de. v. Chávez, Diego.

Escobar, María de. v. Estete, Martín de.

Escobar, María de. v. Chaves, Francisco de.

Escobar, María de. v. Portocarrero, Pedro.

Escobar Pereira, Beatriz de. v. Torre, Alonso de.

Escobedo, Francisca de. v. Gómez de Almagro, Juan.

Espinola, Mencia. v. Malo de Molina, Melchor.

Espinosa, Antonia de. v. Espinosa, Antonio de.

Espinosa, Bárbola de. v. Fuentes, Francisco de.

Esquivel, Ana de. v. Pinelo Farfán, Francisco.

Esquivel, Antonia Gregoria. v. Loayza Calderón, Quiñones y Mogrobejo, Pedro.

Esquivel, Gerónima de. v. Bravo de Lagunas, Sebastián.

Esquivel María. v. Sánchez Bilbao, Cristóbal.

Esquivel, María de. v. Yupanqui, Carlos Inca.

Esquivel, Sabina de. v. Rifareche, Martín de.
Esquivel y Jarava, Antonia de. v. Villela y Larrondo, Dr. Andrés de.
Estévez, Juana. v. Fernández de Fuenmayor, Ruy.
Estrada, Ana de. v. Villegas, Luis de.
Estrada, Ana de. v. Alonso de Sosa, Juan.
Estrada, Beatriz de. v. Vázquez de Coronado, Francisco.
Estrada Cevallos, Luisa de. v. Loyola, Pedro José.
Estrada, Luisa de. v. Alvarado, Jorge.
Estrada, María de. v. Sánchez Farfán, Pero.

F

Farfán, Inés. v. Mendoza, Diego.
Farfano, Leonor. v. Illescas, Fernando de.
Faver, Enriqueta. v. Renaud, J.P.
Fernández, Beatriz. v. Valenciano, Pedro.
Fernández Cabeza, Isabel. v. Carrasco, Pedro Alonso.
Fernández Cornejo y Fernández de Córdoba, Martina . v. Mendoza y Argüedes, José Carlos de.
Fernández de Arnedo, Toribia. v. González de Feleña y Noriega, Juan.
Fernández de Bustamante, María. v. Gallo, Miguel.
Fernández de Córdoba, María. v. Calderón de la Barca y Bolta, general Alonso.
Fernández de Cornejo, Cipriana. v. Aranibar, José.
Fernández de la Reguera y Godoy, Leonor. v. Roldán Dávila, Juan.
Fernández de Zúñiga, María. v. Ulloa y Cabrera, Lorenzo.
Fernández Endrino, Catalina. v. Ochoa Lexalde, Juan.
Fernández, Magdalena. v. Arcos, Francisco de.
Ferreira, Juana. v. Núñez de Guzmán, Alonso.
Ferrer, Mariana. v. Bayón de Campomanes, Juan.
Figueroa, Isabel de. v. Taraznoa, Bartolomé.
Figueroa, Leonor de. v. Aliaga, Jerónimo.
Figueroa y Girón, Luciana de. v. Garcés de Marcilla y Tavira, Pedro.
Figueroa, Margarita de. v. Barrera Baena (o Barreda), Pedro.
Flores, Águeda. v. Lisperguer, Pedro.
Flores, Bábola. v. Hernández Gallego, Francisco.
Fonseca, Petronila de. v. Tapia, Cristóbal de.
Fresnada, Águeda de la. v. Durán, Juan.
Frías, Dolores. v. Saco, José Antonio.
Frías, Juana de. v. Puelles, Diego de.
Frías y Manzano, Josefa. v. Vosmediano, González y Sepúlveda.
Frías y Molina, Luisa de. v. Gorostiaga y Frías, José Benjamín.
Fuente, María de la. v. Hernández de los Palacios, Francisco.
Fuente, Rosa de la. v. Villar y Andrade, José.
Fuentes, Francisca de. v. Cuadrado, Antón.
Fuentes, Inés de. v. Illescas, Francisco de.

G

Gaitana, la. v. Añasco, Pedro de.

Galvana, Leonor. v. Álvarez Chico, Hernán de.

Gallardo de Vera, Juana. v. Undárraga y Yávar, José Ramón de.

Gamarra y Mendoza, Juana de. v. González Melgarejo, Francisco.

Garay, Catalina de. v. Linaza, Juan de.

Garay, Isabel de. v. Arias de Cañedo, Pedro.

Garay y Monís de Perestrello, Luisa de. v. Agüero, Diego de.

Garcés, Isabel. v. López de Legazpi, Miguel.

García, Catalina. v. Morcillo, Alonso de.

García de la Fuente, Beatriz. v. Zaragoza, Miguel de.

García de la Riestra, Isabel. v. Valle, Antonio.

García, Elvira. v. Bendezu, Miguel de.

García Gallardo, Leonor. v. Sánchez de Araya, Antón.

García Rangel, Leonor. v. González Galeano, Francisco.

García Robina, Josefa. v. Valle y Postigo, Dr. Manuel María.

Garrido Núñez, Teresa. v. Genis Terán, Juan.

Gómez del Castillo Henríquez Herrera, Paula Antonia. v. Iturrizarra y Mancilla, Bernardo.

Gómez, Ana. v. Véjer, Benito de.

Gómez-Cueli, Josefa Florentina. v. González de Cuenia y Noriega, Miguel.

Gómez, Francisca. v. Gómez, Cristóbal.

Gómez, Inés. v. Burgueño, Fernando.

Gómez, Isabel. v. González, Francisco.

Gómez, Leonor. v. Núñez, Juan.

González, Ana. v. Villacorta, Juan de.

González, Catalina. v. Cortés, Hernán.

González Hidalgo, Catalina. v. González de los Ríos, Toribio.

González, Inés. v. Robles, Juan.

González, Isabel. v. Figueredo, Francisco de.

González, Juana. v. Puerto, Juan del.

González, Mari. v. González Merino, Ruy.

González, María. v. Crespo, Juan.

González y Fuente, Francisca. v. Elizalde, José Matías.

Guenaro de Alcaraz, Juana. v. Gómez de Ávila, Rodrigo.

Guerra de la Daga, Juana. v. Boza y Solís, Gerónimo.

Guerra de la Daga, Lucía. v. Pérez de Mondéjar, Antonio.

Guevara, Beatriz de. v. Estete de Santo Domingo, Miguel.

Guillén, Catalina. v. Carvajal, Francisco de.

Guillén, Ginesa. v. Alarcón, Lope de.

Guisla y Larrea, María Hermengilda de. v. Guisla y Salazar, Carlos José.

Gutiérrez, Ana. v. Cansino, Juan.

Gutiérrez Cossío, María Ana. v. Tagle, Nicolás.

Gutiérrez de los Ríos, María. v. Sarmiento de Sotomayor, Agustín.
Gutiérrez, Antonia. v. Gutiérrez, Francisco.
Gutiérrez de Amaya, Juana. v. Arroyo, Simón de.
Gutiérrez de Villacorta, María. v. Guitérrez, Gómez.
Gutiérrez, Elvira. v. Morales, Miguel de.
Gutiérrez Flores de la Caballería, Marina. v. Estrada, Alonso de.
Gutiérrez, Isabel. v. Cáceres, Gerónimo de.
Gutiérrez, Leonor. v. Jiménez de Rivera, Juan.
Gutiérrez, Mari. v. Esteban, Miguel.
Gutiérrez, Mariana. v. López de Lisboa y León, Diego.
Guzmán, Fernanda de. v. Tovar, Pedro de.
Guzmán, Inés de. v. López, Román.
Guzmán, María de. v. Sepúlveda, Martín de.
Guzmán y Tovar, Petronila de. v. Mendoza, Rodrigo de.

H

Heredia, Bernardina de. v. Pantoja, Hernando de.
Hermosilla, Antonia. v. Cortés, Hernán.
Hermosillo, Elvira de. v. Acuña, Lope de.
Hernández, Catalina. v. Hernández, Cristóbal.
Hernández de Estrada, Beatriz. v. Calvo, Juan.
Hernández Gutiérrez, Beatriz. v. Cuenca, Benito de.
Hernández, Ana. v. Pedraza, Diego de.
Hernández, Ana. v. Castillo, Alonso del.
Hernández, Antonia. v. Moscoso, Juan de.
Hernández, Beatriz. v. Docón, García.
Hernández, Beatriz. v. Ecijoles, Tomás de.
Hernández, Beatriz. v. Grijalva, Sebastián.
Hernández, Beatriz. v. Sánchez de Olea, Juan.
Hernández, Catalina. v. Sánchez Madaleno, Francisco.
Hernández, Gracia. v. Hernández, Francisco.
Hernández, Juana. v. López, Martín.
Hernández, Margarita. v. Ribera, Salvador de.
Hernández, Mari. v. Cáceres, Juan de.
Hernández, María Manuela Calistra. v. Rosas, Antonio Basilio.
Herrera, Catalina de. v. Gutiérrez de Beas, Juan.
Herrera, Catalina de. v. Fuentes, Juan de.
Herrera, Inés de. v. Mesa, Francisco.
Herrera, Luisa María de. v. Gómez del Castillo. Henrique Treviño.
Herrera, María de. v. Cabra, Juan.
Herrera, N. v. Gacitua, Sebastián.
Hidalgo, Inés. v. Mérida, García de.
Higuamota. v. Guevara, Hernando de.

Hijar y Mendoza, Juana Margarita de. v. Fuente Sánchez Cortés de Monroy, Fernando de la.
Hinestrosa, Francisca. v. Bautista, Hernando.
Hoces, Francisca de. v. Sánchez, Alonso.
Hoces y Ordóñez, María. v. Ureta y Ayala, Juan Bautista de.
Holguín, Constanza. v. Almendras, Martín de.
Hoyos y Aguirre, Manuela de. v. Uruburu y Basterrechea, José de.
Huaco Ocllo, Catalina. v. Mesa, Alonso de.
Huamán, María Vicencia. v. Montoya, Domingo Chupul.
Huayles Yupanqui, Inés. v. Pizarro, Francisco.
Huaylles (o "Huaillas"), Beatriz. v. Bustinza, Pedro de.
Hurtado, Catalina. v. Calderón, Francisco.
Hurtado de Mendoza, Beatriz. v. Fernández Moro, Manuel.
Hurtado, María. v. Fuente Villalobos y Trebiño, Francisco de la.
Hurtado y Mendoza, Ana María. v. Chamorro, Fernando Antonio.

I

Icaran y Aechederreta, Margarita de. v. Gárate y Arabio, Juan Martín de.
Ibáñez y Orellana, Beatriz. v. Urquizu, Dr. Juan Pérez de.
Icaran y Aechederreta, Margarita de. v. Gárate y Arabro, Juan Martín de.
Illescas, Isabel de. v. León Garabito, Francisco de.
Iruegas, Isabel. v. Peralta, Felipe.
Isabel Chimpu Ocllo, la Ñusta. v. Garcilaso de la Vega, Sebastián.
Isásaga, Beatriz de. v. Holguín, García.
Iturrizarra, Juana Manuela de. v. Vallejo y Cañiego, Pedro de.
Iturgoyen Amasa, María de. v. Ruiz de Azúa, Tomás.
Iturgoyen y Lisperguer, Catalina. v. Vázquez de Acuña, Matías José.

J

Jácome, Dominga. v. Pérez de Vargas, Diego.
Jara, Josefa. v. Mendivi, Juan Antonio.
Jaraquemada y Gómez de Silva, Isabel. v. Mendoza, Alonso Hurtado de.
Jáuregui, María Ana Teresa de. v. Olavide, Martín de.
Jerez, Juana de. v. Dávalos, Gonzalo.
Jiménez, Catalina. v. Cobo, Juan.
Jiménez de Lobaton y Costilla, Gabriela. v. Querejazu y Mollinedo, Dr. Antonio Hermenegildo.
Jiménez de Lobaton, Constanza. v. Concha y Errazquín, Melchor de Santiago.
Jiménez de Lobaton, María. v. Ontañón y Lastra, Nicolás.
Jiménez, Florencia. v. Durán, Gaspar.
Jiménez, Isabel. v. Valbuena, Alonso de.
Jiménez, Juana. v. Cifontes, Gabriel de.

Jiménez, Leonor. v. Fuentes, Pedro de.
Jiménez, Mari. v. Portillo, Francisco de.
Jiménez, Mari. v. Perales, Bartolomé de.
Juárez, Catalina. v. Cortés, Hernán.
Juárez, María. v. Ávila, Antón de.
Junquera, Magdalena de. v. Medina y Sánchez, Tristán de Jesús.
Justiniani y Balsameda, María Josefa. v. Franchi Alfaro y Ponte, Francisco Tomás.
Justiniano, Ginebra. v. González Montero, Antonio.

L

Lara, Isabel de. v. Aguilar, Alonso.
Larrabeytia, Juana. v. Arteta, Lorenzo de.
Larrazábal, Tomasa de. v. Arráez, Martín de.
Leiva, Gregoria de. v. Martín de Eraso y Sarasa, Pedro.
Leiva, María de. v. Zavallos, Alonso de.
León, Ana. v. Cortés, Hernán.
León, Andrea de. v. Rojas y Acevedo, Dr. Gregorio.
León, María de. v. Castellar, Pedro.
León, María de. v. Cortés, Leonardo.
Leyton, Catalina de. v. Carvajal, Francisco de.
Leyton, Juana de. v. Bosso, Francisco.
Lezcano, María de. v. Barberán, Juan de.
Liaño, Leonor de. v. González de Solís, Bernardo.
Lisperguez Zenteno, Juana de. v. Gormaz y Covarrubias, José Antonio de.
Loaysa, Catalina. v. Albornoz, Rodrigo de.
Loayza, Juana de. v. Almaguer, Antonio de.
Loayza Calderón, Grinfanesa de. v. Castilla Altamirano, Fernando de.
Loayza Valdés y Bazán, Usenda. v. Vargas Carvajal, Diego Domingo.
Lobo Guerrero, Jacobina. v. Castrillo y Fajardo, Enrique.
Loos, Catalina de. v. Riva-Agüero, Martín de la.
López, Ana. Chacón, Andrés.
López, Ana. v. Martín Román, Francisco.
López, Ana Gertrudis. v. Mesa, Antonio.
López, Antonia. v. Fernández, Juan.
López, Beatriz. v. Arévalo, Alonso.
López de Chaburu y Cívico, Sinforosa. v. Oviedo Herrera y Rueda, Luis Antonio de.
López de Obregón, Mari. v. Baeza, Rodrigo de.
López de Polanco, Catalina. v. Bravo, Antón.
López, Mari. v. Balboa, Bernardino de.
López Olivares y Olmedo, Gabriela. v. Castillo de Herrera, Dr. Alonso.
López, Beatriz. v. Arévalo, Juan.
López, Beatriz. v. Herrera, Francisco de.
López, Catalina. v. San Pedro, Juan de.

López, Catalina. v. López, Andrés.
López de Obregón, Mari. v. Baeza, Rodrigo de.
López, Elvira. v. Palma, Juan de.
López, Ginesa. v. Picón, Juan.
López Olivares y Olmedo, Gabriela. v. Llano Valdés, Juan.
López, Petronila. v. Baca de Ávila, Juan de.
Loreto Astaburuaga y Pizarro, María de. v. Urmeneta, Francisco Javier de.
Loreto de Madariaga y Lecuna, María. v. Errázuriz y Larrain, Francisco Javier de.
Losa, Ana de. v. Ayo, Diego de.
Lozo, María de. v. Fernández de Alvarado y Perales, Eugenio.
Lucero, Cecilia. v. Jaramillo, Diego.
Luna, Francisca. v. Anastasio de Carvajal y Vargas, Diego.
Luque de Alarcón, Juana. v. Vera Montoya, capitán Pedro de.
Lutgarda Ruiz de Cisneros y de Saavedra, María. v. Fernández Quevedo de Heres Lloreda y de Saavedra.
Luz de Llaguno y Lavayen, María de la. v. Urbina, Gabriel José Fernández de.
Luza y Mendoza, Antonia de. v. Herboso y Asunsolo, Francisco.

Ll

Llanos, Beatriz de. v. Ávila, Francisco de.
Llera, María Josefa de. v. Escandón y Elguera, José.

M

Madona, Francisca. v. Antón, Marco.
Malaver, María de. v. Guillén, Juan.
Maldonado, Beatriz. v. Guzmán, Martín de.
Maldonado del Aro, Juana. v. Picón y Bicueta, Juan Antonio.
Maldonado, María. v. Paradinas, Juan de.
Maldonado y Verdugo, Antonia Lucía. v. Quintanilla, Alonso.
Manrique de Lara, María. v. Guevara, Vasco de.
Manrique de Lara y Soto, Josefa. v. Pino y Trigosa, Salvador del.
Manrique de Lara, Mariana. v. Carvajal Vargas y Brun, Mariano Joaquín.
Manrique de Tévez, Isabel. v. Tévez Brito, Diego.
Manrique, Isabel. v. Villalobos, Marcelo de.
Marchamalo, Francisca. v. Robles de Salcedo, licenciado Blas.
María, Tomasa. v. Camero, Manuel.
Marina, doña (Malinche). v. Cortés, Hernán.
Marmolejo, María. v. Cabeza de Vaca, Álvar Núñez.
Marmolejo, María. v. Ortiz de Gatica, Diego.
Márquez, Leonor. v. Sanz, Hernán.
Marroquí de Monte Hermoso, Catalina. v. Fernández de Córdoba, Luis.
Marrufa, Leonor. v. Bachicao, Hernando de.

Martel de los Ríos, Luisa. v. Cabrera, Luis de.

Martel, María. v. Ramiro, Juan.

Martel, María. v. Herrera, Francisco.

Martel Melgarejo, Isabel. v. Díaz de Carrión, Alonso.

Martín, Catalina. v. Martín Camacho, Cristóbal.

Martín de Melgar, Juana. v. Frías, Gonzalo de.

Martín, Juana. v. Cortés, Hernán.

Martínez, Catalina. v. Martín Aguado, Pedro.

Martínez, Ana. v. Almagro, Diego de.

Martínez de Aragón, María del Tránsito Ana. v. Gorostizaga y Urquizo, Manuel Antonio.

Martínez, Isabel. v. Maeda, Cristóbal de.

Martínez, Isabel. Báez, Juan.

Martínez, María del Rosario Teófila. v. Gorostiza y Escauriza, Juan de.

Martínez Orejón, Magdalena. v. Vizcaíno, Sebastián.

Martínez, Rita. v. Pérez de Arrubla, Juan Pablo de

Matheu Villamayor y Henríquez de Guzmán, Catalina. v. Mendoza Zapata y Bécquer, Dr. Gregorio Hurtado.

Maya, Ana de. v. Cuéllar Verdugo, Juan de.

Maza y Usategui, Andrea de la. v. Bravo y de la Maza, Alonso.

Maza y Uzategui, Micaela de la. v. Zavala y Urquizu, Andrés.

Meda y Mena, Micaela. v. Salcedo, José.

Medina, Ana de. v. Cuadros, Juan Alonso.

Medina, Luisa de. v. Pizarro, Martín.

Medina, María de. v. Cisneros, Juan.

Medrano, Catalina. v. Caboto, Sebastián.

Medrano, Francisca. v. Rocco, Francisco.

Meléndez, María. v. Vernal, Clemente.

Melgarejo de Soto, Luisa. v. Soto, Dr. Juan de.

Mena, Ana de. v. Barrionuevo, Francisco de.

Mena, Catalina de. v. Mota, Francisco de.

Mena, María de. v. Ulloa y Ulloa, Antonio.

Mena, Mariana de. v. Cherinos, Hernando.

Méndez, Ana. v. Río, Pedro del.

Méndez de Silva, Ana. v. Astudillo Montenegro, Juan de.

Méndez de Vargas, Juana. v. Arriaga, Diego de.

Méndez, Leonor. v. Hinojosa, Juan de.

Méndez, Leonor. v. Cornejo, Miguel.

Méndez, Luisa. v. González Gallegos, Juan.

Medina, María de. v. Cisneros, Juan de.

Mendive, Antonia. v. Lobaton, Juan Nicolás Jiménez de.

Mendoza y Fernández de Córdoba, Luisa. v. Dávalos Rivera, Nicolás.

Mendoza, Ana de. v. López de Cárdenas, García.

Mendoza, Catalina de. v. Cruz, Gabriel de la.

Mendoza, Constanza de. v. Padilla, licenciado Juan de.
Mendoza, Luisa de. v. Lescano, capitán Francisco Pérez.
Mendoza, Magdalena de. v. Zaldívar, Vicente de.
Mendoza, María de. v. Iricio, Martín de.
Mendoza, María de. v. Hernández, Diego.
Mendoza, María de. v. Marín, Luis.
Mendoza, María de. v. Zaldívar, Juan de.
Mercado y Peñalosa, Juana de. v. Hernández de la Cuba, Diego.
Merlo, Olalla de. v. Córdoba y Gómez, Alonso de.
Moro, Francisca de. v. Carrasco, Pedro.
Mesa, Ana de. v. Gómez Hidalgo, Alonso.
Mesa, Francisca de. v. Flores, Gerónimo.
Messía y Aliaga, Josefa. v. Fuente y Carrillo de Albornoz, José de la.
Messía y Aliaga, Josefa. v. Vázquez de Acuña, José Matías.
Messía, Constanza. v. León y Garabito, Andrés.
Mexía, Francisca de. v. Miranda, Juan.
Mexía y Figueroa, Isabel. v. Contreras, Alonso de.
Miranda, Francisca. v. Ruiz, Alonso.
Moctezuma Jofre de Loaisa, María Andrea. v. Sarmiento de Valladares, José.
Moctezuma, Isabel. v. Cortés, Hernán.
Moctezuma, Isabel. v. Gallego de Andrade, Juan.
Mogrobejo, Grimaneza de. v. Quiñones y Villapadierna, Francisco.
Molina y Lacy, Rosalía. v. Escario y Carrasco, Joaquín.
Mollinedo, J. v. Jara de la Cerda, Agustín.
Mollinedo, María Leonor. v. Cámara, Marcos Antonio de.
Moniz, Felipa. v. Colón, Cristóbal.
Monjaraz, Isabel de. v. Cáceres, Manuel de.
Monroy, Isabel de. v. Arango, Pedro.
Montaña, Gerónima. v. Dávila, Manuel.
Montenegro Bravo de Paredes, Luisa. v. Peña Parada, vizconde de.
Montes de Oca, María. v. Caicedo, Antón.
Montesinos Vera y Aragón, Juana. v. Fernández de Céspedes Gallardo, Juan.
Montiel Cabezas, Cecilia. v. Gaitán Ponce de León, Pedro.
Mora, Florencia de. v. Sandoval, Juan.
Mora, Juana de. v. Ríos, Lorenzo de los.
Morón y Luna, Isabel Antonia. v. Pereyra, Rodrigo Báez.
Muñoz, Inés. v. Ribera, Antonio.
Muñoz, Isabel. v. Motrico, Diego de.

N

Nájera, Leonor de. v. Moreno de Nájera, Pedro.
Nava, Francisca de. v. López de Ximena, Juan.
Nava, Luisa de. v. Peralta y Ríos, Pedro.

Navarro, Beatriz. v. Astorga, Juan de.

Navarro, Isabel. v. Alcázar, Dr. Juan de.

Navia Salas y Valdés, Guiomar de. v. Esquivel y Jarava, Diego.

Navia Solisvango, Magdalena. v. Miranda, Ignacio.

Neiva, Francisca de. v. Arriaga, Pedro de.

Nicte-Ha (Ixpilotzama). v. Guerrero, Gonzalo.

Nieves de Zuazo y Medina, María de las. v. Rendón y Dorsuna, Juan Ignacio.

Noriega, María Rosalía. v. Rodríguez, Pablo.

Núñez de Caravallo, Beatriz. v. Niño, Alonso.

Núñez de León, María. v. Ochoa, Ignacio de.

Núñez, Inés. v. Alcántara, Martín de.

Núñez Mancheno, Cerrana. v. Porras, Bartolomé.

Núñez, María. v. García Bravo, Alonso.

Núñez, Teresa. v. González de Pedraza, Martín.

Ñusta (la) Beatriz Yupanqui. v. Hernández, Diego.

Ñusta (la), doña Leonor. v. Villacastín, Francisco de.

Ñusta (la), doña Leonor. v. Balsa, Juan.

O

Obregón, Inés de. v. Caballero, Licenciado.

Ocampo, María de. v. Fernández de Heredia, Gonzalo.

O'Farrill, Catalina. v. Chacón y Herrera, José María.

Ojeda, Inés de. v. Martín, Nuflo.

Ojeda, Isabel de. v. Villarroel, Antonio de.

Oliva, María de. v. Flores, Gaspar.

Olmos, Isabel de. v. Zamudio, Juan de.

Orcasitas y Aliaga, Juana. v. Cayguegui, Manuel.

Ordaz, Beatriz de. v. Alonso, Hernando.

Ordaz, Francisca de. v. González de León, Juan.

Ordóñez Portocarrero Sande, Juliana. v. Fernández de Córdoba, Pedro.

Ordóñez, Francisca. v. Gutiérrez Flores, Francisco.

Orellana y Luna, María Josefa de. v. Ibáñez de Segovia Peralta y Cárdenas, Luis.

Orgóñez, Teresa. v. Silva Guzmán, capitán Diego.

Oria, Catalina de. v. Jáuregui, García de.

Orozco, Isabel de. v. Berrio, Juan de.

Orozco, Úrsula de. v. Escobedo, Francisco de.

Orozco, María Ángela. v. Borda y Echevarría, José de.

Ortega, Beatriz de. v. Rodríguez Cabrillo, Juan.

Ortiz, Ana. v. Baca (o Vaca), Cristóbal.

Ortiz de Arbildo y Berriz, Ángela. v. Navamuel de los Ríos, Álvaro Ruiz de.

Ortiz de Gaete, Marina. v. Valdivia, Pedro de.

Ortiz Dorantes, María. v. Cáceres, Juan de.

Ortiz, Isabel. v. Ortiz, Antonio.
Osorio, Catalina. v. Vega, García de.
Osorio, María. v. García de Cáceres, Diego.
Ovalle y Acevedo, Isabel de. v. Burgos, Cristóbal de.
Ovando, Beatriz de. v. Córdoba, Cristóbal.
Oviedo Luján y Recalde, Constanza de. v. Urdanegui, Juan de.
Oyanguren, Fresia de. Fernández Maqueira, Remigio.

P

Pacheco, María. v. Gajardo Guerrero, Juan.
Pacheco Maldonado, Juana. v. Tovar Báñez y Mendieta, Manuel Felipe de.
Padilla. Isabel de. v. Bacaes, Pedro.
Palacios, Beatriz de. Escobar, Pedro de.
Palacios, Beatriz de. v. Alcocer, Antonio de.
Palomeque Hidalgo, María de. v. Gamarra y Ladrón de Guevara, Martín.
Palomino, Isabel. v. Carrasco de Zorita, Alonso.
Pando, Manuela. v. González y Fuente, José.
Paniagua de Loayza, Clara. v. Solórzano Pereyra, Dr. Juan.
Pardo Figueroa, Juana María. v. Espinola y Villavicencio, general Nuño.
Paredes, Catalina. v. Plaza, Antonio.
Paredes, Francisca de. v. Golfo, Pedro del.
Pastene, Lucía de. v. Amara Yturigoyen, Bernardo de.
Paucar Ocllo Palla, Catalina. v. Grado, Francisco de.
Pavón Chumacero, Ana del. v. Herrera Barrantes, Alonso de.
Paz, Ana de. v. Cayo, Francisco.
Paz, Elena de. v. Ayala, Lope de.
Paz Enrile y Alcedo. María de la. v. Ezpeleta y Galdeano, José.
Paz, María de. v. Bernaldo de Quirós, Francisco.
Peláez del Junco, María Bernarda. v. Bonet y Abascal, Joaquín.
Peña, Ana de la. v. Pereira, Antonio de.
Peña, Leonor. v. Gallego, Álvaro.
Peñalosa, María de. v. Contreras, Rodrigo de.
Peñalosa y Alfaro, Josefa de. v. Urréjola e Izarza, Esteban de.
Peñalver y Cárdenas, María Teresa de. v. Armero y Fernández de Peñaranda, Antonio.
Perales, María de. v. Ojeda, Diego de.
Peralta, Juana. v. Priego, Manuel.
Peralta, Juana. v. Cabrera, Diego.
Pereles, María. v. Lozano, Pedro.
Pérez de Isásaga, María. v. Santa-Cruz y Padilla, Hernando.
Pérez Serrano, Ana María. v. Anza, Juan Bautista de.
Pérez de Bustillo, Yumar. v. Baca (o Vaca), Antonio.
Pérez de Lezcano, María. v. Chaves de Figueroa, Alonso.
Pérez de Silva, Catalina María. v. Pérez de Silva, Domingo.

Pérez, Francisca. v. Valera, Luis.

Pérez, María Gertrudis. v. Moreno, José.

Petra Rubio, María. v. Quintero, Luis.

Pezuela y Cevallos, Juana de la. v. Loriaga, Juan.

Pimentel, Ángela. v. Sarmiento de Sotomayor, Diego.

Pincuelar, Manuela. v. Félix, José Vicente.

Pineda, Elvira. v. Osorio, Juan.

Pineda, Leonor de. v. Llerena, García de.

Pineda, María de. v. Lerena, García de.

Piña, Catalina de. v. Mecina, Francisco de.

Pizarro, Francisca. v. Orellana, Hernando de. (ver también, Pizarro, Hernando).

Pizarro, Isabel. v. Entrambasaguas, Miguel de.

Pizarro, Leonor. v. Cortés, Hernán.

Plasencia, Catalina de. v. Gregorio Bazán, Juan.

Poblete, María. v. García, Melchor.

Polonia de Castro Nolete, Josefa. v. Gallegos Muñoz, Jerónimo.

Ponce de León, Leonor. v. Ponce de León, Juan.

Ponce de León, María. v. Gasso, Juan de.

Porcallo de Figueroa, María. v. Argote, Juan de.

Porras, Elvira de. v. Mata, Alonso de.

Porras, María de. v. Cuenca, Juan de.

Porras y Marmolejo, Isabel. v. Bautista Montes de Heredia, Juan.

Portocarrero, Leonor de. v. Almarás, Alonso de.

Prado Canales y Jofré, Catalina de. v. Farfán de los Godos, Gonzalo.

Prieto, María. v. Tenas Cabeza, Alonso de.

Puente y Castro, Constanza de la. v. Puente e Ibáñez, Juan José de la.

Q

Quesada, Leonor de. v. Lucio, Dr. Marcos.

Quesada, Manuela. v. León, Diego de.

Quiñones, Brianda de. v. Samano, Juan de.

Quiñones, Mariana de. v. Loayza Calderón, Juan de.

Quintanilla, Catalina de. v. Vázquez, Andrés.

Quintanilla, Mariana de. v. Barrionuevo, Alonso de.

Quintero, Ana. v. Arriaga, Antonio.

R

Ramírez, Andrea. v. Salazar, Francisco de.

Ramírez, Andrea. v. Tirado, Juan.

Ramírez de Cartagena, Bárbara. v. Rengifo, licenciado Juan Martínez.

Ramírez de Laredo, Teresa. v. Pardo y Riva, José Antonio de.

Ramírez y Encalada, Juana. v. Valcarce, Joaquín.

Ramírez y Maldonado, María Josefa. v. Pineda y Tavares, José.
Ramírez, Francisca. v. Ulloa, Antonio de.
Rebelledo (o Rebolledo), Ana. v. Montellano, Martín de.
Rebolledo, Ana de. v. Fernández (o Hernández) de Navarrete, Pedro.
Recaldo, María. v. Oviedo Sigonei y Luján, Francisco.
Recio y Pardo de Figueroa, María. v. Fernández de Mazeda, José Esteban.
Reguera, Francisca de la. v. Gutiérrez de Logroño, Pedro.
Reina, Beatriz de la. v. Peña, Juan de la.
Reyes, Ana María de los. v. Vicuña, Matías de.
Ribera, Agustina de. v. Bustamante, Gonzalo de.
Ribera, Isabel de. v. Almao, Alonso.
Ribera, Isabel de. v. Ávila, Juan de.
Ribera, Isabel de. v. Arcos, Francisco de.
Ribera, María de. v. Cortés, Juan.
Riberos Figueroa, Mariana de. v. Campofrío de Carbajal, Alonso.
Riberos y Estrada, María de. v. Costilla Gallinato, Jerónimo.
Rincón, Francisca del. v. Mendoza, Lope de.
Ríos, Juana de los. v. Robles de Melgar, Martín.
Ríos, Maria de los. v. Ríos, Damián de los.
Risco y Ciudad, Mercedes. v. Jiménez de Morales, Bernardo.
Rivera de Padilla, Isabel. v. Bacaos, Pedro.
Rivera, Francisca de. v. Blaque, Tomás.
Rivera, Luisa de. v. Buelta, Alonso.
Rivera, María de. v. Angulo, Hernando de.
Rivera y Santa Cruz, Ana Josefa de. v. Galindo Quiñones y Barrientos, Francisco.
Rivero y Salazar, Nicolasa de. v. Moscoso y Peralta, Juan Manuel.
Riberos, Francisca de. v. Alonso Palomino, Juan.
Robles, Ana de. v. Vedia, Diego de.
Robles, Catalina de. v. García de Triana, Alonso.
Robles, María. v. Peralta, Diego de.
Roca y Albornoz, Mercedes de la. v. Gorriti y Olaechea, Martín.
Rodas, Catalina de. v. Rodas, Agustín de.
Rodríguez de Corte Real, Helena. v. Galdamez, Benito.
Rodríguez, Ana. v. Arévalo, Andrés.
Rodríguez, Ana. v. Estrada, Alonso de.
Rodríguez, Ana. v. Jerez, Hernando de.
Rodríguez, Catalina. v. Cantillana, Hernando de.
Rodríguez, Catalina. v. Bocanegra, Alejo.
Rodríguez, Catalina. v. Cisneros, Alberto.
Rodríguez, Catalina. v. Gallegos, Lucas.
Rodríguez, Catalina. v. Moreno, Juan.
Rodríguez, Catalina. v. Valadés, Diego.
Rodríguez, Constanza. v. Añez, Pedro.
Rodríguez, Constanza. v. Gutiérrez de Mendoza, Diego.

Rodríguez de Orozco, Leonor. v. Tomás, Maese.

Rodríguez, Elvira. v. Galindo Sánchez, Juan.

Rodríguez, Isabel. v. Villanueva, Fernando.

Rodríguez, Isabel. v. Valiente, Alonso.

Rodríguez, Juana. v. Pérez, Martín.

Rodríguez, Leonor. v. Villanueva, Pero.

Rodríguez, Luisa. v. Aguilar, Gonzalo de.

Rodríguez, María. v. Navarro, Juan.

Rodríguez, María Juana. v. Rosas, José Alejandro.

Rodríguez, Marina. v. Payo, Lorenzo.

Rodríguez Niño, Juana. v. Guerra de la Vega, Diego.

Rodríguez, Petronila. v. González de la Vega, Manuel.

Rodríguez Silvestre, Catalina. v. Ortiz Caballero, Álvaro.

Rodríguez (u Ortiz de Cervantes), Juana. v. Azcoa, Santiago de.

Roelas, Ana. v. Sanz de Varea, Juan.

Rojas, Constanza. v. Leiva, Antonio de.

Rojas, Elvira de. v. Cárdenas, Francisco de.

Rojas, Isabel de. v. Arellano, Tristán de.

Rojas y Foronda, María Josefa. v. Segurola, Sebastián de.

Rojas y Sandoval, Constanza de. v. Pérez Manrique, Dionisio.

Rojas, Gregoria de. v. Núñez de Sanabria, Dr. Miguel.

Rojas, Isabel de. v. Luna y Arellano, Tristán de.

Rojas, Isabel de. v. Velázquez, Juan de.

Rojas, Petronila de. v. Gabiño y Hermida, Antonio de.

Roldán Dávila y Solórzano, Ángela. v. Concha de Santiago, Dr. José.

Romero de Saravaia, Lucía. v. Díez de Medina, Miguel.

Romero e Hidalgo, María de las Mercedes. v. Fernández de Gandarillas, José Nicolás.

Rosa, Juana. v. José, Juan.

Rostro y Vergara, María Luisa. v. Guisla y Larrea, Juan.

Ruecas, María de. v. Aguirre, Francisco.

Ruelas, Beatriz de. v. Rojo, Santos.

Ruiz, Beatriz de. v. Hernández, Rodrigo.

Ruiz de Bustamante, Francisca. v. González, Calderón, Miguel.

Ruiz de Berrío, Ana. v. Cuéllar, Juan de.

Ruiz, Ignacia. v. Larriva, Vicente de.

Ruiz, Juana. v. Olvera, Diego de.

Ruiz, Juana. v. Jiménez, Llorente.

Ruiz, Mari. v. Castañeda, Gregorio.

Ruiz, Malgarida. v. Genovés, Lorenzo.

Ruiz, María. v. Vargas, Alonso.

S

Saavedra, Catalina. v. Ríos, Pedro de los.

Sáez de la Pila, María. v. Baranga, Juan de.

Saint-Maxent, María Feliciana. v. Gálvez, Bernardo de.

Salas, María de. v. Ramírez, Marcos.

Salas y Ramírez, María Josefa de. v. Trucios y Ruiz de Alcedo, Salvador.

Salazar, Catalina de. v. Oñate, Cristóbal de.

Salazar e Izázaga, Mariana. v. Concha y Trasvaliña, José de Santiago.

Salazar, Francisca. v. Salazar, Cristóbal de.

Salazar, Isabel de. v. Dávila, Antonio.

Salazar, María de. v. Aguilar, Alonso.

Salazar, María de. v. García Villalón, Diego.

Salazar, María de. v. Juárez, Lorenzo.

Salazar, Teresa de. v. Barrios, Juan de.

Salazar y Muñatones, Isabel de. v. Lobaton y Azaña, Ventura.

Salcedo, Aldonza de. v. Garay, Antonio de.

Salcedo, Beatriz de. v. Salcedo, García.

Salcedo, Elvira de. v. Mercado de Sotomayor, Gregorio de.

Saldaña, Beatriz de. v. Rodríguez, D.N.

Saldaña, Leonor de. v. Alvarado, Jorge de.

Salvatierra, Mayor de. v. Concha, Pedro de.

Sánchez, Catalina. v. Guerra, Alonso.

Sánchez, Mari. v. Díaz, Antón.

San Román, María Josefa de. v. San Román, Miguel Jacinto.

Sandoval, Ana de. v. Porras o Porres) Sagredo, Diego de.

Sandoval, María de. v. Gutiérrez, Diego.

Sanior, Ángela. v. Riestra, Pedro García de la.

Sansoles, Lucrecia. v. Rivas, Juan de.

Santa Cruz, Catalina de. v. Sánchez, Luis.

Santa Cruz y Centeno, Julia. v. Buendía y Soto, José Javier.

Santa Gadea, María de. v. López de Ocampo, Fernando.

Santiago Concha y Errasquín, Juana Rosa. v. Villalta y Núñez, Dr. José Antonio.

Santillán, Juana Margarita de. v. García de Hijar y Mendoza.

Santillana, Beatriz de. v. Piñeda, Rodrigo de.

Sarriá Y Lea, Luisa de. v. Escalada y Bustillo de Ceballos, Manuel de.

Segura, Ana de. v. Catalán, Juan de.

Segura, Ana de. v. Tría, Gerónimo.

Serna, Elena de la. v. Toro Mazote, Ginés de.

Serpa, María de. v. Zamora, Alonso de.

Serva, Elvira de la. v. Ramos Cervantes, Álvaro.

Sierra, María de. v. Álvarez, Juan.

Siles y Antequera Lazo de la Vega, María. v. Zela y Neyra, Francisco Antonio.

Silva, Francisca de. v. Macías, Alonso.

Solier y Dávalos de Valenzuela, María. v. Cáceres, Alonso de.

Solier y Valenzuela, Isabel de. v. Díez de San Miguel, Garci.

Solís, María de. v. Avilés, Menéndez de.

Solís, María de. v. Villagrán, Juan de.

Solórzano, Antonia. v. Añasgo, Francisco.

Solisvango, Gerónima. v. Navia Bolaños Moscoso, Álvaro.

Sosa, Antonia de. v. Catalán, Pedro.

Sosa, Inés de. v. Cárdenas, Juan de.

Sosa, Isabel de. v. Tapia, Andrés.

Sosa, Juana de. v. Castilla, Luis de.

Sosa, Mencia. v. Girón, Francisco Hernández.

Soto y Rodríguez, María Regina Dorotea Gloria de. v. Navarro, José Antonio.

Soto, Agustina. v. Osorio, Alonso.

Soto, Narcisa de. v. Gómez y Bullones, José Antonio.

Sotomayor, Catalina de. v. Cáceres Delgado, Juan de.

Spíndola, Beatriz de. v. Balsa, Francisco.

Suárez, Ana. v. Picado, Alonso.

Suárez, Antonia. v. Picoaga y Arbiza, Francisco.

Suárez de Contreras, Isabel. v. Espinosa de Villasante, Luis de.

Suárez de Figueroa, Isabel. v. Ruiz de Gamboa, Lope.

Suárez, Francisca. v. Toledo, Antonio de.

T

Tagle, Serafina. v. Velarde y Cevallos, Gaspar de.

Tagle Bracho, Eugenia de. v. Torre de Trassiera y de la Riva, Bernabé.

Tapia, Catalina de. v. Carvajal, Antonio de.

Terrazas, Catalina de. v. Vera, Alonso de.

Toledo, María de. v. Fernández Guerra, Bartolomé.

Toledo, María de. v. Colón, Diego.

Toledo, María de (no relación con la esposa de Diego Colón). v. Camargo, Alonso.

Tolosa Cortés Moctezuma, Isabel. v. Oñate, Juan de.

Tordezuela, Beatriz de. v. Fuenzalida, Francisco de.

Torquemada, María de. v. Núñez Gallego, Juan (o Joan)

Torre, Ana de la. v. Reynoso, Juan de.

Torre, Catalina de la. v. Bernal, Juan.

Torre, Leonor de la. v. Gómez, Pero.

Torre, María de la. v. Benavides, Alonso.

Torre, María de la. v. Dorantes, Andrés de.

Torre y Zegarra, Jacinta de la. v. Corral Calvo de la Banda, Dr. José del.

Torres, Juana de. v. Espinosa Campoo, Juan de.

Torres, Mariana. v. Concha Manríquez, Hernando de la.

Torres Meneses, María de. v. Aguirre, Francisco.

Torres Padilla y Pastrana, María. v. Tebes Manrique de Lara, Diego.

Torres Toledo y Bracamonte, Josefa de. v. Ramírez de Laredo, Dr. Gaspar Antonio.

Torres, Elvira de. v. Gómez, Juan.

Torres, Elvira de. v. San Juan, Joan de.

Torres y Arza, Ana María de. v. Fuerte de la Plaza, Pedro.

Torres y Toledo, Inés de. v. Gutiérrez Nieto, Alonso.
Tovar, Isabel de. v. Torre, Juan de.
Toznenitzin, Elvira. v. Aguilar, Gerónimo.
Traslaviña, Teresa. v. Santiago, José.
Trueba, Dolores. v. Fornaris y Luque, José.

U

Ubierna Sandoval, María. v. Fernández de Córdoba y Espinosa, Fernando.
Ugarte, Catalina de. v. Bravo de Lagunas, Hernán.
Ulloa, Teresa de. v. Contreras, Vasco de.
Urdanegui, Mercedes. v. Gumendi, Bernardo.
Ureta, Gregoria. v. Paz Soldán, Manuel.
Uribe y Salazar, Catalina de. v. Zárate y Verdugo, licenciado Pedro Ortiz de.
Usategui, María. v. Maza, Gonzalo de la.

V

Vaca, Isabel. v. Durán de Figueroa, Juan.
Vadillo, Teresa. v. Ventura Calderón, Ángel.
Valdenegro, Isabel de. v. Cáceres, Francisco de.
Valdés, Rosa de. v. Ugarte-Cortázar Igaralde, José Antonio.
Valdivieso y Orueta, Nicolasa. v. Cabero y Tagle, Ignacio.
Valenzuela, Francisca de. v. Salamanca, Pedro.
Valenzuela, María de. v. Narváez, Pánfilo de.
Valterra, Francisca de. v. Guzmán, Pedro de.
Valverde, Ana de. v. Carrera, Sancho de la.
Valverde, Ana de. v. Mora, Diego.
Valverde, María de. v. Cuadrado, Pedro.
Valverde, María de. v. Ordóñez, Rodrigo.
Valverde, María de. v. Blásquez, Juan.
Valverde y Contreras, Bernardina. v. Valverde y Mercado, Fernando.
Vargas, Ana de. v Enciso, Antonio.
Vargas, Beatriz de. v. Carvajal y Dávila, Diego.
Vargas, Catalina de. v. Barahona, Hernando de.
Vargas, Francisca de. v. Victoria, Juan González de.
Vargas, Jerónima de. v. Calderón. Baltasar.
Vargas, María de. v. Sierra, Hernando de.
Vargas, María de. v. Osorio, Juan.
Vázquez de Briviesca, Cecilia. v. González, Francisco.
Vázquez de Mella, Leonor. v. Ponce de León, Luis.
Vázquez, Francisca. v. Díaz, Francisco.
Vázquez Parra, Isabel. v. Arriaga, Diego de.
Vega Larrinaga, Agustina de. v. Colmenares y Vega, Sebastián.

Vega Palacio, María de la. v. Urdaneta Barrenechea y del Campo, Martín.
Vega y Padilla, María de. v. San Miguel de Solier, Dr. Juan Díez.
Vela, Ana María de. v. Guarnido, Lorenzo.
Velasco, Ana de. v. Alvarado, Alonso.
Velasco, Teresa. v. Pizarro y Orellana, Fernando.
Velázquez, Ana. v. Porras, Juan de.
Veláquez de Cuéllar, María Magdalena. v. Rosas y Córdoba, Manuel de.
Velázquez de Obando, Margarita. Fernández de Arróyabe, Francisco.
Vélez Michel, Francisca. v. Pastor de Velasco, Mateo.
Vélez Razcona, Catalina. v. Orduña, Francisco.
Velosa, María de. v. Castro, Antonio de.
Venegas, Mariana. v. Perlí, Gabriel.
Venero, Luisa de. v. Gutiérez, Francisco.
Ventura de Azaña y Valdés, Francisca. v. Lobaton, Juan Jiménez de.
Verdugo de Angulo, Mayor. v. Álvarez Meléndez, Antonio.
Verdugo, Francisca. v. Bazán, Alonso de.
Vergara, Catalina. v. Morcillo, Francisco.
Vergara, Catalina de. v. Ervas, Cristóbal de.
Vieira y Acevedo, María de. v. Gorena y Perochena, Juan Francisco de.
Villagómez, Catalina de. v. Castro, Pedro de.
Villalobos, Teresa de. v. Padilla, Diego.
Villalta, Inés. v. Hurtado y Alzamora, José Leonardo.
Villanueva, Leonor de. v. Manzanilla, Juan de.
Villegas, Beatriz de. v. Bolonia, Francisco de.
Villegas, Micaela. v. Amat y Junyet, Manuel de.
Vivar, Luisa. v. Solís. Gómez de.

X

Xaramillo, María. v. Fernández de Hijar, Juan.
Xicoténcalt, Luisa de. v. Alvarado, Pedro.
Ximénez, María. v. Portillo, Francisco.

Y

Yáñez de Almonte, Gregoria. v. Luza y Mendoza, Juan.
Yupanqui, Isabel. v. Martínez Vegaso, Lucas.
Yupanqui, Leonor. v. Ortiz de Zárate, Juan.

Z

Zaldua Ruiz de la Torre, Mariana de. v. García de León Pizarro, Ramón.
Zalduendo, Julia de. v. Carrión, Gómez de.
Zambrana, Francisca de. v. Giraldo, Alonso.

Zamora, María de. v. Bevavente, Adrián de.

Zamudio, Isabel de. v. Barrera, Cristóbal de la.

Zapata, Antonia. v. Fernández de Santiago, Diego.

Zapata Gómez, Francisca. v. Atehortúa, Antonio de.

Zárate, Catalina de. v. Gaitán, Juan.

Zárate Cisneros y Mendoza, Luisa. v. Gutiérrez, Felipe.

Zárate, Inés de. v. Astete, Bartolomé de.

Zárate, Juana de. v. Torres y Vera, Juan de.

Zárate, Lorenza de. v. Irazábal, Francisco de.

Zavala, Petronila Ana de. v. Bravo del Rivero y Correa, Pedro.

Zayas, Beatriz de. v. Jaramillo, Diego.

Zea García y Pareja, Beatriz de. v. Bueno, Hernán.

Zequeiros, Inés de. v. Aristozábal y Espinosa, Gabriel.

Zornoza y Peñalver, María de la Concepción. v. Uricoechea y Vitoria, Juan Antonio de.

Zorrilla, Lorenza. v. Montero del Águila, Dr. Diego.

Zubiaga de Gamarra, Francisca, "la Mariscala". v. Gamarra, Agustín.

Zubizarreta, Rita de. v. San Martín, Pedro.

Zugasti, Josefa. v. Vázquez de Velasco y Quirós, Pedro Pascual.

Zugasti, Mariana. v. Lavalle, José Antonio de.

Zúñiga, Leonor de. v. Esquivel, Rodrigo de.

Zúñiga, Francisca de. v. López de Cazalla, Pedro.

Zúñiga, Juana de. v. Cortés, Hernán.

Zúñiga, Juana de. v. Rodríguez de Villafuerte, Juan.

Zúñiga, María de. v. Sandoval, licenciado Rodrigo.

Índice Onomástico B

A

Abraga y Labrado, María Francisca de. v. Urquiza y Abraga, José de.
Acevedo, Juana de. v. Catalán, Juan de.
Acevedo, Juana de. v. Tría, Gerónimo.
Acevedo, María de. v. Gorena y Perochena, Juan Francisco de.
Acosta, Juana de. v. González de la Vega, Manuel.
Acuña y Guzmán, Olga. v. Gormaz y Covarrubias, José Antonio de.
Agüero y Rojas, Josefa de. v. Tovar Báñez y Mendieta, Manuel Felipe de.
Agüero y Salinas, Josefa de. v. Ureta y Ayala, Juan Bautista de.
Águila, Inés de. v. Garay, Juan de.
Águila, Inés del. v. Fernández de Céspedes Gallardo, Juan.
Águila y Reyes, Josefa del. v. Pino y Trigosa, Salvador del.
Aguilar, Inés de. v. Castro, Pedro de.
Aguilar, Isabel de. v. Alonso, Hernando.
Aguilar, María de. v. Aguilar, Gonzalo de.
Aguirre, Elvira de. v. Guzmán, Martín de.
Aguirre, Marcela de. v. Morales, Juan Antonio de.
Aguirre, Nicolasa de. v. Fernández Maqueira, Remigio.
Aguirre y Díaz de Asendegui, María Dolores de. v. Ureta y Ayala, Juan Bautista de.
Ahumada, Beatriz de. v. Córdoba y Gómez, Alonso de.
Ahumada, Teresa de. v. Córdoba y Gómez, Alonso de.
Alagón, María Salomé de. v. González Cortina y Pando Bento, José Restituto.
Albornoz, Rosa. v. Gorriti y Olaechea, Martín.
Alcedo y Herrrera, Gertrudis de.v. Cueva y Guzmán, Francisco de la.
Alcedo, Gertrudis. Cueva, Beltrán de la.
Alcázar, Beatriz de. v. Córdoba y Gómez, Alonso de.
Alcocer, Beatriz. v. Castellar, Pedro.
Aldana, María de. v. Almendras, Martín de.
Aldana, Mencia de.v. Gody, Francisco de.
Aldunate y Santa Cruz, Manuela de. v. Toro, Tomás de.
Alfaro Esparza Céspedes de Paz, Juana de. v. Gamarra y Ladrón de Guevara, Martín.
Aliaga y Borda, Josefa.v. Bravo del Rivero y Correa, Pedro.
Aliaga y Colmenares, Josefa. v. Messía, Diego Cristóbal.

Aliaga y Oyague, Juana.v. Cayguegui, Manuel.
Alonso, Catalina. v. Pinzón, Martín.
Alonso, María. v. Pizarro, Francisco.
Alvarado, Inés de. v. Alvarado, Alonso.
Alvarado, Isabel de. v. Moscoso de Alvarado, Luis.
Alvarado, Isabel de. v. Alvarado, Alonso.
Alvarado, Leonor. v. Alvarado, Jorge de.
Alvarado, Teresa de. v. Alvarado, Alonso.
Álvarez, Beatriz. v. Herrera Barrantes, Alonso de.
Álvarez de Arenales, María Josefa. v. Uruburu y Basterrechea, Josés de.
Álvarez de Carmona, María Leonor. v. Ervas, Cristóbal de.
Álvarez de Foronda y Mendivi, Francisca, condesa de Valle-Hermoso.v. Mendivi, Juan Antonio.
Álvarez de la Viña y Menéndez de la Torre, Flora. v. García-Barbón, Rafael J.
Álvarez, Isabel. v. Torre, Alonso de.
Álvarez, Leonor. v. Álvarez Meléndez, Antonio.
Álvarez de Vallejeda, Teresa. v. Blásquez, Juan.
Álvarez del Pino, Gabriela. v. González de Feleña y Noriega, Juna.
Álvarez Malaver, María. v. Toro, Tomás de.
Alzate, Bárbara. v. González de Feleña y Noriega, Juan.
Alzate, Gertrudis. v. González de Feleña y Noriega, Juan.
Alzate, María Paula. v. García de León Pizarro, Ramón.
Allende, Cayetana. v. Gormaz y Covarrubias, José Antonio de.
Allende, María. v. García de León Pizarro, Ramón.
Amaya, Leonor de. v. Martínez, Rodrigo.
Amézaga Gandía, Manuela de. v. Gana y Amézaga, Juan Francisco de.
Amoretti, María de la Concepción. v. Gorostiza y Escauriza, Juan de.
Ampuero, María Josefa. v. Ugarte, José Gabriel.
Amunátegui Lecaros, Carmen. v. García Huidobro, Francisco.
Andagoya, Isabel de. v. Cáceres, Francisco de.
Andia Irarrázabal y Agüero, Josefa de. v. Ureta y Ayala, Juan Bautista de.
Andonaegui, Josefa. v. Ureta y Ayala, Juan Bautista de.
Andrade Moctezuma, Juana. v. Gallego de Andrade, Juan.
Andrade y Barrientos, Margarita de. v. Toro Mazote, Ginés de.
Ángel y Uribe, Josefa. v. Escobar de la Fuente, Diego.
Ángel y Uribe, Micaela. v. Escobar de la Fuente, Diego.
Ángel y Uribe, Rosalía. v. Escobar de la Fuente, Diego.
Angulo, Ana. v. Hernández, Gómez.
Añasco, Catalina de. v. Añasco, Pedro de.
Añasco Saavedra, Potenciana de. v. Garay, Juan de.
Apezteguia, María de. v. Gorriti y Olaechea, Martín.
Apolinaria de Alarcón, Ana. v. Maldonado, Diego.
Aquilina Montoya y Lorenzana, María. v. Uricoechea y Vitoria, Juan Antonio de.
Araníbar Fernández Cornejo, Francisca. v. Paz Soldán, Manuel.

Aragón Carrillo de Mendoza y Cortés, Juana de. v. Hernán Cortés.

Arana, Catalina de. v. Bueno de Zea, Hernán.

Arana, María de. v. Gorostizaga y Urquizo, Manuel Antonio.

Arango, Juana. v. García de León Pizarro, Ramón.

Arango, Mariana. v. Arteaga, Luis de.

Aránguiz y Mendieta, María Rita de. v. Fernández de Gandarillas, José Nicolás.

Aravena y Araoz de la Madrid, Luisa. v. González Cortina y Pando Bento, Josés Restituto.

Araya, Inés de. v. Sánchez de Araya, Antón.

Araya, Leonor de. v. Sánchez de Araya, Antón.

Araya, María. v. Sánchez de Araya, Antón.

Araya, Úrsula de. v. Sánchez de Araya, Antón.

Arbiru y Beaumont, Josefa de. v. Pérez de Arrubla, Juan Pablo.

Arcaya y Córdoba, María de. v. Toro Mazote, Ginés de.

Arévalo, Ana María de. v. Tello y Espinosa, Agustín.

Argandoña, Bartolina de. v. Gabiño y Hermida, Antonio de.

Arias Carrasco, Leonor. v. Alonso Carrasco, Pero.

Arias de Molina y Páez Castillejo de Valenzuela, María. v. Fernández de Céspedes Gallardo, Juan.

Arias de Saavedra, Petronila. v. Saavedra, Dr. Francisco Arias de.

Arias de Saavedra, Petronila. v. Urdanegui, Juan de.

Arias Maldonado Hijar y Mendoza, Inés Josefa. v. Maldonado, Diego.

Arias, Isabel. v. Salinas, Juan.

Arizaga Hurtado y Mendoza, María Mercedes. v. Zela y Neyra, Francisco Antonio.

Arizpe, Cecilia. v. González de Villa y Pérez de la Vega, Ramón.

Arlegui y Gorbea, Teresa. v. García Huidobro, Francisco.

Armaza y Toro, Josefa. v. Toro, Tomás de.

Armero y Peñalver, María de la Concepción. v. Armero y Fernández de Peñaranda, Antonio.

Armero y Peñalver, María de los Dolores. v. Armero y Fernández de Peñaranda, Antonio.

Arnedo, Francisca. v. García de León Pizarro, Ramón.

Arnedo, Lucía de. v. González de Feleña y Noriega, Juan.

Arráez, María Josefa de. v. Arráez, Martín de.

Arregui y Heredia, Luz de. v. González de Villa y Pérez de la Vega, Ramón.

Arriagada, María de la. v. Toro Mazote, Ginés de.

Artayeta y Hurtado, Dolores. v. González Cortina y Pando Bento, José Restituto.

Arteaga, Gertrudis de. v. Arteaga, Luis de.

Arteaga, Josefa. v. Arteaga, Luis.

Arteaga, Francisca María de. v. Urbina, Gabriel José Fernández de.

Arteaga, Micaela de. v. Arteaga, Luis de.

Arteaga, Rosa de. v. Arteaga, Luis de.

Artega y Landaneta, María de. v. Urbina, Gabriel José Fernández de.

Arteaga y Mexía de Vera, Juana de. v. Arteaga, Luis de.

Arzac, Josefa de. v. Mendiburu y Orellana, Dr. Manuel de.

Asensio, María. v. Fuenzalida, Francisco.

Astor, Polonia de. v. Ortiz de Gaete y González, Cristóbal.

Astorga, Beatriz de. v. Astorga, Juan de.

Astorga, Margarita de. v. Garcés de Marcilla y Tavira, Pedro.

Astorga, María de. v. Astorga, Juan de.

Astorga, Mariana de. v. Astorga, Juan de.

Atahualpa, Isabel. v. Gutiérrez de Medina, Juan.

Atahualpa, Isabel. v. Aguilar, Alonso.

Aux, Luisa. v. Aux, Diego de.

Ávala, María de. v. Alvarado, Alonso.

Avaria y Zavala, Bartolina de. v. Ugarte-Cortázar Igaralde, José Antonio.

Avaria y Zavala, Bartolina de. v. Ureta y Ayala, Juan Bautista de.

Avendaño, Lorenza. v. Ugarte, José Gabriel.

Avendaño, Teresa. Silva Guzmán, capitán Diego.

Avendaño, Teresa de. v. Avendaño, Pedro de.

Ayala, Catalina de. v. Barba Cabeza de Vaca y Coronado, Cristóbal.

Ayala, Leonor de. v. Hurado de Arbieto, Martín.

Ayala, Leonor de. v. Moreno, Pedro.

Ayllón, Lucía de. v. Valbuena, Alonso de.

Azaña Valdés, Francisca.v. Llano Zapata, José Eusebio.

Azarpay, Juana. v. Ugarte, José Gabriel.

B

Baca, Isabel. v. Urbina, Gabriel José Fernández de.

Baeza, Mercedes de. v. Gormaz y Covarrubias, José Antonio de.

Balbontin de los Reyes, Josefa. v. Urriola, Juan de.

Balbontin de la Torre y Caldera, María del Carmen. v. Fernández Maqueira, Remigio.

Balbontin y de la Torre, Josefa de. v. Ureta y Ayala, Juan Bautista de.

Balmes, Ana de. v. Gormaz y Covarrubias, José Antonio de.

Balsa, Francisca. v. Balsa, Juan.

Balsa, Juana. v. Balsa, Juan.

Baltar, Ana María de. v. Gorbea y Vadillo, José Lucas.

Bama, Catalina. v. Bosque, Gabriel.

Baptista Briceño, Dolores. v. Urdaneta Barrenechea y del Campo, Martín.

Baquijano y Carrillo, Josefa. v. Ramírez de Laredo, Dr. Gaspar Antonio.

Barba, Luisa.v. Castilla Altamirano, Fernando de.

Barreda y Bustamante, Javiera. v. Díz de Medina, Miguel.

Barrientos de Salamanca, Beatriz. v. Salamanca, Diego de.

Barrientos y Cervantes, María. v. Galindo Quiñones y Barrientos, Francisco.

Barrios, Beatriz de. v. Tovar Báñez y Mendieta, Manuel Felipe de.

Barros, María de. v. Sánchez de Araya, Antón.

Bascuñan y Valedor, Amelia. v. Fernández de Mazeda, José Esteban.

Bascuñán y Valledor Salas y Aldunate Palazuelos y Díaz de la Puente, Amelia. v. García Huidobro, Francisco.

Becerra, Constanza. v. Rosas y Córdoba, Manuel de.

Bécquer, Cipriana Josefa.v. Mendoza Zapata y Bécquer, Dr. Gregorio Hurtado de.

Bedoya Campusano, Francisca de.v. Loayza Calderón, Quiñones y Mogrobejo, Pedro.

Belitequi, María de. v. Ochoa Lexalde, Juan.

Belmonte, Inés de. v. Sánchez de Olea, Juan.

Belmonte, Juana de. v. Fernández Montiel, Alonso.

Benavides, Antonia de.v. Benavides, Alonso.

Berganza y Fernández de Lorca, María. v. Undárraga y Yávar, José Ramón de.

Benítez Tobón, Leonor. v. Gallo, Miguel.

Bermúdez de la Torre, Ana Josefa. v. San Miguel de Solier, Dr. Juan Díez de.

Bermúdez, Catarina.v. Núñez, Pedro de.

Berrío Córdoba Guzmán, Gerónima. v. Silva Guzmán, capitán Diego.

Bertao, Malgarida. v. Bertao, Cristóbal.

Bertancourt del Castillo, Lucrecia. v. Garcés de Marcilla y Tavira, Pedro.

Bettinelli, Ángela. v. Urbina, Gabriel José Fernández de.

Bidando Ponte de Lima, María Isidora. v. González Cortina y Pando Bento, José Restituto.

Biedma, Juana María de. v. Gálvez Segura, Rodrigo.

Blanca de Francia, Princesa. v. Cabrera, Jerónimo Luis de.

Blanco y del Pedregal, Dolores. v. Fernández de Mazeda, José Esteban.

Bobadilla, Beatriz. v. Colón, Diego.

Bobadilla, Isabel de. v. De Soto, Hernando.

Bobadilla, Isabel de.v. Contreras, Rodrigo de.

Bobadilla, Isabel de.v. Mejía de Figueroa, Lorenzo.

Bobadilla, Leonor.v. Loayza, Alonso de.

Bohórquez, Isabel de. v. Dávalos de Ayala, Luis.

Bolonia, Francisca de. v. Bolonia, Francisco de.

Borda, Josefa. v. Borda y Echevarría, José de.

Borja y Aragón, Juana de. v. Loyola, Martín García Óñez de.

Bravo de Castilla, María del Carmen.v. Lobaton y Azaña, Ventura.

Bravo de Lagunas, Mariana. v. Carrillo de Albornoz y Esquivel, Pedro.

Bravo de Lagunas, Petronila. v. Puente y Larrea, Lorenzo Antonio de la.

Bravo de Lagunas y Castilla, María Teresa.v. Bejarano y Bravo de Lagunas, Luis.

Bravo de Lagunas y Peralta, Inés. v. Bravo de Lagunas, Hernán.

Bravo de Paredes, Ana. v. Tello y Espinosa, Agustín.

Bravo del Rivero y Zavala, Ana Micaela. v. Zavala y Urquizu, Andrés.

Bravo Lagunas, Francisca.v. Ortiz de Zúñiga, Íñigo.

Bravo y de la Maza, María.v. Bravo y de la Maza, Alonso.

Bravo, Elvira. v. Reynoso, Juan de.

Briceño, Juana. v. Alnaguer, Antonio de.

Briones, Isabel. v. González Galeano, Francisco.

Buelta de Rivera, Inés. v. Buelta, Alonso.

Buen Pastor, Zelmira del. v. Gormaz y Covarrubias, José Antonio de.
Buendía y Carrillo, Clara.v. Buendía y Soto, José Javier.
Burgo, Rosa del. v. García de León Pizarro, Ramón.
Bustamante y Arroyave, Bernarda. v. Escobar de la Fuente, Diego.
Bustillo de Ceballos Ryan, Gertrudis. v. Escalada y Bustillo de Ceballos, Manuel de.

C

Caamaño y García, Evangelina. v. Urbina, Gabriel José Fernández de.
Caballería, Marina de la. v. García, Cosme.
Caballero, Petronila Teresa. v. Cueva, Beltrán de la.
Caballero Fernández de Córdoba, Ana. v. Gamarra y Ladrón de Guevara, Martín.
Cabello, Isabel.v. Concha y Errazquín, Melchor de Santiago.
Cabello Robarato, María Ignacia de los Dolores. v. Arredondo y Perelli, Antonio de.
Cabrera, Catalina de. v. Bernaldo de Quirós, Francisco.
Cabrera, Francisca de. v. Cabrera, Jerónimo Luis de.
Cabrera, Inés de. v. Torre, Juan de.
Cabrera y Cárdenas, María Ana de. v. Gálvez Segura, Rodrigo.
Cabrera y Zúñiga, Antonia de. v. Garay, Juan de.
Cáceres y Ulloa, Ana de. v. Navamuel de los Ríos, Álvaro Ruiz de.
Cáceres, Petronila de. v. Esquivel y Jarava, Diego.
Cacho y Lavalle, Encarnación.v. Bracamonte y Dávila, Pedro.
Cadena Mendoza y Ponce de León, Josefa de la. v. Díez de Medina, Miguel.
Cagigal del Solar, Juana Francisca. v. García Huidobro, Francisco.
Caldera y Solarzo, Luisa. v. González de los Ríos, Toribio.
Calderón de la Torre y Chávez, María. v. Gorena y Perochena, Juan Francisco.
Calderón de Vargas, Agustina. v. Pérez de Mondéjar, Antonio.
Calderón, Ana de Prado. v. Cortés, Hernán.
Calderón Igarzábal, Juana. v. González Cortina y Pando Bento, José Restituto.
Calderón, Juana de. v. Ventura Calderón, Ángel.
Calderón, Mencia. v. Garay, Juan de.
Calderón y Berrio, Josefa Francisca. v. Fernández de Céspedes Gallardo, Juan.
Calvo de Encalada y Recabarren, Mercedes. v. Calvo de Encalada y Orozco, Diego.
Calvo de la Cuadra, Mercedes. v. Toro, Tomás de.
Calvo y Peñalver, Catalina. v. Chacón y Herrera, José María.
Calle, Pascuala de la. v. Calle, Martín de la.
Cámara, Catalina de la. v. Fernández Montiel, Alonso.
Campuzano, Isabel. v. García de León Pizarro, Ramón.
Camudio, Catalina de. v. Fernández Guerra, Bartolomé.
Cano Melgarejo, Mauricia. v. Moreyra y Matute, Francisco.
Cano Peláez, Brígida. v. Escobar de la Fuente, Diego.
Cano y Correa, Cecilia. v. Escandón y Elguera, José.
Cañete, Vicenta. v. González Cortina y Pando Bento, José Restituto.
Caracciolo, María del Carmen. v. Hernán Cortés.

Caracol, María. v. Ortiz de Gatica, Diego.

Carbajal, Mencia de. v. Hernández, Gómez.

Cárdenas, Catalina de. v. Cárdenas, Francisco de.

Carranza, Ana de. v. Carranza, Pedro de.

Carranza, Emilia. v. Gache, Cayetano.

Carrasco, Leonor Arias.v. Carrasco, Pedro Alonso.

Carreño, Inés. v. Toro Mazote, Ginés de.

Carrera Aguirre, María del Carmen. v. Gormaz y Covarrubias, José Antonio de.

Carrrera, Antonia de la. v. Fernández Maqueira, Remigio.

Carrera Elguea, Francisca de la. v. Toro, Tomás de.

Carrera y Cuevas, Petronila de la. v. Ureta y Ayala, Juan Bautista de.

Carrera y Helguera, Pilar. v. Escario y Carrasco, Joaquín.

Carrillo de Albornoz y Salazar, Josefa. v. Vega, Francisco Félix de.

Carrillo de Albornoz, Luisa.v. Ontañón y Lastra, Nicolás.

Carrillo de Albornoz y Bravo. v. Fuente Sánchez Cortés de Monroy, Fernando de la.

Carrillo de Mendoza, Juana. v. Garay, Juan de.

Carrillo de Mendoza y Cortés, Estefanía. v. Hernán Cortés.

Carrillo y Garcés, Ignacia. v. Ramírez de Arellano, Domingo.

Cartagena Vela y Mioño, María. v. Lobaton y Azaña, Nicolás Jiménez.

Carvajal, Catalina de. v. Anastasio de Carvajal y Vargas, Diego.

Carvajal, Catalina, condesa de Castillejo y del Puerto. v. Malo de Molina, Melchor.

Carvajal, Inés de. v. Toro Mazote, Ginés de.

Carvajal, Isabel de. v. García, Melchor.

Carvallo y Ureta, Mercedes. v. Ureta y Ayala, Juan Bautista de.

Casas, Elvira de las. v. Vega, García de.

Casillas y Padilla, Beatriz de. v. Torre, Juan de la.

Casillas, Beatriz. v. Pizarro, Francisco.

Castañeda, María de. v. Gallón, Toribio.

Castañeda, Micaela. v. Gallón, Toribio.

Castañeda, Petronila de. v. González Montero, Antonio.

Castaño, Juana María. v. García de León Pizarro, Ramón.

Castellón de Lara, María. v. Tello y Espinosa, Agustín.

Castillo, Felisa del. v. González Cortina y Pando Bento, José Restituto.

Castilla, Mariana de. v. Cárdenas, Hernando de.

Castillo y Salazar, Isabel del. v. González de Cuenca, Gregorio.

Castillo y Urizar, Corina. v. Fernández de Mazeda, José Esteban.

Castrillón, Manuela de. v. Gallón, Toribio.

Castro Vargas y Carvajal, Brianda de. v. Sancho-Dávila Isásaga, Juan Pedro.

Castroverde, N. v. González de la Villa y Pérez de la Vega, Ramón.

Castro y Melo, duquesa Leonor. v. Loyola, Martín García Óñez de.

Castro y Ulloa, Lorenza. v. Navia Bolaños Moscoso, Álvaro.

Castro, Ana de. v. Urdanegui, Juan de.

Castro, Brianda. v. Lobaton, Juan Jiménez de.

Castro, Mariana de.v. Mendaña de Neira, Álvaro de.

Cattanes, Julia. v. Hernán Cortés.

Cavero, Catalina. v. Centeno, Diego.

Ceballos, Francisca. v. Sarmiento de Sotomayor, Diego.

Celis, María de. v. San Miguel de Solier, Dr. Juan Díez de.

Celis, María. v. Santa-Cruz y Padilla, Hernando.

Centeno, Juana de. v. García de León Pizarro, Ramón.

Centeno Machado de Chávez y Mendoza, Mariana. v. Santa-Cruz y Padilla, Hernando.

Centeno, María. v. Centeno, Diego.

Cepeda, Josefa. v. Escobar de la Fuente, Diego.

Cepeda, Juana. v. Manrique de Lara, Francisco.

Cepeda, María. v. Santillán, capitán Pedro de.

Cepeda, María. v. González de la Torre Remusgo, Hernán.

Cepeda, Mencia de. v. González de la Torre Remusgo, Hernán

Cepeda y Villarroel, Juana. v. Fernández de Córdoba, Luis.

Cepeda y Villarroel, Mencia. v. Fernández de Córdoba, Luis.

Cepeda y Villarroel, Juana de. v. González de la Torre Remusgo, Hernán.

Cerda, Luisa de la. v. Cabrera, Jerónimo Luis de.

Cerda y Contreras, María de la. v. Toro Mazote, Ginés de.

Cerda y Santiago Concha, Josefa de la. v. Fernández de Mazeda, José Esteban.

Cerda y Troncoso, Clementina de la. v. García Huidobro, Francisco.

Cervantes, Teresa. v. Santa Clara, Bernardino de.

Cervera, Juana de. v. Díaz, Juan.

Cevallos, Francisca. v. Sarmiento de Sotomayor, Agustín.

Cevallos, Juana. v. Torres y Mesía, Fernando.

Cifuentes y Díaz Hidalgo, Juana de. v. Toro Mazote, Ginés de.

Coca, Curi. v. Alonso de Hinojosa, Pedro.

Coca, Elvira de. v. Coca, Sebastián.

Cofachique, cacica de. v. De Soto, Hernando.

Colmenares y Fernández de Córdoba, Josefa. v. Santa-Cruz y Gallardo, José.

Columna Leos de Landa, María de la. v. Ferrer, José.

Concepción y O'Farrill, María de la. v. Arrendondo y Perelli, Antonio de.

Conga, Luisa. v. Ríos, Lorenzo de los.

Conga, María. v. Bazarrete, Juan.

Contreras, Ana de la. v. Añasco, Pedro de.

Contreras, Constanza de. v. Tello y Espinosa, Agustín.

Contreras, Isabel de. v. Torre, Juan de la.

Contreras, Jerónima de. v. Garay, Juan de.

Contreras, Leonor. v. Alvarado, Jorge.

Contreras, María de. v. Añasco, Pedro de.

Contreras, Marina de. v. García de León Pizarro, Ramón.

Contreras, Melchora de. v. Valverde y Mercado, Fernando.

Contreras y Mendoza, Isabel de. v. Garay, Juan de.

Corbalán, Luisa. v. Corbalán de Robles, Juan.

Corcostegui y Goya, María de. v. Urmeneta, Francisco Javier de.

Córdoba, Ana de. v. Córdoba y Gómez, Alonso de.

Córdoba, Ángela de. v. Silva Guzmán, capitán Diego.

Córdoba, Inés de. v. Córdoba y Gómez, Alonso de.

Córdoba, Inés de. v. Toro Mazote, Ginés de.

Córdoba, Isabel de.v. Carvajal y Dávila, Diego.

Córdoba Morales, Isabel de. v. Toro Mazote, Ginés de.

Córdoba y Merlo, Catalina de. v. Córdoba y Gómez, Alonso de.

Cori Ocllo, Mama. v. Balsa, Juan.

Cornejo Maldonado, Mariana. v. Sarmiento de Sotomayor, Diego.

Cornejo Méndez, Ana. v. Cornejo, Miguel.

Cornejo Méndez, Juana. v. Cornejo, Miguel.

Corral, Clara. v. Pérez de los Ríos y Rivero, Alonso.

Correa, Antonia. v. Bravo del Rivero y Correa, Pedro.

Correa de Saá y Peñalosa, Petronila v. González Cortina y Pando Bento, José Restituto.

Correa Errázuriz, Mercedes. v. Fernández de Gandarillas, José Nicolás.

Correa y Toro, Adelaida. v. Toro, Tomás de.

Cortázar, Josefa de la Mar y Cortázar.v. Elizalde, José Matías.

Cortés de Arellano, Juana. v. Hernán Cortés.

Cortés de Moctezuma, Leonor (Tecuichpochtzin). v. Oñate, Juan de.

Cortés, Leonor. v. Cortés, Hernán.

Cortés, Rosa.v. Cortés y Agua, Eugenio.

Coscaya Antillón y Viamonte, Leonor. v. Mendoza, Alonso Hurtado de.

Costilla, Jerónima. v. Corbalán de Robles, Juan.

Costilla y Cartagena, Constanza. v. Pablo Costilla.

Costilla y Riberos, Beatriz. v. Costilla y Gallinato, Jerónimo.

Coya de Loyola, María. v. Loyola, Martín García Óñez de.

Coya, Beatriz Clara. v. Sierra de Leguizamo, Mencia.

Coya, Beatriz Clara.v. Enríquez de Borja, Juan.

Coya, Clara Beatriz. v. Henríquez de Borja, Juan.

Coya, Cusi Ocllo.v. Ávalos de Ayala, Luis de.

Cuartas, Bárbara. v. Arteaga, Luis de.

Cueli, Juana Petrona de. v. González de Cuenia y Noriega, Miguel.

Cueli, Juana Petrona de. v. González Cortina y Pando Bento.

Cuéllar, Inés de. v. Verdugo, Francisco.

Cuéllar, Jacoba. v. Uricoechea y Vitoria, Juan Antonio de.

Cuello, Catalina. v. González Montero, Antonio.

Cuello, Catalina. v. Tovar Báñez y Mendieta, Manuel Felipe de.

Cuentas y Bravo, Gregoria Antonia. v. San Román, Miguel Jacinto.

Cuesta, María Antonia de la. v. González de los Ríos, Toribio.

Cueva Corral y Espinola, Marina de la. v. Cueva, Beltrán de la.

Cueva, Francisca de la. v. Añasco, Pedro de.

Cueva, Francisca de la. v. Bastidas, Alonso de.

Cueva, María de la. v. Bastidas, Alonso de.

Cueva, Mariana de la. v. Centeno, Diego.

Cueva y Henríquez, Ana de la. v. Loyola, Martín García Óñez de.
Cueva y Mendoza, Josefa de la. Lobaton, Juan Jiménez de.
Cueva, Constanza de la, condesa de Castillejo. v. Cueva y Guzmán, Francisco de la.
Cueva, Constanza de la, marquesa de Santa Lucía de Conchán. v. Anastasio de Carvajal y Vargas, Diego.
Cueva, Constanza de la. v. Esquivel y Jarava, Diego.
Cueva, Guiomar de la. v. Carvajal, Francisco de.
Cueva, Leonor de la. v. Cueva y Guzmán, Francisco de la.
Cueva, María de la. v. Cueva, Beltrán de la.
Cueva, Mariana de la. v. Cueva, Diego de la.
Cuevas y Pérez de Valenzuela, Javiera de las. v. Ureta y Ayala, Juan Bautista de.
Cusi Hurcay. v. Sierra de Leguizamo, Mencia.
Cusihuarcay, Beatriz.v. Henríquez de Borja, Juan.

Ch

Chacón Ponce de León, María. v. Garay, Juan de.
Chaves, Juana de. v. Chaves, Francisco de.
Chávez, Catalina. v. Vargas Carvajal, Diego Domingo.
Chirino, María Isabel. v. Urbina, Gabriel José Fernández de.
Chirino, María Josefa. v. Urbina, Gabriel José Fernández de.

D

Dávalos, Venancia. v. Rivera, Nicolás de.
Dávalos y Solier, Isabel. v. Alonso Palomino, Juan.
Dávila Salazar, María. v. García de Hijar y Mendoza.
Delgadillo, Lorenza. v. Garay, Juan de.
Delgadillo y Sotomayor, Ana Antonia Teresa. v. Urdanegui, Juan de.
Delgadillo, Isabel. v. Carvajal, Antonio de.
Díaz, Catalina. v. Medina, Juan de.
Díaz, Catalina. v. Hernández, Pero.
Díaz de Asendegui, Ignacia. v. Ureta y Ayala, Juan Bautista de.
Díaz de Padilla, Teresa. v. Díaz del Castillo, Bernal.
Díaz de Sotomayor, Juana. v. Mercado de Sotomayor, Gregorio de.
Díaz de Zeballos, Leonor.v. Castañeda, Rodrigo de.
Díaz del Castillo, Juana. v. Gálvez Segura, Rodrigo.
Díaz, Guiomar. v. Díez de San Miguel, Garci.
Díaz, Isabel. v. Hernández, Pero.
Díaz, Teresa. v. Fernández, Juan.
Díaz y Mazeda, Juana. v. Fernández de Mazeda, José Esteban.
Díaz y Tudanca, María. v. Gallo, Miguel.
Diego Bidando, Eugenia. v. González Cortina y Pando Bento, José Restituto.
Díez de Bonilla, Concepción. v. Galindo Quiñones Barrientos, Francisco.

Díez de Bonilla, María. v. Galindo Quiñones y Barrientos, Francisco.
Díez de Medina y de la Cadena, Lucía. v. Díez de Medina, Miguel.
Díez de Medina y Lavauyle, María Lucrecia. v. Díez de Medina, Miguel.
Díez de Medina y Lavauyle, Susana. v. Díez de Medina, Miguel.
Díez de Medina y Lértora, Hortensia. v. Díez de Medina, Miguel.
Díez de Medina y Lértora, María Teresa. v. Díez de Medina, Miguel.
Díez de San Miguel y Solier, Lorenza. v. Oviedo Herrera y Rueda, Luis Alonso de.
Domínguez Cerda, Sara. v. Fernández de Gandarillas, José Nicolás.
Domínguez Galindo, Catalina. v. Sánchez Galindo, Juan.
Donoso, Juana. v. Gorriti y Olaechea, Martín.
Donoso y Rojas, Dominga. v. Toro, Tomás de.
Dorantes, Elvira. v. Cáceres, Juan de.
Doria Colonna, María.v. Fernández de Castro, Pedro Antonio.
Dueñas, Francisca Javiera. v. Fernández Maqueira, Remigio.
Dueñas, Micaela. v. Fernández Maqueira, Remigio.
Dumont, Josefa. v. Toro, Tomás de.
Duque, Josefa. v. García de León Pizarro, Ramón.
Durán, Inés. v. Sánchez de Araya, Antón.
Durán, Teresa. v. García de León Pizarro, Ramón.
Duzmendi Oyárzum, María de. v. Fernández de Céspedes Gallardo, Juan.

E

Echandía, Ángela. v. González de Cuenia y Noriega, Miguel.
Echarri y Sojo, Mauricia Rosa de. v. Echarri, José de.
Echaurren y García Huidobro, Eulogia. v. Errázuriz y Larrain, Francisco Javier.
Echazarreta Pereira, Josefina. v. Ureta y Ayala, Juan Bautista de.
Echenequi y Mujica, Gertrudis. v. Errázuriz y Larrain, Francisco Javier.
Echeverría y Ruiz de Tagle, Carmen. v. Gracía Huidobro, Francisco.
Edwardo Matte, Rosario. v. Errázuriz y Larrain, Francisco Javier.
Eizaguirre, Rita. v. García Huidobro, Francisco.
Encalada y Cevallos, Juana.v. Encalada Tello de Guzmán y Torres, Juan Félix.
Encalada, Francisca. v. Ulloa, Antonio de.
Enciso, Catalina de. v. Gutiérrez, Felipe.
Enríquez de Arana, Beatriz. v. Colón, Diego.
Enríquez de las Casas y de la Fuente, Juana. v. Enríquez de Villalobos, Luis.
Errasquín, Juana.v. Lobaton, Juan Jiménez de.
Errazquín Ilzarve Torres y Zavala, Inés. v. Moreyra y Matute, Francisco.
Errazquiu e Ilzarbe, Inés. v. Concha de Santiago, Dr. José.
Errázuriz Mayo, Tadea de. v. Errázuriz y Larrain, Francisco Javier.
Errázuriz y Aldunate, Francisca de. v. Errázuriz y Larrain, Francisco de.
Errázuriz y Aldunate, Juana de. v. Errázuriz y Larrain, Francisco Javier.
Errázuriz y Aldunate, Manuela de. v. Errázuriz y Larrain, Francisco Javier.
Errázuriz y Aldunate, Mercedes de. v. Errázuriz y Larrain, Francisco Javier.

Errázuriz y Aldunate, Micaela de. v. Errázuriz y Larrain, Francisco Javier.

Errázuriz y Aldunate, Rafaela de. v. Errázuriz y Larrain, Francisco Javier.

Errázuriz y Aldunate, Teresa de. v. Errázuriz y Larrain, Francisco Javier.

Errázuriz y Echaurren, Carlota de. v. Errázuriz y Larrain, Francisco Javier.

Errázuriz y Echaurren, Carmela de. v. Errázuriz y Larrain, Francisco de.

Errázuriz y Echaurren, Emilia de. v. Errázuriz y Larrain, Francisco Javier.

Errázuriz y Echaurren, Eulogia de. v. Errázuriz y Larrain, Francisco Javier.

Errázuriz y Echaurren, Laura de. v. Errázuriz y Larrain, Francisco de.

Errázuriz y Echaurren, María de. v. Errázuriz y Larrain, Francisco Javier.

Errázuriz y Echaurren, María de. v. Errázuriz y Larrain, Francisco Javier.

Errázuriz y Echaurren, Marta de. v. Errázuriz y Larrain, Francisco Javier.

Errázuriz y Echaurren, Pelagia de. v. Errázuriz y Larrain, Francisco Javier.

Errázuriz y Echenique, Elena de. v. Errázuriz y Larrain, Francisco Javier.

Errázuriz y Errázuriz, Francisca Javiera de. v. Errázuriz y Larrain, Francisco Javier.

Errázuriz y Errázuriz, Teresa de. v. Errázuriz y Larrain, Francisco Javier.

Errázuriz y Errázuriz, Victoria de. v. Errázuriz y Larrain, Francisco Javier.

Errázuriz y Lazcano, Rosa de. v. Errázuriz y Larrain, Francisco Javier.

Errázuriz y Mayo, Concepción de. v. Errázuriz y Larrain, Francisco Javier.

Errázuriz y Mayo, Rosa de. v. Errázuriz y Larrain, Francisco Javier.

Errazuriz y Ovalle, Elisa. v. Ureta y Ayala, Juan Bautista de.

Errázuriz y Ovalle, Matilde de. v. Errázuriz y Larrain, Francisco Javier.

Errázuriz y Ramírez, Eulogia de. v. Errázuriz y Larrain, Francisco Javier.

Errázuriz y Valdivieso, Honoria de. v. Errázuriz y Larrain, Francisco Javier.

Errázuriz y Valdivieso, Mercedes de. v. Errázuriz y Larrain, Francisco Javier.

Errázuriz y Valdivieso, Pelagia de. v. Errázuriz y Larrain, Francisco Javier.

Errázuriz y Valero, Carmen. v. Errázuriz y Larrain, Francisco de.

Errázuriz y Valero, Concepción de. v. Errázuriz y Larrain, Francisco Javier.

Errázuriz y Zañartu, Rosa de. v. Errázuriz y Larrain, Francisco Javier.

Escandón y Llera, Josefa. v. Escandón y Elguera, José.

Escandón y Llera, María. v. Escandón y Elguera, José.

Escario Lapoulide, Carmen. v. Escario y Carrasco, Joaquín.

Escario Lapoulide, Rosalía. v. Escario y Carrasco, Joaquín.

Escario Molina, Aurelia. v. Escario y Carrasco, Joaquín.

Escario Molina, Aurora. v. Escario y Carrasco, Joaquín.

Escario Molina, Carmen. v. Escario y Carrasco, Joaquín.

Escario Molina, Concepción. v. Escario y Carrasco, Joaquín.

Escario Molina. Rosalía. v. Escario Y Carrasco, Joaquín.

Escobar de los Ríos, Jacinta. v. Fernández de Céspedes Gallardo, Juan.

Escobar, María de. v. Alcántara, Martín de.

Escobar, Juana de. v. Escobar de la Fuente, Diego.

Escobar Sánchez, María Teresa. v. Urdaneta Barrenechea y del Campo, Martín.

Escobar y Guerra, Bárbara. v. Escobar de la Fuente, Diego.

Escobar y Lillo, Luciana de. v. Toro, Tomás de.

Escobar y Orozco, Francisca de. v. Escobedo, Francisco de.

Escobedo y López, Josefa Anastasia de. Escobedo, Francisco de.

Eslaba y Cavero, Josefa.v. Boza y Solís, Gerónimo.

Eslava, Inés de. v. Gómez, Pedro.

Espinelli, Eulalia. v. Escandón y Elguera, José.

Espinola Serrano, Francisca. v. Rospigliosi, Pedro Julio.

Espinola Villavicencia y Pardo de Figueroa, Isabel. v. Navia Bolaños Moscoso, Álvaro.

Espinola, Isabel. v. Pardo Figueroa, José Agustín

Espinola, Josefa. v. Pardo Figueroa, José Agustín.

Espínola y Palomino, Juana de. v. Garay, Juan de.

Espinosa y Gil, Josefa de. v. Gache, Cayetano.

Espinosa, Juana de. v. Ortiz de Gatica, Diego.

Esquiel de la Garza, María. v. Toro Mazote, Ginés de.

Esquivel y Cueva, Antonia de.v. Loayza Calderón, Juan de.

Esquivel y Navia, Rosa de. v. Zavala y Urquizu, Andrés.

Esquivel, Patronila, marquesa de Valle-Umbroso. v. Urdanegui, Juan de.

Esquivel, Teresa de.v. Bravo de Lagunas, Sebastián.

Estandes, Isabel, v. Tría, Gerónimo.

Estete y Guevara, Isabel de. v. Estete de Santo Domingo, Miguel.

Estrada, Ana. v. Estrada, Alonso de.

Estrada, Francisca de. v. Estrada, Alonso de.

Estrada, Marina. v. Estrada, Alonso de.

Estrada y Aldave, María Manuela de. v. González Calderón, Miguel.

F

Fardella, Mariana. v. Hernán Cortés.

Farfán de los Godos, María Manuela.v. Larrea y Villavicencio, Juan José Clemente de.

Farfán de los Godos, Catalina. v. Farfán de los Godos, Gonzalo.

Faría, Alejandrina. v. Urdaneta Barrenechea y del Campo, Martín.

Favre, Andrée. v. Urbina, Gabriel José Fernández de.

Feijó, Micaela de. v. Fernández de Céspedes Gallardo, Juan.

Fernández Concha Bascuñán, María Luisa. v. García Huidobro, Francisco.

Fernández de Cabrera, Mencia. v. Hernán Cortés.

Fernández de Córdoba, Josefa. v. Fernández de Córdoba, Luis.

Fernández de Córdoba, Leonor. v. Gálvez Segura, Rodrigo.

Fernández de Córdoba, Manuela.v. Mendoza y Arguedes, José Carlos de.

Fernández de Córdoba, María.v. Colmenares y Vega, Sebastián.

Fernández de Córdoba, Mariana. v. Colmenares y Vega, Sebastián.

Fernández de Córdoba, Mariana. v. Zuazo y Villarroel, Gaspar.

Fernández de Córdoba, Mayor. v. Rospigliosi, Pedro Julio.

Fernández de Heredia, Isidora. v. Rengifo, licenciado Juan Martínez.

Fernández de la Reguera y Godoy, María. v. Roldán Dávila, Juan.

Fernández de la Puente Arredondo y Guzmán, María. v. Fernández de Céspedes Gallardo, Juan.

Fernández de Leiva, Manuela. v. García Huidobro, Francisco.

Fernández de Lloreda y Ruiz Cisneros, Francisca Guadalupe Serafina. v. Fernández Quevedo de Heres de Lloreda y de Saavedra.

Fernández Gallardo y Lisperguer, Catalina. v. Fernández de Céspedes Gallardo, Juan.

Fernández Gallardo Lisperguer, Inés. v. Fernández de Céspedes, Gallardo, Juan.

Fernández Gallardo y Lisperguer, Jacinta. v. Fernández de Céspedes Gallardo, Juan.

Fernández Gallardo y Lisperguer, Josefa. v. Fernández de Céspedes Gallardo, Juan.

Fernández Gallardo y Lisperguer, María. v. Fernández de Céspedes Gallardo, Juan.

Fernández Gallardo y Lisperguer, María Teresa. v. Fernández de Céspedes Gallardo, Juan.

Fernández Gallardo y Lisperguer, Nicolasa. v. Fernández de Céspedes Gallardo, Juan.

Fernández Granados y Tejada, Águeda. v. Garay, Juan de.

Fernández, Magdalena. v. Sánchez de Araya, Antón.

Fernández, María. v. Ramón, Diego.

Fernández Moro, María. v. Fernández Moro, Manuel.

Fernández Moro, Josefa. v. Fernández Moro, Manuel.

Fernández-Palacios y Labraña, Luz. v. González de Villa y Pérez de la Vega, Ramón.

Fernández Recio y Pardo de Figueroa, María. v. Fernández de Mazeda, José Esteban.

Fernández Romo, Josefa. v. Toro, Tomás de.

Fernández Terán, Anad.v. Genis Terán, Juan.

Fernández Valdés, Telesfora. v. Fernández de Gandarillas, José Nicolás.

Fernández y de Santiago Concha, Elena. v. Fernández de Mazeda, José Esteban.

Fernández y Santiago Concha, Javiera. v. Fernández de Mazeda, José Esteban.

Fernández y Santiago Concha, Josefa. v. Fernández de Mazeda, José Esteban.

Fernández y de Santiago Concha, Mercedes. v. Fernández de Mazeda, José Esteban.

Fernández y de Santiago Concha, Rosa. v. Fernández de Mazeda, José Esteban.

Fernández y de Santiago Concha, Rosario. v. Fernández de Mazeda, José Esteban.

Ferreiro, Francisca. v. García de León Pizarro, Ramón.

Figueroa Gómez de Saravia, Beatriz Luis de. v. Garay, Juan de.

Ferrer y Landa, María Dolores. v. Ferrer, Juan.

Figueroa, Leonor de. v. Cabrera, Jerónimo Luis de.

Figueroa Tinoco, María de. v. Aliaga, Jerónimo.

Figueroa y Argote, Juana Manuel de.v. Argote, Juan de.

Figueroa y Sánchez, Isabel.v. Herboso y Aunsolo, Francisco.

Florencia, Jerónima de. v. Florencia, Martín de.

Flores, Aguada. v. Solórzano y Velasco, Pedro.

Flores, Catalina. v. Flores, Hernando.

Flores, María. v. Flores, Gaspar.

Flores, Tránsito. v. Toro Mazote, Ginés de.

Folache y González de Villa, María. v. González de Villa y Pérez de la Vega, Ramón.

Fornes y García Reyes, Elena. v. Ureta y Ayala, Juan Bautista de.

Franchi-Alfaro y Justiniani, Juana de. v. Franchi-Alfaro y Ponte, Tomás.

Franchi-Alfaro y Lemaur, Ángela de. v. Franchi-Alfaro y Ponte, Tomás.

Franchi-Alfaro y Lemaur, Isidora de. v. Franchi-Alfaro y Ponte, Tomás.

Franchi-Alfaro y Lemaur. v. Juana de. v. Franchi-Alfaro y Ponte, Tomás.

Franchi-Alfaro y Lemaur, María Josefa de. v. Franchi-Alfaro y Ponte, Tomás.

Franco, Juana. v. Arteaga, Luis de.

Fuente Cascayo y Loarte, Elvira de la. v. Fuenzalida, Francisco.

Fuente de la Cadena, María de la. v. Genis Terán, Luis.

Fuente, Isabel de la. v. Escobar de la Fuente, Diego.

Fuente, María de la. v. Esquivel, Rodrigo de.

Fuente, Rosa de la, condesa de Villar de Fuente. v. González y Fuente, José.

Fuentes Argomedo y Asensio, Isabel de. v. Fuenzalida, Francisco.

Fuentes, Catalina de. v. Añasco, Pedro de.

Fuentes, Francisca de. v. Fuentes, Francisco de.

Fuentes, Inés de. v. Cuadrado, Antón.

Fuentes, Juana de. v. Fuentes, Francisco de.

Fuentes, María de. v. Cuadrado, Antón.

Fuensalida, Lorenza. v. Toro Mazote, Ginés de.

Fuenzalida Home, Isabel de. v. Fuenzalida, Francisco.

Fuenzalida Home, Nicolasa de. v. Fuenzalida, Francisco.

Fuenzalida Loarte, Nicolasa de. v. Fuenzalida, Francisco.

Fuenzalida Loarte, Úrsula de. v. Fuenzalida. Francisco.

Fuenzalida y Fuentes, Ana de. v. Fuenzalida, Francisco.

Fuenzalida y Fuentes, Magdalena de. v. Fuenzalida, Francisco.

Fuenzalida y Guzmán, Beatriz de. v. Fuenzalida, Francisco de.

Fuenzalida y Guzmán, Isabel de. v. Fuenzalida, Francisco.

Fuenzalida y Loarte, Isabel de. v. Fuenzalida, Francisco.

Fuica y Pastene, Dominga Gabriela de. v. Fuica y Ladrón de Cegama, Gabriel de.

Funes y Díaz, Clara. v. Uruburu y Basterrechea, José de.

G

Gabiño y Rojas, Josefa. v. Gabiño y Hermida, Antonio de.

Gabiño y Rojas, Manuela de. v. Gabiño y Hermina, Antonio de.

Gabiño y Rojas, Manuela de. v. Gabiño y Hermida, Antonio de.

Gabiño y Rojas, María. v. Gabiño y Hermida, Antonio de.

Gabiño y Rojas, María de la Concepción. v. Gabiño y Hermida, Antonio de.

Gabiño y Rojas, María de los Dolores. v. Gabiño y Hermida, Antonio de.

Gabiño y Rojas, Mercedes de. v. Gabiño y Hermida, Antonio de.

Gabiño y Rojas, Micaela de. v. Gabiño y Hermida, Antonio de.

Gache y Espinosa, Eloísa. v. Gache, Cayetano.

Gache y Espinosa, Josefa. v. Gache, Cayetano.

Gaete e Izarra, María de. v. Ortiz de Gaete y González, Cristóbal.

Gaete e Izarra, Polonia de. v. Ortiz de Gaete y González, Cristóbal.

Gaete Ortíz, Beatriz de. v. Campofrío de Carbajal.

Gajardo Guerrero Pacheco, Catalina. v. Gajardo Guerrero, Juan.

Gajardo Guerrero Pacheco, María Magdalena. v. Gajardo Guerrero, Juan.

Gajardo Guerrero Pacheco, Mariana. v. Gajardo Guerrero, Juan.
Galarza, Josefa. v. Urmeneta, Francisco Javier de.
Galarza, María. v. García de León Pizarro, Ramón.
Gallardo, Juliana. v. Santa-Cruz y Padilla, Hernando.
Gallardo, María. v. Fernández de Céspedes Gallardo, Juan.
Gallardo, Mercerdes. v. Toro Mazote, Ginés de.
Gallego de Andrade, Mayor. v. Gallego, Pero.
Gallegos de Castro, Rosa. v. Gallegos Muñoz, Jerónimo.
Gallegos y Castro, Rosa. v. Valle y Postigo, Dr. Manuel María.
Gallegos, Josefa. v. Tamayo y Mendoza, Francisco.
Gallinato, Beatriz. v. Costilla Gallinato, Jerónimo.
Gallón de Arango, Juana Manuela. v. Gallón, Toribio.
Gallón de Arango, María. v. Gallón, Miguel.
Gallón Gaviria, Felipa. v. Gallón, Toribio.
Gallón Molina, Josefa Teresa. v. Gallón, Toribio.
Gallón Molina, Manuela. v. Gallón, Toribio.
Gamarra Caballero, Petronila de. v. Gamarra y Ladrón de Guevara, Martín.
Gamarra López de Alfaro, Mariana de. v. Gamarra y Ladrón de Guevara, Martín.
Gamba y Torres, Manuela. v. Colina, Juan Antonio de la.
Gamboa, Ana Josefa. v. Ureta y Ayala, Juan Bautista de.
Gamboa, María de. v. Ruiz de Gamboa, Lope.
Gándara, Rosa de la. v. Hernán Cortés.
Gandarillas Prieto, Mercedes de. v. Fernández de Gandarillas, José Nicolás.
Gandarillas y Guzmán, Javiera de. v. Errázuriz y Larrain, Francisco Javier.
Gaona Poveda, Catalina de. v. Gaona, Pedro de.
Garandillas y Valdés, Irene de. v. Fernández de Garandillas, José Nicolás.
Garandillas y Valdés, Julia de. v. Fernández de Garandillas, José Nicolás.
Garao, María de. v. Ávila, Juan de.
Gárate e Icaran, María Antonia de. v. Gárate y Arabio, Juan Martín de.
Garay, Ana de. v. Garay, Juan de.
Garay y Becerra, Isabel de. v. Garay, Juan de.
Garay y Becerra, María de. v. Garay, Juan de.
Garay y Espínola, Ana. v. Garay, Juan de.
Garay y Espínola, María de. v. Garay, Juan de.
Garay y Morales, Juana. v. Garay, Juan de.
Garay y Morales, María de. v. Garay, Juan de.
Garay y Morales, María de. v. Garay, Juan de.
Garay y Saavedra, Mariana de. v. Garay, Juan de.
Garay y Vallejo, María de. v. Garay, Juan de.
Garcés, Águeda. v. González de Feleña y Noriega, Juan.
Garcés de Marcilla y Lisperguez, Isabel. v. Garcés de Marcilla y Tavitra, Pedro.
Garcés de Marcilla y Pisperguez, María Catalina. v. Garcés de Marcilla y Tavira, Pedro.
Garcés de Marcilla y Lisperguez, María Josefa. v. Garcés de Marcilla y Tavira, Pedro.
Garcés de Marcilla y Salas, Catalina. v. Garcés de Marcilla y Tavira, Pedro.

Garcés de Marcilla y Salas, María. v. Garcés de Marcilla y Tavira, Pedro.

García Abello, María Manuela. v. Urmeneta, Francisco Javier de.

García Agüero, Carolina. v. Escario y Carrasco, Joaquín.

García Arnedo, María. v. García de León Pizarro, Ramón.

García Barbón y González, Sara Julia. v. García-Barbón, Rafael J.

García Barrosa, Josefa. v. Fernández Quevedo de Heres de Lloreda y de Saavedra.

García Bravo, Ana. v. Bravo, Antón.

García Calvo, María Francisca. v. Gallo, Miguel.

García, Catalina. v. Hernández Nieto, Diego.

García de la Riestra, Isabel. v. Riestra, Pedro García de la.

García de la Sierra y Lezeta, Tomasa Perpetua. v. García de León Pizarro, Ramón.

García del Ingenio, Juana. v. Esteban, Miguel.

García de Rojas, María Josefa. v. Fernández de Céspedes Gallardo.

García Duque, Josefa. v. García de León Pizarro, Ramón.

García Huidobro y Eizaguirre, Teresa. v. García Huidobro, Francisco.

García Huidobro y Fernández, María. v. García Huidobro, Francisco.

García González, María Cándida. v. Urquiza y Abraga, José de.

García Jaramillo, Juana. v. García de León Pizarro, Ramón.

García, Josefa. v. Gallón, Toribio.

García, Leonor. v. Sánchez de Araya, Antón.

García, Leonor. v. García de León Pizarro, Ramón.

García, Magdalena. v. García Clemente, Juan.

García Martínez, Liberata. v. García de León Pizarro, Ramón.

García Marulanda, Bibiana. v. García de León Pizarro, Ramón.

García Montoya, Dolores. v. García de León Pizarro, Ramón.

García Montoya, María Francisca. v. García de León Pizarro, Ramón.

García Montoya, Mercedes. v. García de León Pizarro, Ramón.

García Montoya, Teresa. v. García de León Pizarro, Ramón.

García, Teresa. v. González de Cuenia y Noriega, Miguel.

García Toro, Ana María. v. García de León Pizarro, Ramón.

García Toro, Margarita. v. García de León Pizarro, Ramón.

García Toro, Mariana. v. García de León Pizarro, Ramón.

García Toro, Rita. v. García de León Pizarro, Ramón.

García y de Avilés, Carmen. v. Urbina, Gabriel José Fernández de.

Garganta y Sibis, Enriqueta. v. García-Barbón, Rafael J.

Garrido, Catalina. v. Garrido, Diego.

Garrido, María Hermenegilda. v. Genis Terán, Luis.

Gaviria, Josefa Teresa. v. Gallón, Toribio.

Gayoaga y Escario, Carmen de. v. Escario y Carrasco, Joaquín.

Gayoaga y Escario, María. v. Escario y Carrasco, Joaquín.

Gervasio Sánchez, Gertrudis. v. Arteaga, Luis de.

Gil González de Amador, Isabel. v. García de León Pizarro, Ramón.

Giraldo, Lorenza. v. García de León Pizarro, Ramón.

Girón, Juana. v. Garcés de Marcilla y Tavira, Pedro.

Godines de Luna, Gertrudis. v. Orellana, licenciado Alonso de.

Godoy, Juana. v. Tirado, Juan.

Godoy, Juana de. v. Salazar, Francisco de.

Goenaga, Josefa de. v. Urbina, Gabriel José Fernández de.

Gómez, Antonia. v. Gallo, Miguel.

Gómez de Arnedo, María. v. García de León Pizarro, Ramón.

Gómez de Castillo, Antonia. v. Gómez del Castillo, Henrique Treviño.

Gómez de Cueli, Manuela Josefa. v. González Cortina y Pando Bento.

Gómez de la Lastra, Josefa. v. Toro Mazote, Ginés de.

Gómez de Saavedra, Catalina. v. Cano, Juan.

Gómez de Ureña, María Josefa. v. González de Feleña y Noriega, Juan.

Gómez de Ureña y García, Rosa. v. González de Feleña y Noriega, Juan.

Gómez del Castillo Henríquez y Herrera, Paula Antonia. v. Vallejo y Cañiego, Pedro.

Gómez, Ana. v. Sánchez Farfán, Pedro.

Gómez, Isabel. v. Sánchez Farfán, Pero.

Gómez Rul, Concepción. v. González de Villa y Pérez de la Vega, Ramón.

González de Mendoza, Catalina. v. Barrera (o Barreda) Baena, Pedro.

González, Ana. v. Gutiérrez, Gómez.

González Balmaceda, Raquel. v. Gracía Huidobro, Francisco.

González Carvajal y Álvarez Cabañas, María del Carmen. v. García de León Pizarro, Ramón.

González de Cuenia y Gómez de Cueli, Manuela Josefa. v. González de Cuenia y Noriega, Miguel.

González de Marmolejo, Isabel. v. Ortiz de Gatica, Diego.

González, Beatriz. v. Cuenca, Benito de.

González de Cevallos, Catalina. v. Alvarado, Alonso.

González Cortina y Calderón, Elisa Feliciana. v. González Cortina y Pando Bento.

González Cortina y Cañete, Adela. v. González Cortina y Pando Bento, José Restituto.

González Cortina y Cañete, Elvira. v. González Cortina y Pando Bento, José Restituto.

González Cortina y de Diego, Eugenia del Carmen. v. González Cortina y Pando Bento, José Restituto.

González Cortina y de Diego, Elvira Mercedes. v. Gonzálezs Cortina y Pando Bento, José Restituto.

González Cortina y de Diego, Gregoria Jovita. v. González Cortina y Pando Bento, José Restituto.

González Cortina y d Diego, Josefa Gabriela del Carmen. v. González Cortina y Pando Bento, José Restituto.

González Cortina y Encina, Sara. v. González Cortina y Pando Bento, José Restituto.

González Cortina y Gómez de Cueli, Manuela. v. González Cortina y Pando Bento, José Restituto.

González-Nanoín, María. v. González de Villa y Pérez de la Vega, Ramón.

González Cortina y Gómez de Cueli, María Josefa Ana. v. González Cortina y Pando Bento, José Restituto.

González Cortina y Gómez de Cueli, María Antonia Gregoria. v. González Cortina y Pando Bento, José Restituto.

González Cortina y Gómez de Cueli, Juana Petrona. v. González Cortina Pando Bento, José Restituto.

González Cortina y Gómez de Cueli, María Francisca. v. González Cortina y Pando Bento,　　　José　　　Restituto.

González Cortina y Sturiza, Justa. v. González Cortina y Pando Bento, José Restituto.

González Cortina y Zubiaurre, María Fortunata. v. González Cortina y Pando Bento, José Restituto.

González Cortina y Gómez de Cueli, Juana Josefa. v. González Cortina y Pando Bento, José Restituto.

González Cortina y Zubiaurre, María Gregoria. v. González Cortina y Pando Bento, José Restituto.

González Cortina y y Zubiaurre, Rosa Lorenza. v. González Cortina y Pando Bento, José Restituto.

González de Acosta Sanabria, Juana. v. Garay, Juan de.

González de Cuenia y Gómez de Cueli, Eusebia. v. González de Cuenia y Noriega, Miguel.

González de Cuenia y Gómez de Cueli, Juana. v. González de Cuenia Noriega, Miguel.

González de Cuenia y Gómez de Cueli, María Isidora Josefa. v. González de Cuenia y Noriega, Miguel.

González de Cuenia y Gómez de Cueli, María Josefa Manuela. v. González de Cuenia y Noriega, Miguel.

González de Cuenia y Gómez de Cueli, María Mercedes. v. González de Cuenia y Noriega. Miguel.

González de Cuenia y Gómez de Cueli, María Petrona. v. González de Cuenia y Noriega, Miguel.

González de Cuenia y Gómez de Cueli, María Ramona. v. González de Cuenia y Noriega, Miguel.

González de Cuenia y Gómez de Cueli, María Teresa. v. González de Cuenia y Noriega, Miguel.

González del Vado, Magdalena. v. González de los Ríos, Toribio.

González de la Vega, Bárbara. v. González de la Vega, Manuel.

González de los Ríos y Terán, María. v. González de los Ríos, Toribio.

González de los Ríos y Terán, Isabel. v. González de los Ríos, Toribio.

González de la Torre, Isabel. v. González de la Torre Remusgo, Hernán.

González de Villa y Castroverde, Amparo. v. González de Villa y Pérez de la Vega, Ramón.

González de Villa y Castroverde, Cecilia. v. González de la Villa y Pérez de Vega, Ramón.

González de Villa y Castroverde, Teresa. v. González de Villa y Pérez de la Vega, Ramón.

González de Villa y Fernández-Palacios, Luz. v. González de Villa y Pérez de la Vega, Ramón.

González de Villa y Fernández-Palacios, Salud. v. González de Villa y Pérez de la Vega, Ramón.

González de Villa y González Nandín, Cecilia. v. González de Villa y Pérez de la Vega, Ramón.

González, Elvira.v. Herrera, Francisco de.

González, Estanislaa (con dos "a"). v. Pérez de Arrubla, Juan Pérez de.

González, Francisca. v. Alonso Carrasco, Pero.

González, Inés. v. Rodríguez Sanabria, Diego.

González, Inés. v. González de la Vega, Manuel.

González, Inés. v. Benítez, Pedro.

González, Juana. v. Alonso Carrasco, Pero.

González, Mari. v. Bustamante, Blas de.

González, María. v. García de León Pizarro, Ramón.

González Montero, Juana. v. Tovar Báñez y Mendieta, Manuel Felipe de.

González Montero y Justiniano, Juana. v. González Montero, Antonio.

González, Osana.v. Oñate, Cristóbal de.

González, Petronila. v. Loayza, Alonso de.

González Restrepo, Rosalía. v. González de Feleña y Noriega, Juan.

González Secades, Julia. v. García-Barbón, Rafael J.

González Vélez, Josefa María. v. González de Feleña y Noriega, Juan.

González Vélez, Bárbara. v. González de Feleña y Noriega, Juan.

González Vélez, Teresa. v. González de Feleña y Noriega, Juan.

González y Gómez de Ureña, Bárbara. v. González de Feleña y Noriega, Juan.

González y Gómez, Nicolasa. v. González de Feleña y Noriega, Juan.

González y Gómez de Ureña, Juana Josefa. v. González de Feleña y Noriega, Juan.

González y Gómez de Ureña, María Ignacia. v. González de Feleña y Noriega, Juan.

González y Gómez de Ureña, Rosalía. v. González de Feleña y Noriega, Juan.

Gorbea y Encalada, Carmen. v. García Huidobro, Francisco.

Gormaz Melgarejo, Natalia de. v. Gormaz y Covarrubias, José Antonio de.

Gormaz y Baeza, Elvira. v. Gormaz y Covarrubias, José Antonio de.

Gormaz y Gutiérrez de Espejo, Carmen de. v. Gormaz y Covarrubias, José Antonio de.

Gormaz y Gutiérrez de Espejo, Rosario de. v. Gormaz y Covarrubias, José Antonio de.

Gormaz y Lisperguez, María del Carmen de. v. Gormaz y Covarrubias, José Antonio de.

Gormaz y Gutiérez de Espejo, Margarita de. v. Gormaz y Covarrubias, José Antonio de.

Gormaz y Lisperguez, Mercedes de. v. Gormaz y Covarrubias, José Antonio de.

Gormaz y Lopetegui, Eliana de. v. Gormaz y Covarrubias, José Antonio de.

Gormaz y Lopetegui, Hortensia de. v. Gormaz y Covarrubias, José Antonio de.

Gormaz y Martínez Carmela de. v. Gormaz y Covarrubias, José Antonio.

Gormaz y Martínez, Rosa. v. Gormaz y Covarrubias, José Antonio de.

Gormaz y Martínez, Teresa de. v. Gormaz y Covarrubias, José Antonio.

Gormaz y Melgarejo, Isabel de. v. Gormaz y Covarrubias, José Antonio de.

Gormaz y Melgarejo, Ofelia de. v. Gormaz y Covarrubias, José Antonio de.

Gormaz y Melgarejo, Virginia de. v. Gormaz y Covarrubias, José Antonio de.

Gormaz y Morales, Ana de. v. Gormaz y Covarrubias, José Antonio de.
Gorostiaga y Frías, Bernarda de. v. Gorostiaga y Frías, José Benjamín.
Gorostiza y Martínez, María de la Concepción de. Gorostiza y Escauriza, Juan de.
González y Secades, Julia. v. García-Barbón, Rafael J.
Gorostiza y Martínez, María de la Concepción de. v. García-Barbón, Rafael J.
Granadillo, Isabel de. v. Urdaneta Barrenechea y del Campo, Martín.
Guadarrama y Figueroa, Beatriz de. v. Garay, Juan de.
Guerra de la Daga, Juana. v. Pérez de Mondéjar, Antonio.
Guerra, Inés. v. Urmeneta, Francisco Javier de.
Guerra Peláez, Ana María. v. Escobar de la Fuente, Diego.
Guevara, María de. v. Berrio, Juan de.
Guillén, María Bernal. v. Marín, Luis.
Guisla y Vergara, María Simona.v. Guisla y Larrea, Juan.
Guisla, Hermenegilda de, marquesa de Guisla. v. Vergara y Pardo, capitán Lucas.
Gutiérrez del Espejo y Pérez de Velasco, María Mercedes. v. Gormaz y Covarrubias, José Antonio.
Gutiérrez Quintanilla, María. v. González Galeano, Francisco.
Guzmán, Leonor de. v. Balboa, Bernardino de.
Guzmán, Matilde. v. Fernández de Gandarillas, José Nicolás.
Gutiérrez, Ana. v. Torre, Juan de la.
Gutiérrez, Clara. v. Gutiérrez Nieto, Alonso.
Gutiérrez Flores de la Caballería, Mariana. v. Estrada, Alonso de.
Gutiérrez, Inés. v. Tapia, Gaspar de.
Gutiérrez, Juana. v. Valderrama, Miguel.
Gutiérrez, María. v. Gutiérrez, Diego.
Gutiérrez Palomeque, Catalina. v. Gamarra y Ladrón de Guevara, Martín.
Guzmán, Ana de. v. Fuenzalida, Francisco de.
Guzmán Fontesilla, Berta. v. Fernández de Gandarillas, José Nicolás.
Guzmán, Magdalena de. v. Hernán Cortés.
Guzmán, Magdalena de. v. Ureta y Ayala, Juan Bautista de.
Guzmán, María del Carmen. v. Fernández de Gandarillas, José Nicolás.
Guzmán Zurita, María. v. Beltrán de la.
Guzmán, Leonor de. v. Silva Guzmán, capitán Diego.
Guzmán, Leonor de.v. Gutiérrez de Mendoza, Diego.
Guzmán, María de. v. Paradinas, Francisco de.

H

Harmaza, Teresa de. v. Costilla y Gallinato, Jerónimo.
Haro, Mercedes del. v. Mendiburu y Medrano, Juan Manuel.
Herazo, Beatriz de. v. Toro Mazote, Ginés de.
Henríquez de Guzmán, Mariana. v. Mendoza Zapata y Bécquer, Dr. Gregorio Hurtado de.
Henríquez de la Cueva Inca de Loyola, Ana. v. Loyola, García Óñez de.

Henríquez Velasco Coya de Loyola, Francisca.v. Loyola, Martín García Óñez de.

Heredia, Bernardina de. v. Heredia, Pedro de.

Heredia, Juana de. v. Torre, Alonso de.

Heredias, Antonia de. v. Toro Mazote, Ginés de.

Hernández, Ana. v. Docón, García.

Hernández, Antonia. v. Perales, Bartolomé de.

Hernández, Elvira.v. Pérez de Herrera, Juan.

Hernández, Francisca. v. Hernández Mosquera, Gonzalo.

Hernández, Francisca. v. Hernández, Gómez.

Hernández, Leonor. v. Lerena, García de.

Hernández, Margarita. v. Ribera, Salvador de.

Hernández, Mari. v. Cuéllar Verdugo, Juan de.

Hernández, Mari. v. Grado, Alonso de.

Hernánez, Beatriz. v. Golfo, Pedro del.

Hernández Cámara, Aurora. v. González de Villa y Pérez de la Vega, Ramón.

Herrera de la Daga, Juana.v. Cueva, Beltrán de la.

Hernández de Vargas, Isabel. v. Toro, Tomás de.

Herrera Astorga, Carmen de. v. Undárraga y Yávar, José Ramón de.

Herrera, Beatriz. v. Alonso, Hernando.

Herrera, Constanza. v. Cuenca, Benito de.

Herrera Dávila y Clavería, Luisa. v. Escario y Carrasco, Joaquín.

Herrera de Guanajay, Dolores. v. Arredondo y Perelli, Antonio de.

Herrera Franco, Mercedes. v. Uricoeachea y Vitoria, Juan Antonio de.

Herrera Galvis, Ignacia de. v. Pérez de Arrubla, Juan Pablo.

Herrera, Inés de. v. Flores, Gerónimo.

Herrera, Juana de. v. Hernández, Diego.

Herrera, Juana de. v. Bosso, Francisco.

Herrera, María de. v. Aróstegui y Larrea, Martín de.

Herrera, María de. v. Belalcázar, Sebastián de.

Herrera, María de. v. Verdugo, Francisco.

Herrera, Rafaela de. v. Herrera, José de.

Herrera y Martínez, Emilia, v. Toro, Tomás de.

Hevia y Romay, Hortensia. v. García-Barbón, Rafael J.

Hidalgo, Catalina. v. González de los Ríos, Toribio.

Hidalgo Escobar, Isabel. v. Toro Mazote, Ginés de.

Hidalgo Escobar y Aparicio, Antonia. v. Toro Mazote, Ginés de.

Hidalgo, Francisca. v. Fernández de Gandarillas, José Nicolás.

Hidalgo y Zavala, Ignacia. v. Toro Mazote, Ginés de.

Hinojosa, Catalina de. v. Alonso de Hinojosa, Pedro.

Hinojosa, Inés de. v. Santa-Cruz y Padilla, Hernando.

Hinojosa, Isabel de. v. Alonso de Hinojosa, Pedro.

Hinojosa, Juana de. v. Alonso de Hinojosa, Pedro.

Hinojosa, María. v. Santa-Cruz y Padilla, Hernando.

Home Pezoa y Rivera, Prudencia. v. Fuenzalida, Francisco.

Hormann Soruco, Julia. v. Toro, Tomás de.
Hoyos, Juana de. v. García de León Pizarro, Ramón.
Hoz, María de la. v. Contreras, Rodrigo de.
Huacho, Cuntur. v. Ampuero, Francisco de.
Huaillas Ñusta, Inés de. v. Ugarte, José Gabriel.
Huaylas, Inés de. v. Ampuero, Francisco de.
Hurtado de Mendoza, María. v. Silva Guzmán, capitán Diego.
Hurtado de Mendoza y Gallardo, Teresa. v. Toro Mazote, Ginés de.
Hurtado Donoso, Marcelina. v. Gorriti y Olaechea, Martín.
Hurtado Larrain, María del Carmen. v. Fernández de Gandarillas, José Nicolás.
Hurtado, Teresa. v. Errázuriz y Larrain, Francisco Javier.

I

Ibacache, María de. v. Escobar de la Fuente, Diego.
Ibáñez y Orellana, Mariana. v. Puente e Ibáñez, Juan José de la.
Ibáñez, Mercedes.v. Ibáñez de Segovia y Orellana, Luis.
Ibáñez, Nicolasa. v. Ibáñez de Segovia y Orellana, Luis.
Ibáñez Ovalle, Micaela. v. Fernández de Gandarillas, José Nicolás.
Ibarra, Ana de. v. Toro Mazote, Ginés de.
Ibarra, Brígida de. v. Toro Mazote, Ginés de.
Ibarra y Arregui, Ana de. v. González de Villa y Pérez de la Vega, Ramón.
Ibarrondo, María Antonia de. v. González de Cuenia y Noriega, Miguel.
Igarzábal y Álvarez, Faustina. v. González Cortina y Pando Bento, José Restituto.
Irala, Úrsula.v. Martínez de Irala, Domingo.
Irarrázabal Andia, Lorenza de. v. Fernández de Céspedes Gallardo, Juan.
Irarrázabal, Catalina Lorenza de. v. Garcés de Marcilla y Tavira, Pedro.
Irarrázabal y Solar, María del Carmen. v. Toro, Tomás de.
Isturiz y Esquiel de la Garza, Paula. v. Toro Mazote, Ginés de.
Iturrizarra, Catalina de.v. Mendoza, Alonso Hurtado de.
Iturrizarra, Manuela.v. Iturrizarra y Mancilla, Bernardo.
Izarra, Polonia de. v. Ortiz de Gaete y González, Cristóbal.

J

Jado y Urbina, Teresa Josefa de. v. Urbina, Gabriel José Fernández de.
Jara, Úrsula de la.v. Jara de la Cerda, Agustín.
Jaramillo, Gregoria. v. Atehortúa, Antonio de.
Jaramillo, María. v. Cortés, Hernán.
Jaramillo, María. v. Gallón, Toribio.
Jaraquemada y del Águila, Concepción de la. v. Pino y Trigosa, Salvador del.
Jarava, María. v. Esquivel y Jarava, Diego.
Jáuregui, Ana de. v. Castilla, Cristóbal.
Javiera de Ovalle, Francisca. v. Gacitua, Sebastián.

Javiera Encalada, Francisca. v. Ramírez de Laredo, Dr. Gaspar Antonio.
Jesús, Santa Teresa de. v. González de la Torre Remusgo, Hernán.
Jimena de Ribafrecha, María. v. Iricio, Martín de.
Jiménez, Catalina. v. González Cortina y Pando Bento, José Restituto.
Jiménez de Esquivel Verero, Francisca. v. Toro, Tomás de.
Jiménez de León, Ana. v. Gormaz y Covarrubias, José Antonio de.
Jiménez de Lobaton y Azaña, Gabriela. v. Llano Zapata, José Eusebio.
Jiménez de Lobaton y Azaña, María. v. Lobaton, Juan Jiménez de.
Jiménez de Lobaton, Constanza.v. Concha de Santiago, Dr. José.
Jiménez de Lobaton, Constanza.v. Lobaton y Azaña, Nicolás Jiménez.
Jiménez, Catalina. v. Torres, Álvaro.
Jiménez, Francisca. v. Barba Cabeza de Vaca y Coronado, Cristóbal.
Jiménez, Juana. v. Ponce de León, Juan.
Jiménez, María.v. Iricio, Pedro.
José, María Ana de. v. Escandón y Elguera, José.
Justiniano y Pascual, Catalina de. v. Ureta y Ayala, Juan Bautista de.

L

Labra y Roa, María de. v. Ureta y Ayala, Juan Bautista de.
Lagos, Ana de. v. Lagos Mexía, Esteban de.
Lagos, Elvira de. Lagos Mexía, Esteban de.
Landaeta, Isabel de. v. Urbina, Gabriel José Fernández de.
Landaeta y Farfán de los Godos, Catalina de. v. Urbina, Gabriel José Fernández de.
Lara, Eufracia de. v. Tello y Espinosa, Agustín.
Lara y Arias Dávila, Eufrasia de. v. Arias de Cañedo, Pedro.
Lapoulide, Aurora. v. Escario y Carrasco, Joaquín.
Larrain de la Plaza, Julia. v. Errázuriz y Larrain, Francisco Javier.
Larrain, Julia. v. Gormaz y Covarrubias, José Antonio de.
Larrain y Lecaros, Ana María. v. García Huidobro, Francisco.
Larrain y Guzmán, María Teresa de. v. García Huidobro, Francisco.
Larrea y Reaño, Isabel de. v. Gisla y Larrea, Juan.
Larriva y Ruiz, Josefa. Loayza, Alonso de.
Larrondo, Magdalena de. v. Villela y Larrondo, Dr. Andrés de.
Lavauyle y Carranza, Susana de. v. Díez de Medina, Miguel.
Lazcano, Luisa. v. Ugarte-Cortázar Igaralde, José Antonio.
Lazcano Echaurren, Rosa. v. Errázuriz y Larrain, Francisco Javier.
Lea y Plaza, Francisca de. v. Escalada y Bustillo de Ceballos, Manuel de.
Lecaro y Barras, Blanca. v. Fernández de Mazeda, José Esteban.
Lecaroz, Nicolasa de. v. Toro, Tomás de.
Leclerc de Bicourt y Yanci, Isabel. v. Urréjola e Izarza, Esteban de.
Lecuna Jáuregui y Carrera, Micaela de. v. Errázuriz y Larrain, Francisco Javier.
Leiva, Catalina de. v. Nájera Batihoja, Juan de.
Leiva, María de. García, Cosme.

Lemaur y Lemurere, Isidora de. v. Franchi-Alfaro y Ponte, Tomás.

León, Ana de. v. Montejo, Francisco de.

León, Juana de. v. Renaud, J.P.

León, María de. v. Loyola, Pedro José.

León y Carvajal, Inés de. v. Córdoba y Gómez, Alonso de.

Lerma, María de. v. Contreras, Alonso de.

Lértora, María. v. Díez de Molina, Miguel.

Lescano, Leonor. v. Buendía y Soto, José Javier.

Letelier Valdés, Josefina. v. Fernández de Garandillas, José Nicolás.

Leyton, Catalina de. v. Bosso, Francisco.

Lezcano, María de. v. Fernández, Juan.

Lezeta, Margarita. v. García de León Pizarro, Ramón.

Letelier, Rosa. v. Errázuriz y Larrain, Francisco Javier.

Lisperguer Andia y Irrazábal, Catalina. v. Vázquez de Acuña, Matías José.

Lisperguer Irarrázabal y Andia, Inés. v. Fernández de Céspedes Gallardo, Juan.

Lisperguer y Flores, Catalina. v. Lisperguer, Pedro.

Loa, Julia de la. v. Loa, Guillén de.

Loaces y Miranda, Magdalena de. v. Fuertes de Sierra, Domingo.

Loarte Loaces y Miranda, Magdalena de. v. Fuertes de Sierra, Domingo.,

Loarte, Beatriz de. v. Fuenzalida, Francisco de.

Loarte, Elvira de. v. Fuenzalida, Francisco de.

Loaisa, María Clara de. v. González Montero, Antonio.

Logroño, Isabel de. v. Garcés de Marcilla y Tavira, Pedro.

Londoño, Josefa. v. García de León Pizarro, Ramón.

Lopetegui y Reyes, Hortensia. v. Gormaz y Covarrubias, José Antonio de.

López Chacón, Ana. v. Chacón, Andrés.

López Dávila, Leonor. v. Bachicao, Hernando de.

López de Alfaro Esparza, Micaela. v. Gamarra y Ladrón de Guevara, Martín.

López de Miranda, Constanza. v. Moreno, Pedro.

López de Oriona, Luisa. v. Toro, Tomás de.

López de Zúñiga, Catalina. v. Manrique de Lara, Francisco.

López Olivares y Olmedo, Gabriela. v. Lobaton, Juan Jiménez de.

López, Catalina. v. López, Andrés.

López, Juana. v. Mendoza (familia de).

López, Mari. v. Camargo, Alonso.

López, María. v. Gutiérrez, Felipe de.

Lorca y Chumacero, María de. v. Ureta y Ayala, Juan Bautista de.

Loredo de la Peña y Sagardia, Catalina. v. Román de Aulestia, Miguel.

Loredo de la Peña, Catalina. v. Gómez Boquete de Montealegre, Francisco.

Loreto de Arredondo Ambulodi Perelli y Arriola, María de. v. Arredondo y Perelli, Antonio de.

Losada, María. v. Fernández Guerra, Bartolomé.

Losada y Gálvez, María de. v. Toro Mazote, Ginés de.

Loyola, María Antonia de. v. Loyola, Pedro José.

Loyola y Toledo, Catalina de. v. González de Cuenca, Gregorio.

Lozada y Quiñones, Bernardina de. v. San Miguel de Solier, Dr. Juan Díez de.

Lucchessi, Blanca. v. Hernán Cortés.

Lucero, Francisca. v. Ulloa y Ulloa, Antonio.

Luco y Huici, María del Carmen. v. Fernández de Gandarillas, José Nicolás.

Lugo, Magdalena de.v. Díaz del Castillo, Bernal.

Luján y Acuña, Margarita. v. Pardo Figueroa, José Agustín.

Luján y Recalde, Constanza, marquesa de Villafuerte.v. Gumendi, Bernardo.

Luján, María de.v. Oviedo Sigonei y Luján, Francisco.

Luna, María Antonia de. v. Fernández de Céspedes Gallardo, Juan.

Luyando, Lucía de. v. Zárate y Verdugo, licenciado Pedro Ortiz de.

Luza y Mendoza, Antonia.v. Luza y Mendoza, Juan.

Lynch, Luisa. v. Gormaz y Covarrubias, José Antonio de.

Ll

Llano, Rufina. v. García de León Pizarro, Ramón.

Llano y Valdés, Bernarda. v. Lobaton, Juan Jiménez de.

Llanos, Micaela. v. Ribera, Salvador de.

Llata, Manuela. v. Escandón y Elguera, José.

M

Maldonado, Antonia. v. Tría, Gerónimo.

Maldonado, Bernarda. v. Hernández de la Cuba, Diego.

Maldonado, Elvira. v. Maldonado, Diego.

Maldonado, Francisca. v. Fernández Montiel, Alonso.

Maldonado, Guiomar. v. Grado, Francisco de.

Maldonado, Isabel de. v. Grado, Francisco de.

Maldonado, Leonor.v. Esquivel y Jarava, Diego.

Maldonado, Manuela. v. Azaña Palacio y Maldonado, Pedro.

Maldonado, María. v. Colón, Diego.

Maldonado, María. v. Ortiz de Gaete y González, Cristóbal.

Manrique de Lara, Luisa. v. Cueva, Beltrán de la.

Manrique de Lara, Mariana.v. Carvajal y Vargas Chávez y Sotomayor, Fermín.

Manrique de Lara, Rosa. v. Ramírez de Laredo, Dr. Gaspar Antonio.

Manrique, Aldonza. v. Villalobos, Marcelo de.

Manrique, María. v. Berrio, Juan de.

Manuel de Espinar, María. v. Espinar, Manuel de.

Manzano, María Luisa. v. Mendiburu y Orellana, Dr. José de.

Manzano, María Luisa.v. Mendiburu y Orellana, Dr. Manuel de.

Manzanos y Campurano, María Francisca. v. Urbina, Gabriel José Fernández de.

Maqueira, María Rita de. v. Fernández Maqueira, Remigio.

Marcaída, María de.v. Cortés, Hernán.

Marcos, María de. v. Bazarrete, Juan.
Marín, Antonia. v. García de León Pizarro, Ramón.
Marín, Beatriz. v. Cortés, Marín.
Marín y Riveros, Josefa. v. Toro Mazote, Ginés de.
Marmolejo, Guiomar. v. Marmolejo, Antonio.
Marmolejo, Guiomar. v. Cabeza de Vaca, Álvar Núñez.
Marquesa de de Moscoso y de Otero. v. Buendía y Soto, José Javier.
Márquez, Juana. v. Arteaga, Luis de.
Márquez de Cañizares, María. v. Urbina, Gabriel José Fernández de.
Márquez de la Plata y Guzmán, María Mercedes. v. García Huidobro, Francisco.
Marroquí, Beatriz. v. Picado, Antonio.
Marroquín de Monte-Hermoso, Beatriz. v. Carvajal y Dávila, Diego.
Martel de los Ríos, Luisa. v. Garcilaso de la Vega, Sebastián.
Martín, Catalina. v. Martín Camacho, Cristóbal.
Martín, Elvira. v. Gutiérrez, Francisco.
Martín, Juana. v. Escobar, Pedro de.
Martín, Juana. v. Escobar, Pedro de.
Martínez Aldunate y Larrain, María del Carmen. v. García Huidobro, Francisco.
Martínez de Abascal, Teresa.v. Bonet y Abascal, Joaquín.
Martínez de Aldunate y Guerrero, Rosa. v. Errázuriz y Larrain, Francisco Javier.
Martínez de Frías, Micaela. v. García de León Pizarro, Ramón.
Martínez de Luco y Fernández de Leiva, María Mercedes. v. García Huidobro, Francisco.
Martínez de Rivera y Contreras, Catalina. v. Torre, Juan de la.
Martínez, Isabel. v. Hernández Gallego, Francisco.
Martínez, María Jesús. v. García de León Pizarro, Ramón.
Martínez Ríos, Carmela. v. Gormaz y Covarrubias, José Antonio de.
Martínez y Jaraquemada, Mercedes. v. Toro, Tomás de.
Marulanda, Juana. v. García de León Pizarro, Ramón.
Matienzo, Catalina de. v. Costilla y Gallinato, Jerónimo.
Matos, María Gregoria de. v. Urdaneta Barrenecheay del Campo, Martín.
Matute y Melgarejo, María Mauricia. v. Moreyra y Matute, Francisco.
Maya, Ana de. v. Cuéllar, Juan de.
Maya de la Torre, Jacinta. v. Urdaneta y Barrenechea y del Campo, Martín.
Mayo Pinto, Ana María. v. Errázuriz y Larrain, Francisco Javier.
Mayor, Águeda. v. Toro Mazote, Ginés de.
Maza, Micaela de la.v. Maza, Gonzalo de la.
Mazariegos, Juana de. v. Gálvez Segura, Rodrigo.
Mazo, Gertrudis del. v. Gallón, Toribio.
Médici, Constanza. v. Hernán Cortés.
Medina, Catalina María de. v. Vicuña, Matías de.
Medina y Zurita, María de. v. Fernández de Córdoba y Espinosa, Fernando.
Medrano y Sarmiento, Mariana. v. Mendiburu y Medrano, Juan Manuel.
Mejía, Mariana. v. Escandó y Elguera, José.

Meléndez y Valladolid, Catalina. v. Moreyra y Matute, Francisco.

Melgar, Juana de. v. Barbarán, Juan de.

Melgarejo Allende, Benita. v. Gormaz y Covarrubias, José Antonio.

Mena, María de.v. Palencia, Fernando de.

Mena y Saldaña, Ana de. v. Silva Guzmán, capitán Diego.

Mena y Zapata, Melchora de. v. Ureta y Ayala, Juan Bautista de.

Méndez de Contreras, Teresa. v. Toro Mazote, Ginés de.

Méndez de Valdés, Juana. v. Vargas, Alonso.

Méndez y Muñiz, Leonor. v. Álvarez Maldonado, Juan.

Mendieta y Leiva, María de la Concepción de. v. Fernández de Garandillas, José Nicolás.

Mendivil, Carmen. v. Gana y Amézaga, Juan Francisco de.

Menéndez, María. v. Gálvez y Alba, Andrés Ramón.

Menéndez Navia y Valdés, Teresa. v. Fuertes de Sierra, Domingo.

Mendiburu, Andrea de. v. Mendiburu y Medrano, Juan Manuel.

Mendive, Antonia. v. Jiménez de Lobaton y Azaña, Nicolás.

Mendivi, Antonia. v. Mendivi, Juan Antonio.

Mendoza y Beingolea, Juliana. v. Larrea y Villavicencio, Juan José Clemente de.

Mendoza y Guzmán, Jordana de. v. Mendoza, Rodrigo de.

Mendoza, Ana de. v. Hernández Navarrete, Pedro.

Mendoza, Isabel de. v. García de Hijar y Mendoza.

Mendoza, Magdalena de. v. Zaldívar, Vicente de.

Mendoza, María de. v. Coria, Diego de.

Mendoza, María de. v. Zaldívar, Vicente de.

Mendoza, María de.v. Lagos Mexía, Esteban de.

Mendoza, María de. v. Ervas, Cristóbal de.

Mendoza, María. v. Iricio, Martín.

Menéndez Luarca y Tineo, Ágela. v. Fuertes de Sierra, Domingo.

Menéndez Navia y Villamil, Josefa Antonia. v. Fuertes de Sierra, Domingo.

Meneses, Constanza de. v. Aguirre, Francisco.

Meneses Cornejo, Isabel de. v. Aguirre, Francisco.

Mercado, Isabel. v. Pizarro, Hernando.

Mercado, Isabel.v. Orellana, Hernando de.

Mercedes de la Providencia, Sor María de las. v. Gormaz y Covarrubias, José Antonio de.

Merquita, Isabel de. v. Ojeda, Diego de.

Messía, Josefa.v. Messía, Diego Cristóbal.

Mexía de la Vera, María. v. Arteaga, Luis de.

Metauten González, Lucía. v. Escobar de la Fuente, Diego.

Miers, Isabel. v. González de los Ríos, Toribio.

Mijares de Solórzano, María. v. Tovar Báñez y Mendieta, Manuel Felipe de.

Mioño de Bustamante, Josefa Rosa de. v. Arredondo y Perelli, Antonio de.

Miquel, Mariana. v. Toro, Tomás de.

Mira y Mena, Mercedes. v. Fernández de Mazeda, José Esteban.

Miranda, María de. v. Alvarado, Alonso.

Miranda y Caballero, Rosa de. v. Navamuel de los Ríos, Álvaro Ruiz de.

Miranda, Lucía. v. Caboto, Sebastián.

Moat, Inés. v. Blaque, Tomás.

Mogrobejo, Grimanosa. v. Loayza Calderón, Juan.

Molina, Constanza de. v. Cueva, Beltrán de la.

Molina, Inés de. v. Astorga, Juan de.

Molina, Jacinta de. v. Gallón, Totibio.

Molina Navarrete, María Francisca de. v. Garay, Juan de.

Molina, Rosa de. v. Garcés de Marcilla y Tavira, Pedro.

Molina, Teresa. v. Gallón, Toribio.

Molina y López, Luisa. v. Gorostiaga y Frías, José Benjamín.

Molyneaux, Beatrice. v. Hernán Cortés.

Mollinedo y Azaña, Juana de. v. Qquerejazu y Mollinedo, Dr. Antonio Hermenegildo.

Moncada, Francisca. v. Verazátegui, Juan de.

Monroy, María. v. Almarás, Alonso de.

Monroy, María de Guadalupe y. v. Escobar de la Fuente, Diego.

Monsalve, Josefa. v. Arteaga, Luis de.

Montalbán, Francisca de. v. Toro Mazote, Ginés de.

Montalvo Cabeza de Vaca, Agustina de. v. Quiñones y Villapadierna, Francisco.

Montealegre, Magdalena. v. Román de Aulestia, Miguel.

Montenegro Bravo de Paredes, Luisa. v. Tello y Espinosa, Agustín.

Montes de Oca, Isabel. v. Gallegos, Juan.

Montiel, María Lucía. v. Urdaneta Barrenechea y del Campo, Martín.

Montoya, Bárbara. v. González de Feleña y Noriega, Juan.

Montoya, Francisca. v. González de Feleña y Noriega, Juan.

Montoya, Josefa. v. González de Feleña y Noriega, Juan.

Montoya, María Josefa. v. García de León Pizarro, Ramón.

Morales, Ana de. v. Morales, Juan de.

Morales, Francisca. v. Pizarro, Francisco.

Morales, Francisca. v. Toro y Mazote, Ginés de.

Morales, Josefa. v. Arteaga, Luis de.

Morales Tinoco, Mariana de. v. Roldán Dávila, Juan.

Morales de Albornoz, María. v. Gormaz y Covarrubias, José Antonio de.

Montero, María. v. Loza Bravo de Lagunas, Diego.

Morales, Mariana de. v. Córdoba y Gómez, Alonso de.

Morales y Prieto, Juana de. v. Garay, Juan de.

Morande y Echeverría, Rosa. v. García Huidobro, Francisco.

Moreno Velázquez, Gertrudis. v. Escobar de la Fuente, Diego.

Mosquera, María de.v. Colón y Toledo, Luis.

Muchuy, Luisa. v. Garay, Antonio de.

Munga y Muñatones, Margarita. v. Dávalos y Rivera, Juan.

Munive Tello, Ana. v. Messía, Diego Cristóbal.

Muñiz, Juana. v. Cornejo, Miguel.

Muñoz de Loayza y Salcedo, **Ángela**. v. Azaña Palacio y Maldonado, Pedro.
Muñoz, Gertrudis. v. Escandón y Elguera, José.
Muñoz y de Rato García Carrasco y Duquesne. v. Fernández Quevedo de Heres de Lloreda y de Saavedra, Manuel.

N

Nadal, Antonia. v. Picoaga y Arbiza, Francisco.
Navamuel, Inés de (hija). v. Navamuel de los Ríos, Álvaro Ruiz de.
Navamuel, Inés de. v. Navamuel de los Ríos, Álvaro Ruiz de.
Navarrete, Francisca. v. Francisco de Grado.
Navarrete y Villafañé, Luisa. v. Garay, Juan de.
Navarro y Rocha, Josefa. v. Uricoechea y Vitoria, Juan Antonio de.
Navia Bolaños, Juana. v. Picoaga Y Arbiza, Francisco.
Navia Bolaños, Juana. v. Torres y Mesía, Fernando.
Navia y Valdés, Catalina de. v. Fuertes de Sierra, Domingo.
Nebel Ovalle, Isabel. v. Errázuriz y Larrain, Francisco de.
Negreiros Ruiz Galiano, Mercedes.v. González Galiano, Tomás.
Negreiros, Mercedes.v. Negreiros y Silva, Jorge.
Nieves Gajardo Guerrero Pacheco, María de las. v. Gajardo Guerrero, Juan.
Noguera, Rosa. v. Tupac Amaru, José Gabriel.
Nolete Roche, Juana de. v. Gallegos Muñoz, Jerónimo.
Noriega y Domínguez, Manuela.v. Echarri, José de.
Núñez de Ávalos, María Josefa. v. Garay, Juan de.
Núñez, Isabel. v. Maeda, Cristóbal de.
Núñez, Violante. v. García Bravo, Alonso.
Ñusta, Isabel. v. Gutiérrez de Mendoza, Diego.

O

Océriz, Lucía. v. Arteaga, Luis de.
O'Farrill y Arredonco, María Teresa. v. Arredondo y Perelli, Antonio de.
Olea, Juana de. v. Pisueta, Martín de.
Olid y Viedma, María de. v. Carvajal de, Antonio.
Oliden, María Clara de. v. Segurola, Sebastián de.
Ona, María de. v. Cáceres, Manuel de.
Ondaneta, María de. Urmeneta, Francisco Javier de.
Oñate y Cortés Moctezuma, María de.v. Oñate, Juan de.
Ontañón, Nicolasa. v. Ontañón y Lastra, Nicolás.
Ordaz, Francisca. v. Ponce de León, Juan.
Ordóñez de Rueda, Luisa. v. Oviedo Herrera y Rueda, Luis Alonso de.
Orellana y Luna, Josefa. v. Ibáñez de Segovia y Orellana, Luis.
Orellana y Luna, Josefa.v. Orellana, licenciado Alonso de.
Orgóñez, Teresa. v. Grado, Francisco de.

P

Palomares y Salazar, Josefa. v. Pérez de los Ríos y Rivero, Alonso.

Panera Vergara, Juana de la. v. Córdoba y Gómez, Alonso de.

Panizo y Remírez, Isabel. v. Tebes Manrique de Lara, Diego.

Parada y Astorga, Ana. v. Díez de Medina, Miguel.

Paredes, María de. v. Garay, Juan de.

Parant, Monique. v. Urbina, Gabriel José Fernández de.

Pardo de Figueroa y Esquivel, Mariana, marquesa de Valle-Umbroso. Zavala y Urquizu, Andrés.

Pardo de Figueroa, Juana María. v. Navia Bolaños Moscoso, Álvaro.

Pardo de Figueroa, Mariana, marquesa de Valle-Umbroso. v. Cueva, Beltrán de la.

Parra, Marcela de la. v. Fernández de Arróyabe, Francisco.

Paredes, Isabel de. v. Hernández de los Palacios, Francisco.

Paredes, Juana de. v. Golfo, Pedro del.

Pastene, Isabel. v. Fuica y Ladrón de Cegama, Gabriel de.

Pastene y Justiniano, Jerónima. v. Ureta y Ayala, Juan Bautista de.

Paz Enrile y Alcedo, María de la. v. Enrile y Guerci, Jerónimo de.

Pedraza, Leonor de. v. González de Pedraza, Martín.

Pedraza, Magdalena de. v. González de Pedraza, Martín.

Pedraza, María de. v. González de Pedraza, Martín.

Pedrera, Leonor. v. García, Melchor.

Pedrosa Sierra, Catalina de. v. Fernández de Córdoba y Espinosa, Fernando.

Peineda, Leonor de. v. Macías, Alonso.

Peláez de la Guerra, Catalina. v. Sarmiento de Sotomayor, Diego.

Peláez del Junco y Henríquez de Guzmán, Bernarda. v. Mendiburu y Orellana, Dr. José de.

Peñalosa, María de. v. Añasco, Pedro de.

Peralta, Francisca. v. Garay, Juan de.

Peralta y Cárdenas, Elvira de.v. Ibáñez de Segovia Peralta y Cárdenas, Luis.

Peralta, María de. v. Rosas y Córdoba, Manuel de.

Peralta, María Josefa.v. Borda y Echevarría, José de.

Peralta, Úrsula de. v. Enciso, Antonio.

Perera Delgado, Catalina. v. Torre, Alonso de.

Pereira Íñiguez, Blanca. v. Errázuriz y Larrain, Francisco Javier.

Pereira, Isabel. v. Torre, Alonso de.

Pereira y Andia Varela, Mercedes. v. Ureta y Ayala, Juan Bautista de.

Perestrello, Munis. v. Garay, Antonio de.

Pérez, Bárbara. v. González de Feleña y Noriega, Juan.

Pérez de Alvarado, Agustina. v. Garay, Juan de.

Pérez de los Ríos, María. v. Pérez de los Ríos y Rivero, Alonso.

Pérez de Mendoza, Catalina. v. Chaves de Figueroa, Alonso.

Pérez de Oñate, María. v. Zaldívar, Juan de.

Pérez de Valenzuela, Javiera. v. Ureta y Ayala, Juan Bautista de.

Pérez Manrique, Dionisio. v. Picoaga y Arbiza, Francisco.

Pérez, Beatriz.v. Pérez de Arteaga, Juan.

Pérez, Catalina. v. Malo de Molina, Melchor.

Pérez de Valenzuela, Ana. v. Toro Mazote, Ginés de.

Pérez, Francisca. v. Lagos Mexía, Esteban de.

Pérez Gaona, Catalina. v. Gaona, Pedro de.

Piccolomini, Ana María. v. Hernán Cortés.

Pignatelli de Aragón, Juana. v. Hernán Cortés.

Pignatelli, Margarita. v. Hernán Cortés.

Pilcohuaco, Juana. v. Tupac Amaru, José Gabriel.

Pimentel y Benavides, Teresa. v. Hernán Cortés.

Pimentel y Heras, Dolores. v. Galindo Quiñones y Barrientos, Francisco.

Pinelo, Francisca de. v. Espinosa Campoo, Juan de.

Pino Jaramillo, Inés del. v. García de León Pizarro, Ramón.

Pino Manrique, Carmen.v. Maldonado, Diego.

Pintos Garay y González de Acosta, Juana de. v. Garay, Juan de.

Pintos y Garay, Elvira. v. Garay, Juan de.

Pintos y Garay, Juana de. v. Garay, Juan de.

Piñeiro, Josefa. v. Toro Mazote, Ginés de.

Piraldo Herrera, Paula.v. Gómez del Castillo, Henrique Treviño.

Pizarro, Catalina. v. Cortés, Hernán.

Pizarro, Francisca. v. Pizarro, Hernando.

Pizarro Rivera, Francisca. v. García de León Pizarro, Ramón.

Pizarro, Yupanqui. v. Ampuero, Francisco de.

Ponce de León, María. v. Barrionuevo, Alonso de.

Ponce de León, Mariana. v. Malo de Molina, Melchor.

Porcel de Peralta Garay, Isabel. v. Garay, Juan de.

Portales Bello, Manuela. v. García Huidobro, Francisco.

Portilla, Catalina de. v. Toro Mazote, Ginés de.

Portillo, Ana de. v. Golfo, Pedro del.

Portocarrero, Leonor de. Hernández Girón, Francisco.

Portugal, Leonor de. v. García de Hijar y Mendoza.

Postigo Guzmán y Gálvez, Ana del. v. Valle y Postigo, Dr. Manuel María.

Poveda, Ana de. v. Gaona, Pedro de.

Prado, Ana de. v. Cano, Juan.

Prado, Catalina de. v. González de Prado, Pedro.

Prado y Lorca, Francisca. v. Toro, Tomás de.

Prado y Lorca, Francisca de. v. Ureta y Ayala, Juan Bautista de.

Prado y Prado, María. v. Fernández de Gandarillas, José Nicolás.

Prieto, Catalina. v. Garay, Juan de.

Prieto, Rosa. v. García de León Pizarro, Ramón.

Prieto Correa, Sara. v. Fernández de Gandarillas, José Nicolás.

Puebla, Isabel de la. v. Sánchez de Araya, Antón.

Puente y Castro, Constanza de, marquesa de Corpa. v. Urdanegui, Juan de.

Puente y Puente, Constanza de la. v. Puente y Larrea, Lorenzo Antonio de la.

Puente y Sandoval, Teresa de la. v. Mendoza, Alonso Hurtado de.

Puente, Leonor Tomasa de la. v. Mendoza, Alonso Hurtado de.
Puente, Mariana de la. v. Ontañón y Lastra, Nicolás.
Puerta, Ana. v. García de León Pizarro, Ramón.
Puerta González de Aguilar Ponce de León, Lorenza María. v. Gálvez Segura, Rodrigo.
Purificación, María de la.v. Ore y Río, Antonio de.

Q

Querejazu y Santiago Concha, Francisca. v. Moreyra y Matute, Francisco.
Querejazu y Santiago Concha, Juana de . v. Santa-Cruz y Padilla, Hernando.
Querejazu y Santiago Concha, Juana. v. Santa-Cruz y Gallardo, José.
Querejazu, Micaela de. v. Querejazu y Mollinedo, Dr. Antonio Hermenegildo.
Querejazu, Micaela de. v. Urdanegui, Juan de.
Quesada Vial, Dolores de. v. Arango, Pedro de.
Quiroga, Isabel de. v. Ruiz de Gamboa, Lope.
Quiroga, María de. v. Toro, Tomás de.

R

Rallo, Mariana. v. Borda y Echevarría, José de.
Ramírez, Ana. Madaleno, Juan.
Ramírez, Andrea. v. Salazar, Francisco de.
Ramírez de Arellano, Ana. v. Hernán Cortés.
Ramírez de Laredo, Francisca Antonia. v. Ramírez de Laredo, Dr. Gaspar Antonio.
Ramírez de Laredo, Teresa.v. González y Fuente, José.
Ramírez de Molina, Eulogia. v. Errázuriz y Larrain, Francisco Javier.
Ramírez del Castillo, Francisca. v. Vergara y Pardo, capitán Lucas.
Ramírez del Castillo, Francisca.v. Oviedo Herrera y Rueda, Luis Alonso de.
Ramírez de Salazar, Josefa Antonia. v. Tovar Báñez y Mendieta, Manuel Felipe de.
Ramírez, Francisca. v. Aliaga, Jerónimo.
Ramírez, Francisca. v. Ramírez de Laredo, Dr. Gaspar Antonio.
Ramírez, Leonor. v. Aguirre, Francisco.
Ramírez Maldonado, Francisca. v. González de Cuenca, Gregorio.
Ramírez Tello, Antonia. v. Garay, Juan de.
Ramírez Tello y Suárez, Juana. v. Garay, Juan de.
Recabarren, Margarita de. v. Gorbea y Vadillo, José Lucas de.
Recabarren y Pardo de Figueroa, Margarita de. v. Calvo de Encalada y Orozco, Diego.
Reina, Beatriz de la.v. Peña, Juan de la.
Reinoso, María de. v. Toro, Tomás de.
Remedios Saavedra, María de los. v. Fernández Quevedo de Heres de Lloreda y de Saavedra.
Restrepo, Margarita. v. González de Feleña y Noriega, Juan.
Restrepo, Mariana. v. García de León Pizarro, Ramón.
Restrepo Vélez de Rivero, Juana. v. Escobar de la Fuente, Diego.

Rojas y Acevedo, Josefa. v. Loyola, Pedro José.
Román de Aulestia, Josefa. v. Gómez Boquete de Montealegre, Francisco.
Romero e Hidalgo, María del Carmen. v. Fernández de Gandarillas, José Nicolás.
Romero, Josefa. v. García de León Pizarro, Ramón.
Rosa de la Fuente, condesa. v. Elizalde, José Matías.
Rosa de Santiago y Concha, Juana. v. Velasco y Castañeda, Gerónimo.
Rosa Orellana y Rodríguez de Centeno, Marcelina de la. v. Mendiburu y Orellana, Dr. Manuel de.
Rosa, Constanza. v. Colón, Diego.
Rosa, Juana. v. Concha de Santiago, Dr. José.
Rosa, Juana. v. Moreyra y Matute, Francisco.
Rosas, María del Carmen. v. Mudarra y Roldán, Miguel.
Rosas, Roda de. v. Vergara y Pardo, capitán Lucas.
Rovira y Caicedo, Margarita. v. Uricoechea y Vitoria, Juan Antonio de.
Roxa, Francisca. v. Alonso Carrasco, Pero.
Rozas Aritzia, Josefina. v. Fernández de Gandarillas, José Nicolás.
Ruiz Cañete, Luisa. v. Reynaza, Juan de la.
Ruiz Cañete, Luisa. v. Colmenares y Vega, Sebastián.
Ruiz de Obregón, Juliana. v. García de León Pizarro, Ramón.
Ruiz Galiano, Mariana. v. Negreiros y Silva, Jorge.
Ruiz, Isabel. v. Ruiz, Alonso.
Ruiz Olivares, María. v. García de León Pizarro, Ramón.
Ruiz, Teresa. v. Cabra, Juan.

S

Saavedra y Sanabria, Juana de. v. Garay, Juan de.
Sáenz, Andrea. v. García de León Pizarro, Ramón.
Sáenz de Baños y González Cortina, María. v. González Cortina y Pando Bento.
Sáenz de Baños y Sarasa, María Nicolasa. v. González Cortina y Pando Bento, José Restituto.
Saenz Galiano, Naracisa. v. González Galiano, Tomás.
Sáenz de Viteri Iturralde, Rosa. v. Urbina, Gabriel José Fernández de.
Sagredo, Isabel de. v. Porras Sagredo, Diego de.
Salas de Errázuriz, Josefa. v. Errázuriz y Larrain, Francisco Javier.
Salas, Luisa de. v. Garcés de Marcilla y Tavira, Pedro.
Salas Palenzuelos, Antonia de. v. Errázuriz y Larrain, Francisco Javier.
Salas Valdés y Zárate, Ana Ángela. v. Esquivel y Jarava, Diego.
Salazar y Buendía, Petronila. v. Valle y Postigo, Dr. Manuel María.
Salazar y Carrillo, María Manuela. v. Sancho-Dávila Isásaga, Juan Pedro.
Salazar y Gaviño, Joaquina. v. Mendoza, Alonso Hurtado de.
Salazar y Muñatones y Cuervo, Mauricia. v. Tamayo y Mendoza, Francisco.
Salazar y Muñatones, Rosa de. v. Dávalos y Rivera, Juan.
Salazar, Ana. v. Loza Bravo de Lagunas, Diego.

Salazar, Catalina de. v. Oñate, Juan de.
Salazar, Catalina de. v. Salazar, Gonzalo de.
Salazar, Francisca. v. Maldonado, Diego.
Salazar, Lorenza. v. Arteaga, Luis de.
Salazar, María. v. García de León Pizarro, Ramón.
Salazar, María Ana. v. Santiago, José.
Salazar, María de.v. González de Cuenca, Gregorio.
Salazar, Marigómez de. v. López, Andrés.
Salazar, Mercedes. v. Fernández de Gandarillas, José Nicolás.
Salazar, Rosa. v. Pérez de los Ríos y Rivero, Alonso.
Salazar, Tomasa. v. Sancho-Dávila Isásaga, Juan Pedro.
Salcedo, Margarita de. v. García de León Pizarro, Ramón.
Salgar, María Ignacia. v. García de León Pizarro, Ramón.
Salgrado Araujo, María Josefa. v. Díez de Medina, Miguel.
Salinas, María de. v. Báez, Juan.
Saluzzo y D'Aubeterre, María Antonia. v. Tovar Báñez y Mendieta, Manuel Felipe de.
Salvador Ochoa, Ignacia María.v. Ochoa, Ignacio de.
Samba, Isabel. v. Colón, Diego.
Sanabria Saavedra, Mariana de. v. Garay, Juan de.
San Juan, Francisca de. v. Sánchez de Araya, Antón.
San Pedro, María de. v. Barbarán, Juan de.
Sanabria, María de. v. Núñez de Sanabria, Dr. Miguel.
Sánchez Bejarano, Catalina. v. Bejerano, Serván.
Sánchez de Escobar, Isabel. v. Gálvez Segura, Rodrigo.
Sánchez de Orpina, Sancha. v. Samano, Juan de.
Sánchez, Beatriz. v. Cano, Alonso.
Sánchez de Bustamante, Juana Juliana. v. González Calderón, Miguel.
Sánchez, Elvira. v. Martín Román, Francisco.
Sánchez, Francisca. v. García de Cáceres, Diego.
Sánchez, Juana. v. Beranga, Juan de.
Sánchez, Mari. v. Sedeño, Juan.
Sánchez, Rosa. v. García de León Pizarro, Ramón.
Sancho-Dávila y Bermúdez, Josefa. Sancho-Dávila Isásaga, Juan Pedro.
Sandoval y Lasso de la Vega, Catalina. v. Galindo Quiñones y Barrientos, Francisco.
Sanfelices y Agüero, María Josefa de. v. Ugarte-Cortázar Igaralde, José Antonio.
Santa Cruz y Centeno, Mariana. v. Castilla, Cristóbal.
Santa Cruz y Padilla, Floriana. v. Navamuel de los Ríps, Álvaro Ruiz de.
Santa Cruz, Narcisa. v. Saavedra, Dr. Francisco Arias de.
Santa Pau, Violante.v. Llano Valdés, Juan.
Santa Cruz, Mercedes de. v. Toro, Tomás de.
Santa-Cruz y Centeno, Narcisa, marquesa de Moscoso. v. Santa-Cruz y Padilla, Hernando.
Santa-Cruz y Querejazu, Mercedes. v. Santa-Cruz y Padilla, Hernando.
Santa-Cruz, María Mercedes. v. Santa-Cruz y Gallardo, José.

Santa Rosa de Lima (Isabel Flores de Oliva). v. Flores, Gaspar.
Santángel y Leonarti, María de. v. Florencia, Martín de.
Santander, Serafina. v. Fernández Moro, Manuel.
Santiago Concha, Isabel de. v. Hurtado y Alzamora, José Leonardo.
Santiago Concha, Josefa de. v. Moreyra y Matute, Francisco.
Santiago Concha, Josefa de. v. Urdanegui, Juan de.
Santiago Concha, Juana Rosa. v. Hurtado y Alzamora, José Leonardo.
Santiago Concha, Rosa de. v. Fernández de Mazeda, José Esteba.
Santiago Concha y Vázquez de Acuña, Carmen de. Fernández de Mazeda, José Esteban.
Santiago, Francisca de. Elizalde, José Matías.
Santiago Hidalgo, Ana de. v. García de León Pizarro, Ramón.
Santillán, María. v. Fernández de Córdoba, Luis.
Santísima Trinidad y de la Cruz, Lucía de la. v. Pérez de Mondéjar, Antonio.
Santos Toro, María de los. v. García de León Pizarro, Ramón.
Sardaneta, Clara Joaquina de. v. Arroyo, Simón de.
Sarmiento Moctezuma, Melchora Juana. v. Sarmiento de Valladares, José.
Sarmiento y Pastrana, María. v. Tebes Manrique de Lara, Diego.
Secades, Teodora. v. García-Barbón, Rafael J.
Sellán, Beatriz de. v. Fernández de Hijar (o Ijar), Juan.
Sepúlveda, Catalina. v. Pedraza, Diego de.
Sarabia, Ignacia de. v. García de León Pizarro, Ramón.
Serna, Juliana de la. v. Reynaza, Juan de la.
Serna, Magdalena de la. v. Toro Mazote, Ginés de.
Sibis y Foufreda, Dolores. v. García-Barbón, Rafael J.
Sierra, Inés de. v. Gajardo Guerrero, Juan.
Sierra, Magdalena de. v. Gajardo Guerrero, Juan.
Silva Córdoba y Salinas, Mencia de. v. Manrique de Lara, Francisco.
Silva, Feliciana de. v. Grado, Francisco de.
Silveria Carrasco y Oviedo, María. v. Gálvez y Alba, Andrés Ramón.
Solar Gorostiza, Josefa del. v. Undárraga y Yávar, José Ramón de.
Solar, Natalia del. v. Gormaz y Covarrubias, José Antonio de.
Solar Rosales, Enriqueta del. v. Fernández de Gandarillas, José Nicolás.
Solarzo, Mariana de. v. González de los Ríos, Toribio.
Solier, María. v. Victoria, Juan González de.
Solier, Paula. v. Victoria, Juan González de.
Solís, María de. v. López, Román.
Solórzano Pereira, María de. v. Valverde y Mercado, Fernando.
Solórzano y Carbajal, Francisca de. v. Rodríguez Cabrillo, Juan.
Solórzano y Vera, Catalina de. v. Solórzano Pereyra, Dr. Juan.
Somorrostro, Mencia. v. Barbarán, Juan de.
Soria, Beatriz de. v. Ayala, Lope de.
Sosa, Isabel de. v. Tapia, Andrés de.
Sosa, María de. v. Rengifo, licenciado Juan Martínez.
Sosa, Mencia de. v. Almarás, Alonso de.

Sota y Parada, Juana Manuela de. v. Díez de Molina, Miguel.
Soto, Isabel de. v. Cortés, Juan.
Soto y Puente, Francisca. v. Buendía y Soto, José Javier.
Sotomayor y Ondegardo, Juana de. v. Pardo Figueroa, José Agustín.
Sotomayor, Juana de.v. Espinola y Villavicencio, general Nuño.
Sotomayor, Margarita de. v. Fernández de Gandarillas, José Nicolás.
Sotomayor y Elzo, Carmen de. v. Errázuriz y Larrain, Francisco Javier.
Squella, Mercedes. v. Fernández Maqueira, Remigio.
Struriza, Saturnina. v. González Cortina y Pando Bento, José Restituto.
Suárez, Catalina. v. González, Ruy.
Suárez, Catalina.v. González, Ruy.
Suárez de Acero, Francisca Rosa. v. Urdaneta Barrenechea y del Campo, Martín.
Suárez, Inés. v. Valdivia, Pedro de.
Suárez Mexía y Cabrera, Inés. v. Garay, Juan de.
Suazo, Juana. v. Cáceres, Francisco de.
Suaso, María de. v. Mendoza (familia de).
Suazo, Isabel. v. Fuenzalida, Francisco de.
Sumucano, Josefina. v. García de León Pizarro, Ramón.

T

Taboada y Santa Cruz, Isabel de.v. Castilla, Cristóbal.
Talagante, Elvira. v. Solórzano y Velasco, Pedro.
Tapia Carvajal, Catalina de. v. Carvajal de, Antonio.
Tapia Penagos, Josefa. v. García de León Pizarro, Ramón.
Tapia Sosa, Inés. v. Tapia, Andrés.
Tapia, María Josefa.v. Genis Terán, Juan.
Tavira, Isabel de. v. Garcés de Marcilla y Tavira, Pedro.
Tejada y Bazán, Mariana de. v. Garay, Juan de.
Tejada y Garay, Úrsula de. v. Garay, Juan de.
Téllez, Magdalena. v. Sanz de Varea, Juan.
Tello y de la Cueva, Ana. Cueva, Beltrán de la.
Temeño, Marina. v. Arévalo, Alonso.
Temiño, María. v. Arévalo, Alonso.
Terán y Miers, María. v. González de los Ríos, Toribio.
Tezanos Pinto, Leonor de. v. Uruburu y Basterrechea, José de.
Tinoco Tordoya, Ana. v. Roldán Dávila, Juan.
Tocto Ocllo Caitore, Inés. v. Balsa, Juan.
Toledo, Leonor de. v. Fernández Moro, Manuel.
Toledo, María de. v. Barrera Baena (o Barreda), Pedro.
Toledo, María de. v. Cabrera, Jerónimo Luis de.
Toledo, María.v. Figueroa, Dr. Cristóbal Suárez de.
Tolosa Cortés Moctezuma, Isabel de. v. Cortés, Hernán.
Toranzos, María Manuela de. v. Fernández Maqueira, Remigio.

Toro, Ana de. v. Toro Mazote, Ginés de.

Toro, Ana María de. v. Atehortúa, Antonio de.

Toro Carvajal, Mariana de. v. Toro Mazote, Ginés de.

Toro, Lorenza de. v. Fernández Guerra, Bartolomé.

Toro Herrera, Catalina de. v. Toro, Tomás de.

Toro Mazote y Arbieto, Josefa de. v. Toro Mazote, Ginés de.

Toro Mazote y Arriagada, Luciana de. v. Toro Mazote, Ginés de.

Toro Mazote y de la Serna, Elena. v. Toro Mazote, Ginés de.

Toro Mazote y de la Serna, Isabel. v. Toro Mazote, Ginés de.

Toro Mazote y de la Serna, Juana. v. Toro Mazote, Ginés de.

Toro Mazote y de la Serna, María Magdalena de. v. Toro Mazote, Ginés de.

Toro Mazote y de la Serna, Teresa. v. Toro Mazote, Ginés de.

Toro Mazote y Heraz, Francisca de. v. Toro Mazote, Ginés de.

Toro Mazote y Zelada, Teresa de. v. Toro Mazote, Ginés de.

Toro, Rosalía. v. González de Feleña y Noriega, Juan.

Toro y Dumont, Nicolasa de. v. Toro, Tomás de.

Toro y Heredias, Catalina de. v. Toro Mazote, Ginés de.

Toro y Valdés, María Josefa. v. Toro, Tomás de.

Toro y Valdés, María Mercedes de. v. Toro, Tomás de.

Toro Zambrano y Escobar, María de. v. Toro, Tomás de.

Toro Zambrano y Ugalde, María de. v. Toro, Tomás de.

Toro Zambrano y Valdés, María Inés de. v. Toro, Tomas de.

Toro Zambrano y Valdés, Mariana de. v. Toro, Tomás de.

Torre Isásaga, María Ana de la. v. Malo de Molina, Melchor.

Torre y Cordovés, Pascuala de la. v. Garay, Juan de.

Torres, Marina de. v. Estrada, Alonso de.

Torres y Salguero de Cabrera, Josefa María de. v. Garay, Juan de.

Torres y Zavala, Josefa de. v. Concha de Santiago, Dr. José.

Torres Zavala, Josefa. v. Moreyra y Matute, Francisco.

Torriente y de la Gándara, María Manuela de. v. Torriente y de la Gándara, Vicente de la.

Tovar, Catalina. v. Tovar Báñez y Mendieta, Manuel Felipe de.

Tovar, María de. v. Tovar Báñez y Mendieta, Manuel Felipe de.

Traslaviña y Oyague, Teresa. Concha de Santiago, Dr. José.

Trebuesto y Dávalos, María Antonia. v. Torre de Trassiera y de la Riva, Bernabé.

Triana, Marina de. v. Cortés, Hernán.

Troconis y Urdaneta, Bárbara. v. Urdaneta Barrenechea y del Campo, Martín.

U

Ugalde, Sebastiana de. v. Toro, Tomás de.

Ugarte-Cortázar y Sanfelices, María Josefa de. v. Ugarte-Cortázar Igaralde, José Antonio.

Ugarte, Gabriela. v. Ugarte, José Gabriel.

Ugarte Lazcano, Margarita de. v. Ugarte-Cortázar Igaralde, José Antonio.

Ugarte y Avaria, Inés de. v. Ureta y Ayala, Juan Bautista de.
Ulloa, Catalina de. v. Quiñones y Villapadierna, Francisco.
Ulloa de Mena, Teresa de. v. Ulloa y Ulloa, Antonio.
Ulloa, María de. v. Pizarro, Gonzalo.
Undurraga e Ichazarreta, Josefina. v. Fernández de Mazeda, José Esteban.
Undurraga García Huidobro, María Luisa. v. Fernández de Gandarillas, José Nicolás.
Urbina y de Jado, Teresa Josefa de. v. Urbina, Gabriel José Fernández de.
Urbina y Jado, María Mercedes. v. Urbina, Gabriel José Fernández de.
Urbina y López, María Josefa de. v. Urbina, Gabriel José Fernández de.
Urbina y Llaguno, Josefa Jerónima de. v. Urbina, Gabriel José Fernández de.
Urdanegui y Delgadillo, Constanza, marquesa de Villafuerte. v. Urdanegui, Juan de.
Urdanegui, Juana. v. Urdanegui, Juan de.
Urdaneta Escobar, Ana Teresa. v. Urdaneta Barrenechea y del Campo, Martín.
Urdaneta Escobar, Lilia Josefina. v. Urdaneta Barrenechea y del Campo, Martín.
Urdaneta Uzcátegui, Francisca Hercilia. v. Urdaneta Barrenechea y del Campo, Martín.
Urdaneta y Matos, Juana Catalina de. v. Urdaneta Barrenechea y del Campo, Martín.
Ureña, Catalina de. v. García de León Pizarro, Ramón.
Ureta, Margarita de. v. Astorga, Juan de.
Ureta y Andonaegui, Carmen de. v. Ureta y Ayala, Juan Bautista de.
Ureta y Oyague, María. v. Mendiburu y Orellana, Dr. José de.
Ureta y Prado, Jerónima de. v. Toro, Tomás de.
Uribe Arango, Encarnación. v. Escandón y Elguera, José.
Uribe Feliú, Rosario. v. Gormaz y Covarrubias, José Antonio.
Uribe, Juana María. v. García de León Pizarro, Ramón.
Uribe y Betancourt, Ignacia. v. Escobar de la Fuente, Diego.
Uriza, María de la Soledad. v. González de la Vega, Manuel.
Uriburu Cabero, Virginia de. v. Uruburu y Basterrechea, José de.
Urmeneta Quiroga, Amalia. v. Errázuriz y Larrain, Francisco Javier.
Urnieta Lezeta, Isabel. v. García de León Pizarro, Ramón.
Urquizo y Arana, María de. v. Gorostizaga Y Urquizo, Manuel Antonio.
Urrieta, Juana Paula de. v. Torre, Alonso de.
Urriola y Balbontin, María Mercedes de. v. Ureta y Ayala, Juan Bautista de.
Urrutia del Manzano, María de. v. Urmeneta, Francisco Javier de.
Urrutia y Mendiburu, Ignacia.v. Mendiburu y Medrano, Juan Manuel.
Uzcátegui Escovar, Francisca María. v. Urdaneta Berrenechea y del Campo, Martín.

V

Valdés, Catalina de. v. Villafañe, Ángel de.
Valdés, Elisa. v. Ureta y Ayala, Juan Bautista de.
Valdés Lecaros, Rosa. v. Fernández de Gandarillas, José Nicolás.
Valdés Ortúzar, Elvira. v. Errázuriz y Larrain, Francisco Javier.
Valdés y Carrera, Nicolasa. v. Toro, Tomás de.
Valdés y Martínez de Aldunate, Ana María de. v. Fernández de Gandarillas, José Nicolás.
Valdivia, Leonor de. v. Ortiz de Gatica, Diego.

Valdivieso y Merino, Inés. v. Villalpando Cortés, Moliner y Heril, Alonso.
Valdivieso y Zañartu, Rosario de. v. Errázuriz y Larrain, Francisco Javier.
Valdovinos, Antonia de. v. Toro Mazote, Ginés de.
Valenzuela y Dávalos, Leonor de. v. Díez de San Miguel, Garci.
Valenzuela y Dávalos, Leonor. v. Cáceres, Alonso de.
Valero, Mariana. v. Toro Mazote, Ginés de.
Valero Sotomayor, María del Carmen. v. Errázuriz y Larrain, Francisco Javier.
Valverde y Ampuero, Josefa. v. Ontañón y Lastra, Nicolás.
Valverde, Ana. v. Sandoval, Juan.
Vallejo Chacón, Úrsula. v. Garay, Juan de.
Vanegas, Beatriz. v. Gasso, Juan de.
Vanegas, Catalina. v. Picón, Juan.
Varas, Lucrecia. v. Errázuriz y Larrain, Francisco Javier.
Varas Ponce de León, Isabel. v. Fernández Moro, Manuel.
Varela De Losada Perea, Gerónima.v. Mendoza (familia de).
Vargas Carvajal, Jordana de. Sancho-Dávila Isásaga, Juan Pedro.
Vargas, Isabel de. v. Pizarro, Francisco.
Vargas, Isabel de. v. Sierra, Hernando de.
Vargas, Mayor de. v. Alcocer, Antonio de.
Vargas, Mencia de. v. Rivas, Juan de.
Vargas, Teresa. v. Victoria, Juan González de.
Vázquez de Acuña y Bejarano, Josefa. v. Pardo Figueroa, José Agustín.
Vázquez de Tovar, Bernardina. v. Tovar Báñez y Mendieta, Manuel Felipe de.
Vázquez de Tovar, Elena. v. Tovar Báñez y Mendieta, Manuel Felipe de.
Vázquez de Velasco Tello y de la Cueva, Ángela. Zavala y Urquizu, Andrés.
Vázquez de Velasco y Tello, Ángela. v. Bravo del Ribero y Correa, Pedro.
Vázquez de Velasco, Ángela. v. Puente y Larrea, Lorenzo Antonio de la.
Vázquez, Leonor Jacinta. v. Fernández de Fuenmayor, Ruy.
Vázquez Ponce de León, Lorenza. Rospigliosi, Pedro Julio.
Vega, Ana de. v. Cifontes, Gabriel de.
Vega Barros, María de la. v. Sánchez de Araya, Antón.
Vega, María de la. v. Rojas y Acevedo, Dr. Gregorio.
Vega Sarmiento, Mariana de. v. González Montero, Antonio.
Vega y Munive, Josefa de. v. Vega, Francisco Félix.
Vega y Navia, María Antonia de la. v. Fuertes y Sierra, Domingo.
Vega y Ríos, Clara. v. Pérez de los Ríos y Rivero, Alonso.
Vela Núñez, Catalina. v. Rengifo, licenciado Juan Martínez.
Vela, Isabel de.v. Guarnido, Lorenzo.
Velasco, Ana.v. Mendoza (familia de).
Velasco, Ana. v. Barbarán, Juan de.
Velasco, Catalina de. v. Betanzos, Juan José.
Velasco, Inés de. v. Orduña, Francisco.
Velasco, Juana. v. Loyola, Martín García Óñez de.
Velasco, María de. v. Alvarado, Alonso.

Velázquez, Lucía. v. García de León Pizarro, Ramón.
Velázquez, Gertrudis. v. Escobar de la Fuente, Diego.
Velázquez Guijón, Isabel. v. Rosas y Córdoba, Manuel de.
Vélez, Bárbara. v. González de Feleña y Noriega, Juan.
Vélez de Ortega, Marina. v. Martín Camacho, Cristóbal.
Vélez de Rivero, María. v. Escobar de la Fuente, Diego.
Vélez Restrepo, Francisca. v. González de Feleña y Noriega, Juan.
Vélez y Calle, Josefa. v. Escobar de la Fuente, Diego.
Ventura Vélez, Josefa. v. González de Feleña y Noriega, Juan.
Vera, Beatriz de. v. Cáceres, Juan de.
Vera, Dorotea de. v. Santa-Cruz y Padilla, Hernando.
Vera, María de. v. Cabeza de Vaca, Álvar Núñez.
Vera Matute, Isabel. v. Calahorra, Martín de.
Verdugo, Catalina. v. Cuéllar, Juan de.
Verdugo, Catalina.v. Cuéllar Verdugo, Juan de.
Vergara, Catalina de. v. Hernádez, Diego.
Vergara y Pardo, Inés de. v. San Miguel de Solier, Dr. Juan Díez de.
Vergara y Pardo, Isabel de. v. Guisla y Larrea, Juan.
Viedma, María. v. Pizarro, Gonzalo.
Villa, Josefa. v. Gracía de León Pizarro, Ramón.
Villa, Micaela. v. García de León Pizarro, Ramón.
Villalta y Santiago Concha, Josefa. v. Villalta y Núñez, Dr. José Antonio.
Villalta, Inés de. v. Villata y Núñez, Dr. José Antonio.
Villalta, Teresa. v. Velasco y Castañeda, Gerónimo.
Villar, Mariana. v. Villar y Andrade, José.
Villagrán, Magdalena de. v. Cuéllar, Miguel de.
Villavicencio, Isabel. v. Carvajal, Francisco de.
Villavicencio, Juana. v. Cueva, Beltrán de la.
Villegas, Ana. v. Villegas, Jerónimo.
Villela y Esquivel, Teresa de. v. Villela y Larrondo, Dr. Andrés de.
Villoslada, María Antonia de. v. Gálvez Segura, Rodrigo.
Viniegra y Verazátegui, Tomasa de. v. Verazátegui, Juan de.
Vispa, Ana. v. Puertocarrero, Pedro.

Y

Yarza, Trinidad. v. Arteaga, Luis de.
Yturgoyen, María. v. Vázquez de Acuña, Matías José.

Z

Zaldívar, María de. v. Garay, Juan de.
Zamudio Reguera, Ana de. v. Roldán Dávila, Juan.
Zamudio Reguera, Beatriz de. Roldán Dávila, Juan.
Zamudio Reguera, Isabel de. v. Roldán Dávila, Juan.

Zamudio Reguera, Luisa de. v. Roldán Dávila, Juan.

Zamudio Reguera, María de. v. Roldán Dávila, Juan.

Zamudio y Echenique, Isidora de. v. Garay, Juan de.

Zañartu y Manso de Velasco, María Josefa. v. Errázuriz y Larrain, Francisco Javier.

Zapata, Agustina. v. García de León Pizarro, Ramón.

Zapata, Andrea. v. Gallón, Toribio.

Zapata de Cárdenas, Catalina. v. Toro Mazote, Ginés de.

Zapata, Josefa. v. García de León Pizarro, Ramón.

Zapata, Juana. v. Vergara y Pardo, capitán Lucas.

Zapata, María Josefa. v. García de León Pizarro, Ramón.

Zapata, Micaela de. v. Ureta y Ayala, Juan Bautista de.

Zapata y Córdoba, Leonor. v. Toro Mazote, Ginés de.

Zárate, Ana. v. Esquivel y Jarava, Diego.

Zárate, Ana de. v. Guevara, Vasco de.

Zárate, María de. v. Astete, Bartolomé de.

Zavala, Ana. v. Puente y Larrea, Lorenzo Antonio de la.

Zavala, Margarita de. v. Concha de Santiago, Dr. José.

Zavala Vázquez de Velasco, Rosa de. v. Lobaton y Azaña, Nicolás Jiménez.

Zavala Vázquez de Velasco, Rosa. v. Jiménez de Lobaton y Azaña, Nicolás.

Zavala Vázquez de Velasco, Rosa.v. Lobaton, Juan Nicolás Jiménez de.

Zavala y Alvisú, Carolina. v. Díez de Medina, Miguel.

Zavaleta, Ana María.v. Cuadros, Juan Alonso.

Zelada, Luisa de. v. Toro Mazote, Ginés de.

Zuazo y Villarroel, Juana.v. Fernández de Córdoba, Luis.

Zuazo, Juana. v. Zuazo y Villarroel, Gaspar.

Zubiaurre González, Gregoria. v. González Cortina y Pando Bento.

Zuloaga y Blanco, Josefina. v. Tovar Báñez y Mendieta, Manuel Felipe de.

Zumeta, Domenza de. v. Azcoa, Santiago de.

Zúñiga, Bernarda de. v. Ulloa y Ulloa, Antonio.

Zúñiga, Blanca de. v. Ulloa y Ulloa, Antonio.

Zúñiga, Catalina de. v. Jiménez, Llorente.

Zúñiga, Leonor de.v. Ercilla y Zúñiga, Alonso de.

Zúñiga, Leonor de. v. Cabrera, Jerónimo Luis de.

Zúñiga, Mencia de. v. Esquivel, Rodrigo de.

Glosario

El que sigue es un glosario básico de algunas de las palabras que aparecen en el diccionario según la usanza de la época.

Vocablo	Definición
Abadesa	superiora de algunas comunidades religiosas.
Adelantado	entre otros cargos, capitán general en tiempos de guerra.
Alcalde	presidente del ayuntamiento de un pueblo; también, juez que administraba la justicia en un pueblo.
Alcalde de aguas	en ciertas comunidades de regentes, el que reparte y vigila los turnos.
Alcalde del crimen	juez togado con jurisdicción fuera de su tribunal de su comarca.
Alcalde ordinario	vecino de un pueblo en el que ejercía jurisdicción ordinaria.
Alcalde perpetuo	
Alcántara, Orden de	Fue fundada en 1166 o en 1556, según opinión de otros historiadores, por don Suero Fernández Barrientos con un grupo de caballeros salmantinos, siendo confirmada por una Bula del papa Alejandro III en 1177. En un principio se llamó "Orden de San Julián de Pereiro", debido a la defensa que de este pueblo hicieron sus fundadores. Posteriormente, Alfonso IX les concedió el pueblo de Alcántara, del que tomaron su nombre, adoptando entonces la regla del Císter y dependiendo de la Orden de Calatrava. En 1183 obtuvieron del papa Lucio III exenta jurisdicción, gozando de los mismos privilegios de las demás Órdenes Militares. En 1494 los Reyes Católicos incorporaron el maestrazgo a la Corona y, desde entonces, se convirtió como las demás Órdenes Militares en una institución meramente honorífica.
Arcediano	el principal de los diáconos; también juez ordinario con jurisdicción delegada de la episcopal en un territorio específico, pasando después a integrarse al cabildo catedral.
Alguacil	entre otros cargos, oficial que ejecutaba los mandatos de los alcaldes.

Alférez	oficial que custodiaba la bandera en la infantería y el estandarte en la caballería. El alférez mayor o alférez real custodiaba los del rey.
Audiencia	equivale a tribunal de justicia, así como al sitio donde el mismo ejerce. También, acto de oír a los que reclaman, exponen o solicitan alguna cosa.
Beaterio	hogar donde residen las beatas.
Caballero	hidalgo; el que pertenece a algunas de las antiguas órdenes de caballerías o militares, como las de Calatrava, Santiago, etc., o alguna de las modernas, como las de San Hermenegildo o Carlos III.
Cabildo	ayuntamiento.
Cacique	jefe de una provincia o pueblo de indios.
Cajas Reales	Tesorería de la Corona.
Calatrava, Orden de	Es la orden militar más antigua e importante de todas las españolas; tuvo su origen en la defensa de este pueblo en 1158 por el monje cisterciense fray Raimundo de Fitero y por Diego Velázquez. El rey Sancho III concedió el señorío del pueblo a fray Raimundo de Fitero, aprobándose la Orden por el papa Alejandro III en 1164. En 1482 los Reyes Católicos incorporaron el Maestrazgo a la Corona. Desde principios del siglo XVI estaba regida por un maestre y dos comendadores mayores, y a partir de entonces se convirtió en una corporación puramente honorífica. La Orden de Calatrava llegó en un principio a poseer grandes riquezas e influencia, teniendo bajo sí a unos 350 pueblos y 200.000 personas.
Clérigo secular	sacerdote que vive y se desenvuelve fuera de la clausura.
Concubina	mujer que vive y cohabita con un hombre como si fuera su marido; en otras palabras, su amante o manceba.
Condestable	el que estaba a cargo de las milicias; también el que ocupaba el cargo de sargento de artillería de la marina.
Contador mayor	contador o contable real.
Conquistador	aplícase mayormente al soldado español que se hizo en América, y que tuvo su auge durante la primera mitad del siglo XVI.
Coronel de dragones	"dragón" se aplicaba al soldado que servía alternativamente a pie o a caballo.
Corregidor	alcalde o magistrado.
Coya	entre los incas, esposa del emperador, soberana o princesa.
Cruzado	caballero que lleva una cruz de alguna orden militar, como la de Calatrava, Santiago, etc.
Deudo	pariente.

Encomendero	el que por concesión real estaba a cargo de una encomienda de indios.
Escribano	el que está autorizado a dar fe de las escrituras y actos que se le consultan.
Estanco	La Real Academia de la Lengua le da estas dos definiciones: "Embargo o prohibición del curso y venta libre de algunas cosas, o asiento que se hace para reservar exclusivamente las ventas de mercancías o géneros, poniendo los precios a que fijamente se hayan de vender". También, sitio, paraje o casa donde se venden géneros estancados, y especialmente sellos, tabaco y cerillas".
Factor	oficial real que recaudaba las rentas pertenecientes a la Corona.
Gentilhombre	se aplica principalmente al que servía en las casas de personas prominentes y que acompañaba a las mismas. El de Cámara acompañaba al rey.
Hidalgo	el que por su sangre pertenece a una clase noble. Antiguamente tenía que residir en su pueblo para tener derecho a sus privilegios, de lo contrario los perdía.
Indias, Las	nombre que se aplicaba a América, mayormente durante el descubrimiento y conquista. Así le fue dado por el emperador Carlos V.
Juicio de residencia	"residenciar" se emplea en el sentido de tomar cuenta a una persona por su conducta en el ejercicio de algún cargo público. Por ejemplo, a todos los conquistadores españoles en algún momento se les hizo un Juicio de residencia, en el que tenían que dar cuenta de su proceder. Generalmente les acompañaban familiares o conocidos que atestiguaban a su favor y a veces en su contra.
Justicia mayor	La Academia de la Lengua lo define así: "Dignidad, de las primeras del reino, que gozaba de grandes preeminencias y facultades, y a la cual se comunicaba toda la autoridad real para averiguar los delitos y castigar a los delincuentes".
Maestre de campo	oficial a cargo de cierto número de tropas en el campo de batalla.
Mancebo	hombre joven o mozo, y también el que es soltero.
Mariscal de campo	equivale hoy a general de división, inferior en grado y funciones al teniente general.
Mayorazgo	según la Academia de la Lengua, "tiene por objeto perpetuar en la familia la propiedad de ciertos bienes con arreglo a las condiciones que se dicten al establecerla, o, a falta de ellas, a las prescritas por la ley".
Mestizo	en América, aplícase al hijo de hombre blanco e india, o de indio y mujer blanca.

Ñusta	palabra quechua que se aplicaba a las princesas incas.
Oidor	el que en las audiencias reales oía y dictaba sentencia en las causas y pleitos.
Piloto	el que gobierna y dirige una nave en una travesía; también el segundo de una nave mercante.
Prelado-a	superior-a de un convento o comunidad eclesiástica.
Prior	superior de un convento de canónigos y también de las órdenes militares; se aplica asimismo al párroco de un obispado.
Primogénito	aplícase al primer hijo.
Priorato	distrito cuya jurisdicción cae bajo el prior.
Regidor	especie de concejal sin ejercer ningún otro cargo municipal.
Santiago, Orden de.	Fue fundada en 1160 ó 1170, con el doble propósito de luchar contra los infieles y proteger a los peregrinos que visitaban el sepulcro del Apóstol Santiago, siendo así tanto una Órden Militar como hospitalaria. Originalmente adoptaron el nombre de "frates de Cáceres", por haberse establecido en esta ciudad que le fue donada por el rey Fernando II en 1170; un año después aparece ya con el nombre de Orden de Santiago, siendo reconocida por el papa Alejandro III y adquiriendo desde ese momento gran importancia y difusión. En 1174 Alfonso VII le concedió el pueblo de Uclés donde se instaló la sede de la Orden, entendiéndose desde allí a otras áreas como Toledo y Ciudad Real. Como en el caso de las demás Órdenes Militares, fue incorporada por los Reyes Católicos a la Corona y reconocida por bula del papa Adriano VI en 1523.
Síndico	el que se encarga de liquidar los bienes de un deudor entre sus acreedores.
Solar	casa, descendencia o linaje noble; también, terreno donde se ha hecho una edificación o que se ha sido destinado para este fin.
Tribunal de Cuentas	oficina del Estado que tiene a su cargo examinar y censurar todas las cuentas de sus dependencias.
Ultramar	país o lugar que se encuentra del otro lado del mar u océano, típicamente el Atlántico desde el puento de vista del español.
Veedor	Inspector o visitador.
Visitador	oficial al que se le encarga hacer visitas o reconocimientos.
Virrey	representante del rey y el que bajo su nombre y autoridad gobierna.

Bibliografía

Acosta de Samper, Soledad, *Biografías de hombres ilustres o notables relativas a la época del descubrimiento, conquista y colonización de la parte de América denominada actualmente E.E.U.U. de Colombia*, Imprenta de La Luz, Bogotá, 1883.

Adorno, Rolena y Patrick Charles Pautz, *Núñez Cabeza de Vaca, Álvar: His Account, His Life, and the Expedition of Pánfilo de Narváez*, University of Nebraska Press, Lincon, 1999, 3 vols.

Aguirre, Mario Rosas, *Gonzalo Guerrero: Padre del mestizaje iberoamericano*, México, Editorial Jus, 1975.

Aizpurua, Ramón de, *Biografías de hombres célebres nacidos del pueblo con las épocas de su nacimiento y muerte y noticia de las profesiones en que se han distinguido, o concepto a que deben su nombradía*, Establecimiento Central, Madrid, 1843.

Atienza, Julio de, *Nobiliario español*, M. Aguilar, Editor, Madrid, 1948.

Arróniz, Marcos, *Manual de biografía mejicana o galería de los hombres célebres de Méjico*, Enciclopedia Hispano-Americana, Ediciones de la librería de Rosa, Bouret y Cía, París, 1857.

Blake Brownrigg, Edwin, *Colonial Latin American Manuscripts and Transcripts*

—*In the Obadiah Rich Collection: An Inventory and Index*, The New York Public Library, Astor Lenox and Tilden Foundations & Readex Books, 1978.

Beals, Herbert K, Editor: *For Honor and Country: The Diary of Bruno de Hezeta*, Oregon Historical Society Press, 1985.

Biblioteca de Autores Españoles, *Historiadores primitivos de Indias*, M. Rivadeneyra, Editor, 1877. 2 vols.

Biblioteca de Autores Españoles, *Obras de Martín Fernández de Navarrete*, Atlas, Madrid, 1954. 3 vols.

Bleiberg, Germán, ed., *Diccionario de Historia de España*, Revista de Occidente, Madrid, 1969, 3 vols.

—*Boletín General del Gobierno – Secretaría de Gobernación y Justicia de la República de Guatemala*, julio de 1937, Año II, Número 4. Tipografía Nacional Guatemala.

Bolton, Herbet Eugene, *Spanish Exploration in the Southwest, 1542-1706*, Barnes & Noble, New York, 1932.

Boyd-Bowman, Peter, *Índice geobiográfico de más de 56 mil pobladores de la América Hispánica*, Instituto de Investigaciones Históricas, UNAM, Fondo de Cultura Económica, México, 1985.

Boyd-Bowman, Peter, *Patterns of the Spanish Emigartion to the Indies, 1579-1600*, Reprint from Volume XXXIII – July, 1976 – Number 1, THE AMERICAS, Academy of Franciscan History, Washington, D.C.

Busto D., José Antonio del, *Diccionario histórico-biográfico de los conquistadores del Perú*, reimpresión, Librería Studium, Lima, 1987, 2 vols.

Calcagno, Francisco, *Diccionario biográfico cubano*, New York, Imprenta y Librería de N. Ponce de León, 1878.

Castellanos, Juan de, *Elegías de varones ilustres de Indias*, Biblioteca de la Academia de la Historia, Fuentes para la Historia Colonial de Venezuela, Caracas, 1987.

—*Juan Pérez on the Northwest Coast*, traducción y notas de Herbert K. Beals, Oregon Historical Society Press, Portland, 1989.

Cervantes Salazar, Francisco, *Crónica de la Nueva España*, The Hispanic Society of America, Tipografía de la Revista de Archivos, Madrid, 1914.

Cieza de León, Pedro de, *La crónica del Perú*, Colección Austral, Espasa-Calpe, S.A., Madrid, 1962, 3ra. edición.

Cortés, Hernán, *Historia de la Nueva España*, edición facsímil de la impresa en México en 1770, Carvajal, S.A., 1988-1989. 2 vols.

Cristina Segura Graíño, *Diccionario de mujeres célebres*, Editorial Espasa Calpe, S.A., Madrid, 1998.

Cuevas, Padre Mariano, *Historia de la Nación Mexicana*, Talleres Tipográficos Modelo, México, 1940.

Díaz del Castillo, Bernal, *Historia verdadera de la conquista de la Nueva España*, Fernández Editores, S.A., México, 1961.

Eakle, Arlene and Johnb Gerny, Editors, *The Source: A Guidebook to American Genealogy*, Ancestry Publishing, St. Lake City, 1984.

Fernández Duro, Cesáreo, *La mujer española en Indias*, Establecimiento Tipográfico de la Viuda e Hijos de M. Tello, Madrid, 1902.

Fernández Florez, Darío, *The Spanish Heritage in the United States*, Publicaciones Españolas, Madrid, 1965.

Fiske, John, *The Discovery of America*, Houghton Mifflin and Company, Boston, 1892. 2 vols.

Foster, George, *Culture and Conquest: America's Spanish Heritage*, Chicago, Quadrangle Books, 1960.

García Carraffa, Alberto y Arturo, *Diccionario heráldico y genealógico de apellidos españoles y americanos*, Hauser y Menet, S.A., Madrid, tomos múltiples y distintas fechas de publicación, siendo una de ellas 1963. Más que un diccionario se trata de una enciclopedia completísima además de utilísima.

Garcilaso de la Vega, Inca, *Obras completas*, Biblioteca de Autores Españoles, Atlas, Madrid, 1965. 4 vols.

Góngora, Mario, *Los grupos conquistadores en Tierra Firme, 1509-1530*, Santiago, Universidad de Chile, 1962.

Gould, Alice B., *Nueva lista documentada de los tripulantes de Colón en 1492*, Boletín de la Real Academia de la Historia (vols. 85-88, 90-92, 110, 111), Madrid, 1922-1938.

Helps, Sir Arthur, *The Spanish Conquest of America*, John Lane, London, 1900. 4 vols.

Icaza, Francisco de, *Diccionario autobiográfico de conquistadores y pobladores de la Nueva España*, Edición facsímil, Edmundo Aviña Levy, Editor, Guadalajara, 1969, 2 vols.

—*Estudios genealógicos, heráldicos y nobiliarios en honor de Vicente de Cadenas*, Revista Hidalguía, Madrid, 1978, 2 vols.

Johnson, Allen, Editor, *Dictionary of America Biography*, Charles Scribner's Sons, New York, 1941.

Kelsey, Harry, *Juan Rodríguez Cabrillo*, Huntington Library, San Marino, California, 1941.

Kirkpatrick, F.A., *Los conquistadores españoles*, Espasa-Calpe, Madrid, 1970.

Las Casas, Fray Bartolomé de, *Historia de las Indias*, M. Aguilar, Editor, Madrid, n.d. (circa 1930s.) 3 vols.

LaFarelle, Lorenzo, *Bernardo de Gálvez*, Eakin Press, Austin, 1992.

—*Revista de la Academia Guatemalteca de Estudios Genealógicos, heráldicos e históricos*, Nueva Guatemala de La Asunción, Tipografía Nacional, 1973.

Larios Martín, Jesús, *Nobiliarios de Segovia*, CSIC, Segovia, 1956, 5 vols.

Lochhart, James, *Spanish Peru –1532-1560, A Colonial Society*, University of Wisconsin Press, 1983.

Lohmann Villena, Guillermo, *Los americanos en las órdenes nobiliarias*, 1529-1900, Madrid, 1947, 2 vols.

López de Gómara, Francisco, *Historia de la conquista de México*, Editorial Pedro Robredo, México, 1943. 2 vols.

López de Velasco, Juan, *Geografía y descripción universal de las Indias*, Biblioteca de Autores Españoles, Ediciones Atlas, Madrid, 1971.

Lummis, Charles F, *Los exploradores españoles del siglo XVI*, Ediciones Araluce, Barcelona, 1959.

Madariga, Salvador de, *Cuadro histórico de las Indias*, Editorial Sudamericana, Buenos Aires, 1950.

Majó Framis, R., *Vidas de los navegantes y conquistadores españoles del siglo XVI*, Aguilar, S.A., Madrid, 1950.

Manzano, Juan et al, *Los Pinzón y el descubrimiento de América*, Instituto de Cooperación Iberoamericana, Ediciones de Cultura Hispánica, Madrid, 1988.

Manzano, Rafael, *Los grandes conquistadores españoles*, de Gassó Hnos, Barcelona, 1958.

Martín, Luis, *Daughters of the Conquistadores – Women of the Viceroyalty of Peru*, Southern Methodist University Press, 1983.

Mártir de Anglería, Pedro, *Décadas del Nuevo Mundo*, Editorial Bajel, Buenos Aires, 1944.

Martínez, José Luis, *Pasajeros a Indias: Viajes transatlánticos en el siglo XVI*, Alianza Editorial, Madrid, 1983.

Medina, José Toribio, *The Discovery of the Amazon*, translated by Bertram T. Lee, American Geographical Society, New York, 1934.

Mendiburu, Manuel de, *Diccionario histórico-biográfico del Perú*, segunda edición, Lima, Imprenta "Enrique Palacios", 1931, varios tomos.

Mujica, J., *Linajes españoles. Nobleza colonial de Chile*, Editorial Zamorano y Caperán, Santiago de Chile, 1927.

Muñoz Camargo, Diego, *Historia de Tlaxcala*, Editorial Innovación, S.A., México, 1979.

Navarro del Castillo, Vicente, *La epopeya de la raza extremeña en Indias*, Mérida, 1978.

Norman, Charles, *Discoveres of North America*, Thomas y Crowell Company, New York, 1968.

O'Sullivan-Beare, Nancy, *Las mujeres de los conquistadores: La mujer española en los comienzos de la colonización americana. Aportaciones para el estudio de la transculturación.* Cía Bibliográfica Española, Madrid, 1956.

—*Postrera voluntad y testamento de Hernando Cortés, marqués del Valle*, editado con introducción y notas de G.R.G. Conway, Editorial Pedro Robredo, México, 1940.

Olson, James S. et al, *Historical Dictionary of the Spanish Empire, 1402-1975*, Greendwood Press, 1992.

Platt, Lyman D., *Census Records for Latin America and the Hispanic United States*, ET, 1998.

Paz, Julián, *Catálogos de manuscritos de América existentes en la Biblioteca Nacional*, Madrid, Tipografía de Archivos, 1933.

Pereyra, Carlos, *Las huellas de los conquistadores*, Publicaciones del Consejo de la Hispanidad, Madrid, 1941.

Pereyra, Carlos, *Breve historia de América*, Aguilar, S.A., de Ediciones, Madrid, 1958.

Prescott, William H, *History of the Conquest of Peru*, J.B. Lippincott & Co., Philadelphia, 1861. 2 vols.

Prescoot, William H, *History of the Conquest of Mexico*, J.B. Lippincott & Co., Philadelphia, 1879. 3 vols.

Pigafetta, Antonio de, *Primer viaje alrededor del mundo*, Madrid, Historia 16, 1985.

Porras Barrenechea, Raúl, director, *Cedularios del Perú*, Departamento de Relaciones Culturales del Ministerio de Relaciones Exteriores del Perú, Lima, 1944-1948.

—*El testamento de Pizarro de 1539*, Revista de Indias 2, 3 (1941): 39-70.

Pulgar, Hernando del, *Claros varones de España*, Salvat Editores, S.A., Madrid, 1971. Facsímil.

Pupo-Walker, Enrique, *Los naufragios*, Editorial Castalia, Madrid, 1992.

Rújula y de Ochoterena, José de y Antonio del Solar y Taboada, *Hidalgos y Caballeros: Notas sobre personas y cosas de Extremadura*, Tipografía Vda. de Antonio Arqueros, Badajoz, 1945.

Sabater, Gaspar, Editor, *Diccionario Biográfico Español e Hispanoamericano*, Instituto de Estudios Biográficos, Palma de Mallorca, 1950, varios tomos.

Schaefer, Christina, *Genealogical Encyclopedia of the Colonial Americas*, Genealogical Publishing Company, Baltimore, 1998.

Sánchez Arjona, Eduardo, *De las personas que pasaron a esta Nueva España*, Revista de Archivos, Bibliotecas y Museos, Madrid, 36, 1 (1917): 419-430; 37-2 (1917): 111-127; 39-2 (1918): 89-99.

Sahagún, Bernardino de, *Historia general de las cosas de Nueva España*, Editorial Porrúa, S.A., México, 1969. 4 vols.

Smith, Anthony, *Explorers of the Amazon*, Viking, Penguin Group, , London, 1990.

Socolaw, Susan Midgen, *Women of Colonial Latin America*, Cambridge University Press, 2000.

Solórzano y Pereyra, Juan, *Política Indiana*, Compañía Ibero-Americana de Publicaciones, Madrid-Buenos Aires, n.d. (circa 1920s.) 5 vols.

Speaks, Jennifer, Editor: *Literature of Travel and Exploration, An Encyclopedia*, Routledge, 2003. 3 vols.

Thatcher, J.B., *Christopher Columbus: His Life, His Work, His Remains*, New York, 1903, 3 vols.

Thomas, Hugh, *Who's Who of the Conquistadors*, Cassell & Co., London, 2000.

—*Catálogo de pasajeros a Indias durante los siglos XVI, XVII y XVIII*, vols. 1-3, dirigido por Cristóbla Bermúdez Plata, Imprenta Editorial de la Gavida, 1940-1946; vols. 4-5, dirigido por Luis Romero Iruela y María del Carmen Galbis Díez, Sevilla, 1980.

Toribio Medina, José, *The Discovery of the Amazon*, American Geographical Society, 1934.

Torquemada, Juan de, *Monarquía Indiana*, Editorial Porrúa, S.A., México, 1969. 3 vols.

Valdeavellano, Luis G. de, *Historia de España*, Manuales de la Revista de Occidente, Madrid, tercera edición, 1963. 2 vols.

Valega, José M, *El virreinato del Perú*, Editorial Cultura Ecléctica, Lima, 1939.

Vasconcelos, José, *Breve historia de México*, Fernández Editores, S.A., 1967, 2 vols.

Vega, Carlos B., *Conquistadoras: Mujeres heroicas de la conquista de América*, McFarland and Company, Jefferson, N.C., 2003.

Venegas, Father Miguel, *Noticias de la California y de su conquista*, Luis Álvarez y Álvarez de la Cadena, México, 1943-1944. 3 vols.

Wagner, Henry, *Juan Rodríguez Cabrillo, Discoverer of the Coast of California*, San Francisco Historical Society, 1941.

Zaragoza, Justo, *Noticias históricas de la Nueva España*, Imprenta de Manuel G. Hernández, Madrid, 1878.

—*The Harkness Collection in the Library of Congress – Calendar of Spanish Manuscripts Concerning Peru, 1531-1651*, United States Government Printing Office, Washington, D.C., 1932.

—*Spain and Spanish America in the Libraries of the University of California, A Catalog of Books*, Berkeley, California, 1928. 2 vols.

www.ingramcontent.com/pod-product-compliance
Lightning Source LLC
Chambersburg PA
CBHW080411270326
41929CB00018B/2984